Advances in Information Systems and Business Engineering

Herausgegeben von
U. Baumöl, Hagen, Deutschland
J. vom Brocke, Vaduz, Liechtenstein
R. Jung, St. Gallen, Schweiz

T0206303

Die Reihe präsentiert aktuelle Forschungsergebnisse verschiedener methodischer Ausrichtungen an den Schnittstellen der wissenschaftlichen Disziplinen Wirtschaftsinformatik, Informatik und Betriebswirtschaftslehre. Die Beiträge der Reihe sind auf anwendungsorientierte Konzepte, Modelle, Methoden und Theorien gerichtet, die eine Nutzung von Informationssystemen für die innovative Gestaltung und nachhaltige Entwicklung von Organisationen aufgreifen. Die Arbeiten zeigen in besonderer Weise, inwiefern moderne Informations- und Kommunikationstechnologien neue unternehmerische Handlungsspielräume eröffnen können. Zudem wird die Verbesserung bestehender Modelle und Strukturen aufgezeigt. Zugleich kennzeichnet die Beiträge ein ganzheitlicher Ansatz bei der Entwicklung und Einführung von Informationssystemen, bei dem der organisatorische Handlungskontext in den Dimensionen Mensch, Aufgabe und Technik systematisch berücksichtigt und aktiv gestaltet wird.

Herausgegeben von

Prof. Dr. Ulrike Baumöl
FernUniversität Hagen, Deutschland

Prof. Dr. Reinhard Jung,
Universität St. Gallen, Schweiz

Prof. Dr. Jan vom Brocke
Universität Liechtenstein, Fürstentum
Liechtenstein

Martina Meschke

Steuerung in Dienstleistungsnetzwerken

Ein Ansatz für ein integriertes Qualitätsinformationssystem

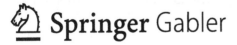 Springer Gabler

Martina Meschke
Berlin, Deutschland

Die vorliegende Arbeit wurde im Dezember 2012 unter dem Titel „Qualitätssteuerung in Dienstleistungsnetzwerken – Ein integrierter Steuerungsansatz zur Qualitätssicherung und -verbesserung im Rahmen eines Qualitätsinformationssystems" als Dissertationsschrift angenommen.

Erstgutachterin: Univ.-Prof. Ulrike Baumöl
Zweitgutachterin: Univ.-Prof. Sabine Fließ

Tag der Disputation: Hagen, 22. April 2013

ISBN 978-3-658-03554-9   ISBN 978-3-658-03555-6 (eBook)
DOI 10.1007/978-3-658-03555-6

Die Deutsche Nationalbibliothek verzeichnet diese Publikation in der Deutschen Nationalbibliografie; detaillierte bibliografische Daten sind im Internet über http://dnb.d-nb.de abrufbar.

Springer Gabler
© Springer Fachmedien Wiesbaden 2013
Springer Gabler ist eine Marke von Springer DE. Springer DE ist Teil der Fachverlagsgruppe Springer Science+Business Media.
www.springer-gabler.de

Geleitwort

Wertschöpfung findet in Netzwerken statt. Die Ausgestaltung ist dabei vielfältig und gehorcht unterschiedlichen Regeln. Je nach Geschäftsmodell werden streng hierarchische oder eher heterarchische und damit lose gekoppelte Strukturen implementiert. Je weiter sich die Organisationsform in die letztgenannte Richtung entwickelt, desto anspruchsvoller ist die Steuerung dieser Netzwerkstrukturen. So sind beispielsweise die Anreizstrukturen in hierarchisch organisierten Netzwerken einfacher zu setzen und vor allem durchzusetzen. In heterarchisch aufgestellten Netzwerken und dem damit verbundenen höheren Grad an Selbstorganisation ist die Wirkung von Anreizstrukturen in der Regel nicht direkt absehbar, und das gemeinsame Ziel sowie Vertrauen spielen eine deutlich größere Rolle.

Lose gekoppelte Netzwerke finden sich häufig im Dienstleistungsbereich. Hier arbeiten verschiedene, eigenständige Unternehmen zusammen, um die Dienstleistung zu erzeugen. Einige Beispiele dafür sind Skigebiete und andere Urlaubsanbieter, Logistiknetzwerke, Versorgungsdienste im Betreuungs- und Pflegebereich oder auch Handwerksnetzwerke, die einen hohen Dienstleistungsanteil aufweisen. In diesen Netzwerken stellt sich neben der konkreten Organisation der Wertschöpfung vor allem die Herausforderung der Qualitätssicherung. Nicht nur muss die Qualität der Dienstleistung über zum Teil vollkommen verschiedene und getrennte organisatorische Einheiten sichergestellt werden, sondern schon die Definition der Leistung ist aufgrund der spezifischen Eigenschaften von Dienstleistungen anspruchsvoll.

Eine wesentliche Rolle spielen in diesem Kontext die Informationsflüsse. Wenn das Qualitätskonzept in dem Netzwerk definiert ist, muss sichergestellt sein, dass die richtigen Informationen zur richtigen Zeit am richtigen Ort sind. Nur dann kann die Qualitätssteuerung so greifen, wie es für das Netzwerk angemessen ist. Jedoch kann für die unterschiedlichen Ausprägungen der Netzwerke, ihre Zielsetzungen und auch die zum Teil sehr heterogenen Unternehmen kein allgemein gültiges Konzept für die Informationslogistik entwickelt werden, sondern es ist für die Akzeptanz einer Qualitätssteuerung förderlich, wenn angepasste Mechanismen für die Informationsflüsse zur Verfügung stehen.

Mit ihrer Dissertationsschrift nimmt Martina Meschke diese Fragen und Herausforderungen auf und bearbeitet sie genauso systematisch wie kreativ. Sie entwickelt ein Qualitätsinformationssystem, das auf einem auf die Besonderheiten und Wirkungsmechanismen von Dienstleitungsnetzwerken ausgerichteten Qualitätsmanagement- und -Controllingkonzept aufsetzt und den unterschiedlichen Anforderungen von Netzwerken durch einen angepassten Informationslogistikansatz Rechnung trägt. Sie hat so eine ganzheitlich ausgerichtete Lösung geschaffen, die für die unterschiedlichen Erscheinungsformen von Dienstleistungsnetzwerken und deren Qualitätssteuerung eine pragmatische Managementunterstützung bietet.

Hagen, im Juni 2013   Prof. Dr. Ulrike Baumöl

Vorwort

Die Leistungserstellung von Dienstleistungen findet zunehmend in Netzwerken statt. Solche Dienstleistungsnetzwerke (DLN) sind z. B. Logistiknetzwerke, Gesundheitsnetzwerke oder Handwerkernetzwerke. Die Sicherung und Verbesserung der Qualität stellt dabei einen Erfolgsfaktor für solche DLN dar. Zum einen kann durch eine Differenzierung am Markt die Wettbewerbsfähigkeit gestärkt werden. Zum anderen fordern Kunden verstärkt eine hohe Qualität von Dienstleistungsanbietern. Insbesondere in Netzwerkstrukturen können Qualitätsmängel einzelner Netzwerkpartner Auswirkungen auf das gesamte DLN haben, da Kunden überwiegend die Gesamtleistung wahrnehmen. In der Literatur wird die Qualitätssteuerung in DLN bisher wenig berücksichtigt. Es existieren keine ganzheitlichen und integrierten Steuerungsansätze, die die relevanten Wirkungszusammenhänge und Informationsflüsse abdecken. Dabei kann eine umfassende, qualitätsrelevante Informationsversorgung helfen, die Qualitätssteuerung im DLN erfolgreich zu unterstützen. Die vorliegende Arbeit setzt an dieser Stelle an und bietet einen konzeptionellen Ansatz zur Qualitätssteuerung in DLN. Im Rahmen eines Qualitätsinformationssystems soll die Dienstleistungsqualität integriert gesichert und verbessert werden können.

Entstanden ist die Arbeit während meiner Tätigkeit als Wissenschaftliche Mitarbeiterin und Doktorandin am Lehrstuhl Betriebswirtschaftslehre, insb. Informationsmanagement von Prof. Dr. Ulrike Baumöl an der FernUniversität in Hagen und wurde im April 2013 von der hier eingegliederten Fakultät für Wirtschaftswissenschaft als Dissertation angenommen.

Während des Promotionsvorhabens haben mich viele Personen sowohl beruflich als auch privat begleitet und unterstützt. Ohne ihre Geduld und konstruktive Diskussionsbereitschaft hätte diese Arbeit nicht entstehen können.

Mein besonderer Dank gilt meiner Doktormutter und akademischen Lehrerin, Frau Prof. Dr. Ulrike Baumöl. Frau Prof. Baumöl hat mich in jeder Phase meines Promotionsprozesses uneingeschränkt gefördert und unterstützt und mir zur richtigen Zeit wichtige Impulse für die Entstehung dieser Arbeit gegeben. Sie hat mir die nötige Freiheit geboten, mich im Rahmen meiner wissenschaftlichen Arbeit zu entfalten und mich während meiner mehrjährigen Tätigkeit am Lehrstuhl wertvolle Erfahrungen in unterschiedlichsten Bereichen sammeln lassen. Für diese kreativen und inspirativen Eindrücke bin ich ihr sehr dankbar.

Des Weiteren möchte ich mich ganz herzlich bei Frau Prof. Dr. Sabine Fließ für die Übernahme des Zweitgutachtens sowie bei Herrn Prof. Dr. Littkemann für die Mitarbeit in der Prüfungskommission bedanken. Beiden gilt auch mein Dank für die konstruktiv-kritischen Diskussionen während der Entstehungsphase meiner Arbeit.

Ebenso danken möchte ich allen Interviewpartnern für ihre Zeit und das Vertrauen, dass sie mir entgegen gebracht haben. Durch ihre fachlichen Anregungen und offenen Antworten haben sie einen wertvollen Beitrag für diese Arbeit geliefert.

Meinen Kollegen und externen Doktoranden an der FernUniversität möchte ich für die kollegiale und freundschaftliche Zusammenarbeit sowie die schönen Erlebnisse auch außerhalb der Universität danken, an die ich mich immer sehr gerne zurück erinnern werde. Ein besonderer Dank gilt hierbei dem B*IMA-Lehrstuhlteam Sarah Hackstein, Dr. Henrik Ickler, Robert Kopinski, Alexander Kornrumpf, Björn Kruse, Julia Richstein und Dr. Sabine Wilfling für die stets angenehme und humorvolle Arbeitsatmosphäre, die wertvollen und anregenden Gespräche sowie ihre Hilfsbereitschaft.

Ein besonders großer Dank gilt meiner Familie und meinen Freunden, die mir über den gesamten Zeitraum Verständnis und aufheiternde Worte entgegen gebracht und mir zur richtigen Zeit die nötige Ablenkung geboten haben.

Von ganzem Herzen danke ich meinem Freund Boris, der mich in der finalen Phase liebevoll und geduldig begleitet hat und mir in den richtigen Momenten mit Feingefühl und Fröhlichkeit den emotionalen Ausgleich und uneingeschränkten Rückhalt geschenkt hat.

Der innigste und größte Dank gebührt meinen Eltern Ute und Rolf, die mich während meiner gesamten Ausbildung in jeglicher Weise unterstützt haben. Durch ihre stetige Forderung und Förderung haben Sie mir geholfen, den richtigen Weg zu finden und haben mir dadurch meine akademische Ausbildung geebnet. Ihnen ist diese Arbeit gewidmet.

Berlin, im Juni 2013   Martina Meschke

Inhaltsübersicht

Inhaltsverzeichnis

Abkürzungsverzeichnis

ABB	Arbeitsbeschreibungsbogen
ADAPT	Application Design for Analytical Processing Technologies
AG	Aktiengesellschaft
ARIS	Architecture of Integrated Information Systems
BWL	Betriebswirtschaftslehre
bzw.	beziehungsweise
ca.	circa
Co.	Compagnie
CRM	Customer-Relationship-Management
DFM	Dimensional Fact Model
d. h.	das heißt
DIN	Deutsches Institut für Normung
DLN	Dienstleistungsnetzwerk(e/en/s)
DRBFM	Design Review Based on Failure Mode
EAI	Enterprise Application Integration
EBN	Entwicklungsbegleitende Normung
EDI	Electronic Data Interchange
EFQM	European Foundation of Quality Management
EPK	Ereignisgesteuerte Prozesskette
ERM	Entity-Relationship-Model
et al.	et alia
ETL	Extraktion, Transformation, Laden
FMEA	Fehlermöglichkeits- und Einflussanalyse
FRAP	Frequenz-Relevanz-Analyse für Probleme
FTP	File Transfer Protocol
G-BA	Gemeinsamer Bundesausschuss
GmbH	Gesellschaft mit beschränkter Haftung
HACCP	Hazard Analysis and Critical Control Points
HOLAP	Hybrides Online Analytical Processing

Hrsg.	Herausgeber
IFS	International Food Standard
IKT	Informations- und Kommunikationstechnologie
ISO	International Standards Organization
IT	Informationstechnologie
IV	Informationsversorgung
KG	Kommanditgesellschaft
KIS	Krankenhausinformationssysteme
KMU	Klein- und mittelständische Unternehmen
KODA	Kommunikationsdiagnose
KVP	Kontinuierlicher Verbesserungsprozess
ME/RM	Multidimensionales ERM
Mio.	Millionen
MOLAP	Multidimensionales Online Analytical Processing
mUML	Multidimensional Unified Modeling Language
n. a.	nicht angegeben
NWP	Netzwerkpartner
OCQ	Organizational Commitment Questionnaire
QFD	Quality Function Deployment
OLAP	Online Analytical Processing
PACS	Picture Archiving and Communication System
RADAR	Results, Approach, Deployment, Assessment & Review
ROLAP	Relationales Online Analytical Processing
S.	Seite
SOA	Serviceorientierte Architektur
SWOT	Strengths, Weaknesses, Opportunities, Threats
TQM	Total Quality Management
u. a.	unter anderem
UML	Unified Modeling Language
usw.	und so weiter
vgl.	vergleiche
z. B.	zum Beispiel

Abbildungsverzeichnis

Tabellenverzeichnis

1 Wettbewerbsvorteile durch Qualitätsführerschaft

Der tertiäre Sektor ist in den letzten Jahrzehnten zu einem der wichtigsten Wirtschaftszweige herangewachsen. Alleine in Deutschland macht der Anteil der Dienstleistungsbranchen ca. 73% aus.[1] Der Umsatz im Dienstleistungsbereich ist im 4. Quartal 2011 um 3,8% und die Zahl der Beschäftigten um 3,2% gegenüber dem Vorjahr gestiegen.[2]

Dabei sehen sich Dienstleistungsunternehmen nicht nur dem verstärkten Druck des Wettbewerbs ausgesetzt, sondern müssen vielfältigen Herausforderungen gerecht werden. Die Kunden[3] fragen verstärkt Komplettangebote an und fordern dabei eine hohe Qualität.[4] Eine Studie von *Accenture* aus dem Jahre 2010 macht deutlich, dass die Unzufriedenheit der Kunden aufgrund schlechter Dienstleistungsqualität zu Abwanderungen von 64% geführt hat.[5] Die Qualitätsführerschaft kann für Dienstleistungsunternehmen also als strategischer Wettbewerbsfaktor eingestuft werden, der den Unternehmenserfolg langfristig sichern kann.[6] Unter Dienstleistungsqualität kann allgemein die Beschaffenheit einer Dienstleistung verstanden werden, die ein bestimmtes Anforderungsniveau erfüllen muss. Dieses muss auf die Erwartungen der relevanten Anspruchsgruppen (z. B.

---

[1]   Vgl. Bundesministerium für Wirtschaft und Technologie (BMWi): Volkswirtschaftliche Bedeutung des Dienstleistungssektors, http://www.bmwi.de/DE/Themen/Wirtschaft/dienstleistungswirtschaft,did=239886.html (Abruf am 03.07.2012).

[2]   Vgl. Statistisches Bundesamt: Umsatz im Dienstleistungsbereich im 4. Quartal 2011 um 3,8% gestiegen, in: Pressemitteilung vom 07. März 2012 – 80/12.

[3]   In dieser Arbeit werden keine Unterschiede bzgl. der geschlechtsspezifischen Bezeichnung von Personen vorgenommen. Es werden immer beide Geschlechter gleichberechtigt in die Bezeichnung mit einbezogen, wie z. B. Führungskraft, Geschäftsführer, Interviewpartner, Kunde, Mitarbeiter, Netzwerkpartner.

[4]   Vgl. Zahn, E., Stanik, M.: Integrierte Entwicklung von Dienstleistungen und Netzwerken – Dienstleistungskooperationen als strategischer Erfolgsfaktor, in: Bullinger, H.-J., Scheer, A.-W. (Hrsg.): Service Engineering – Entwicklung und Gestaltung innovativer Dienstleistungen, Berlin 2006, S. 299-319, S. 301-302.

[5]   Vgl. Accenture: Accenture 2010 Global Consumer Research executive summary, S. 1.

[6]   Vgl. Ahlert, D., Evanschitzky, H.: Dienstleistungsnetzwerke: Management, Erfolgsfaktoren und Benchmarks im internationalen Vergleich, Berlin 2003, S. 248; Porter, M. E.: Competitive Strategy: Techniques for analyzing industries and competitors, New York 1980, S. 35-38.

Kunden) ausgerichtet werden.[7] Zudem verschärfen beispielsweise Logistikkonzerne[8] oder Hotelketten[9] den Wettbewerb, indem sie verstärkt Übernahmen tätigen.

Aus diesen Gründen streben viele Dienstleistungsunternehmen eine Kooperation mit Mitbewerbern in Form eines Dienstleistungsnetzwerkes (DLN) an.[10] Dies ist insbesondere für kleinere und mittelständische Unternehmen (KMU) interessant, um dadurch ihre Wettbewerbsfähigkeit zu stärken. Durch die Bündelung von Kompetenzen ist es den Dienstleistungsunternehmen möglich, den Kunden ein umfassenderes Angebot zu bieten. Die Unternehmen können Kosten sparen, einen größeren Kundenkreis erreichen und ihre Qualität steigern. Die gemeinsame Nutzung von Infrastrukturen oder der gemeinsame Einkauf von benötigten Ressourcen ermöglichen die Realisierung von Größenvorteilen. Weiterhin können durch die Kooperation Lernvorteile erzielt werden und die Kapazitäten optimal ausgelastet werden. Das hilft zusätzlich, die Innovationsgeschwindigkeit zu erhöhen. Insgesamt kann bei einer kooperativen Leistungserstellung Risiko reduziert und die strategische Flexibilität erhöht werden, was auf dem heutigen globalen und dynamischen Markt Nachhaltigkeit verspricht.[11]

Ein systematisches und ganzheitliches Qualitätsmanagement kann dabei als Voraussetzung für eine erfolgreiche Qualitätsführerschaft angesehen werden.[12] Unter Qualitätsmanagement wird in dieser Arbeit die Planung, Steuerung und Kontrolle – im Sinne einer kontinuierlichen Sicherung und Verbesserung – der

---

[7]   In Anlehnung an Bruhn, M.: Qualitätsmanagement für Dienstleistungen. Grundlagen, Konzepte, Methoden, 7. Aufl., Berlin 2008, S. 38; zur ausführlichen Erläuterung siehe Abschnitt 3.1.1

[8]   Vgl. Handelsblatt: Transport – Logistikkonzerne sind im Übernahmerausch, http://www.handelsblatt.com/unternehmen/handel-dienstleister/transport, Artikel vom 15.04.2012 (Abruf am 30.06.2012).

[9]   Vgl. Schlautmann, C.: Intercontinental Hotels Group. „Wir wollen in Deutschland die Nummer eins werden", http://www.handelsblatt.com/unternehmen/handel-dienstleister/intercont, Artikel vom 28.05.2012 (Abruf am 30.06.2012).

[10]   Vgl. Stauss, B., Bruhn, M.: Dienstleistungsnetzwerke – Eine Einführung in den Sammelband, in: Bruhn, M., Stauss, B. (Hrsg.): Dienstleistungsnetzwerke: Dienstleistungsmanagement Jahrbuch, Berlin 2003, S. 3-30, S. 5; Ahlert, D., Evanschitzky, H.: Dienstleistungsnetzwerke, S. 3.

[11]   Vgl. Ahlert, D., Evanschitzky, H.: Dienstleistungsnetzwerke, S. 192; Stauss, B., Bruhn, M.: Dienstleistungsnetzwerke – Eine Einführung in den Sammelband, S. 13-14.

[12]   Vgl. Seghezzi, D., Fahrni, F., Herrmann, F.: Integriertes Qualitätsmanagement. Der St. Galler Ansatz, 3. Aufl., München 2007, S. 27-30.

Dienstleistungsqualität verstanden.[13] Dabei sind besondere Herausforderungen zu berücksichtigen. Dienstleistungen weisen einen höheren Immaterialitätsgrad als physische Produkte auf, was eine eindeutige Messung im Gegensatz zum physischen Produkt, wie z. B. Größe und Gewicht, schwieriger macht. Zudem verhindert die verstärkte Integration des Kunden in den Dienstleistungsprozess eine uneingeschränkte Kontrolle.[14] Des Weiteren ist zu berücksichtigen, dass die Kunden die Dienstleistung in einem DLN als Gesamtleistung erleben. Die Qualität der Einzelleistungen wird zwar separat wahrgenommen, jedoch wird die Qualität in der Gesamtdienstleistung bewertet.[15] Daher muss das DLN stets bemüht sein, die Einzelleistungen aufeinander abzustimmen und die Qualität im DLN entsprechend der Kundenerwartungen zu steuern.[16]

Im Rahmen der Qualitätssteuerung in DLN muss berücksichtigt werden, dass aufgrund einer erhöhten Anzahl an Schnittstellen auch von einer erhöhten Anzahl an Wechselwirkungen ausgegangen werden muss.[17] In DLN können weiterhin unterschiedliche Qualitätskulturen vorherrschen, die einander angeglichen werden sollten. Zudem sind die Machtverhältnisse oft nicht eindeutig festgelegt, und dadurch bestehen Unsicherheiten bezüglich der Weisungsbefugnisse und Informationsfreigaben im DLN. Um im DLN mehr Transparenz zu schaffen und Unsicherheiten abzubauen, müssen die Netzwerkpartner mit den qualitätsrelevanten Informationen versorgt werden. Die Informationsversorgung (IV) bezeichnet dabei die Beschaffung, Speicherung, Verarbeitung, Übermittlung, Präsentation und Nutzung von Informationen.[18] Diese sollen einem Netzwerkpartner Wissen generieren, damit dieser im Rahmen der Qualitätssteuerung im

---

13   Zur ausführlichen Erläuterung siehe Abschnitt 3.1.2

14   Vgl. Bruhn, M.: Qualitätsmanagement für Dienstleistungen, S. 3-6.

15   Vgl. Bruhn, M., Batt, V., Hadwich, K., Meldau, S.: Messung der Qualität in Dienstleistungscentern – am Beispiel eines Flughafens, in: Zeitschrift für Betriebswirtschaft, 80 (2010) 4, S. 351-382, S. 353-354; Spintig, S.: Beziehungsmanagement in Dienstleistungsnetzwerken, in: Bruhn, M., Stauss, B. (Hrsg.): Dienstleistungsnetzwerke: Dienstleistungsmanagement Jahrbuch, Berlin 2003, S. 229-252, S. 229.

16   Vgl. Birkelbach, R.: Qualitätsmanagement in Dienstleistungscentern. Konzeption und typenspezifische Ausgestaltung unter besonderer Berücksichtigung von Verkehrsflughäfen, Frankfurt 1993, S. 15; Stauss, B., Hentschel, B.: Dienstleistungsqualität, in: Wirtschaftswissenschaftliches Studium, 20 (1991) 5, S. 238-244, S. 239.

17   Vgl. hierzu Abschnitt 4.1

18   Vgl. Minkus, A.: Informationsversorgung in Dienstleistungsorganisationen: Ziele, Werkzeuge und effiziente Ressourcennutzung, Wiesbaden 2011, S. 13.

DLN Entscheidungen treffen kann.[19] Hierfür sollte im DLN eine entsprechende Informationslogistik etabliert werden, welche die qualitätsrelevanten Informationen zur richtigen Zeit, in der richtigen Form und über das richtige Medium an die entsprechenden Adressaten verteilt.[20] Dazu kann ein netzwerkweites Qualitätsinformationssystem implementiert werden, welches den Anforderungen gerecht wird. In dieser Arbeit umfasst das Qualitätsinformationssystem alle organisatorischen und technischen Elemente des DLN, die zur Versorgung des DLN mit Qualitätsinformationen benötigt werden. Die Elemente sind die Menschen, deren Kommunikationsflüsse, die Aufbau- und Ablauforganisationen sowie die Informations- und Kommunikationstechnologie (IKT).[21] Dazu müssen im DLN und bei den einzelnen Netzwerkpartnern entsprechende Applikationsarchitekturen bereitgestellt werden. Die Applikationsarchitektur umfasst dabei alle Applikationen sowie deren Schnittstellen, die für die IV im Rahmen der Qualitätssteuerung relevant sind.[22]

DLN finden in der Literatur bisher wenig Beachtung. Einige Arbeiten beschäftigen sich im Allgemeinen mit Management[23] oder im Speziellen mit der Beziehungsqualität[24] oder dem internen Marketing[25] in DLN, berücksichtigen dabei die Qualität in DLN jedoch nur partiell. *Bogenstahl* und *Imhof* haben in ihrer Arbeit 43 Studien zu Unternehmensnetzwerken untersucht, die sich insbesondere auf die Netzwerksteuerung beziehen und in diesem Rahmen die Erfolgsfakto-

---

[19]   Vgl. Hufschlag, K.: Informationsversorgung lernender Akteure, Wiesbaden 2009, S. 25.

[20]   Vgl. Augustin, S.: Information als Wettbewerbsfaktor: Informationslogistik – Herausforderung an das Management, Köln 1990, S. 23.

[21]   In Anlehnung an Ferstl, O. K., Sinz, E. J.: Grundlagen der Wirtschaftsinformatik, 5. Aufl., München 2006, S. 1-8.

[22]   Vgl. Hafner, M., Winter, R.: Vorgehensmodell für das Management der Applikationsarchitektur im Unternehmen, in: Ferstl, O. K., Sinz, E. J., Eckert, S., Isselhorst, T. (Hrsg.): Wirtschaftsinformatik 2005, eEconomy, eGovernment, eSociety, Heidelberg 2005, S. 627-646, S. 627.

[23]   Vgl. Ahlert, D., Evanschitzky, H.: Dienstleistungsnetzwerke; Bruhn, M., Stauss, B. (Hrsg.): Dienstleistungsnetzwerke: Dienstleistungsmanagement Jahrbuch, Berlin 2003.

[24]   Vgl. Backhaus, C.: Beziehungsqualität in Dienstleistungsnetzwerken. Theoretische Fundierung und empirische Analyse, Wiesbaden 2009.

[25]   Vgl. Michaelis, M.: Internes Marketing in Dienstleistungsnetzwerken. Konzeption und Erfolgsmessung, Wiesbaden 2009.

ren des Managements analysiert. Dabei haben sie festgestellt, dass sich nur sieben Studien mit dem Management von DLN beschäftigen.[26]

Die Qualitätssteuerung in DLN wird bisher in der Literatur wenig berücksichtigt. Es existieren Arbeiten, die sich im Speziellen mit der Qualitätsmessung in DLN beschäftigen[27], jedoch keine ganzheitlichen Ansätze, die eine umfassende, unternehmensübergreifende Steuerung der Dienstleistungsqualität unterstützen. Zudem fehlt es an Modellen, die eine geeignete Informationslogistik mit der entsprechenden IKT integrieren.[28]

1.1 Zielsetzung und Forschungsfragen

Angelehnt an die vorab aufgezeigte Problemstellung, wird für diese Arbeit folgende Zielsetzung zugrunde gelegt:

> *Konzeption eines integrierten Steuerungsansatzes zur Qualitätssicherung und -verbesserung in DLN im Rahmen eines Qualitätsinformationssystems.*

Der integrierte Steuerungsansatz basiert auf einer Kombination unterschiedlicher Controlling-Konzeptionen. So sind in der Literatur informations-, koordinations-, rationalitäts- und reflexionsorientierte Controlling-Konzeptionen zu finden.[29] Hieraus soll ein integriertes Steuerungsverständnis abgeleitet werden, welches alle für ein DLN relevanten Anforderungen an die Steuerung berücksichtigt. Ein DLN wird in dieser Arbeit als System betrachtet.[30] In diesem Kontext ist zu beachten, dass die Steuerung auf verschiedenen Ebenen stattfinden muss. Es sind Mikro-, Meso- und Makroebene zu unterscheiden, die eine systeminterne sowie systemexterne Steuerung bedingen.[31] Insbesondere bei der Steuerung der Qualität, die im Rahmen von Dienstleistungen besondere Anforderungen beinhaltet, müssen unterschiedliche Sichtweisen (z. B. Kunde, Mitar-

---

26 Vgl. Bogenstahl, C., Imhof, H.: Erfolgsfaktoren des Managements interorganisationaler Netzwerke – eine narrative Metaanalyse. TIM Working Paper Series 2009, S. 18.

27 Vgl. Birkelbach, R.: Qualitätsmanagement in Dienstleistungscentern; Meldau, S.: Qualitätsmessung in Dienstleistungscentern, Konzeptionierung und empirische Überprüfung am Beispiel eines Verkehrsflughafens, Wiesbaden 2007.

28 Vgl. auch Eckert, C.: Architektur zur Netzwerksteuerung in der Finanzindustrie, Berlin 2011, S. 219.

29 Zur näheren Erläuterung von Controlling-Konzeptionen vgl. Abschnitt 3.2

30 Vgl. Abschnitt 2.2

31 Vgl. Tabelle 3-2.

beiter, Netzwerkpartner) auf die Dienstleistungsqualität eingenommen und dadurch unterschiedliche Qualitäts-Controllingobjekte berücksichtigt werden.[32] Wie bereits erläutert, ist eine angemessene IV zur Qualitätssteuerung im DLN von Bedeutung. Aufgrund der hohen Anzahl an Schnittstellen zwischen den in der Regel heterogenen Netzwerkpartnern im DLN muss insbesondere im Rahmen der Qualitätssteuerung eine ausreichende Transparenz vorherrschen, damit Informationsasymmetrien und Oportunismusrisiken[33] gemildert werden und die Netzwerkpartner dadurch Vertrauen aufbauen können. Um die Informationsasymmetrien abzubauen und eine integrierte Qualitätssteuerung über alle Ebenen und Sichten zu erreichen, sollten die relevanten Qualitätsinformationen auch zeitnah im DLN ausgetauscht werden. Daher ist ein weiterer wichtiger Aspekt die Informationslogistik, die in diesem Rahmen realisiert werden muss. Dazu wird ein Qualitätsinformationssystem modelliert, welches die Anforderungen an die Qualitätssteuerung in DLN sowohl aus fachlicher als auch aus technischer Perspektive unterstützt.

Bezogen auf die oben definierte Zielsetzung ergeben sich folgende Forschungsfragen:

- Wie können die Controllingobjekte für die Qualitätssteuerung in DLN sowie deren Zusammenhänge analysiert und dargestellt werden?
- Wie kann die IV zur Qualitätssteuerung in einem DLN konzeptualisiert werden?

Zur Beantwortung der aufgezeigten Forschungsfragen sind weitere Fragestellungen nötig. Im Rahmen der ersten Forschungsfrage müssen folgende Teilfragen beantwortet werden:

- Wie werden DLN definiert und typisiert?
- Wie kann die Qualität für DLN beschrieben werden?
- Welche Anforderungen ergeben sich aus Kunden- und Anbietersicht an die Qualität in DLN?
- Welche Ebenen und Sichten müssen in DLN im Rahmen der Qualitätssteuerung berücksichtigt werden?
- Welche Qualitäts-Controllingobjekte sind im Rahmen der Qualitätssteuerung in DLN zu betrachten?

---

[32]   Vgl. Abschnitt 3.1.1

[33]   Vgl. hierzu die Prinzipal-Agenten-Theorie Abschnitt 2.3.1

- Welche Zusammenhänge bestehen zwischen den einzelnen Qualitäts-Controllingobjekten?

Im Rahmen der zweiten Forschungsfrage sind folgende Teilfragen zu beantworten:

- Wie müssen die Qualitätssteuerungsprozesse im DLN gestaltet werden?
- Welche Qualitätssteuerungsziele, -maßnahmen und instrumente können daraus abgeleitet werden?
- Welche Rollen und Verantwortlichkeiten müssen festgelegt werden?
- Welche Informationen (Kennzahlen) sind im Rahmen der definierten Qualitäts-Controllingobjekte und Qualitätssteuerungsprozesse relevant?
- Wie können Applikationsarchitekturen im DLN gestaltet werden, um die Informations- und Kommunikationsflüsse zu unterstützen?
- Welche IKT kann im Rahmen der IV eingesetzt werden, um die Qualität in DLN entsprechend dem Modell steuern zu können?

Ziel ist ein ganzheitlicher integrierter Steuerungsansatz, der die Anforderungen der Qualitätssicherung und -verbesserung in DLN berücksichtigt. Unter Berücksichtigung der vorgestellten Zielsetzung und Forschungsfragen wird nachstehend methodischem Vorgehen gefolgt.

1.2 Methodisches Vorgehen

Das Forschungsziel lässt erkennen, dass die Arbeit in einen interdisziplinären Forschungskontext eingebettet ist. Hierbei werden die Forschungszweige der Betriebswirtschaftslehre (BWL) sowie der Informatik betrachtet. In der BWL wird der Forschungszweig der Marketing- und der Organisationsforschung berücksichtigt. Dabei werden im Speziellen die Dienstleistungs-, die Qualitäts-, die Netzwerk- sowie die Controlling-Literatur näher betrachtet. Der integrierte Steuerungsansatz wird in den Rahmen eines Qualitätsinformationssystems eingebettet, welches sowohl fachliche als auch technische Gestaltungselemente enthält. Das Qualitätsinformationssystem hat zum Ziel, das DLN mit den relevanten Qualitätsinformationen zu versorgen und eine entsprechende IV zu gewährleisten. Dabei soll das Qualitätsinformationssystem nur die relevanten Informationen zur Qualitätssteuerung im DLN zur Verfügung stellen. Diese sollen außerdem wirtschaftlich – im Sinne einer Kosten-Nutzen-Perspektive – berücksichtigt werden. Diese Aspekte werden u. a. in der Informationsmanagementliteratur diskutiert. Das Informationsmanagement wird hauptsächlich der

Wirtschaftsinformatik zugeordnet und bildet damit die Verbindung zwischen der BWL und der Informatik.[34]

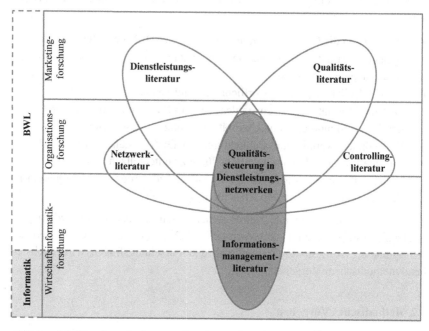

Abbildung 1-1: Einordnung in einen interdisziplinären Forschungskontext[35]

Wissenschaftstheoretisch ist die Form der Erkenntnisgewinnung im Rahmen der Epistemologie zu untersuchen. Epistemologie (Erkenntnistheorie) beschäftigt sich mit der Fragestellung, wie Wissen erlangt werden kann. Das kann zum einen rational über Konstruktion oder logische Herleitung in Form von Gestaltungszielen geschehen. Zum anderen über empirisches Messen und Erfahren der Wirklichkeit in Form von Erkenntniszielen. Die Wirtschaftsinformatik verfolgt wissenschaftstheoretisch betrachtet sowohl Erkenntnis- als auch Gestaltungsziele. Erkenntnisziele sollen helfen, ein Realweltproblem möglichst objektiv umschreiben zu können. Dabei geht es um das Verstehen von Sachverhalten sowie Entwicklungen aus der Realwelt, damit Veränderungen prognostiziert werden

---

34   Vgl. Abbildung 1-1.

35   In Anlehnung an Meldau, S.: Qualitätsmessung in Dienstleistungscentern, S. 8.

können. Dabei sollen Forschungslücken aufgedeckt werden. In der Wirtschaftsinformatik werden u. a. Erkenntnisziele verfolgt, die sich mit vernetzten Unternehmen, wie z. B. einem DLN, und deren IKT sowie der dafür benötigten Applikationsarchitekturen beschäftigen.[36]

Auf den Erkenntniszielen aufbauend, verfolgt die Wirtschaftsinformatik ebenfalls Gestaltungsziele. Gestaltungsziele dienen dazu, das definierte Realweltproblem zu lösen. Hierzu sollen die zuvor erkannten Sachverhalte verändert bzw. neu gestaltet oder erschaffen werden. Angelehnt an die Ingenieurswissenschaften mit einem konstruktionswissenschaftlichen Forschungsparadigma hat die Design Science (Konstruktionswissenschaft) das Ziel, organisatorische Realweltprobleme durch Artefaktekonstruktion zu lösen. Unter Artefakten werden sogenannte Problemlösungskomponenten verstanden, wie z. B. Modelle, Methoden, Konstrukte, Theorien oder Instanziierungen. Diese sollen möglichst generisch gestaltet sein, um allgemeine Erkenntnisse für die Problemlösung ableiten zu können (z. B. Referenzmodelle).[37] Die Wirtschaftsinformatik ist ausdrücklich anwendungsorientiert. Dies wird durch die hauptsächliche Verwendung von Prototyping oder argumentativ-deduktiv ausgerichteten Arbeiten deutlich. Dazu gehört ebenfalls die anschließende Validierung der Artefaktekonstruktion.[38] Im Kontext dieser Arbeit wird das Gestaltungsziel der Ableitung eines integrierten Steuerungsansatzes zur Qualitätssteuerung in DLN verfolgt. Hierbei soll ein Qualitätsinformationssystem konstruiert werden, welches die Qualitätssteuerung im DLN unterstützt.

Die Design Science ist verknüpft mit der Behavioral Science (Verhaltenswissenschaft), die hauptsächlich die Analyse von bereits bestehenden Lösungskonstrukten fokussiert. Hierbei wird versucht, menschliche und organisationale Verhaltensweisen zu erklären. Das Ziel dabei ist, allgemeingültige Ursache-

---

[36] Vgl. Sinz, E. J.: Konstruktionsforschung in der Wirtschaftsinformatik: Was sind Erkenntnisziele gestaltungsorientierter Wirtschaftsinformatik-Forschung?, in: Österle, H., Winter, R., Brenner, W. (Hrsg.): Gestaltungsorientierte Wirtschaftsinformatik: Ein Plädoyer für Rigor und Relevanz, Norderstedt 2010, S. 27-33, S. 30-31; Heinzl, A., König, W., Hack, J.: Erkenntnisziele der Wirtschaftsinformatik in den nächsten drei und zehn Jahren, in: Wirtschaftsinformatik, 43 (2001) 3, S. 223-233, S. 229-230.

[37] Vgl. March, S. T., Smith, G. F.: Design and Natural Science Research on Information Technology, in: Decision Support Systems, 15 (1995) 4, S. 251-266, S. 254; vom Brocke, J.: Referenzmodellierung. Gestaltung und Verteilung von Konstruktionsprozessen, Berlin 2003, S. 15-20.

[38] Vgl. Frank, U.: Zur methodischen Fundierung der Forschung in der Wirtschaftsinformatik, in: Österle, H., Winter, R., Brenner, W. (Hrsg.): Gestaltungsorientierte Wirtschaftsinformatik: Ein Plädoyer für Rigor und Relevanz, Norderstedt 2010, S. 35-44, S. 35-36.

Wirkungs-Beziehungen zu ergründen, um daraus neue Theorien ableiten zu können. Somit kann die Design Science die Erkenntnisse aus der Behavioral Science nutzen bei der Konstruktion neuer Artefakte, und die Behavioral Science kann die Konstrukte aus der Design Science verwenden, um neue Erkenntnisse aus der Realwelt zu gewinnen.[39] Dabei verfolgt die Arbeit den Forschungsprozess der Design Science nach *Peffers et al.*[40]

In der ersten Phase wird die Problemstellung der Qualitätssteuerung in DLN identifiziert und das Forschungsziel der Konzeption eines integrierten Steuerungsansatzes motiviert.

In der zweiten Phase werden die konzeptionellen Grundlagen für die Problemstellung erörtert, da zu Beginn der Problemlösung ein gemeinsames Sprachverständnis geschaffen werden muss. Die in der Literatur unüberschaubare Anzahl an Begrifflichkeiten zu Kooperationen und die unterschiedlichen Auffassungen des Dienstleistungsbegriffs machen eine umfassende Diskussion und Erfassung zum Verständnis der Definition DLN unabdingbar. Weiterhin besteht kein einheitliches Begriffsverständnis für den Terminus Qualität, und die Auffassungen zum Qualitätsmanagement verfolgen unterschiedliche Schwerpunkte. Somit muss auch für die Definition der Qualitätssteuerung im speziellen Kontext von DLN ein einheitliches Verständnis geschaffen werden. Die Steuerung der Qualität in DLN bedingt die Beachtung von Wirkungszusammenhängen in diesem speziellen Kontext. Hierbei kann auf wissenschaftliche Erkenntnisse verschiedener Theorieansätze zurückgegriffen werden. Diese dienen zur Erklärung und der Prognose von Wirkungszusammenhängen und sind wissenschaftlich anerkannte Ansätze. In dieser Arbeit wird das DLN als System verstanden und für den Erkenntnisgewinn die Systemtheorie angewendet. Um die wissenschaftliche Erklärung kausaler Zusammenhänge darzustellen, wird die Neue Institutionenökonomik, und hier insbesondere die Prinzipal-Agenten-Theorie sowie die Transaktionskostentheorie, herangezogen.[41]

---

[39]   Vgl. Becker, J., Pfeiffer, D.: Beziehungen zwischen behavioristischer und konstruktionsorientierter Forschung in der Wirtschaftsinformatik, in: Zelewski, S., Akca, N. (Hrsg.): Fortschritt in den Wirtschaftswissenschaften – Wissenschaftstheoretische Grundlagen und exemplarische Anwendungen, Wiesbaden 2006, S. 1-18, S. 2-3, 15-16.

[40]   Vgl. Peffers, K., Tuunanen, T., Rothenberger, M. A., Chatterjee, S.: A Design Science Research Methodology for Information Systems Research, in: Journal of Management Information Systems, 24 (2007) 3, S. 45–77, S. 54.

[41]   Vgl. Abschnitt 2.2 und 2.3

In der dritten Phase des Forschungsprozesses werden die qualitätsrelevanten Zusammenhänge im DLN anhand von Wirkungskreisläufen analysiert. [42] Hierbei werden verschiedene Perspektiven auf die Qualität in DLN eingenommen. Anhand der Wirkungskreisläufe können Handlungsgrundlagen abgeleitet werden, die für die Konzeption des integrierten Steuerungsansatzes genutzt werden können. Dabei wird versucht, eine gewisse Objektivität der Realität zu gewährleisten. Durch die Modellierung der Wirkungskreisläufe soll versucht werden, die Realität anhand einschlägiger Literatur so objektiv wie möglich abzubilden. Es kann jedoch nicht ausgeschlossen werden, dass eine subjektive Wahrnehmung mit einfließt. [43]

In der vierten Phase des Forschungsprozesses – der Lösungskonstruktion – muss von Subjektivität im Rahmen der Problemlösung ausgegangen werden. In dieser Phase wird der integrierte Steuerungsansatz zur Qualitätssteuerung in DLN theoretisch-konzeptionell entwickelt. Dabei wird der Business Engineering Ansatz [44] als Bezugsrahmen eingesetzt, da dieser einen ganzheitlichen Betrachtungsrahmen bietet, der eine integrierte Sicht auf ein DLN zulässt. Der Lösungsansatz wird zum einen argumentativ-deduktiv abgeleitet. Die argumentativ-deduktive Forschungsmethodik dient der Analyse komplexer Zusammenhänge und versucht, durch Plausibilitätsüberlegungen die Realität gedanklich zu simulieren. Dadurch sollen Handlungsempfehlungen abgeleitet werden. Häufig wird auf empirisch bereits erfasste Zusammenhänge zurückgegriffen, um die Problemstellung transparent zu gestalten und dadurch zu belegen. Es wird versucht, den Lösungsansatz rein sprachlich zu erarbeiten. Dabei wird argumentativ auf bereits vorhandene empirische Studien oder wissenschaftliche Theorien (z. B. Transaktionskostentheorie, Prinzipal-Agenten-Theorie, Systemtheorie) zurückgegriffen. [45] Zum anderen wird mittels semi-formaler Modelle konzeptionell-deduktiv konstruiert. In diesem Rahmen werden ein Prozess- sowie ein Datenmodell entwickelt, welche die relevanten Steuerungsprozesse und Informationsflüsse zur Qualitätssteuerung im DLN abbilden.

---

42   Vgl. Abschnitt 4.1

43   Vgl. Becker, J., Holten, R., Knackstedt, R., Niehaves, B.: Forschungsmethodische Positionierung in der Wirtschaftsinformatik – epistemologische, ontologische und linguistische Leitfragen –, Arbeitsbericht Nr. 93, Münster 2003, S. 6-9.

44   Zur ausführlichen Erläuterung siehe Abschnitt 5.1

45   Vgl. Wilde, T., Hess, T.: Forschungsmethoden der Wirtschaftsinformatik. Eine empirische Untersuchung, in: Wirtschaftsinformatik, 49 (2007) 4, S. 280-287, S. 282.

Abschließend soll der integrierte Steuerungsansatz einer Validierung unterzogen werden. Anhand einer qualitativen empirischen Analyse in Form von Fallstudien soll der Steuerungsansatz untersucht werden. Eine qualitative Analyse bietet sich insbesondere aufgrund der dargestellten Ursache-Wirkungs-Zusammenhänge an, da eine rein quantitative Erhebung die hier basierend auf argumentativen und semi-formalen Annahmen konstruierte Realität nicht adäquat erfassen könnte.[46] Durch Fallstudien kann zusätzlich die praktische Relevanz des Steuerungsansatzes validiert werden. Diesem Anspruch soll in dem Sinne gefolgt werden, als dass das integrierte Steuerungskonzept zur Qualitätssicherung und -verbesserung in DLN einen Rahmen bieten soll, der für die praktische Anwendung Handlungsempfehlungen aufzeigt und Möglichkeiten der Modifikation auf jeglichen spezifischen Kontext bietet.

Folgende Abbildung 1-2 verdeutlicht den Forschungsprozess grafisch:

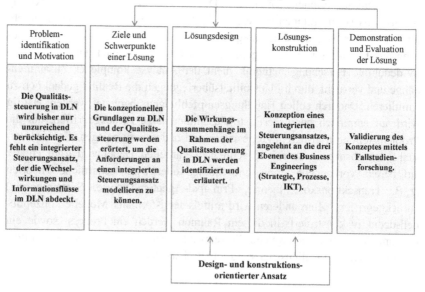

Abbildung 1-2: Forschungsprozess[47]

46　　Vgl. Borchardt, A., Göthlich, S. E.: Erkenntnisgewinnung durch Fallstudien, in: Albers, S., Klapper, D., Konradt, U., Walter, A., Wolf, J. (Hrsg.): Methodik der empirischen Forschung 2. Aufl., Wiesbaden 2007, S. 33-48, S. 36.

47　　In Anlehnung an Peffers, K., Tuunanen, T., Rothenberger, M. A., Chatterjee, S.: A Design Science Research Methodology for Information Systems Research, S. 54.

Nachdem der Forschungsprozess im Detail erläutert wurde, folgt nun der Aufbau der vorliegenden Arbeit.

1.3 Aufbau der Untersuchung

Im Anschluss an die in Kapitel 1 aufgezeigte Problemstellung, Zielsetzung und das methodische Vorgehen erfolgen in Kapitel 2 die Abgrenzung des Begriffs von DLN sowie eine Typisierung. In diesem Rahmen werden ausgewählte Erklärungsansätze aus der Systemtheorie sowie Neuen Institutionenökonomik erläutert, die im vorliegenden Kontext relevant sind.

In Kapitel 3 erfolgt dann die Auseinandersetzung mit dem Kernthema der Arbeit, der Qualitätssteuerung in DLN. Dabei wird vorab diskutiert, welche Merkmale die Dienstleistungsqualität aufweist und welche Qualitätsmanagementansätze in diesem Rahmen anwendbar sind. Im Weiteren wird die Qualitätssteuerung beleuchtet. Dabei werden erst die Besonderheiten der Netzwerksteuerung diskutiert, um daran anschließend die Anforderungen an die Qualitätssteuerung im DLN aufzuzeigen. In Kapitel 4 wird sodann eine Erfolgslogik erarbeitet, die – angelehnt an den Ansatz des vernetzten Denkens – alle relevanten Qualitätsaspekte sowie deren Interdependenzen berücksichtigt. Diese werden ausführlich aus Kunden-, Mitarbeiter-, Führungs- und Netzwerkpartnerperspektive diskutiert. Abschließend werden diese Erkenntnisse gegen ausgewählte, bereits bestehende Qualitätssteuerungsansätze gespiegelt. Daraus leitet sich der Bedarf eines neuen, integrierten Qualitätssteuerungskonzeptes ab, da die bestehenden Ansätze die Komplexität des vorliegenden Kontextes nicht umfassend abdecken können.

In Kapitel 5 folgt nun die eigentliche Konzeptualisierung des integrierten Steuerungsansatzes zur Qualitätssicherung und -verbesserung in DLN. Dabei wird zuerst ein ganzheitliches Qualitätsinformationssystem hergeleitet. Dieses ist aus dem integrierten Bezugsrahmen nach *Baumöl*[48] abgeleitet, welcher sich an der Business Engineering Landkarte nach *Österle* und *Winter*[49] orientiert. Darauf aufbauend werden die einzelnen Ebenen des Qualitätsinformationssystems erläutert. Die Qualitätssteuerungsebene als wichtigste Bezugsebene wird ausführ-

---

[48] Vgl. Baumöl, U.: Change Management in Organisationen. Situative Methodenkonstruktion für flexible Veränderungsprozesse, Wiesbaden 2008, S. 48.

[49] Vgl. Österle, H., Winter, R.: Business Engineering, in: Österle, H., Winter, R. (Hrsg.): Business Engineering. Auf dem Weg zum Unternehmen des Informationszeitalters, 2. Aufl., Berlin 2003, S. 3-19, S. 12.

lich diskutiert. Hierbei werden die einzelnen Qualitätssteuerungsobjekte aufgezeigt. Im Weiteren werden die einzelnen Prozesse der Qualitätssteuerung dargestellt sowie die diese unterstützende Informationsversorgung hervorgehoben. Darauf aufbauend wird ein Datenmodell abgeleitet, welches die Umsetzung der Qualitätsinformationsversorgung auf der IKT-Ebene abbilden soll. Abschließend wird die IKT-Ebene erläutert.

In Kapitel 6 wird anhand einer qualitativen Fallstudienforschung eine Validierung des Konzeptes mittels sechs Fallstudien aus der Praxis angestrebt.

In Kapitel 7 erfolgen eine Zusammenfassung der Ergebnisse der Arbeit sowie ein Ausblick auf zukünftigen Forschungsbedarf.

Nachfolgende Abbildung 1-3 verdeutlicht den Aufbau und Gang der Untersuchung übersichtlich.

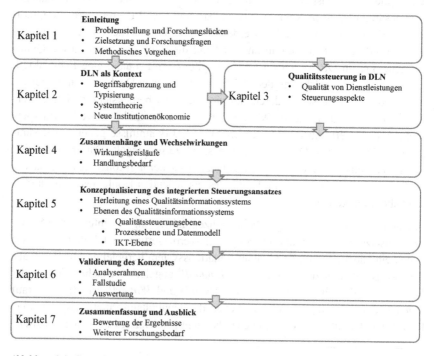

Abbildung 1-3: Gang der Untersuchung

2 Dienstleistungsnetzwerke als Kontext

Es ist zunächst zu klären, welchem Begriffsverständnis diese Arbeit folgt und welche Typisierung von DLN zugrunde gelegt wird. Anschließend werden DLN in einen systemtheoretischen Rahmen eingebettet, der Implikationen für die spätere Konzeptionalisierung des Qualitätssteuerungsansatzes bietet. Im Weiteren folgt die Betrachtung von DLN aus Sicht der Neuen Institutionenökonomik.

2.1 Begriffsabgrenzung und Typisierung

Zur Begriffsabgrenzung von DLN werden im Folgenden zuerst die Begriffe Dienstleistung und Netzwerk eindeutig definiert. Daraus wird dann eine Begriffsdefinition für DLN abgeleitet. Im Anschluss erfolgt die Typisierung von DLN.

Dienstleistungen[50] sind laut DIN EN ISO 9004 Tätigkeiten von Anbietern, die sowohl intern als auch extern zur Erfüllung der Kundenbedürfnisse erbracht werden.[51] Dabei lässt sich die Dienstleistung anhand ihrer konstitutiven Merkmale von der Sachleistung abgrenzen.[52] Im Gegensatz zu Sachleistungen sind reine Dienstleistungen an sich immateriell.[53] Damit ist gemeint, dass sie nicht lagerfähig, nicht speicherbar, nicht transportfähig und vor Kauf nicht präsentierbar sind. Sie sind überwiegend immateriell, also nicht übertragbar, und nur bedingt standortgebunden. Dabei ist zu beachten, dass ein Dienstleistungsange-

---

50 In der Literatur werden teilweise die Begriffe Service und Dienstleistung voneinander abgegrenzt. Services bezeichnen demnach produktergänzende Zusatzleistungen, wie z. B. Reparaturen, Wartungen. In dieser Arbeit wird nicht zwischen den Begriffen Dienstleistung und Service unterschieden, sondern der einheitliche Begriff Dienstleistung verwendet.

51 Vgl. DIN Deutsches Institut für Normung e. V. (Hrsg.): DIN EN ISO 9004, Leiten und Lenken für den nachhaltigen Erfolg einer Organisation – Ein Qualitätsmanagementansatz (ISO/DIS 9004:2008), Berlin 2008, S. 9.

52 Vgl. Maleri, R., Frietzsche, U.: Grundlagen der Dienstleistungsproduktion, 5. Aufl., Berlin 2008, S. 31-34; Meffert, H., Bruhn, M.: Dienstleistungsmarketing, Grundlagen – Konzepte – Methoden, 5. Aufl., Wiesbaden 2006, S. 34-43.

53 Vgl. McDougall, G., Snetsinger, D.: The intangibility of services: measurement and cometitive perspectives, in: Journal of Service Marketing, 4 (1990) 4, S. 27-40, S. 28; Ahlert, D., Evanschitzky, H.: Dienstleistungsnetzwerke, S. 25-26.

bot in der Regel sowohl materielle als auch immaterielle Leistungsbestandteile enthält.[54] Ein Beispiel ist eine Friseurdienstleistung, die zum einen aus der immateriellen Fähigkeit des Friseurs besteht, der seine Kreativität und Erfahrung in den Dienstleistungsprozess einbringt. Zum anderen werden auch materielle Bestandteile, wie z. B. Shampoo, Haarfarbe oder Haarspray, in das Dienstleistungsangebot integriert. Es wird deutlich, dass ein Dienstleistungsangebot als Leistungsbündel betrachtet werden muss und die reine immaterielle Dienstleistung in der Realität selten vorzufinden sein wird.[55]

Weiterhin spielt die Integration des externen Faktors eine bedeutende Rolle.[56] Das beinhaltet die Interaktion zwischen Anbieter und Kunde sowie die Individualität der Leistung. Der Kunde wird überwiegend in den Leistungserstellungsprozess mit eingebunden. Einige Autoren bezeichnen die Integration des Kunden als bedeutsamstes Merkmal von Dienstleistungen.[57] Am Beispiel der Friseurdienstleistung wird deutlich, dass der Kunde bei der Erbringung der Dienstleistung anwesend sein muss und sein Haar zur Verfügung stellt. Er äußert seine individuellen Wünsche und hat während des Prozesses Einfluss auf die Dienstleistungserbringung. Demgegenüber gibt es Dienstleistungen, bei denen der Kunde selber weniger in den Leistungserstellungsprozess mit einge-

---

[54]   Vgl. Engelhardt, W. H., Kleinaltenkamp, M., Reckenfelderbäumer, M.: Leistungsbündel als Absatzobjekte. Ein Ansatz zur Überwindung der Dichotomie von Sach- und Dienstleistungen, in: Zeitschrift für betriebswirtschaftliche Forschung, 45 (1993) 5, S. 395-426, S. 400; Corsten, H., Gössinger, R.: Dienstleistungsmanagement, 5. Aufl., München 2007, S. 21-30; Woratschek, H.: Die Typologie von Dienstleistungen aus informationsökonomischer Sicht, in: Der Markt, 35 (1996) 136, S. 59-71, S. 59.

[55]   Vgl. Homburg, C., Garbe, B.: Industrielle Dienstleistungen. Bestandsaufnahme und Entwicklungsrichtungen, in: Zeitschrift für Betriebswirtschaft, 66 (1996) 3, S. 253-282, S. 255; Shostack, L.: How to Design a Service, in: European Journal of Marketing, 16 (1982) 1, S. 49-63; Rushton, A. M., Carson, D. J.: The Marketing of Services: Managing the Intangibles, in: European Journal of Marketing, 23 (1989) 8, S. 23-44, S. 28.

[56]   Vgl. Meffert, H., Bruhn, M.: Dienstleistungsmarketing, S. 65; Stuhlmann, S.: Die Bedeutung des externen Faktors in der Dienstleistungsproduktion, in: Corsten, H., Schneider, H. (Hrsg.): Wettbewerbsfaktor Dienstleistung, München 1999, S. 25-58, S. 25.; Ahlert, D., Evanschitzky, H.: Dienstleistungsnetzwerke, S. 26-27.

[57]   Vgl. hierzu z. B. Fließ, S.: Dienstleistungsmanagement. Kundenintegration gestalten und steuern, Wiesbaden 2009, S. 11-15; Chase, R. B.: Where Does the Customer Fit in a Service Operation?, in: Harvard Business Review, 56 (1978) 6, S. 137-142; Hilke, W.: Grundprobleme und Entwicklungstendenzen des Dienstleistungsmarketing, in: Hilke, W. (Hrsg): Dienstleistungs-Marketing: Banken und Versicherungen, freie Berufe, Handel und Transport, nichterwerbswirtschaftlich orientierte Organisationen, Wiesbaden 1989, S. 5-44, S. 12-13; Meyer, A.: Dienstleistungs-Marketing, in: Meyer, P. W., Meyer, A. (Hrsg.): Marketing-Systeme. Grundlagen des institutionellen Marketing, 2. Aufl., Stuttgart 1993, S. 173-220, S. 183-184.

bunden ist, wie z. B. bei einer Autoreparatur. Hier stellt der Kunde den externen Faktor, das Auto, zur Verfügung, damit die Dienstleistung an dem Objekt durchgeführt werden kann.[58]

Eine weitere Differenzierung zur Sachleistung ergibt sich aus dem sogenannten Uno-Actu-Prinzip.[59] Das heißt, dass die Dienstleistung nicht teilbar ist und eine Simultanität von Herstellung und Konsum vorliegt. In dem Friseurbeispiel wird wieder deutlich, dass Dienstleistung und Konsum zeitgleich stattfinden. Der Kunde ist zum Dienstleistungszeitpunkt anwesend und erfährt zeitgleich die erbrachte Dienstleistung des Friseurs. Dieses Merkmal ist, wie die beiden voran genannten, ebenfalls differenziert zu betrachten. Eine Möglichkeit, das Uno-Actu-Prinzip aufzuweichen, bietet die von *Meyer* definierte Veredelung in Form von Speicherung und Multiplikation von Dienstleistungen. Ein Beispiel sind Aufzeichnungen von Kultur- oder Sportveranstaltungen, die digital aufgenommen werden können und somit unabhängig von Ort und Zeit nachträglich vom Kunden konsumiert werden können. Durch die Aufzeichnung und Bereitstellung, z. B. in Form einer DVD, wird die Dienstleistung in ein materielles Sachgut umgewandelt.[60]

Mittels dieser konstitutiven Merkmale lassen sich Dienstleistungen in folgende übergeordnete Ansätze unterteilen:[61]

- Der potenzialorientierte Ansatz definiert die Dienstleistung als Potenzial des Herstellers, welches er durch Menschen oder Maschinen schafft, um dem Kunden eine gewünschte Dienstleistung zur Verfügung zu stellen.[62]

---

[58] Vgl. Fließ, S.: Dienstleistungsmanagement, S. 14.

[59] Vgl. Corsten, H., Gössinger, R.: Dienstleistungsmanagement, S. 22; Lehmann, A.: Dienstleistungsmanagement. Strategien und Ansatzpunkte zur Schaffung von Servicequalität, 2. Aufl., Stuttgart 1995, S. 21-24; Mudie, P., Cottam, A.: The Management and Marketing of Services, 2. Aufl., Oxford 1997, S. 7-8.

[60] Vgl. Meyer, A.: Die Automatisierung und Veredelung von Dienstleistungen – Auswege aus der dienstleistungsinhärenten Produktivitätsschwäche, in: Corsten, H. (Hrsg.): Integratives Dienstleistungsmanagement, Wiesbaden 1994, S. 71-90.

[61] Vgl. Bruhn, M.: Qualitätsmanagement für Dienstleistungen, S. 23; Corsten, H., Gössinger, R.: Dienstleistungsmanagement, S. 21-22; In der Literatur ist weiterhin ein tätigkeitsorientierter Ansatz zu finden, der die Dienstleistung als Arbeitskraft beschreibt, die ein Mensch physisch und psychisch sowie mit und ohne materielle Güter, zum Zwecke der menschlichen Bedürfnisbefriedigung aufwendet. Dieser Ansatz ist jedoch nicht konkret definiert (vgl. Meffert, H., Bruhn, M.: Dienstleistungsmarketing, S. 29) und bietet für die in dieser Arbeit beschriebene Problemstellung wenig Aussagekraft.

[62] Vgl. Meyer, A., Mattmüller, R.: Qualität von Dienstleistungen. Entwicklung eines praxisorientierten Qualitätsmodells, in: Marketing ZFP, 9 (1987) 3, S. 187-195.

Beispielsweise stellen die personellen und materiellen Ressourcen eines Hotels dessen Potenzial dar, in welchem Umfang und welcher Art es seine Dienstleistungen dem Kunden erbringen kann.

- Der prozessorientierte Ansatz betrachtet insbesondere das Uno-Actu-Prinzip. Die Dienstleistung entspricht einem Leistungsprozess, bei dem Herstellung und Konsum überwiegend parallel verlaufen. Dies ist z. B. bei der direkten Kundenberatung zu beobachten.

- Der ergebnisorientierte Ansatz definiert die Dienstleistung als abgeschlossenen Leistungsprozess, also als tatsächlich produziertes, immaterielles, für den Kunden nutzenstiftendes Gut. Das liegt z. B. vor, wenn der Kunde nach der Kundenberatung einen Vertrag mit dem Dienstleister abschließt. Der Vertragsabschluss stellt hierbei das Ergebnis des Dienstleistungsprozesses dar.

Anhand der vorangegangenen Abgrenzungen folgt diese Arbeit nachstehender Begriffsdefinition:[63]

> *Eine **Dienstleistung** ist eine marktfähige Leistung eines Anbieters in Form von Ausstattung und Fähigkeiten (Potenzialorientierung), die interne (z. B. Mitarbeiter, Infrastruktur) sowie externe (z. B. Personen, Objekte) Faktoren im Leistungserstellungsprozess kombiniert (Prozessorientierung). Dabei kann der externe Faktor (Kunde) aktiv am Leistungserstellungsprozess beteiligt sein oder Objekte (z. B. Auto) sowie Informationen bereitstellen, an denen oder mithilfe dessen die Dienstleistung vollzogen werden kann. Das Dienstleistungsergebnis, enthält hauptsächlich, jedoch nicht ausschließlich, immaterielle Bestandteile (Ergebnisorientierung). Sowohl der Leistungserstellungsprozess als auch das Dienstleistungsergebnis dienen der Nutzenstiftung für den Kunden.*

Diese nutzenstiftende Wirkung zu erzielen, wird für Unternehmen in Zeiten der Globalisierung und des dadurch verschärften Wettbewerbs, immer schwieriger. Aufgrund der vorhandenen Angebotsvielfalt steigen die Anforderungen der Kunden stetig. Unternehmen haben die Möglichkeit, diesen externen Einflüssen entgegenzuwirken, indem sie ihre Organisationsformen restrukturieren und sich verstärkt auf ihre Kernkompetenzen konzentrieren.[64] Einerseits kann beobachtet

---

[63]   In Anlehnung an Fließ, S.: Dienstleistungsmanagement, S. 14-15; Meffert, H., Bruhn, M.: Dienstleistungsmarketing, S. 33.

[64]   Vgl. Prahalad, C. K., Hamel, G.: The Core Competence of the Corporation, in: Harvard Business Review, 68 (1990) 3, S. 79-91.

werden, dass Unternehmen mittels Kooperation versuchen, sich Kernkompeten-zen anderer Unternehmen (Komplementärkompetenzen) zu bedienen, um die ihnen fehlenden Ressourcen in die eigenen Prozesse zu integrieren. Andererseits können Prozesse ausgelagert werden, die nicht zu den eigenen Kernkompeten-zen gehören.[65]

Netzwerke stellen einen der Grundtypen von Unternehmenskooperationen ne-ben Joint Ventures und Strategischen Allianzen dar. Während bei einem Joint Venture ein rechtlich selbstständiges Gemeinschaftsunternehmen aus den ko-operierenden Unternehmen gegründet wird, geht es bei der Strategischen Alli-anz und dem Netzwerk um eine Zusammenarbeit, die überwiegend längerfristig ausgelegt ist und bei dem die einzelnen Unternehmen rechtlich selbstständig bleiben.[66] Der Unterschied der Strategischen Allianz zum Netzwerk besteht hauptsächlich aus der Anzahl der Kooperationspartner. Bei der Strategischen Allianz kooperieren in der Regel zwei Unternehmen miteinander, während im Netzwerk mindestens drei Unternehmen eine kooperative Zusammenarbeit anstreben.[67]

Die Systematisierung von Netzwerken kann über die geografische Ausrichtung erfolgen. Denkbar sind hier z. B. regionale, nationale, europäische oder interna-tionale Netzwerke. Des Weiteren kann eine Systematisierung anhand der Ko-operationsrichtung in vertikal, horizontal oder lateral erfolgen. Dabei ist eben-falls nach dem Marktauftritt zu unterscheiden, z. B. ob das Netzwerk einheitlich unter einem Markennamen oder uneinheitlich am Markt auftritt.[68]

In der Literatur sind auch weitaus differenziertere Ansätze zur Systematisierung von Netzwerken zu finden. Netzwerke können intern (intraorganisational) oder extern (interorganisational) ausgerichtet sein.[69]

---

[65] Vgl. Stauss, B., Bruhn, M.: Dienstleistungsnetzwerke – Eine Einführung in den Sammelband, S. 5.

[66] Vgl. Hess, T.: Netzwerkcontrolling: Instrumente und ihre Werkzeugunterstützung, Wiesbaden 2002, S. 10.

[67] Vgl. Sydow, J.: Strategische Netzwerke. Evolution und Organisation, Wiesbaden 1992, S. 61-64.

[68] Vgl. Ahlert, D., Evanschitzky, H.: Dienstleistungsnetzwerke, S. 36.

[69] In Anlehnung an Borchert, S., Markmann, F., Steffen, M., Vogel, S.: Netzwerkarrangement – Konzepte, Typologie und Managementaspekte, Arbeitspapier Nr. 21, Münster 1999 und die darin zitierten Quellen.

Die intraorganisational ausgerichteten Ansätze betrachten Interaktionen innerhalb eines Unternehmens, also zwischen einzelnen Unternehmenseinheiten.[70] Im
Betrachtungsfokus stehen die Beziehungs- und Kommunikationsmuster zwischen Unternehmenseinheiten in Konzernstrukturen, wie z. B. transnationalen
Unternehmen[71]. Die Idee ist, Marktmechanismen zu internalisieren und dadurch
Effizienzsteigerungen in Form von optimaler Ressourcenallokation oder kürze-
ren Reaktionszeiten zu erzielen.[72] Die interorganisationale Ausrichtung betrachtet das Netzwerk als externes Gefüge zwischen verschiedenen Unternehmen.
Die wissenschaftliche Debatte über diese Organisationsform ist aus zwei Rich-
tungen zu beobachten. Auf der einen Forschungsseite wird das Netzwerk als
hybride Steuerungsform zwischen Markt und Hierarchie verstanden. Hierbei
werden insbesondere die fließenden Übergänge zwischen Markt und Hierarchie
hervorgehoben.[73] Die andere Seite von Wissenschaftlern betrachtet das Netzwerk als eigenständige, in sich geschlossene Organisationsform. Dabei steht die
Beziehung der Netzwerkpartner in Form von gegenseitiger Verbundenheit und
langfristiger Orientierung im Vordergrund. Interorganisationale Netzwerke
basieren u. a. auf Macht- und Wissensbeziehungen.[74] Hier finden sich allerdings

---

70   Vgl. Mueller, R. K.: Betriebliche Netzwerke: kontra Hierarchie und Bürokratie, Freiburg
      1988; Lorenzoni, G., Grandi, A., Boari, C.: Network Organizations: Three Basic Concepts,
      unveröffentlichtes Arbeitspapier der Universität Bologna 1989.

71   Vgl. Bartlett, C., Ghoshal, S.: Internationale Unternehmensführung. Innovation, globale
      Effizienz, differenziertes Marketing, Frankfurt 1990.

72   Vgl. Snow, Ch. C., Miles, R. E., Coleman, H.: Managing the 21st Century Network Organiza-
      tions, in: Organizational Dynamics, 20 (1992) 3, S. 5-20.

73   Vgl. Sydow, J.: Strategische Netzwerke; Kenis, P., Schneider, V. (Hrsg.): Organisation und
      Netzwerk. Institutionelle Steuerung in Wirtschaft und Politik, Frankfurt 1996; Williamson, O.
      E.: Comparative Economic Organization: The Analysis of Discrete Structural Alternatives, in:
      Administrative Science Quarterly, 36 (1991) 2, S. 269-296; Jarillo, J. C.: On Strategic Net-
      works, in: Strategic Management Journal, 9 (1988) 1, S. 31-41; Snow, Ch. C., Miles, R. E.,
      Coleman, H.: Managing the 21st Century Network Organizations; Obring, K.: Strategische
      Unternehmensführung und polyzentrische Strukturen, München 1992; Alter, C., Hage, J.: Or-
      ganizations working together, London 1993; Meyer, M.: Ökonomische Organisation der In-
      dustrie: Netzwerkarrangements zwischen Markt und Unternehmung, Münster 1994; Thorelli,
      H. B.: Networks: Between Markets and Hierarchies, in: Strategic Management Journal,
      7 (1986), S. 37-51.

74   Vgl. Powell, W. W.: Neither market nor hierarchy: Network forms of organization, in: Re-
      search in Organizational Behavior, 12 (1990), S. 295-336; Willke, H.: Systemtheorie III:
      Steuerungstheorie. Grundzüge einer Theorie der Steuerung komplexer Sozialsysteme,
      3. Aufl., Stuttgart 2001; Teubner, G.: Die vielköpfige Hydra: Netzwerke als kollektive Akteu-
      re höherer Ordnung, in: Krohn, W., Küppers, G. (Hrsg.), Emergenz: Die Entstehung von Ord-
      nung, Organisation und Bedeutung, 2. Aufl., Frankfurt 1992, S. 189-216; Klein, S.: Interorga-

ebenfalls wesentliche Elemente der Ausprägungen Markt und Hierarchie wieder, sodass keine grundsätzlich differierenden Koordinationsmuster vorzufinden sind. Die Differenzierung dient hier allein der Vollständigkeit, hat jedoch keine Auswirkungen auf den weiteren Betrachtungsrahmen der Arbeit.

Abbildung 2-1 stellt die grundlegende Systematisierung der Netzwerkansätze nochmals übersichtlich dar.

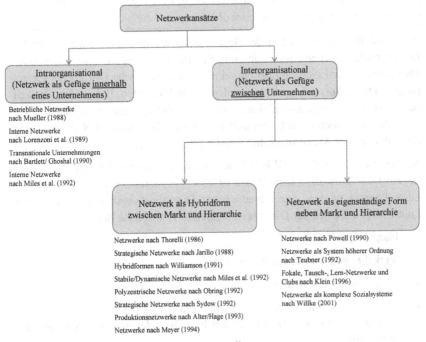

Abbildung 2-1: Systematisierung von Netzwerkansätzen[75]

Im Hinblick auf die vorangegangenen Ausführungen der Begriffe Dienstleistung und Netzwerk wird unter DLN in dieser Arbeit folgender Definition gefolgt:[76]

---

nisationssysteme und Unternehmensnetzwerke. Wechselwirkungen zwischen organisatorischer und informationstechnischer Entwicklung, Wiesbaden 1995.

75 In Anlehnung an Borchert, S., Markmann, F., Steffen, M., Vogel, S.: Netzwerkarrangement, S. 57.

76 Vgl. Ahlert, D., Evanschitzky, H.: Dienstleistungsnetzwerke, S. 46.

> *DLN sind eine Kooperation von mindestens drei Unternehmen, die ihre rechtliche Selbstständigkeit behalten und ihr Leistungsangebot auf die Erbringung von Dienstleistungen ausgerichtet haben. Sie bilden demnach ein interorganisationales Gefüge zwischen Markt und Hierarchie. Die Kooperation basiert auf einer auf gewisse Dauer angelegten Zusammenarbeit, um am Markt ein Dienstleistungsbündel anzubieten. Die Unternehmen des Netzwerks sind hinsichtlich ihres Ressourcenaustausches für das gemeinsame Dienstleistungsbündel voneinander abhängig.*

In der Literatur ist außerdem der Begriff des Dienstleistungscenters zu finden. Die charakteristischen Merkmale von Dienstleistungscentern sind insbesondere ein gemeinsamer Erstellungsort und eine geringe räumliche Distanz der Centerpartner. Diese Ausprägung ist beispielsweise in Flughäfen, Bahnhöfen, Freizeitparks, Messe-, Kongress-, Einkaufs- oder Gesundheitscentern zu finden.[77] Das Dienstleistungscenter stellt demnach eine Sonderform von DLN dar und wird deshalb in dieser Arbeit unter den Begriff des DLN gefasst.

Nachdem der Begriff des DLN definiert wurde, ist nun zu klären, welche Struktur ein DLN aufweisen kann. Dazu ist eine Typisierung von DLN notwendig. DLN können in den unterschiedlichsten Dienstleistungsbereichen entstehen. Laut *BMWi* lässt sich der Dienstleistungssektor in folgende Bereiche gliedern:[78]

- Handel und Gastgewerbe,

- Verkehr- und Nachrichtenübermittlung,

- Kredit- und Versicherungsgewerbe,

- Grundstücks- und Wohnungswesen, Vermietung beweglicher Sachen, Erbringung von sonstigen wirtschaftlichen Dienstleistungen (Unternehmensdienstleister),

- Gebietskörperschaften und Sozialversicherung,

- Erziehung und Unterricht,

- Gesundheits-, Veterinär- und Sozialwesen sowie

- sonstige öffentliche und persönliche Dienstleistungen.

---

[77] Vgl. Birkelbach, R.: Qualitätsmanagement in Dienstleistungscentern, S. 2; Meldau, S.: Qualitätsmessung in Dienstleistungscentern, S. 4.

[78] Vgl. Bundesministerium für Wirtschaft und Technologie (BMWi): Volkswirtschaftliche Bedeutung des Dienstleistungssektors, http://www.bmwi.de/DE/Themen/Wirtschaft/dienstleistungswirtschaft,did=239886.html (Abruf am 03.07.2012).

Dabei ist ein homogenes DLN aus nur einem Dienstleistungsbereich (z. B. Gesundheitsnetzwerk) ebenso denkbar wie ein heterogenes DLN aus mehreren Dienstleistungsbereichen (z. B. Verkehrsflughafen). Zu untersuchen ist, nach welcher Struktur sich DLN typisieren lassen.

Angelehnt an das Verständnis, dass ein DLN als Gefüge zwischen Markt und Hierarchie zu verstehen ist, können die Machtbeziehungen eher heterarchisch (polyzentrisch) oder eher hierarchisch (fokal) ausgerichtet sein.[79] Heterarchische Netzwerke zeichnen sich durch eine gleichgewichtige gegenseitige Abhängigkeit aus. Hier sind alle Netzwerkpartner gleichberechtigt und die Netzwerkbeziehungen sind häufig informell gestaltet. Oft schließen sich KMU der gleichen Wertschöpfungstufe (horizontal) zu einem heterarchischen DLN zusammen. In einem hierarchischen Netzwerk hat in der Regel ein fokales Unternehmen die Entscheidungsmacht. Oft ist es der Netzwerkpartner, welcher aufgrund seiner Größe, seines Marktzugangs oder der Ressourcenvorteile den anderen Netzwerkpartnern überlegen ist. Häufig ist diese Form in Netzwerken mit Unternehmen unterschiedlicher Wertschöpfungsstufen (vertikal) zu finden.[80]

Sydow betrachtet bei seiner Typisierung von Netzwerken ebenfalls die Machtbeziehungen. Er untersucht diese in Verbindung mit der zeitlichen Stabilität von Unternehmensnetzwerken und generiert daraus vier interorganisationale Netzwerktypologien. Netzwerke können demnach hierarchische oder heterarchische Machtbeziehungen aufweisen und zeitlich dynamisch oder stabil aufgestellt sein. *Sydow* spannt ein Kontinuum zwischen den vier Ausprägungen in einer Matrix auf und platziert regionale Netzwerke auf der heterarchischen Achse in einem zeitlich stabilen bis dynamischen Umfeld. Virtuelle Unternehmen sowie Projektnetzwerke sind eher dynamisch und hierarchisch organisiert. Strategische Netzwerke bewegen sich auf der stabilen und hierarchischen Achse.[81]

Abbildung 2-2 verdeutlicht die Typisierung der Netzwerktypen nach *Sydow*.

---

79   Vgl. Wildemann, H.: Koordination von Unternehmensnetzwerken, in: Zeitschrift für Betriebswirtschaft, 67 (1997) 4, S. 417-439, S. 422-426.

80   Vgl. Stauss, B., Bruhn, M.: Dienstleistungsnetzwerke – Eine Einführung in den Sammelband, S. 9-10; Sydow, J.: Strategische Netzwerke, S. 79-82.

81   Vgl. Sydow, J.: Management von Netzwerkorganisationen – Zum Stand der Forschung, in: Sydow, J. (Hrsg.): Management von Netzwerkorganisationen, 4. Aufl., Wiesbaden 2006, S. 387-472, S. 393-400.

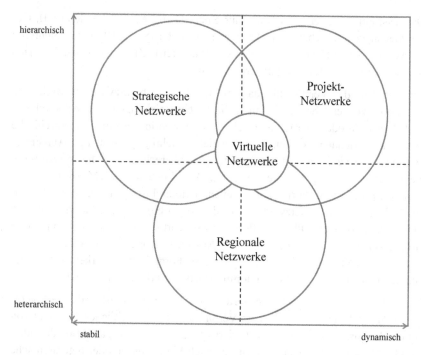

Abbildung 2-2: Typisierung von Netzwerktypen nach Sydow[82]

Die einzelnen Netzwerktypen werden von *Sydow* wie folgt definiert:[83]

- Strategische Netzwerke weisen eine hierarchische Struktur auf und werden durch ein fokales Unternehmen geführt. Dabei ist das fokale Unternehmen in der Regel das Unternehmen im Netzwerk mit dem stärksten Image und der größten Kundennähe und hat mit seiner übergeordneten Stellung im Netzwerk häufig alleinige Entscheidungsmacht. Die Koordination der anderen Netzwerkpartner erfolgt in der Regel formell über Verträge. Strategische Netzwerke sind häufig in vertikalen Netzwerkstrukturen, wie z. B. in der Automobilindustrie, zu finden, können jedoch auch in Dienstleistungsbranchen, wie z. B. in der Logistikbranche, zu finden sein.

- Projekt-Netzwerke sind in der Regel auf einen bestimmten Zeitraum begrenzt. Die Kooperation zwischen den Netzwerkpartnern beruht auf Basis

---

Vgl. ebenda, S. 396.

Vgl. hier und im Folgenden ebenda, S. 395-400 und die darin zitierten Quellen.

eines Projektes, wie z. B. eines Beratungsprojektes. Häufig bleibt die Beziehung zwischen den Netzwerkpartnern jedoch bestehen und die Netzwerkpartner kooperieren auch bei zukünftigen Projekten miteinander. Die Machtbeziehungen in Projekt-Netzwerken sind eher heterarchisch und die Netzwerkpartner haben eine gleichberechtigte Stellung. Lediglich die Projektleitung, in der Regel der Netzwerkpartner, der den Kundenauftrag akquiriert hat, hat gewisse Entscheidungsbefugnisse.

- Virtuelle Netzwerke sind von der Struktur her vergleichbar mit den Projekt-Netzwerken. Jedoch hat der Kunde in der Regel nur zu einem Netzwerkpartner Kontakt und nimmt die Kooperation bei der Leistungserstellung, wie z. B. IT-Dienstleistungen, nicht direkt wahr. Die Zusammenarbeit in virtuellen Netzwerken wird durch den Einsatz geeigneter IKT im Netzwerk begünstigt. Die Machtbeziehungen gestalten sich bei den virtuellen Netzwerken ähnlich wie bei den Projekt-Netzwerken.

- Regionale Netzwerke sind dadurch gekennzeichnet, dass sich in der Regel KMU aus der gleichen Region zusammenschließen, um ihre Marktmacht und Innovationskraft zu verbessern. Die Netzwerkpartner sind in regionalen Netzwerken, wie z. B. Handwerkernetzwerken, gleichberechtigt, und es finden sich keine hierarchischen Strukturen wieder.

Da in vorliegender Arbeit das Ziel eines integrierten Steuerungsansatzes zur Qualitätssicherung und -verbesserung im DLN angestrebt wird, ist die Notwendigkeit eines koordinierenden Netzwerkpartners gegeben.[84] Dieser koordinierende Netzwerkpartner muss dabei jedoch keine übergeordnete Stellung, wie z. B. ein fokales Unternehmen, im DLN einnehmen. Vielmehr wird über die Maßnahmen zur Qualitätssteuerung gemeinschaftlich in Form von Gremien verhandelt, und den einzelnen Netzwerkpartnern obliegt überwiegend die Selbststeuerung zur Realisierung dieser Maßnahmen.[85]

Um die Frage zu klären, welche Netzwerkpartner im DLN die Rolle der koordinierenden Netzwerkpartner wahrnehmen, kann von Bedeutung sein, welches Netzwerkbild dem Kunden vermittelt wird. Der Kunde kann z. B. nur einen Kontaktpunkt[86] zu einem Netzwerkpartner aus dem DLN haben und erkennt

---

84　Vgl. Bieger, T., Beritelli, P.: Dienstleistungsmanagement in Netzwerken. Wettbewerbsvorteile durch das Management des virtuellen Dienstleistungsunternehmens, Bern 2006, S. 7.

85　Vgl. Kapitel 5.

86　Ausführungen zu Kontaktpunkten in DLN vgl. Meldau, S.: Qualitätsmessung in Dienstleistungscentern, S. 12-17.

dadurch nicht, dass hinter der Leistung mehrere Netzwerkpartner stehen. Dies
ist z. B. bei virtuellen Netzwerken gegeben. Dabei hat der Netzwerkpartner,
welcher den Kontaktpunkt zum Kunden hat, eine gewisse Machtüberlegenheit
gegenüber den anderen Netzwerkpartnern und ist somit in der Regel automa-
tisch der koordinierende Netzwerkpartner (z. B. bei virtuellen oder Projekt-
Netzwerken). Hat der Kunde mehrere Kontaktpunkte zu Netzwerkpartnern des
DLN bei der Leistungserbringung, sind die Machtverhältnisse ausgeglichener
und der koordinierende Netzwerkpartner kann durch Abstimmung aller Netzwerkpartner im DLN bestimmt werden.[87]

Ein weiteres Kriterium zur Typisierung von DLN konstatieren *Stauss* und
Bruhn. Sie unterscheiden eine anbieter- und nachfragerintendierte Bildung von
DLN. Dabei erfolgt die anbieterintendierte Bildung von DLN durch die Netzwerkpartner, die sich aufgrund von Wettbewerbsvorteilen oder Kompetenzbün-
delungen bewusst zu einem DLN zusammenschließen. Die nachfragerintendierte Bildung erfolgt aufgrund von ungewolltem und unstrukturiertem Gestalten
durch den Kunden, z. B. bei touristischen Dienstleistungen durch eine individuell zusammengestellte Reise.[88] Solche nachfragerintendierten Bildungen stellen
nach der hier vertretenen Auffassung keine DLN dar. In der hier aufgeführten
Definition sind DLN immer anbieterintendiert, also bewusst von den Netzwerkpartnern gebildet, um daraus Wettbewerbsvorteile generieren zu können.

Die Netzwerkpartner verfolgen dabei unterschiedliche Zielsetzungen, sich dem
DLN anzuschließen. Dies können z. B. subjektive Leitbilder der potenziellen
Netzwerkpartner sein. Diese bewirken, ob die Beziehungsstruktur eher kompeti-
tiv, also konkurrenzorientiert, egoistisch auf die eigenen Ziele oder kooperativ
am Gesamtziel des DLN ausgerichtet ist. Damit verbunden ist auch die geplante
Beziehungsdauer, die ein Netzwerkpartner dem DLN angehören möchte. Je
langfristiger die Netzwerkpartner eine Zugehörigkeit planen, desto eher kann
von einer kooperativen Beziehungsstruktur ausgegangen werden. Das impliziert
auch, wie stark sich der Netzwerkpartner dem DLN verpflichtet fühlt. Die innere Verpflichtung des Netzwerkpartners dem DLN gegenüber wirkt sich auf
dessen Qualitätsbestrebungen aus. Je stärker sich der Netzwerkpartner mit dem
DLN identifizieren kann, desto höher können die Bestrebungen vermutet wer-

---

[87]   Vgl. Erklärungen zu Machtausübungen in DLN Kantsperger, R., Kunz, W. H.: Macht in einer
       triadischen Sichtweise von Dienstleistungsnetzwerken. Eine ökonomische Analyse, in: Mar-
       keting ZFP 26 (2004) Spezialausgabe „Dienstleistungsmarketing", S. 5-14, S. 10-12.

[88]   Vgl. Stauss, B., Bruhn, M.: Dienstleistungsnetzwerke – Eine Einführung in den Sammelband,
       S. 10-11.

den, einen Beitrag zur Gesamtqualität des DLN zu leisten. Welchen Beitrag ein Netzwerkpartner zur Qualitätssicherung und -verbesserung im DLN leistet, hat auch mit der ökonomischen Anreiz-Beitrags-Struktur[89] zu tun. Nur wenn der Netzwerkpartner einen individuellen Nutzen darin sieht, qualitätsorientiert im DLN zu agieren, wird er die Qualitätsbestrebungen aufrechterhalten. Es muss im DLN also ein Anreiz geschaffen werden, damit alle Netzwerkpartner den Qualitätsgedanken mit tragen. Dabei ist – wie bereits erläutert – ausschlaggebend, welche Machtbeziehungen im DLN vorherrschen, das heißt, mit welchen Mitteln die Qualitätsvorgaben kontrolliert und gesteuert werden können.[90]

Die Machtbeziehungen ergeben sich auch aus dem Bindungsgrad, den die einzelnen Netzwerkpartner im DLN untereinander anstreben. Der Bindungsgrad gibt Auskunft über die Bereitschaft der einzelnen Netzwerkpartner (z. B. durch ihre subjektiven Leitbilder oder Anreiz-Beitrags-Strukturen), sich an das DLN zu binden, z. B. in Form von Verträgen. Ein niedriger Bindungsgrad bedeutet, dass die Netzwerkpartner sich bezüglich ihrer Verhaltensweisen und Qualitätsaktivitäten wenig bis gar nicht vertraglich abgestimmt haben. Das entspricht einer heterarchischen Machtbeziehung, in der jeder Netzwerkpartner gleichberechtigt nach eigenem Ermessen handeln kann. Die stärkste Ausprägung des Bindungsgrades entspricht einer hierarchischen Machtbeziehung im Hinblick auf das Verhalten und die Aktivitäten im Rahmen der Qualität im DLN. Hier kann das gesamte DLN z. B. durch Sanktionsmaßnahmen eingreifen, wenn ein Netzwerkpartner die vertraglich abgestimmten Vorgaben nicht erfüllt. Dazwischen bewegt sich das Netzwerkkontinuum, welches je nach Ausprägungsform zwischen den beiden Extremen variieren kann. Im Weiteren ist auch der Autonomiegrad für die Struktur im DLN zu betrachten. Damit wird gezeigt, welche Freiheitsgrade die einzelnen Netzwerkpartner in der Gesamtstruktur des DLN haben. Je niedriger der Autonomiegrad der Netzwerkpartner im DLN ist, desto hierarchischer können die Machtbeziehungen vermutet werden.[91]

---

[89] Vgl. hierzu die Anreiz-Beitrags-Theorie von March, J. G., Simon, H. A.: Organizations, New York 1958.

[90] Vgl. Birkelbach, R.: Qualitätsmanagement in Dienstleistungscentern, S. 46-47; basierend auf Diller, H., Kusterer, M.: Beziehungsmanagement. Theoretische Grundlagen und explorative Befunde, in: Marketing ZFP, 10 (1988) 3, S. 211-220, S. 219.

[91] Vgl. Ahlert, D.: Heterogenität in der Kooperationslandschaft, in: Ahlert, D., Ahlert, M. (Hrsg.): Handbuch Franchising und Cooperation – Das Management kooperativer Unternehmensnetzwerke, Frankfurt 2010, S. 17-28, S. 22-26.

Je nach Ausprägungsform werden in einer Matrix mit den Dimensionen Bindungsgrad (Heterarchie, Netzwerk, Hierarchie), Autonomiegrad (hoch, mittel, niedrig) und Beziehungsdauer (kurzfristig, mittelfristig, langfristig) Typen von DLN eingruppiert. Die Typen werden mit den Bezeichnungen „Kooperatives DLN", „Virtuelles DLN" und „Franchise DLN" versehen:[92]

- „Kooperative DLN" weisen einen Bindungsgrad zwischen Heterarchie und Netzwerk auf. Die Netzwerkpartner haben in der Regel alle eine gleichberechtigte Stellung im DLN. Der Autonomiegrad ist dementsprechend hoch. Die Beziehungsdauer kann dabei von kurzfristig bis langfristig variieren. Dieser Netzwerktyp entspricht am ehesten dem von Sydow definierten Regionalen Netzwerk, wobei hier keine regionalen Aspekte definiert werden. „Kooperative DLN" können demnach auch überregional entstehen, wie z. B. in einem Tourismusnetzwerk, welches sich aus national verteilten Hotels zusammensetzt.

- „Virtuelle DLN" weisen einen Bindungsgrad zwischen Netzwerk und Hierarchie auf, wobei Netzwerk im Vordergrund steht. Der hierarchische Bindungsgrad ergibt sich aus der Abhängigkeit der Netzwerkpartner gegenüber dem, der den hauptsächlichen Kundenkontaktpunkt bildet. Die anderen Netzwerkpartner bleiben verborgen im Hintergrund bzw. erbringen die Dienstleistung unter dem Dach des DLN, und somit ist deren Selbstständigkeit für den Kunden nicht transparent. Die Kooperation basiert nicht, wie bei *Sydows* definierten virtuellen Netzwerken, ausschließlich auf der Nutzung gemeinsamer IKT, kann jedoch durchaus Anwendung finden. Der Autonomiegrad der einzelnen Netzwerkpartner ist dadurch noch relativ hoch. Die Beziehungsdauer kann als eher mittel- bis langfristig angesehen werden.

- „Franchise DLN" weisen einen eher hierarchischen Bindungsgrad auf. Die Kooperation in „Franchise DLN" wird in der Regel durch Franchise Verträge und einen entsprechenden Franchisegeber koordiniert. Die Netzwerkpartner im „Franchise DLN" haben jedoch noch einen relativ hohen Autonomiegrad, da sie ihre selbstständige Stellung am Markt behalten. Aufgrund der formell-vertraglichen Kooperation ist das „Franchise DLN" eher langfristig angelegt.

---

[92]   Vgl. Birkelbach, R.: Qualitätsmanagement in Dienstleistungscentern, S. 46-49; basierend auf Diller, H., Kusterer, M.: Beziehungsmanagement; Sydow, J.: Management von Netzwerkorganisationen, S. 395-401; Ahlert, D.: Heterogenität in der Kooperationslandschaft, S.21-26.

In Abbildung 2-3 wird eine Matrix mit den unterschiedlichen Typisierungen von DLN aufgespannt.

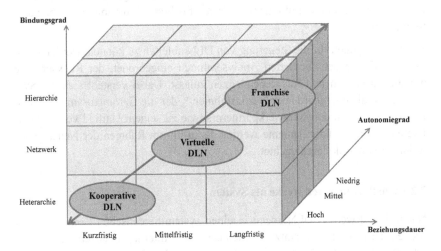

Abbildung 2-3: Typisierung von DLN[93]

Die hier genannten Determinanten von Beziehungsstrukturen bedingen unterschiedliche Kooperationsintensitäten.[94] Dabei ist zu berücksichtigen, dass sich die Kooperationsintensität im Zeitverlauf der Kooperationsbeziehung verändern kann.

Die Kooperationsintensitäten haben einen wesentlichen Einfluss auf die Wahl der IV und damit auf die IKT im DLN. Es kann davon ausgegangen werden, dass der Integrationsgrad der Applikationsarchitekturen im DLN mit wachsender Kooperationsintensität steigt.[95] Welche Ausgestaltung die Applikationsarchitekturen haben können, wird ausführlicher in Abschnitt 5.2.3 erläutert.

---

[93] In Anlehnung an Birkelbach, R.: Qualitätsmanagement in Dienstleistungscentern, S. 48, 65; basierend auf Diller, H., Kusterer, M.: Beziehungsmanagement, S. 219; Sydow, J.: Management von Netzwerkorganisationen, S. 396; Ahlert, D.: Heterogenität in der Kooperationslandschaft, S. 22.

[94] Vgl. Diller, H., Kusterer, M.: Beziehungsmanagement, S. 211-220; Birkelbach, R.: Qualitätsmanagement in Dienstleistungscentern, S. 46-49; Meldau, S.: Qualitätsmessung in Dienstleistungscentern, S. 37-39.

[95] Vgl. Jung, R., Meschke, M.: Leistungsorientierte Steuerung der Informationsversorgung im Rahmen der Qualitätssicherung in Dienstleistungsnetzwerken, in: Hansen, H., Karagiannis,

Es wurde versucht, eine Typisierung von DLN anhand der Beziehungsdauer sowie dem Bindungs- und Autonomiegrad herzuleiten. Demnach können DLN in einem Kontinuum zwischen einem kurz- bis langfristigen Zeitverlauf, Heterarchie und Hierarchie, mit einem niedrigen bis hohen Autonomiegrad betrachtet werden.

Um Implikationen für die Steuerung von DLN ableiten zu können, werden diese in einen theoretisch fundierten Analyserahmen eingeordnet, der Rückschlüsse auf die Strukturen und Interdependenzen zulässt. Dabei versteht sich die Systemtheorie als übergeordneter Bezugsrahmen[96], der die Gesamtzusammenhänge in DLN zwischen den Netzwerkpartnern sowie zu seinem Umfeld verdeutlicht. Die einzelnen Strukturelemente werden daraufhin im Rahmen der Neuen Institutionenökonomik durchleuchtet.

2.2 Dienstleistungsnetzwerke als System

Nachfolgend werden DLN zuerst in einen systemtheoretischen Kontext eingeordnet, der hilft, die Gesamtzusammenhänge und Interdependenzen im DLN zu erkennen und zu beschreiben. Darauffolgend werden die Strukturen dieses Systems in den Rahmen der Neuen Institutionenökonomik gebettet. Dabei verdeutlicht die Prinzipal-Agenten-Theorie insbesondere die Problembereiche der Beziehungsstrukturen zwischen den Netzwerkpartnern im DLN. Die Transaktionskostentheorie untersucht primär die Kosten, die im Rahmen der Zusammenarbeit im DLN zwischen den Netzwerkpartnern entstehen und die unterschiedlich hoch aufgrund verschiedener Kooperationsintensitäten sind.

Die Systemtheorie kann als interdisziplinäre Theorie verstanden werden, die – ausgehend von den Naturwissenschaften – später auch Einzug in die Sozial- und Wirtschaftswissenschaften erhielt. Sie betrachtet generell die Beziehungen von Elementen in einem technischen oder sozialen bzw. soziotechnischen System,

---

D., Fill, H. (Hrsg.): Business Services: Konzepte, Technologien, Anwendungen, Proceedings der 9. Internationalen Tagung Wirtschaftsinformatik, Band 1, 246, Wien 2009, S. 525-534, S. 528-529.

[96]   Vgl. die Ausführungen zur neuen Systemtheorie als theoretischer Bezugsrahmen Bellmann, K., Hippe, A.: Netzwerkansatz als Forschungsparadigma im Rahmen der Untersuchung interorganisationaler Unternehmensbeziehungen, in: Bellmann, K., Hippe, A. (Hrsg.): Management von Unternehmensnetzwerken – Interorganisationale Konzepte und praktische Umsetzung, Wiesbaden 1996, S. 3-18, S. 6.

wie z. B. eines DLN.[97] Dabei ist in der Literatur kein eindeutiger Systembegriff definiert. So beschreibt *Wilke* ein System nicht nur als Netz von Beziehungen, sondern vielmehr als Netz zusammengehöriger Operationen, die sich von nicht dazugehörigen Operationen abgrenzen lassen.[98] *Lehmann*[99] erweitert den Systembegriff um weitere Begriffe wie Ordnung, Organisation, Ganzheit oder organisierte Entität. Dadurch kann das System DLN umfassend charakterisiert werden.

Es wird zwischen geschlossenen und offenen Systemen unterschieden. Ein geschlossenes System zeichnet sich durch eine innere Stabilität aus, die nicht durch äußere Umfeldeinflüsse gestört wird. Ein offenes System hingegen kann durch äußere Umfeldeinflüsse gestört werden und muss sich dynamisch anpassen.[100] Ein DLN entspricht dem Verständnis eines offenen Systems, da es mit seinem ökonomischen und gesellschaftlichen Umfeld (Systemumfeld) verflochten ist. Damit ist gemeint, dass es zweckorientiert, produktiv und soziotechnisch agiert und dynamisch auf äußere Einflüsse reagieren muss, wie z. B. veränderte Wettbewerbsbedingungen oder Kundenanforderungen.[101]

In der Regel können fünf Kernelemente definiert werden, die ein System charakterisieren. Es werden Systemelemente, hierarchische Gliederung, Beziehungsvielfalt, Systemzustände und Systemstrukturen unterschieden:[102]

- Systemelemente: Ein System besteht, wie oben bereits erwähnt, aus Elementen, die in gewissen Beziehungen zueinander stehen und bestimmte systemspezifische Eigenschaften aufweisen. Diese systemspezifischen Eigenschaften tragen auch dazu bei, dass das System von anderen abgrenzbar

---

97 Vgl. Ulrich, H.: Management, in: Dyllick, T., Probst, G. (Hrsg.): Schriftenreihe Unternehmung und Unternehmensführung, Band 13, Bern 1984, S. 21-26 von Bertalanffy, L.: General Systems Theory. Foundations, Development, Applications, New York 1968., S. 3-5.

98 Vgl. Willke, H.: Systemtheorie I: Grundlagen. Eine Einführung in die Grundprobleme der Theorie sozialer Systeme, 7. Aufl., 2006, S. 51.

99 Vgl. Lehmann, H.: Organisationstheorie, systemtheoretisch-kybernetisch orientierte, in: Frese, E. (Hrsg.): Handwörterbuch der Organisation, 3. Aufl., Stuttgart 1992, Sp. 1838-1853.

100 Vgl. Von Bertalanffy, L.: General Systems Theory, S. 39-41.

101 Vgl. Malik, F.: Strategie des Managements komplexer Systeme. Ein Beitrag zur Management-Kybernetik evolutionärer Systeme, 10. Aufl., Bern 2008, S. 20-25; Bleicher, K.: Das Konzept Integriertes Management: Visionen – Missionen – Programme, 7. Aufl., Frankfurt 2004, S. 160.

102 Vgl. hier und im Folgenden Lehmann, H.: Organisationstheorie, Sp. 1838-1853.; Grochla, E.: Einführung in die Organisationstheorie, Stuttgart 1978, S. 208-210.

ist. In dem System DLN sind Elemente z. B. die einzelnen Netzwerk-partner, die dem DLN angehören, die Mitarbeiter dieser Netzwerkpartner, die verschiedenen Abteilungen und Funktionsbereiche, die Infrastrukturen oder etablierte Methoden in diesem DLN.

- Hierarchische Gliederung: Die einzelnen Systemelemente weisen eine hierarchische Gliederung auf. Es bestehen in jedem System Konstellationen, in denen ein Element einem anderen übergeordnet oder auch untergeordnet sein kann. Ebenso ist es möglich, dass sich Systemelemente auf gleicher Hierarchiestufe befinden. Die Netzwerkpartner eines DLN befinden sich z. B. auf gleicher Hierarchiestufe im System, die Mitarbeiter sind ihnen untergeordnete Systemelemente. Anhand dieser Gliederung wird deutlich, dass es im Rahmen von Systemen sowohl untergeordnete Systeme (Subsysteme) als auch übergeordnete Systeme (Gesamtsysteme) gibt, die wiederum aus verschiedenen Systemelementen bestehen. Im vorliegenden Kontext dieser Arbeit ist das DLN das betrachtete System, das volkswirtschaftliche Gesamtsystem entspricht dem übergeordneten und die Netzwerkpartner den untergeordneten Systemen des DLN. Die Mitarbeiter sind Systemelemente in diesen untergeordneten Systemen.

- Beziehungsvielfalt: In Systemen bestehen vielfältige Beziehungen zwischen den Elementen. Diese Beziehungen können einen materiellen oder immateriellen Austausch, wie z. B. Informationen, bedingen. In einem DLN können Netzwerkpartner aus dem DLN austreten oder neue hinzukommen. Hierbei verändern sich die Beziehungen im System DLN. Ein Mitarbeiter eines Netzwerkpartners kann die Abteilung wechseln und somit wird die Beziehung zwischen dem Systemelement Mitarbeiter und dem System Netzwerkpartner neu definiert.

- Systemzustand: Die verschiedenen Systemelemente und deren Beziehungen beeinflussen die Zustände und Verhaltensweisen des Systems. Das heißt, dass Veränderungen der Systemelemente und Beziehungen in einem System auch immer seine Gesamtheit verändern. In einem DLN kann z. B. ein Austreten eines Netzwerkpartners bedeuten, dass sich der gesamte Systemzustand verändert. Da ein DLN ein offenes System darstellt, werden die Zustände und Verhaltensweisen auch immer durch Veränderungen des Systemumfeldes beeinflusst.

- Systemstruktur: Jedes System hat eine bestimmte Systemstruktur, die sich aus dem Beziehungsgefüge zwischen den Elementen ergibt. Diese Struktur ist im Zeitablauf zwar nicht konstant, zerfällt jedoch nie vollständig. Somit verfolgt jedes System eine gewisse Ordnung, auch wenn diese nicht immer bewusst gestaltet wurde. In dem Beispiel des DLN entstehen Systemstrukturen dadurch, dass Mitarbeiter für eine gewisse Zeit in einer Abteilung oder bei einem Netzwerkpartner arbeiten, bestimmte Abteilungen über viele Jahre konstant vorhanden sind oder auch gewisse Hilfs- und Finanzmittel über lange Zeit in gleicher Form zur Verfügung gestellt werden.

Anhand der hier dargestellten Kernelemente kann ein DLN als ein dynamisches, offenes, zielorientiertes und soziales System verstanden werden, welches aus mehreren Subsystemen besteht und einem Gesamtsystem angehört.[103] Das DLN kann wie folgt visualisiert werden:

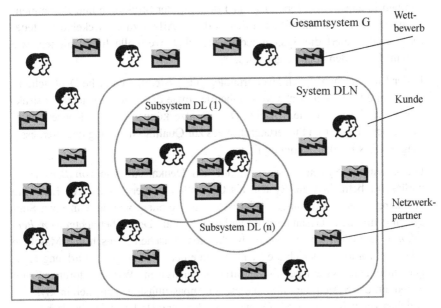

Abbildung 2-4: DLN aus systemtheoretischer Sicht[104]

Das System DLN ist ein Subsystem des Gesamtsystems G (ökonomische Gesamtsystem, bestehend aus Netzwerkpartnern, Wettbewerbern, Kunden). Innerhalb der Systeme DLN und G befinden sich Subsysteme, bestehend aus rechtlich selbstständigen Unternehmen und Kunden. Nicht jedes Unternehmen und

---

103 Vgl. Hill, W., Fehlbaum, R., Ulrich, P.: Organisationslehre 1, 5. Aufl., Bern 1994, S. 17-25.

104 In Anlehnung an Hess, T.: Netzwerkcontrolling, S. 107.

jeder Kunde gehört dem DLN an. Die dem DLN zugehörigen Unternehmen sind die Netzwerkpartner. Die außerhalb des DLN befindlichen Unternehmen bilden teilweise den Wettbewerb ab, der im vorliegenden Kontext hauptsächlich mit einbezogen wird. Innerhalb des DLN können sich wiederum einzelne Subsysteme Dienstleistung DL (1,...,n) hinsichtlich der Dienstleistungserbringung bilden. Im DLN sind je nach Kundenanforderung unterschiedliche Dienstleistungsbündel zu realisieren. Die Dienstleistungsbündel können von einem einzelnen Netzwerkpartner oder auch in verschiedenen Konstellationen von mehreren Netzwerkpartnern des DLN abgewickelt werden. Jeder Netzwerkpartner kann dabei in mehreren, einem oder keinem Subsystem DL zur Dienstleistungserbringung integriert sein.[105] Wie hier gezeigt werden konnte, bietet die Systemtheorie einen Analyserahmen zur Erklärung der Strukturen und Zusammenhänge im DLN. Im Hinblick auf den in dieser Arbeit zu entwickelnden Steuerungsansatz liefert die Systemtheorie zusätzlich wertvolle Implikationen, wie sich im Folgenden noch zeigen wird.[106]

In der Literatur haben sich zwei grundlegende systemtheoretische Denkrichtungen etabliert. Die klassische Systemtheorie sowie die neue oder auch konstruktivistische Systemtheorie.[107] Beide Denkansätze können bei der Konzeptionierung eines integrierten Steuerungsansatzes zur Qualitätssicherung und -verbesserung in DLN Berücksichtigung finden.

Die klassische Systemtheorie geht auf den Denkansatz von *von Bertalanffy* zurück. Er betrachtet ein System als Gesamtheit seiner gestaltbaren Elemente und deren Wechselwirkungen. Ziel ist es zu erkennen, wie die einzelnen Subsysteme mit dem Gesamtsystem verbunden sind. Dabei betrachtet *von Bertalanffy* hauptsächlich die Wechselwirkungen zwischen Mensch und Maschine und setzt voraus, dass sich die Elemente zu einer systemeigenen Ordnung festigen, also eine systemspezifische Struktur aufweisen. Wirken Störungen von außen auf das System ein, führen diese zu Anpassungsmechanismen im System, welches versucht, die innere Ordnung wieder herzustellen. Die klassische Systemtheorie hat somit primär eine Innensicht auf das System und betrachtet das Systemumfeld nur indirekt und eher statisch. Es wird keine scharfe Trennung

---

[105] Vgl. Hess, T.: Netzwerkcontrolling, S. 106-107.

[106] Vgl. hierzu auch Abschnitt 3.2 und 5.1

[107] Für einen Überblick über die historische Entwicklung des systemtheoretischen Denkens vgl. Wolf, J.: Organisation, Management, Unternehmensführung. Theorien, Praxisbeispiele und Kritik, 3. Aufl., Gabler 2008, S. 160-163.

zwischen dem System und seinem Umfeld gezogen. Vielmehr werden die Interdependenzen des Systems mit seinem Umfeld in der Form dargestellt, dass das
System in eine neue Beziehung zu seinem Umfeld gesetzt wird und anhand
dieser neuen Systembildung die Wechselwirkungen zwischen System und Umfeld betrachtet werden. Daraus wird deutlich, dass das System auch durch sein
Umfeld strukturiert wird. [108]

Die neue oder auch konstruktivistische Systemtheorie erweitert den Ansatz der
klassischen Systemtheorie und betrachtet das System nicht mehr nur im Hinblick auf seine Elemente und deren Wechselwirkungen, sondern zusätzlich
anhand ihrer auf Entscheidungen und Kommunikationsbeziehungen beruhenden
Ereignisse. [109] Dadurch entsteht eine dynamische Sicht auf das System, die
gleichzeitig eher subjektiv geprägt ist. Der Fokus wird in der neuen Systemtheorie auf die Beobachtung des Systems aus der subjektiven Sicht eines Beobach-
ters gelegt. Dieser hat, je nach Betrachtungszeitpunkt, eine individuelle Sicht
auf die Systemelemente. Die einzelnen Systemelemente werden dabei nicht
mehr statisch in eine Beziehung zueinander gesetzt, sondern ereignisorientiert.
Dabei wird unter einem Ereignis die Kommunikation, Entscheidung oder Hand-
lung im System verstanden. Werden verschiedene vernetzte Ereignisse zu einem
bestimmten Zeitpunkt betrachtet, so wird von einem Ereignissystem gesprochen. [110] Das heißt, das System wird auch immer zeitpunktbezogen betrachtet. So
können interessante Erkenntnisse aus den Beobachtungen in einem bestimmten
Zeitraum gezogen werden.

Für die Ableitung eines Qualitätssteuerungsverständnisses für DLN entstehen
aus beiden Denkrichtungen interessante Ansätze. Zum einen ist das klassische
Verständnis eines DLN als System mit seinen enthaltenen Subsystemen und
einzelnen Elementen hilfreich, um das DLN eindeutig zu definieren und die

---

108 Vgl. von Bertalanffy, L.: General Systems Theory, S. 30-53.

109 Vgl. hier und im Folgenden zur neuen bzw. konstruktivistischen Systemtheorie Kieser, A.:
     Konstruktivistische Ansätze, in Kieser, A. (Hrsg.): Organisationstheorien, 4. Aufl., Stuttgart
     2001, S. 287-319; Rüegg-Stürm, J.: Organisation und Organisationaler Wandel – Eine theore-
     tische Erkundung aus konstruktivistischer Sicht, Wiesbaden 2001, S. 79-90; Willke, H.: Sys-
     temtheorie I, S. 14-67; . Luhman, N.: Zweckbegriff und Systemrationalität. Über die Funktion
     von Zwecken in sozialen Systemen, Tübingen 1973, S. 171-176; Maturana, H. R.: Biology of
     Congnition, in Maturana, H. R., Varela, F. J. (Hrsg.): Autopoiesis und Cognition. The realiza-
     tion of the Living, Dordrecht 1980, S. 5-58; Maturana, H. R., Varela, F. J.: Der Baum der Er-
     kenntnis – Die biologischen Wurzeln menschlichen Erkennens, 11. Aufl., Bern 1987.

110 Vgl. Rüegg-Stürm, J.: Neue Systemtheorie und unternehmerischer Wandel. Skizze einer
     systemisch-konstruktivistischen „Theory of the firm", in: Die Unternehmung, 52 (1998) 1,
     S. 6-13.

unterschiedlichen Wechselwirkungen zwischen den Subsystemen und Elementen, z. B. der Netzwerkpartner, zu verstehen.

Die neue Systemtheorie unterstützt die Analyse der Ursache-Wirkungs-Beziehungen zwischen dem DLN und seinem Umfeld sowie innerhalb des DLN. Im vorliegenden Kontext entwickelt das DLN eine innere Ordnung in Form einer gemeinsamen Qualitätsphilosophie und stellt dabei gemeinsame Pläne und Maßnahmen auf, die die Qualität im DLN sichern und ausbauen sollen. Zugleich haben die sich verändernden Qualitätsanforderungen aus dem Umfeld Auswirkungen auf das DLN. Dieses muss sich dynamisch und ganzheitlich an die Veränderungen anpassen. Dies geschieht durch ein kontinuierliches Prüfen der Qualitätsziele, der Qualitätsstrategie, der Qualitätsprozesse sowie der IV im Rahmen der Qualitätssteuerung. Die Kommunikations-, Handlungs- und Entscheidungsprozesse müssen regelmäßig angepasst werden.

Es wird deutlich, dass der Steuerungsansatz an zwei Stellen ansetzen muss. Einerseits wird das System als Zustand verstanden, welches in seiner statischen Struktur erhalten bleiben soll. Andererseits ist das System als eine sich laufend dynamisch ändernde Struktur zu verstehen, die sich evolutionär durch seine Ereignisse entwickelt. Diese Entwicklung muss dementsprechend gesteuert werden.[111] Im Folgenden werden Dienstleistungsnetzwerke aus Sicht der Neuen Institutionenökonomik betrachtet.

2.3 Dienstleistungsnetzwerke aus Sicht der Neuen Institutionenökonomik

In diesem Abschnitt werden die Beziehungsstrukturen in einem DLN näher durchleuchtet. Hierbei werden Problemstellungen hervorgehoben, deren Bereich sich insbesondere die Neue Institutionenökonomik widmet und Erklärungsansätze versucht. Dazu werden im Folgenden die Grundannahmen der Neuen Institutionenökonomik aufgezeigt. Daran lässt sich die Einordnung von DLN in ihren Kontext erklären. Insbesondere die Prinzipal-Agenten-Theorie sowie die Transaktionskostentheorie bieten wertvolle Erklärungsansätze, die im Rahmen der Qualitätssteuerung von DLN Anwendung finden können.

Die Neue Institutionenökonomik entwickelte sich aus einer Unzufriedenheit heraus, die sich im Rahmen neoklassischer Erklärungsansätze ergab. So geht die Neoklassik beispielsweise von vollkommenen Informationen und Transaktionskosten gleich Null aus. Diese Annahmen sind, bezogen auf die Betrachtung von

---

111   Vgl. Baumöl, U.: Change Management in Organisationen, S. 110-111.

Unternehmen, wie z. B. Dienstleistungsunternehmen, unrealistisch. Die betriebswirtschaftliche Auseinandersetzung mit Unternehmen verlangte nach einer differenzierten Auseinandersetzung mit der Thematik. Somit wurden die alten Denkansätze der Neoklassik aufgegeben und neue Annahmen postuliert. Dabei grenzt die Neue Institutionenökonomik folgende Verhaltensannahmen ab:[112]

- Methodologischer Individualismus: Das gesellschaftliche Handeln sowie die Entscheidungsfindung kann nicht ausgehend von dem gesamten Unternehmen erklärt werden. Vielmehr ist sie abhängig von dem Verhalten und der Motivation der einzelnen Individuen. Deren Handeln muss in den Fokus der Betrachtung gerückt werden. Eine Erklärung auf makroökonomischer Ebene ist nicht sinnvoll.

- Homo Oeconomicus: Das Menschenbild des Homo Oeconomicus steht für das rational handelnde Individuum, welches versucht, seinen Nutzen nach ökonomischen Prämissen zu maximieren. Dabei wird das Maximalprinzip verfolgt. Mit gegebenen Mitteln soll ein maximaler Nutzen realisiert werden.

- Unvollkommene individuelle Rationalität: Im Rahmen der Neuen Institutionenökonomik wird davon ausgegangen, dass jedes Individuum eine eigene Rationalität besitzt, die sich im Zeitablauf verändern kann. Es muss von unvollständiger IV der einzelnen Individuen ausgegangen werden, was die vollkommene Rationalität ausschließt.

- Opportunismus: Ein Individuum verfolgt in der Regel ein eigenes Interesse. Daraus resultieren Zurückhaltung und Verschleierung von Informationen, die Auskunft über die individuellen Präferenzen geben können. Dieser Informationsvorsprung kann zu eigenen Zwecken ausgenutzt werden.

Aufgrund der betriebswirtschaftlichen Betrachtungsweise, die Unternehmen in den Fokus rückt und den Einbezug individuellen Handelns ist die Neue Institutionenökonomik besonders geeignet, Erklärungsansätze für die Wirkungszusammenhänge in DLN zu liefern.

---

112 Vgl. z. B. Coase, R. H.: The nature of the firm, in: Economica, 4 (1937) 16, S. 386-405; Williamson, O. E.: Die ökonomischen Institutionen des KapitalismuS. Unternehmen, Märkte und Kooperationen, Tübingen 1990, (Originalausgabe: The Economic Institutions of Capitalism, New York 1985); Simon, H. A.: Models of Man. Social and Rational, New York 1957; Granovetter, M.: The strength of weak ties, in: The American Journal of Sociology, 78 (1973) 6, S. 1360-1380.

DLN bilden ein System aus einzelnen Elementen und Beziehungsstrukturen, die interdependent miteinander verknüpft sind.[113] Die Besonderheiten und Anforderungen, die sich durch diese Beziehungsstrukturen ergeben, müssen im Hinblick auf die Qualitätssteuerung von DLN berücksichtigt werden. Das Verhalten der einzelnen Individuen wirkt sich auf das Unternehmen und dadurch auf das gesamte DLN aus. Unvollständige Informationen sowie opportunistisches Verhalten erschweren die Steuerung der Qualität.

Die Neue Institutionenökonomik liefert mit der Theorie der Verfügungsrechte (Property Rights), der Prinzipal-Agenten-Theorie sowie der Transaktionskostentheorie ein Konstrukt zur Strukturierung der Problembereiche in DLN und bietet Lösungsansätze zur optimalen Gestaltung der Beziehungen zwischen den Netzwerkpartnern. Die Theorie der Verfügungsrechte thematisiert die Frage der Rechteverteilung an Gütern und Dienstleistungen und zielt damit auf eine verbesserte Ressourcenallokation ab. Die Prinzipal-Agenten-Theorie verdeutlicht die Problembereiche der Beziehungsstruktur im Rahmen von Verträgen zwischen einem Auftraggeber (Prinzipal) und einem Auftragnehmer (Agent). Die Transaktionskostentheorie untersucht die Kosten, die sich aufgrund bestimmter Unternehmensstrukturen im Rahmen von Transaktionen (z. B. Verkauf von Gütern, Austausch von Dienstleistungen) ergeben.

Im Kontext der Qualitätssteuerung in DLN sind vor allem die Beziehungsstruktur der einzelnen Netzwerkpartner sowie die Ausgestaltung der Struktur des DLN interessant. Die Betrachtung der Verfügungsrechte ist im Rahmen der Qualitätssteuerung in DLN irrelevant[114] und wird im Folgenden nicht näher betrachtet.[115]

---

[113] Vgl. Abschnitt 2.2

[114] Vgl. Gestaltungsimplikationen in der Netzwerkforschung werden vor allem in der Transaktions- und Prinzipal-Agent-Theorie gefunden, vgl. hierzu Wohlgemuth, O.: Management netzwerkartiger Kooperationen. Instrumente für die unternehmensübergreifende Steuerung, Wiesbaden 2002, S. 49.

[115] Vgl. zu näheren Ausführungen zur Theorie der Verfügungsrechte S. z. B. Commons, J. R.: Institutional Economics, in: The American Economic Review, 26 (1936) 1, S. 237-249; Demsetz, H.: Toward a theory of property rights, in: American Economic Review, 57 (1967) 2, S. 347-359.

2.3.1 Dienstleistungsnetzwerke im Rahmen der Prinzipal-Agenten-Theorie

Die ersten Überlegungen zur Prinzipal-Agenten-Theorie wurden 1973 von *Ross* begründet.[116] Die Prinzipal-Agenten-Theorie betrachtet sogenannte Agenturbeziehungen zwischen einem Auftraggeber (Prinzipal) und einem Auftragnehmer (Agent). Im Rahmen der Beziehung beauftragt der Prinzipal den Agenten mit der Durchführung einer oder mehrerer Aufgaben. Klassische Prinzipal-Agent-Beziehungen sind z. B. Arbeitnehmer-Arbeitgeber, Patient-Arzt oder Kunde-Händler.

Dabei ist nicht grundsätzlich von einem Hierarchieverhältnis auszugehen. Von einer Prinzipal-Agent-Beziehung kann bereits dann gesprochen werden, wenn Interdependenzen zwischen unterschiedlichen Entscheidungsträgern bestehen.[117] Auf den Kontext von DLN bezogen bedeutet dies, dass auch die Netzwerkpartner, die als Entscheidungsträger fungieren und sich gegenseitig in ihren Handlungen beeinflussen, eine Prinzipal-Agent-Beziehung bilden. Dabei ist nicht immer scharf abgrenzbar, wer in welchem Moment als Prinzipal und wer als Agent agiert.[118]

Die Annahmen der Prinzipal-Agenten-Theorie sind, ausgehend von der Neuen Institutionenökonomik, unterschiedliche Interessen zwischen Prinzipal und Agent. Interessenunterschiede können zwischen dem gesamten DLN und den einzelnen Netzwerkpartnern entstehen, wenn z. B. das DLN eine größtmögliche Kundenorientierung verfolgen möchte, ein einzelner Netzwerkpartner jedoch nur daran interessiert ist, von dem guten Image des DLN zu partizipieren und dabei wenig bemüht ist, kundenorientiert zu handeln. Der Netzwerkpartner handelt somit nicht im Interesse des DLN und kann durch z. B. schlechten Kundenservice das Gesamtimage des DLN und damit auch die anderen Netzwerkpartner schädigen. Daraus resultiert auch, dass mit opportunistischem Verhalten der Netzwerkpartner gerechnet werden muss. Jeder Netzwerkpartner wird ver-

---

116   Vgl. Ross, St. A.: The economic Theory of Agency. The Principal's problem, in: American Economic Review, 63 (1973) 2, S. 134-139.

117   Vgl. Pratt, J. W., Zeckhauser, R. J.: Principals and Agents: An Overview, in: Pratt, J. W., Zeckhauser, R. J. (Hrsg.): Principals and AgentS. The Structure of Business, Boston 1985, S. 1-35, S. 2; Göbel, E.: Neue Institutionenökonomik, Stuttgart 2002 S. 98; Klaus, E.: Vertrauen in Unternehmensnetzwerken. Eine interdisziplinäre Analyse, Wiesbaden 2002 S. 121.

118   Vgl. z. B. Picot, A., Reichwald, R., Wigand, R. T.: Die grenzenlose Unternehmung. Information, Organisation und Management, 5. Aufl., Wiesbaden 2003, S. 55-60; Bamberg, G., Coenenberg, A. G., Krapp, M.: Betriebswirtschaftliche Entscheidungslehre, München 2008, S. 148-150.

suchen, seine eigenen Interessen zu verfolgen und seinen persönlichen Nutzen zu maximieren. In diesem Rahmen können Informationen zurückgehalten oder für eigene Interessen verfälscht dargestellt werden. Der opportunistische Netzwerkpartner könnte z. B. kommunizieren, dass auch ihm die Kundenorientierung wichtig ist und minimalste Anstrengungen tätigen[119], damit die anderen Netzwerkpartner im DLN gerade noch nicht merken, dass der Opportunist nur im eigenen Interesse handelt. Durch das opportunistische Verhalten können Informationsasymmetrien zwischen Prinzipal und Agent entstehen. Dabei fehlen dem Prinzipal wertvolle Informationen des Agenten, damit er diesen besser einschätzen bzw. seine Absichten erkennen kann. Im DLN muss aufgrund der Vielzahl unterschiedlicher Akteure, vielschichtiger Beziehungsstrukturen und heterogener IKT von umfassenden Informationsasymmetrien ausgegangen werden. Aufgrund von fehlendem Wissen über die anderen Netzwerkpartner können die Netzwerkpartner in einem DLN nur begrenzt rational agieren.[120]

Für die hier dargestellten Probleme spannt die Prinzipal-Agenten-Theorie drei typische Problembereiche auf:[121]

- Die hidden characteristics bezeichnen die Eigenschaften des Agenten, die dem Prinzipal vor Vertragsabschluss verborgenen bleiben. Der Prinzipal hat keine Informationen über die Qualifikation und die Risikoneigung des Agenten. Hierbei kann das Problem der Adverse Selection auftreten. Der Prinzipal entscheidet sich aufgrund fehlender Informationen für einen un-

---

[119] Im diesem Fall spricht man auch von Shirking, vgl. Elschen, R.: Gegenstand und Anwendungsmöglichkeiten der Agency-Theorie, in: Zeitschrift für betriebswirtschaftliche Forschung, 43 (1991) 11, S. 1002–1012, S. 1005.

[120] Vgl. Spremann, K.: Asymmetrische Information, in: Zeitschrift für Betriebswirtschaft, 60 (1990) 5/6, S. 561-586; Jensen, M., Meckling, W.: Theory of the Firm: Managerial Behavior, Agency Costs and Ownership Structure, in: Journal of Financial Economics, 3 (1976) 4, S. 305-360; Ross, St. A.: The economic Theory of Agency, S. 134; Jost, P.-J.: Die Prinzipal-Agenten-Theorie im Unternehmenskontext, in: Jost, P.-J. (Hrsg.): Die Prinzipal-Agenten-Theorie in der Betriebswirtschaftslehre, Stuttgart 2001, S. 11-43, S. 20-23; Ebers, M., Gotsch, W.: Institutionenökonomische Theorien der Organisation, in: Kieser, A., Ebers, M. (Hrsg.): Organisationstheorien, 6. Aufl., Stuttgart 2006, S. 247-308, S. 258-262; Meinhövel, H.: Grundlagen der Principal-Agent-Theorie, in: Horsch, A., Meinhövel, H., Paul, S. (Hrsg.): Institutionenökonomie und Betriebswirtschaftslehre, München 2005, S. 65-80, S. 66-69.

[121] Vgl. im Folgenden z. B. Spremann, K.: Reputation, Garantie, Information, in: Zeitschrift für Betriebswirtschaft, 58 (1988) 5/6, S. 613-629, S. 615; Ebers, M., Gotsch, W.: Institutionenökonomische Theorien der Organisation, S. 263-266; Picot, A., Dietl, H., Franck, E.: Organisation – Eine ökonomische Perspektive, 5. Aufl., Stuttgart 2008, S. 74-80; Wall, F.: Informationsmanagement – eine ökonomische Integration von Controlling und Wirtschaftsinformatik, München 2006, S. 29-30.

passenden Agenten. Als Lösungsansatz kann das Signalling durch den Agenten genannt werden. Hierdurch informiert der Agent den Prinzipal aktiv über seine Qualifikation, z. B. in Form von Gutachten oder Empfehlungen. Eine weitere Möglichkeit ist das Screening des Agenten. Hierbei beschafft sich der Prinzipal die fehlenden Informationen über den Agenten. In einer Kunde-Händler-Beziehung kann das z. B. die Kreditauskunft sein, mit der der Händler die Kreditwürdigkeit des Kunden überprüft. Im Vertragsgeschäft, wie z. B. bei Versicherungen, wird auch oft die Self Selection eingesetzt. Durch die Vorlage mehrerer optionaler Verträge kann der Agent den für ihn passenden selber auswählen. Dadurch erhält der Prinzipal wertvolle Informationen über die Risikoneigung des Agenten. Im Falle des DLN kann es im Rahmen der Aufnahme neuer Netzwerkpartner hidden characteristics geben, die durch eine ausführliche Informationseinholung über den neuen Netzwerkpartner oder auch differierende Vertragsoptionen gemildert werden können.

- Ein weiterer Problembereich ergibt sich aus den hidden action und hidden information. Hierbei ergibt sich die Informationsasymmetrie aus der Tatsache, dass der Prinzipal nach Vertragsabschluss die Handlungen des Agenten nicht oder nur infolge immens hoher Kosten beobachten kann. Wenn der Prinzipal diese Handlungen beobachten kann, können sie für ihn aufgrund mangelnder Fachkenntnisse nicht einschätzbar sein. Dadurch hat der Agent die Möglichkeit, seinen Informationsvorsprung opportunistisch auszunutzen (Moral Hazard). Ein Lösungsansatz für das Moral Hazard Problem bietet das Monitoring. Hierbei versucht der Prinzipal mithilfe von Planungs- und Kontrollsystemen, die fehlenden Informationen über das Leistungsverhalten und die Handlungssituation des Agenten zu beschaffen. Hilfreich ist hierbei z. B. ein kontinuierliches Berichtswesen, welches auch im Rahmen der Qualitätssteuerung im DLN eingesetzt werden sollte, um die Qualitätsbestrebungen und -ergebnisse der einzelnen Netzwerkpartner zu beobachten und bei Mängeln rechtzeitig eingreifen zu können.

- Kann der Prinzipal die zukünftigen Absichten des Agenten nicht prognostizieren, ist von hidden intention die Rede. Dabei kann der Agent seinen Informationsvorsprung wiederum opportunistisch ausnutzen. Auch wenn der Prinzipal das opportunistische Verhalten beobachten kann, ist dieser evtl. durch eine Abhängigkeitsbeziehung diesem Verhalten ausgeliefert. Hierdurch entsteht das Problem des Hold-up. Der Prinzipal hat evtl. schon Investitionen für die Prinzipal-Agenten-Beziehung getätigt und ist dadurch vom Agenten abhängig. Dieser kann seinen individuellen Nutzen opportunistisch verfolgen. Um das Hold-up Problem abzumildern, können Lösungsansätze, wie das Monitoring oder Signalling, eingesetzt werden, die die Wissenslücke durch fehlende Informationen verringern. Diese Lösungsansätze können im DLN im Rahmen der Qualitätssteuerung eingesetzt werden, um die Qualität nachhaltig sichern und verbessern zu können.

Generell kann angeführt werden, dass durch eine gemeinsame Interessenangleichung alle drei Problembereiche abgemildert werden können. Abbildung 2-5 verdeutlicht den Gesamtzusammenhang des Erklärungsansatzes der Prinzipal-Agenten-Theorie.

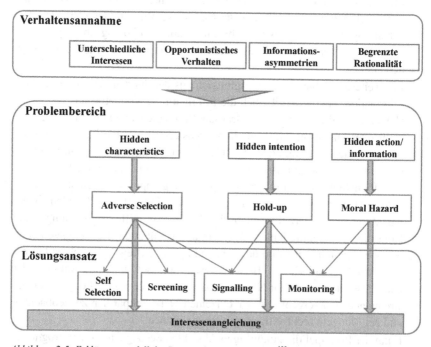

Abbildung 2-5: Erklärungsmodell der Prinzipal-Agenten-Theorie[122]

Im Folgenden wird die eng mit der Prinzipal-Agenten-Theorie verknüpfte Transaktionskostentheorie betrachtet.[123]

---

122 Eigene Darstellung in Anlehnung an Scheer, L.: Antezedenzen und Konsequenzen der Koordination von Unternehmensnetzwerken, Wiesbaden 2008, S. 82.

2.3.2 Dienstleistungsnetzwerke im Rahmen der Transaktionskostentheorie

Die Transaktionskostentheorie geht auf die Ausführungen ihres Begründers *Coase* aus dem Jahre 1937 zurück. Dieser betrachtete Transaktionen auf dem Markt und konstatierte, dass diese mit Kosten verbunden sind. Unter einer Transaktion wird dabei der Güteraustausch zwischen zwei Akteuren (Transaktionspartnern) verstanden. Diese können sowohl Einzelpersonen als auch Unternehmen sein. Hiermit nahm *Coase* eine neue Sichtweise ein, da die Kosten von Tauschprozessen (Transaktionskosten) in der neoklassischen Analyse bisher keine Beachtung gefunden hatten. Die Transaktionskostentheorie zielt auf Austauschbeziehungen zwischen Akteuren in einem arbeitsteilig organisierten Wirtschaftssystem ab, wobei es vorrangig um die Klärung und Vereinbarung des Tausches von Gütern oder Dienstleistungen geht.[124]

Williamson erweiterte *Coase* Überlegungen und ging der Frage nach unterschiedlichen realen Unternehmensstrukturen durch realistische Annahmen über das Entscheidungsverhalten nach. Daraus konnte eine interessante Erkenntnis nach dem Entstehungsgrund und der Form von Unternehmen gezogen werden. Dabei wurde insbesondere die vertikale Integration in den Betrachtungsfokus gerückt. Die Entscheidung, ob ein Unternehmen bestimmte Leistungen auf dem Markt hinzukauft oder in Erwägung zieht, diese selbst zu produzieren, hängt laut Annahme maßgeblich von der Höhe der Transaktionskosten ab.[125]

Die Transaktionskostentheorie beruht, wie die Prinzipal-Agenten-Theorie, auf den der Neuen Institutionenökonomik zugrunde liegenden Annahmen. Somit geht auch die Transaktionskostentheorie von einer begrenzten Rationalität der Akteure aus. Diese ergibt sich aus der Tatsache, dass die Akteure nur über ein begrenztes Wissen verfügen und dieses auch nicht vollständig verarbeiten können. Das führt zu einem begrenzt rationalen Entscheidungsverhalten bei den Transaktionspartnern. Weiterhin verfolgen die Akteure ihre eigenen Interessen und neigen deshalb zu opportunistischem Verhalten. Dabei können im Rahmen der Transaktionen relevante Informationen bewusst verschwiegen oder verfälscht werden. Aufgrund der begrenzten Rationalität und der Gefahr von opportunistischem Verhalten der Transaktionspartner muss von einer gewissen Unsicherheit bei dem Transaktionsverhältnis ausgegangen werden. Ebenfalls

---

123 Vgl. Picot, A., Dietl, H., Franck, E.: Organisation – Eine ökonomische Perspektive, S. 72.

124 Vgl. Coase, R. H.: The nature of the firm.

125 Vgl. Williamson, O. E.: Die ökonomischen Institutionen des Kapitalismus.

herrscht Unsicherheit bezüglich zukünftiger Umfeldzustände, welche die Rahmenbedingungen der Transaktionen darstellen. Darauf aufbauend ergibt sich die Annahme der hohen Komplexität, die sich aus der Unsicherheit des Transaktionsumfeldes ergibt. Die einzelnen Elemente sind schwer erfassbar und erschweren dadurch die Prognostizierbarkeit. Entgegen der Prinzipal-Agenten-Theorie wird allerdings bei den Akteuren zur analytischen Vereinfachung von einer Risikoneutralität ausgegangen. Zudem besteht die Annahme, dass alle Produktionsfaktoren auch auf dem Markt verfügbar sind, um die Vergleichbarkeit der Transaktionskosten herzustellen. Das Wettbewerbsverhältnis zwischen den Akteuren ist effizienzorientiert, das heißt, die Transaktionspartner agieren kosteneffizient. Ergänzend herrscht zwischen den Akteuren Vertragsfreiheit. Damit ist gemeint, dass jeder Akteur mit jedem beliebig anderen Akteur ein Vertragsverhältnis eingehen kann.[126]

Picot et al. unterscheiden fünf verschiedene Arten von Transaktionskosten, die im Rahmen eines Austauschverhältnisses vorkommen können. Diese Kosten treten zum einen vor dem Vertragsverhältnis auf (ex ante) und zum anderen nach Vertragsabschluss (ex post):[127]

- Anbahnungskosten: Die Anbahnungskosten fallen ex ante bei der Suche nach potenziellen Transaktionspartnern an. Hierzu gehört die Informationsbeschaffung und -analyse über z. B. geeignete Netzwerkpartner für das DLN.

- Vereinbarungskosten: Die Vereinbarungskosten fallen ebenfalls ex ante bei der Vertragsspezifizierung an. Hierunter fallen alle Kosten, die im Rahmen der Verhandlungsgespräche entstehen. Das sind z. B. Notargebühren oder Kosten für vertrauensbildende Maßnahmen.

- Abwicklungskosten: Die Abwicklungskosten entstehen während der Vertragsphase ex post. Diese entstehen bei der Abwicklung von Transaktionen,

---

[126] Vgl. Williamson, O. E.: Die ökonomischen Institutionen des Kapitalismus, S. 34-40; Ebers, M., Gotsch, W.: Institutionenökonomische Theorien der Organisation, S. 279-280; Picot, A., Dietl, H., Franck, E.: Organisation – Eine ökonomische Perspektive, S. 58-59.

[127] Vgl. Picot, A.: Ein neuer Ansatz zur Gestaltung der Leistungstiefe, in: Schmalenbachs Zeitschrift für betriebswirtschaftliche Forschung, 43 (1991) 4, S. 336-357, S. 344; in der Literatur werden noch weitere Differenzierungen vorgenommen, vgl. z. B. Albach, H.: Kosten, Transaktionen und externe Effekte im betrieblichen Rechnungswesen, in: Zeitschrift für Betriebswirtschaft, 58 (1988) 11, S. 1143-1170; Kiedaisch, I.: Internationale Kunden-Lieferanten-Beziehungen. Determinanten – Steuerungsmechanismen – Beziehungsqualität, Wiesbaden 1997; Pieper, J.: Vertrauen in Wertschöpfungspartnerschaften – Eine Analyse aus Sicht der Neuen Institutionenökonomie, Wiesbaden 2000.

z. B. durch deren Steuerung oder durch die Kosten, die durch Koordinations- und Integrationsmaßnahmen entstehen.

- Kontrollkosten: Die Kontrollkosten entstehen während der Vertragsphase. Hierunter sind alle Kosten zu rechnen, die zur Überwachung der vertraglich vereinbarten Leistungen entstehen. Hierunter können insbesondere die Kosten der Qualitätskontrolle in einem DLN gerechnet werden.

- Anpassungskosten: Die Anpassungskosten fallen ebenfalls ex post an. Aus der Qualitätskontrolle ergibt sich möglicherweise Anpassungsbedarf. Hier können z. B. Kosten für die Änderung der Qualitätsvereinbarungen entstehen. Weiterhin können auch Kosten für das Lösen von Konflikten im DLN entstehen oder zur Schulung von Mitarbeitern, um deren Qualifikation zu verbessern.

Generelles Ziel ist es, diese Kosten möglichst gering zu halten und die Kooperationsausrichtung zu wählen, die dies begünstigt. Dabei setzen sich die Koordinationskosten einerseits aus pagatorischen Kosten und andererseits aus Opportunitätskosten zusammen. Im Kontext von DLN fallen diese Kosten in der Regel für die Bereitstellung und Nutzung von IKT an.[128]

Es ist zu beachten, dass Transaktionskosten von unterschiedlichen Einflussfaktoren abhängen. Zu nennen sind hier die Investitionsspezifität, die Transaktionshäufigkeit, der Unsicherheitsgrad sowie die Komplexität.[129] Die Investitionsspezifität ergibt sich aus der Höhe der getätigten Investitionen im Rahmen von Transaktionsbeziehungen. Je höher die transaktionsspezifischen Investitionen eines Akteurs sind, desto höher ist sein Wertverlust bei Nichtausführung der Transaktionen. Somit ergibt sich ein Abhängigkeitsverhältnis zwischen den Transaktionspartnern, welches von dem Akteur mit den niedrigeren transaktionsspezifischen Investitionen opportunistisch ausgenutzt werden kann. Zu den transaktionsspezifischen Investitionen können z. B. das Sach- oder Humankapital gerechnet werden. Ebenso spezifische Standort- oder Logistikinvestitionen beeinflussen die Höhe der Transaktionskosten. Die Investitionsspezifität wird als wichtigster Einflussfaktor im Rahmen der Transaktionskostentheorie erach-

---

128 Vgl. Hess, T.: Netzwerkcontrolling, S. 32.

129 Vgl. hier und im Folgenden Williamson, O. E.: Die ökonomischen Institutionen des Kapitalismus, S. 59-72; Ebers, M., Gotsch, W.: Institutionenökonomische Theorien der Organisation, S. 281-284; Picot, A., Dietl, H., Franck, E.: Organisation – Eine ökonomische Perspektive, S. 59-62; Wall, F.: Informationsmanagement – eine ökonomische Integration von Controlling und Wirtschaftsinformatik, S. 23-25.

tet.[130] Die Transaktionshäufigkeit beeinflusst ebenfalls die Höhe der Transaktionskosten. Je häufiger eine Transaktion identisch durchgeführt wird, desto geringer werden die Transaktionskosten. Das ergibt sich durch sinkende Fixkosten, Lerneffekte und Spezialisierungsvorteile. Der Unsicherheitsgrad bezieht sich auf die Unsicherheiten, die sich im Rahmen zukünftiger Transaktionen ergeben können. Somit ist eine Verhaltensänderung der Transaktionspartner schwer prognostizierbar. Ebenso ungewiss sind zukünftige Entwicklungen des Umfeldes der Transaktionen. Die Komplexität und Dynamik des Umfeldes kann zu Änderungen der Transaktionen führen und dadurch die Transaktionskosten steigern. Daraus ergibt sich der vierte Einflussfaktor auf die Transaktionskosten, die Komplexität. Die Komplexität bezeichnet die Ausgestaltung des Transaktionsumfeldes. Dazu gehören alle sozialen, technischen und rechtlichen Rahmenbedingungen hinsichtlich der Transaktion. Damit sind die Beziehungsstruktur zwischen den einzelnen Transaktionspartnern zu nennen sowie die technologische Infrastruktur, die im Rahmen des Leistungsaustausches relevant ist. Die relevanten rechtlichen Rahmenbedingungen sind zusätzlich zu prüfen. Anhand der Komplexität der Rahmenbedingungen wird deutlich, dass fehlendes Wissen oder fehlendes Kapital zu einer Erhöhung der Transaktionskosten führen können.

Die Transaktionskostentheorie untersucht – wie bereits erwähnt – die Ausgestaltung institutioneller Formen. Dabei wird zwischen Markt (M), hybriden Formen (X), wie z. B. DLN, und Hierarchie (H) unterschieden. Dabei soll insbesondere verdeutlicht werden, welchen Zusammenhang es zwischen den oben beschriebenen Einflussfaktoren und der Ausgestaltung verschiedener institutioneller Formen gibt. Hier führt *Williamson* als Beispiel die Höhe der Transaktionskosten im Zusammenhang mit dem wichtigsten Einflussfaktor der Investitionsspezifität (s) an.

---

[130] Vgl. Hess, T.: Netzwerkcontrolling, S. 33.

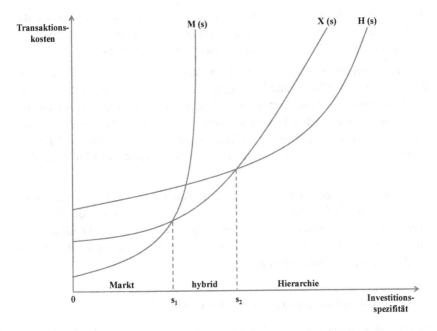

Abbildung 2-6: Transaktionskosten bei unterschiedlichen institutionellen Ausrichtungen[131]

Die Transaktionskosten werden dabei in Fixkosten und variable Kosten aufgeteilt. In Abbildung 2-6 ist erkennbar, dass die Transaktionskosten für Hierarchien generell höher angesetzt werden als die des Marktes. Dies beruht auf der Annahme, dass die Fixkosten bei der Form der Hierarchie höher sind als die des Marktes. Das liegt an den angenommenen Kontroll- und Sanktionsmechanismen, die im Rahmen von Hierarchien eingeführt werden müssen. Mit steigender Investitionsspezifität ($s_1 \rightarrow s_2$) steigen die variablen Kosten jedoch weniger steil an, wie die des Marktes. Das ist darin begründet, dass opportunistisches Verhalten und Unsicherheit durch die eingerichteten Kontroll- und Sanktionsmechanismen bereits stark abgemildert sind. Dadurch müssen im Verlauf der Transaktion nur geringere Kontroll- und Anpassungskosten berücksichtigt werden. In Märkten verhält es sich genau umgekehrt. Anfangs sind keine hohen Fixkosten zu erwarten. Mit steigender Investitionsspezifität werden allerdings variable Kosten für Kontrolle und Anpassung notwendig. Die hybriden Formen, zu denen auch DLN gehören, bewegen sich zwischen Markt und Hierarchie. Es wird

---

131 Vgl. Williamson, O. E.: Comparative Economic Organization, S. 284.

deutlich, dass zur Erstellung einer Leistung die Transaktionskosten bei der marktlichen Koordinationsform höher ausfallen werden als bei einer hybriden oder hierarchischen Koordinationsform, zu der auch DLN zählen.

Es kann angeführt werden, dass die Transaktionskosten als Entscheidungshilfe bei der Wahl einer bestimmten Koordinationsform dienen können. Im Rahmen der Kosteneffizienz kann hier die Entscheidung zugunsten der Koordinationsform mit den niedrigsten Transaktionskosten ausfallen. In vorliegendem Kontext von DLN bedeutet dies: je integrierter die Netzwerkpartner im DLN zusammenarbeiten, desto geringer werden die Transaktionskosten im Zeitverlauf sein.

Abschließend ist noch anzumerken, dass die Spieltheorie im Rahmen der Netzwerkbetrachtung oft diskutiert wird.[132] Da diese jedoch implizit in der Prinzipal-Agenten-Theorie verankert ist[133] und eher einen Erklärungsansatz für die Entstehung von DLN konstituiert[134], wird im Rahmen dieser Arbeit nicht näher auf spieltheoretische Ansätze eingegangen.

2.4 Zusammenfassung und Beitrag für die Arbeit

In Kapitel 2 wurde der theoretische Rahmen für den Kontext des DLN aufgespannt und dadurch die erste Fragestellung („Wie können DLN typisiert werden?") im Rahmen der ersten Forschungsfrage beantwortet. Es wurde zuerst der Begriff des DLN hergeleitet, um diese dann anhand der Dimensionen Bindungsgrad, Autonomiegrad und Beziehungsdauer zu typisieren. Daraus ergaben sich die Typen „Kooperatives DLN", „Virtuelles DLN" und „Franchise DLN".[135] Der Typ des DLN wirkt sich auf die Steuerung der Qualität aus und bedingt, ob die Steuerung eher hierarchisch oder heterarchisch gestaltet ist.

---

[132] Vgl. z. B. Hess, T.: Netzwerkcontrolling, S. 39-42; Bieger, T., Beritelli, P.: Dienstleistungsmanagement in Netzwerken, S. 194-198; Schaefer, S.: Controlling und Informationsmanagement in strategischen Unternehmensnetzwerken. Multiperspektivische Modellierung und interorganisationale Vernetzung von Informationsprozessen, Wiesbaden 2008, S. 252-254.

[133] Vgl. Jost, P.-J.: Strategisches Konfliktmanagement in Organisationen. Eine spieltheoretische Einführung, 2. Aufl., Wiesbaden 1999, S. 280.

[134] Vgl. Hess, T.: Netzwerkcontrolling, S. 42; Sydow, J.: Strategische Netzwerke, S. 171; Rüdiger, M.: Theoretische Grundmodelle zur Erklärung von FuE-Kooperationen, in: Zeitschrift für Betriebswirtschaft, 68 (1998) 1, S. 25-48, S. 38-40.

[135] Vgl. Abbildung 2-3.

Im Weiteren wurden DLN in den Kontext der Systemtheorie sowie der Neuen Institutionenökonomik eingebettet. Es konnte gezeigt werden, dass die Systemtheorie einen Ansatz bietet, um die Struktur von DLN ganzheitlich zu beschreiben. Somit stellt das DLN ein System dar, welches mit seinen Elementen und Beziehungen in ein größeres Gesamtsystem eingebettet wird und von dessen Elementen, wie z. B. des Wettbewerbs und der potenziellen Kunden, beeinflusst wird. Auf diese sich daraus dynamisch verändernden Einflüsse, wie z. B. veränderte Wettbewerbsbedingungen oder Kundenanforderungen, muss das DLN reagieren und Anpassungen vornehmen. Das DLN besteht als System auch aus Elementen und deren Beziehungen zueinander. Die Elemente des DLN bilden die einzelnen Netzwerkpartner als Subsysteme des DLN. Alle Netzwerkpartner im DLN stehen in Beziehung zueinander; diese können direkt oder indirekt gestaltet sein. Die Netzwerkpartner bestehen wiederum aus ihren Systemelementen der Mitarbeiter bzw. Führungskräfte, deren Verhalten und Wirken sowohl einen Einfluss auf den einzelnen Netzwerkpartner als auch auf das gesamte DLN hat. Somit kann ein DLN als System mit verschiedenen Systemebenen beschrieben werden, die im Rahmen der Qualitätssteuerung berücksichtigt werden können.

Auf die Steuerung der Qualität wirken sich ebenfalls die einzelnen Beziehungsstrukturen im DLN aus. Diese können durch die Neue Institutionenökonomik beschrieben werden. Insbesondere die Prinzipal-Agenten-Theorie und die Transaktionskostentheorie können angewendet werden, um die Beziehungsstrukturen im DLN zu beschreiben. Die Prinzipal-Agenten-Theorie zeigt Problemfelder im DLN auf, die durch wechselseitige Auftragsbeziehungen entstehen können. Dabei werden insbesondere Informationsasymmetrien und Opportunismusrisiken zwischen den Netzwerkpartnern im DLN hervorgehoben. Die in der Prinzipal-Agenten-Theorie beschriebenen Problemfelder sowie die angebotenen Lösungsansätze[136] fließen in den integrierten Steuerungsansatz zur Qualitätssicherung und -verbesserung im DLN ein. Die Transaktionskostentheorie betrachtet die Beziehungsstrukturen anhand von Wechselbeziehungen zwischen den Netzwerkpartnern im DLN und den daraus resultierenden Kosten. Diese Kosten können sowohl vorab, während als auch nach der Transaktion entstehen. Anhand investitionsspezifischer Kriterien kann gezeigt werden, dass sich die Transaktionskosten langfristig durch stärkere Integration, z. B. der IKT, im

---

136 Vgl. Abbildung 2-5.

DLN senken lassen.[137] Dies muss ebenfalls bei der Konstruktion des integrierten Steuerungsansatzes berücksichtigt werden.

Die Qualität von Dienstleistungen ist aufgrund ihrer charakteristischen Merkmale[138] nicht so eindeutig mess- und steuerbar wie die Qualität von Sachleistungen. Der folgende Abschnitt erläutert die besonderen Anforderungen.

---

[137] Vgl. Abbildung 2-6.

[138] Vgl. Abschnitt 2.1

3 Steuerung der Qualität in Dienstleistungsnetzwerken

Seit der rasanten Entwicklung des tertiären Sektors zu Beginn der 1980er Jahre, hat sich die Auseinandersetzung mit der Qualität von Dienstleistungen ebenfalls gesteigert.[139] Die Dienstleistungsqualität bildet einen wesentlichen Erfolgsfaktor für Dienstleistungsunternehmen. In einer Studie haben *Ahlert* und *Evanschitzky* die Leistungsqualität als Basiserfolgsfaktor für DLN identifiziert. Hierbei vermerken sie, dass diese insbesondere durch einen entsprechenden Informationsaustausch und ein effizientes Netzwerkmanagement im DLN sichergestellt werden muss.[140]

In diesem Kapitel wird zuerst ausführlich die Qualität von Dienstleistungen erläutert, um anschließend die spezifischen Steuerungsaspekte im Kontext von DLN hervorzuheben.

3.1 Qualität von Dienstleistungen

Im Folgenden wird eingangs eine Begriffsabgrenzung der Qualität vorgenommen und daraus eine Definition für Dienstleistungsqualität abgeleitet. Anschließend werden anhand von Modellen die besonderen Merkmale der Dienstleistungsqualität herausgearbeitet, um dann die Anforderungen bei der Qualitätssteuerung im DLN aufzeigen zu können. Um eine integrierte Qualitätssteuerung realisieren zu können, bedarf es eines ganzheitlichen Qualitätsmanagements. Dazu werden das Konzept des Total Quality Management (TQM) als umfassendes Qualitätsmanagementkonzept erläutert und ergänzend zwei sich daran anlehnende praxisorientierte Ansätze diskutiert.

3.1.1 Merkmale und Anforderungen der Dienstleistungsqualität

Der Begriff der Qualität wird in der Literatur unterschiedlich diskutiert. Dabei ist die Terminologie sowohl für Sachleistungen als auch Dienstleistungen un-

---

139 Vgl. Bruhn, M.: Qualitätsmanagement für Dienstleistungen, S. 3.

140 Vgl. Ahlert, D., Evanschitzky, H.: Dienstleistungsnetzwerke, S. 248-249, 267-268.

einheitlich.[141] Generell leitet sich der Begriff Qualität aus dem lateinischen („qualis" = wie beschaffen) ab und bezeichnet ganz allgemein die Beschaffenheit und Güte von Sach- oder Dienstleistungen. Die Qualität bildet den Gegensatz zur Quantität und kann als eine Gesamtheit von Merkmalen einer Sach- oder einer Dienstleistung definiert werden, die sich auf deren Eignung zur Erfüllung festgelegter oder vorausgesetzter Anforderungen bezieht.[142] Grundlegende Definitionen wurden auch vom Deutschen Institut für Normung e. V. (DIN) in Zusammenarbeit mit der International Standards Organisation (ISO) gelegt, die in ihrer Norm DIN EN ISO 8402:1995 Qualität als „...die Gesamtheit von Merkmalen (und Merkmalswerten) einer Einheit bezüglich ihrer Eignung, festgelegte und vorausgesetzte Erfordernisse zu erfüllen" bezeichnen. Diese Definition wurde mit der Norm DIN EN ISO 9000:2005 neu gefasst und bezeichnet Qualität nun als den „[...] Grad, in dem ein Satz inhärenter Merkmale Anforderungen erfüllt".[143]

Anhand dieser Definitionen ist erkennbar, dass der Begriff der Qualität höchst unterschiedlich aufgefasst werden kann. So ist z. B. der Begriff der „Einheit" sowohl für Sachleistungen, Tätigkeiten als auch Dienstleistungen zu verstehen. Ebenso kann der Begriff der „Beschaffenheit" unterschiedlich aufgefasst sein. Allgemein bezeichnet die „Beschaffenheit" die Gesamtheit aller Merkmalsausprägungen einer Einheit. Dabei wird immer noch nicht deutlich, welche Personen oder Institutionen eben diese Merkmalsausprägungen festlegen.[144] Somit müssen zwei Qualitätsperspektiven unterschieden werden: die objektive und die subjektive Qualitätsperspektive. Daraus leiten sich zwei zentrale Ansätze des Qualitätsbegriffes ab:[145]

---

141 Vgl. Bruhn, M.: Qualitätsmanagement für Dienstleistungen, S. 33.

142 Vgl. Brockhaus-Verlag (Hrsg.): Brockhaus – Die Enzyklopädie in 30 Bänden, 21. Aufl., Leipzig 2005.

143 Deutsches Institut für Normung (DIN): DIN-Taschenbuch 226: Qualitätsmanagement. QM-Systeme und -Verfahren, 8. Aufl., Berlin 2012.

144 Vgl. Geiger, W.: Qualität als Fachbegriff des Qualitätsmanagements, in: Zollondz, H.-D. (Hrsg.): Lexikon Qualitätsmanagement. Handbuch des modernen Managements auf der Basis des Qualitätsmanagements, München, 2001, S. 801.

145 Vgl. Bruhn, M.: Qualitätssicherung im Dienstleistungsmarketing. Eine Einführung in die theoretischen und praktischen Probleme, in: Bruhn, M./ Stauss, B. (Hrsg.). Dienstleistungsqualität. Grundlagen, Konzepte, Methoden, 3. Aufl ., Wiesbaden, 2000, S. 21-48; weitere Abgrenzungen wurden von *Garvin* vorgenommen, der zusätzlich eher auf Sachgüter bezogen einen absoluten, einen wertorientierten sowie einen herstellungsorientierten Qualitätsbegriff ka-

1. Der produktbezogene Qualitätsbegriff stellt die Summe bzw. das Niveau der objektiv vorhandenen Merkmale von Sach- sowie Dienstleistungen in den Vordergrund. Insbesondere die Qualität von Dienstleistungen ist nach diesen Kriterien oder Merkmalen schwieriger zu beobachten als bei Sachleistungen.

2. Der kundenbezogene Qualitätsbegriff erweitert die objektiven Qualitätsmerkmale um die subjektive Wahrnehmung des Kunden bzgl. der Produktmerkmale oder Dienstleistungen. Damit wird deutlich, dass die Qualitätsbeurteilung nicht allein von den objektiven Qualitätsmerkmalen abhängt, sondern größtenteils durch die subjektive Einschätzung des Kunden bestimmt wird. Dieser subjektive Anteil ist insbesondere bei Dienstleistungen ausgeprägt und stellt hohe Anforderungen an die Unternehmen bzgl. der Qualitätssteuerung. Zum einen ist es für die Unternehmen schwierig, die Kundenwahrnehmungen richtig zu erfassen und angemessen darauf zu reagieren, zum anderen differieren die Wahrnehmungen der einzelnen Kunden stark.

Hieraus wird deutlich, dass besonders der subjektive bzw. kundenbezogene Qualitätsbegriff im Rahmen von DLN hervorzuheben ist. Nicht allein die Messung der Qualität von Dienstleistungen stellt große Anforderungen an die Unternehmen, auch die Erfassung der Kundenwahrnehmung gestaltet sich schwierig und bedingt ein komplexes Steuerungsgefüge im DLN, um die Qualität adäquat sichern zu können.

Anhand der hier vorgestellten Definitionen für Qualität und den genannten Besonderheiten im Rahmen der Dienstleistung kann die Dienstleistungsqualität folgendermaßen definiert werden:[146]

> *Dienstleistungsqualität ist die Beschaffenheit einer Dienstleistung, die unter der Berücksichtigung der Erwartungen der relevanten Anspruchsgruppen (z. B. Kunden) auf einem bestimmten Anforderungsniveau zu erbringen ist. Dabei beziehen sich die Anforderungen der Anspruchsgruppen auf die objektiven und subjektiven Merkmale von Dienstleistungen und müssen zu dem gewünschten Grad erfüllt werden.*

Im Laufe der Jahre wurden verschiedene Modelle entwickelt, die eine Operationalisierung der Dienstleistungsqualität ermöglichen. Auf unterschiedliche Weise wird diese hier analysiert und abgebildet. Ziel ist dabei, die Komplexität des

---

tegorisiert hat, vgl. hierzu Garvin, D. A.: „What does Product Quality really mean?", in: Sloan Management Review, 26 (1984) 1, S. 25-28.

146   Vgl. Bruhn, M.: Qualitätsmanagement für Dienstleistungen, S. 38.

Dienstleistungsqualitätsbegriffes zu reduzieren und ein gemeinsames Verständnis für den Terminus zu erlangen.

Aufgezeigt wird im Folgenden eine Auswahl an Modellen, die die Merkmale der Dienstleistungsqualität in Dimensionen verdeutlicht. Diese Auswahl erhebt keinen Vollständigkeitsanspruch, spiegelt jedoch die in der Literatur und Praxis am häufigsten diskutierten Modelle wider. [147]

- **Modell von *Donabedian***

Das Phasenmodell von *Donabedian* differenziert die Dienstleistungsqualität in drei zeitlich aufeinanderfolgenden Dimensionen: die Potenzialdimension, die Prozessdimension und die Ergebnisdimension. Das Modell wurde auf Basis medizinischer Leistungen entwickelt und im Jahr 1980 erstmals publiziert.[148]

Die Potenzialdimension beschreibt die Dienstleistungsqualität als Fähigkeit eines Dienstleistungsunternehmens in personeller und technischer Hinsicht. Hierzu können z. B. das Image des Unternehmens, die Kompetenz der Mitarbeiter, eine moderne Einrichtung, gut geschulte Mitarbeiter sowie eine effiziente Bereitstellung von kundenrelevanten Informationen gezählt werden. Die Prozessdimension erfasst die Qualität des eigentlichen Leistungserstellungsprozesses. Hier wird das subjektive Empfinden des Kunden im Rahmen des Dienstleistungsprozesses erläutert. Dazu gehören z. B. der Kontaktstil oder die Freundlichkeit des Mitarbeiters, die Serviceorientierung des Dienstleistungsanbieters, die Beratung sowie die Informations- und Wissensweitergabe. Die Ergebnisdimension beschreibt die tatsächlich empfundene Dienstleistungsqualität des Endergebnisses. Diese ergibt sich aus der Differenz zwischen der erwarteten und erhaltenen Leistung. Beispiele hierfür sind positive Eindrücke oder Erlebnisse im Rahmen der Dienstleistung.[149]

- **Modell von *Grönroos***

Im Modell von *Grönroos* wird die Qualität nach Art und Umfang der Dienstleistung beschrieben. Er unterteilt diese in eine technische und eine funktionale Qualität. Dabei bemerkt er, ebenso wie *Donabedian* in seiner Ergebnisdimension, dass die wahrgenommene Qualität sich aus der Differenz der erwarteten und

---

147　Vgl. Bruhn, M.: Qualitätsmanagement für Dienstleistungen, S. 89.

148　Vgl. hier und im Folgenden Donabedian, A.: The Definition of Quality and Approaches to Its Assessment: Explorations in Quality Assessment and Monitoring, Volume I, Ann Arbor 1980.

149　Vgl. hierzu auch Bieger, T., Beritelli, P.: Dienstleistungsmanagement in Netzwerken, S. 85.

der tatsächlich erfahrenen Qualität zusammensetzt. Die erfahrene Qualität wird jedoch wesentlich differenzierter betrachtet.

Zum einen beschreibt die technische Qualität was für ein Dienstleistungsspektrum dem Kunden angeboten wird bzw. in welchem Umfang, und ist somit objektiv messbar. Zum anderen wird eine funktionale Qualität beschrieben, die auf die Art des Leistungsangebotes eingeht. Hier steht im Vordergrund, wie diese Dienstleistung erbracht wurde, und ist somit mit subjektiven Parametern behaftet.

Nach *Grönroos* ist insbesondere die funktionale Qualität bei Dienstleistungen ausschlaggebend. Ebenso bezeichnet er das Image als ein wichtiges Kriterium, welches sich in hohem Maße auf die Erwartungen des Kunden auswirkt.[150]

- **Modell von *Meyer* und *Mattmüller***

Meyer und *Mattmüller* erweitern mit ihrem Modell die Dimensionen von *Donabedian* und *Grönroos*. Sie unterscheiden die Potenzialqualität nach Anbieter und Nachfrager und teilen diese jeweils in eine technische (was) und eine funktionale (wie) Dimension. Die technische Potenzialqualität des Anbieters wird als Spezifizierungspotenzial (Dimension I) bezeichnet und die funktionale Potenzialqualität des Anbieters als Kontaktpotenzial (Dimension II). Das Spezifizierungspotenzial drückt dabei die Leistungsfähigkeit des Dienstleistungsanbieters aus, was für personelle (z. B. Mitarbeiter) und infrastrukturelle (z. B. Hilfsmittel, Technologie) Ressourcen ihm zur Dienstleistungserbringung zur Verfügung stehen. Das Kontaktpotenzial bezeichnet die Fähigkeit, wie der Dienstleistungsanbieter seine Leistung erbringt (z. B. kundenorientiert).

Die technische Potenzialqualität des Nachfragers wird als Integrationspotenzial (Dimension III) bezeichnet und die funktionale Potenzialqualität des Nachfragers als Interaktivitätspotenzial (Dimension IV). Das Integrationspotenzial eines Kunden beschreibt seine Fähigkeit, sich in den Dienstleistungsprozess integrieren zu können (z. B. physische, geistige, emotionale Bereitschaft). Das Interaktivitätspotenzial bezeichnet die Auswirkungen auf die wahrgenommene Qualität, die durch die Interaktion zwischen verschiedenen Kunden entstehen können. Diese vier Dimensionen werden als Prozessverhalten in die Prozessqualität überführt. Diese Prozessqualität führt abschließend zu einer Ergebnisqualität,

---

150 Vgl. Grönroos, C.: A Service Quality Model and Its Marketing Implications, in: European Journal of Marketing 18 (1984) 4, S. 36–44.

die einerseits ein prozessuales Ergebnis beinhaltet sowie andererseits die Folge-qualität mitbestimmt.[151]

Insbesondere die Wechselwirkungen zwischen Anbieter-Nachfrager- sowie Nachfrager-Nachfrager-Kontakten werden in dem Modell von *Meyer* und *Matt-müller* hervorgehoben.[152]

- **Modell von *Berry***

Berry betrachtet in seinem Modell die Dienstleistungsqualität anhand von zwei Dimensionen zur Kundenerwartung. Zum einen unterscheidet er die Routine-komponenten, die in der Erwartungshaltung des Kunden Standardmerkmale der Dienstleistung betreffen. Für den Kunden gehören diese zum normalen Leis-tungsumfang und müssen generell erfüllt werden. Werden diese Routinekompo-nenten nicht erfüllt, bewertet der Kunde die Dienstleistung mit einer schlechten Qualität. Zum anderen führt *Berry* die Ausnahmekomponenten an, welche als Zusatzleistungen vom Kunden wahrgenommen werden. Der Kunde erwartet diese nicht im Rahmen der Dienstleistungserbringung und bewertet diese ent-sprechend gut. Zusatzleistungen sind z. B. hervorzuhebende Freundlichkeit oder die Bereitschaft, besonders intensiv auf die speziellen Kundenwünsche einzuge-hen.[153]

- **Modell von *Brandt***

Angelehnt an *Berry* entwickelte *Brandt* ein Modell, indem er zwei Dimensionen unterschied. Er bezeichnet diese Dimensionen als Minimumdimension und Werterhöhungsdimension. Die Minimumkomponenten beschreiben, ebenso wie die Routinekomponenten, die vom Kunden erwarteten Bestandteile an die Dienstleistung. Bei Nichterfüllung wird die Dienstleistung qualitativ schlechter bewertet. Demgegenüber enthalten die Werterhöhungskomponenten, angelehnt an die Ausnahmekomponenten, die nicht erwarteten Elemente, die vom Kunden als Zusatzleistung empfunden und gut bewertet werden.[154]

---

151 Vgl. Meyer, A., Mattmüller, R.: Qualität von Dienstleistungen, S. 187–195.

152 Vgl. Bruhn, M.: Qualitätsmanagement für Dienstleistungen, S. 117.

153 Vgl. Berry, L. L.: Big Ideas in Services Marketing, in: Journal of Services Marketing, 1 (1987) 1, S. 5-9.

154 Vgl. Brandt, D. R.: How Service Marketers Can Identify Value-Enhancing Service Elements, in: Journal of Services Marketing, 2 (1988) 3, S. 35-41.

- **Modell von *Parasuraman*, *Zeithaml* und *Berry***

Das branchenunabhängige GAP-Modell wurde in den 1980er Jahren von *Parasuraman*, *Zeithaml* und *Berry* entwickelt. In einer umfassenden Studie im Finanzdienstleistungsbereich, durchleuchteten sie folgende Problemfelder, die ihrer Meinung nach in den bis dato existierenden Modellen der Dienstleistungsqualität nicht genügend berücksichtigt wurden:[155]

1. Die Beurteilung der Dienstleistungsqualität ist für den Kunden, aufgrund der Komplexität der Angebote, schwieriger als bei materiellen Produkten.

2. Bei der Beurteilung fließt nicht nur das Endergebnis, sondern auch der Dienstleistungserstellungsprozess an sich, mit ein.

3. Relevant für die Beurteilung der Dienstleistungsqualität ist ausschließlich die Kundenperspektive.

Mit ihrem Modell identifizieren *Parasuraman*, *Zeithaml* und *Berry* fünf GAPs (Lücken) hinsichtlich der Dienstleistungsqualität. Sie betrachten zwei Ebenen, die des Dienstleisters und die des Kunden. Die GAPs zeigen auf Dienstleisterebene (GAP 1 – GAP 4) die Diskrepanzen bei Kommunikations- und Kontrollprozessen auf und auf Kundenseite (GAP 5) die Diskrepanz zwischen erwarteter und wahrgenommener Dienstleistung. Als Ziel bemerken sie, dass sich die Qualität aus GAP 5 ergibt. Eine hohe Qualität ist gegeben, wenn die Kundenerwartungen übererfüllt werden. Dabei führen sie an, dass sich die erwartete Dienstleistung aus Mund-zu-Mund-Kommunikation, individuellen Bedürfnissen, den Erfahrungen des Kunden aus der Vergangenheit mit dem Dienstleister sowie der kundengerichteten Kommunikation seitens des Dienstleisters ergibt.

Des Weiteren ergaben sich aus der Studie zehn Qualitätsdimensionen (materielles Umfeld, Zuverlässigkeit, Entgegenkommen, Kompetenz, Zuvorkommenheit, Vertrauenswürdigkeit, Sicherheit, Erreichbarkeit, Kommunikation, Kundenverständnis), die später in einer weiteren Studie (SERVQUAL) zu fünf Basisdimensionen aggregiert wurden:[156]

---

155 Vgl. hier und im Folgenden Parasuraman, A., Zeithaml, V. A., Berry, L. L.: A Conceptual Model of Service Quality and its Implications for Future Research, in: Journal of Marketing, 49 (1985) 1, S. 41–50.

156 Vgl. hierzu Parasuraman, A., Zeithaml, V. A., Berry, L. L.: SERVQUAL: A Multiple-Item Scale for Measuring Consumer Perceptions of Service Quality, in: Journal of Retailing, 64 (1988) 1, S. 12–40.

1. Annehmlichkeit des Umfeldes: Ein sauberes, materielles Umfeld, eine moderne Ausstattung sowie sicheres Auftreten des Mitarbeiters.
2. Leistungsfähigkeit: Zuverlässige und sorgfältige Dienstleistungserbringung.
3. Reaktionsfähigkeit: Bereitschaft, schnell und gewissenhaft dem Kunden zu helfen.
4. Verlässlichkeit: Kompetenz und Entgegenkommen des Mitarbeiters sowie die Fähigkeit, Vertrauen und Zuversicht zu erwecken.
5. Einfühlungsvermögen: Einfühlsame und individuelle Aufmerksamkeit gegenüber dem Kunden.

Das GAP-Modell hat großes Interesse und weite Verbreitung erfahren und wurde von einigen Autoren modifiziert.[157]

- **Modell von *Bouldig et al.***

Einen besonderen Fokus auf die Kundenerwartungen legen auch *Boulding et al.* mit ihrem dynamischen Prozessmodell.[158] Ihre Grundannahme beruht darauf, dass sich die Kundenerwartungen im Zeitablauf ändern werden. Somit kann nicht generell von einer statischen Erwartung ausgegangen werden, sondern es müssen dynamische Verhaltensmuster einkalkuliert werden. Dabei erfassen die Autoren die Kundenerwartung anhand von drei Parametern. Sie unterscheiden die Wird-Erwartung, die ausdrückt, welche Dienstleistungsqualität der Kunde vorab für wahrscheinlich hält. Ein weiterer Parameter ist die Soll-Erwartung. Diese gibt an, welche bestimmte Dienstleistungsqualität der Kunde für angemessen hält. Hiermit ist die ausdrückliche Erwartung des Kunden an den Dienstleister gemeint, was dieser an Qualitätsleistung erbringen soll. Letztendlich ist der dritte Parameter die tatsächlich gelieferte Leistung des Dienstleisters, die der Kunde wahrnimmt.

---

[157] Vgl. z. B. Luk, S. T. K., Layton, R.: Perception Gaps in Customer ExpectationS. Managers versus Service Providers and Customers, in: Service Industries Journal, 22 (2002) 2, S. 109–128, die eine zusätzliche Mitarbeiterperspektive betrachten und das Modell um zwei GAPs erweitern; Murmann, B.: Qualität mehrstufiger Dienstleistungsinteraktionen. Besonderheiten bei Dienstleistungsunternehmen mit direktem und indirektem Kundenkontakt, Wiesbaden 1999, betrachtet mehrstufige Dienstleistungen in einer triadischen Beziehungsstruktur und integriert in das Modell zusätzlich eine Vermittlerebene; Frost, F. A., Kumar, M.: INTSERVQUAL – An Internal Adaptation of the GAP Model in a Large Service Organisation, in: Journal of Services Marketing, 14 (2000) 4/5, S. 358–377, betrachten das GAP-Modell ausschließlich für interne Dienstleistungen und modifizieren die Betrachtungsebenen auf Kundenkontaktmitarbeiter und Support-Mitarbeiter.

[158] Vgl. hier und im Folgenden Boulding, W., Kalra, A., Staelin, R., Zeithaml, V. A.: A Dynamic Process Model of Service Quality. From Expectations to Behavioral Intentions, in: Journal of Marketing Research, 30 (1993) 1, S. 7–27.

Angelehnt an die Qualitätsdimensionen des GAP-Modells konstatieren *Boulding et al.*, dass die Kunden aufgrund ihrer differenzierten Erwartungshaltung ein individuelles und globales Qualitätsempfinden kumulieren. Dieses Qualitätsurteil veranlasst die Kunden zu bestimmten Verhaltensmustern gegenüber dem Dienstleister. Als Ergebnis lässt sich ableiten, dass die Wird- und Soll-Erwartungen wesentliche Determinanten für die Qualitätswahrnehmung des Kunden darstellen. Das heißt, je höher die Wird-Erwartung beim Kunden ist, desto besser schätzt er im Nachhinein die tatsächlich wahrgenommene Dienstleistungsqualität ein. Je höher jedoch die Soll-Erwartung ausgeprägt ist, desto schwächer schätzt der Kunde die tatsächlich wahrgenommene Dienstleistungsqualität ein. Daraus lässt sich ableiten, dass ein Unternehmen bemüht sein sollte, die Wird-Erwartung zu steigern und die Soll-Erwartung zu senken. Dies kann durch geeignete Marketingmaßnahmen geschehen.

In Tabelle 3-1 werden die einzelnen Modelle zusammengefasst dargestellt. Dabei wird deutlich, dass bei allen Modellen die Kundenerwartungen ausschlaggebend sind. Entweder werden sie explizit fokussiert, wie bei *Berry*, *Brandt*, *Parasuraman et al.* und *Boulding et al.*, oder sind implizit in den Dimensionen verankert, wie in den Modellen von *Donabedian*, *Grönroos*, oder dem darauf aufbauenden Modell von *Meyer* und *Mattmüller*.

Quelle	Betrachtungs-schwerpunkt	Ausprägungen
Donabedian 1980	Zeitliche Dimensionen	Potenzial, Prozess, Ergebnis
Grönroos 1984	Art, Umfang	Technisch (Was), Funktional (Wie)
Meyer und *Mattmüller* 1987	Art, Umfang der Potenzialdimension	Anbieter (Was, Wie), Nachfrager (Was, Wie)
Berry 1986	Kundenerwartung	Routinekomponente, Ausnahmekomponente
Brandt 1988	Kundenerwartung	Minimumkomponente, Werterhöhungskomponente
Parasuraman et al. 1985, 1988	Kundenerwartung	Qualitätslücken (GAPs)
Boulding et al. 1993	Kundenerwartung	Wird-Erwartung, Soll-Erwartung, gelieferte Leistung

Tabelle 3-1: Zusammenfassung der Modelle der Dienstleistungsqualität

Daraus wird deutlich, dass die besondere Anforderung bei der Steuerung der Dienstleistungsqualität in der richtigen Einschätzung und Umsetzung der Kundenerwartungen liegen muss. In DLN sollte dabei zusätzlich beachtet werden, dass nicht nur die Kunden, sondern auch die Netzwerkpartner und Mitarbeiter Erwartungen an die Qualität haben. Das heißt, dass die Anforderung an die Qualität aus differierenden Sichtweisen besteht.[159]

Der Kunde hat bestimmte Erwartungen an die Qualität im DLN. Wie vorangehend verdeutlicht wurde, sind diese von besonderer Bedeutung für die Qualitätssteuerung im DLN. Um die Erwartungsbildung der Kunden noch besser einschätzen zu können, kann das DLN eine Differenzierung von Dienstleistungen vornehmen. Angelehnt an die Güterarten der Neuen Institutionenökonomik können synonym für Dienstleistungen die Such-Dienstleistung, die Erfahrungs-Dienstleistung und die Vertrauens-Dienstleistung unterschieden werden. Diese können nach dem Grad potenzieller Informationsasymmetrien typisiert werden, ob der Kunde die Qualität bereits vor oder erst nach der Dienstleistungserbringung einschätzen kann. Daraus können Auswirkungen auf die Kundenerwartungen hinsichtlich der Dienstleistungsqualität abgeleitet werden:[160]

- Such-Dienstleistungen bezeichnen Dienstleistungen, welche bereits vorab gut vom Kunden hinsichtlich der Qualität bewertet werden können. Dies sind z. B. Handels-, Verkehrs-, Beherbergungs- oder Kulturdienstleistungen. Die Informationen hierfür sind relativ leicht und günstig für den Kunden zu beschaffen und die Qualitätsmerkmale sind ihm dadurch weitestgehend bekannt. Das Vertrauen ist kein ausschlaggebender Faktor.

- Erfahrungs-Dienstleistungen können vorab schwer vom Kunden hinsichtlich der Qualität beurteilt werden. Somit ist die Qualitätsbewertung erst nach der Nutzung der Dienstleistung möglich. Folglich sind die Informationsbeschaffungskosten höher als bei Such-Dienstleistungen, da Fehlkäufe entstehen können. Das Vertrauen wird zu einem wichtigen Faktor. Insbesondere Finanz-, Bildungs-, Wellness- und Telekommunikationsdienstleistungen stellen eine Erfahrungs-Dienstleistung dar.

- Vertrauens-Dienstleistungen können sowohl vor als auch nach Dienstleistungsnutzung sehr schwer vom Kunden hinsichtlich der Qualität beurteilt

---

[159] Vgl. Bruhn, M.: Qualitätssicherung im Dienstleistungsmarketing, S. 30-33.

[160] Vgl. hier und im Folgenden Ahlert, D., Evanschitzky, H.: Dienstleistungsnetzwerke, S. 28-32; in Anlehnung an Fritsch, M., Wein, T., Ewers, H. J.: Marktversagen und Wirtschaftspolitik, 7. Aufl., Berlin 2007, S. 288-290; die zwischen neoklassischen Gütern, Such- und Inspektionsgütern, Erfahrungsgütern und Glaubens- oder Vertrauensgütern unterscheiden.

werden. Eine Qualitätsbewertung ist erst im Vergleich mit vielen anderen gleichen Dienstleistungen möglich. Der Kunde hat zu diesem Zeitpunkt keine andere Möglichkeit, als dem anbietenden Dienstleister zu vertrauen. Ihm fehlen bei Nutzung der meist sehr komplexen Dienstleistungen die nötigen Informationen, um einen Vergleich anzustellen. Hierzu gehören insbesondere Beratungs- oder Maklerdienstleistungen.

Diese Typisierung der Dienstleistungen liefert wichtige Erkenntnisse, damit DLN die Erwartungen der Kunden besser einschätzen und die IV daraufhin ausrichten können.

Abbildung 3-1 verdeutlicht den Zusammenhang zwischen dem Grad von potenziellen Informationsasymmetrien und den verschiedenen Dienstleistungstypen.

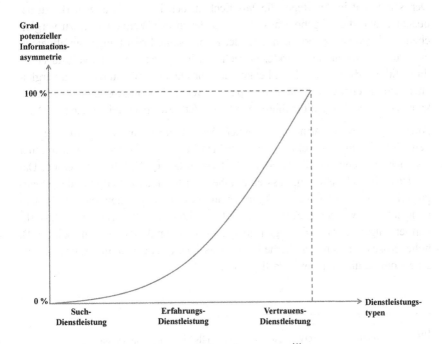

Abbildung 3-1: Informationsasymmetrien und Dienstleistungstypen[161]

---

161 Vgl. Ahlert, D., Evanschitzky, H.: Dienstleistungsnetzwerke, S. 29; in Anlehnung an Fritsch, M., Wein, T., Ewers, H. J.: Marktversagen und Wirtschaftspolitik, 4. Aufl., Berlin 2001.

Es ist nachvollziehbar, dass bei steigender Unsicherheit des Kunden bzgl. der Qualitätseinschätzung die vertrauensbildenden Maßnahmen vom DLN gesteigert werden müssen.

Wie bereits bei *Grönroos*[162] erfasst[163], ist das Image eines Dienstleisters ein wichtiges Kriterium bei der Bewertung der Qualität und sollte vom DLN gezielt eingesetzt werden.[164] Im Rahmen dieser Dienstleistungen erwartet der Kunde z. B. Kompetenz und Höflichkeit des Dienstleisters, Glaubwürdigkeit, Zuverlässigkeit und eine gute Reaktionsfähigkeit. Ebenso wird die materielle Produktbeschaffenheit, die in viele Dienstleistungsprozesse einfließt, vom Kunden bewertet und darf nicht außer Acht gelassen werden.

Ein weiterer Einflussfaktor, der sich auf die Qualitätsanforderungen aus Kundensicht auswirken kann, ist der Vergleich mit den Wettbewerbern des DLN. Der Kunde hat in der Regel die Möglichkeit, den Dienstleistungsmarkt zu beobachten und die Angebote des DLN mit denen der Wettbewerber zu vergleichen. Dadurch ist zu vermuten, dass der Kunde seine Erwartungen am allgemeinen Qualitätsniveau des Marktes ausrichten wird. Es ist somit sinnvoll für DLN, ihre Mitbewerber ebenfalls zu kennen und ihr Qualitätsniveau damit zu vergleichen und gegebenenfalls daran anzupassen. Wie bereits in Abschnitt 1 erläutert, kann das DLN als Qualitätsführer durchaus Wettbewerbsvorteile erlangen.[165]

Auch aus Netzwerkpartnersicht können Anforderungen an die Qualität entstehen. Diese können sowohl in den einzelnen Subsystemen der Netzwerkpartner als auch unternehmensübergreifend im System des DLN definiert werden. Dabei ist zu berücksichtigen, dass eine hohe Interdependenz zwischen den Qualitätsanforderungen der Netzwerkpartner und des DLN bestehen kann. In Anlehnung an *Parasuraman, Zeithaml und Berry* können aus Sicht der Netzwerkpartner folgende Anforderungen an die Qualität im DLN relevant sein: z. B. hohe Prozesseffizienz, Sicherheit, Zuverlässigkeit, Transparenz, Fairness, eine gute Kommunikation sowie Partizipation.[166]

---

162 Vgl. Grönroos, C.: A Service Quality Model and Its Marketing Implications.

163 Vgl. Abschnitt 3.1

164 Vgl. Ahlert, D., Evanschitzky, H.: Dienstleistungsnetzwerke, S. 30.

165 Vgl. hierzu Heskett, J. L.: Managing in the Service economy, 5. Aufl., Boston 1986, S. 48-51.

166 Vgl. Parasuraman, A., Zeithaml, V. A., Berry, L. L.: A Conceptual Model of Service Quality and its Implications for Future Research, S. 47.

Um den Qualitätsanforderungen der Netzwerkpartner im DLN gerecht werden zu können, scheint eine entsprechende Prozesseffizienz, aufgrund der erhöhten Anzahl an Schnittstellen bei der Zusammenarbeit im DLN, sinnvoll und sollte näher betrachtet werden. Prozesseffizienz bedeutet, dass die internen Ressourcen, wie z. B. die IKT, die für den Leistungserstellungsprozess nötig sind, entsprechend koordiniert werden. In diesem Rahmen kann eine genaue Definition der Art der internen Ressourcen sinnvoll sein, z. B. welche Art von IKT im DLN vorhanden sein sollte, um die Dienstleistungserbringung zu unterstützen. Interessant ist hierbei auch zu betrachten, wie stark z. B. der Mitarbeiter in den jeweiligen Leistungserstellungsprozess mit eingebunden ist. Dabei kann eine Gesamtdienstleistung in einzelne Teilleistungen differenziert werden, um diese im Detail zu analysieren und evtl. Optimierungspotenzial aufzudecken. Hierbei kann z. B. analysiert werden, wie individuell die einzelnen Teilleistungen ausgeprägt sein müssen, oder ob diese zu einem gewissen Grad standardisiert werden können. Die Netzwerkpartner im DLN stehen, wie bereits erwähnt, in einem bestimmten Beziehungsgefüge zueinander. Diese können in einem DLN durchaus unterschiedlich gestaltet sein, durch z. B. unterschiedliche Interaktionsintensitäten oder unterschiedliche Vertragsverhältnisse.[167]

Weiterführend kann angemerkt werden, dass aufgrund der vielfältigen Wirkungszusammenhänge im DLN[168] deutlich wird, dass die Netzwerkpartner dann von Sicherheit, Zuverlässigkeit, Transparenz und Fairness profitieren, wenn alle Netzwerkpartner gemeinsam nach diesen Kriterien handeln. Opportunistisches Verhalten kann sich auf alle Netzwerkpartner im DLN negativ auswirken. Daher sind eine entsprechende Kommunikation zwischen den Netzwerkpartnern sowie die Partizipation aller Beteiligten im DLN bei Entscheidungen wichtig, um Opportunismusrisiken vorzubeugen.[169]

Der integrierte Qualitätssteuerungsansatz soll nicht nur ein Verständnis für die unterschiedlichen Sichtweisen auf die Dienstleistungsqualität berücksichtigen, sondern korrespondierend mit den Erkenntnissen aus der Systemtheorie[170] ein

---

[167] Vgl. Ahlert, D., Blaich, G., Evanschitzky, H., Hesse, J.: Erfolgsforschung in Dienstleistungsnetzwerken, in: Ahlert, D., Evanschitzky, H., Hesse, J. (Hrsg.): Exzellenz in Dienstleistung und Vertrieb – Konzeptionelle Grundlagen und empirische Ergebnisse, Wiesbaden, S. 1-28, S. 18.

[168] Vgl. hierzu auch Abschnitt 4.1.5

[169] Vgl. Abschnitt 2.3.1

[170] Vgl. Abschnitt 2.2

DLN auch auf unterschiedlichen Ebenen betrachten. Es werden die drei Ebenen Mikro, Meso und Makro unterschieden:[171]

- Auf Mikroebene wird die interne Sicht der einzelnen Netzwerkpartner im DLN mit deren innerbetrieblichen Strukturen, den darin integrierten Mitarbeitern bzw. Führungskräften sowie den Schnittstellen zu den anderen Netzwerkpartnern betrachtet. Somit findet eine systeminterne Betrachtung statt.

- Die Mesoebene ist ebenfalls systemintern, abstrahiert jedoch bereits auf das gesamte DLN mit den einzelnen Netzwerkpartnern und dessen Prozesse.

- Die Makroebene ist die abstrakteste Sichtweise auf das DLN. Hierbei wird insbesondere die Gesamtstruktur des DLN mit dessen Außenbeziehungen zu Kunden und Wettbewerbern durchleuchtet. Somit findet hier eine systemexterne Betrachtung statt. Zu beachten ist hierbei, dass der Kunde zwar als externer Faktor in den Dienstleistungsprozess mit einbezogen wird[172], somit systemintern im Rahmen der Dienstleistungserbringung betrachtet wird; bei der Bewertung der Dienstleistungsqualität allerdings systemextern als Umfeldfaktor berücksichtigt wird.

Tabelle 3-2 zeigt zusammenfassend die eben erläuterten Sichten und Ebenen auf, die im Rahmen eines integrierten Qualitätssteuerungsansatzes berücksichtigt werden können. Zudem werden beispielhaft Qualitätskriterien genannt, die für die Bewertung der Dienstleistungsqualität relevant sein können.

Ebene		Sicht	Qualitätskriterien
systemintern	Mikro	Mitarbeiter, Führungskraft, Netzwerkpartner	z. B. Sicherheit, Zuverlässigkeit, Prozesseffizienz, Transparenz, Fairness, Kommunikation, Partizipation
	Meso	DLN	
systemextern	Makro	Kunde, Wettbewerb	z. B. Kompetenz, Höflichkeit, Glaubwürdigkeit, Zuverlässigkeit, Reaktionsfähigkeit, materielle Produktbeschaffenheit

Tabelle 3-2: Ebenen und Sichten der Qualitätssteuerung in DLN

---

[171] Angelehnt an Wohlgemuth, O.: Management netzwerkartiger Kooperationen, S. 98-91; Zundel, P.: Management von Produktions-Netzwerken, S. 89; eine weitere Unterteilung findet sich auch bei Möller, K.: Controlling in Unternehmensnetzwerken, in: Zeitschrift für Controlling, 20 (2008) 12, S. 671-679, S. 672, der Unternehmensnetzwerke auf einer Mikro-, Makro- und Metaebene betrachtet.

[172] Vgl. Abschnitt 2.1

Die vorangegangenen Ausführungen haben gezeigt, dass die Anforderungen, denen die Dienstleistungsqualität gerecht werden muss, vorab im DLN definiert und transparent für alle Netzwerkpartner dargestellt werden sollte. Dazu ist es wichtig, die relevanten Informationen im DLN zur Verfügung zu stellen, die Auskunft über die Kundenerwartungen und den Wettbewerb geben.

Im Rahmen eines integrierten Qualitätssteuerungsansatzes wird die Orientierung an einem systematischen und ganzheitlichen Qualitätsmanagement vorgeschlagen, welches im Folgenden näher erläutert wird.

3.1.2 Ansätze des Total Quality Managements

Durch ein systematisches und ganzheitliches Qualitätsmanagement kann nicht nur die Qualität im DLN geplant, gesteuert und kontrolliert werden, es können gleichzeitig Kostenvorteile realisiert werden. *Maleri* und *Frietzsche* bemerken, dass eine Fehlervermeidung günstiger ist als die Fehlerbeseitigung. Somit stellen die Kosten für die Qualitätssteuerung notwendige Kosten und die internen und externen Fehlerkosten zu vermeidende Kosten dar.[173] In Anlehnung an *Heskett, Sasser* und *Hart*[174] werden unter zu vermeidenden internen Fehlerkosten z. B. Nacharbeiten, Verwaltungskosten, höhere Mitarbeiterfluktuation, Rückgang der Mitarbeiterproduktivität oder stagnierender Marktzuwachs zusammengefasst. Externe Fehlerkosten sind z. B. Gewährleistungen und Garantien, fehlende Einnahmen, Zeitaufwand sowie emotionale Kosten der Kunden. Demgegenüber stehen die notwendigen Qualitätssteuerungskosten, wie z. B. Qualitätsbestimmungen, Kontrollen und Tests, Einrichtungsgestaltung oder auch die Revision des Qualitätssteuerungssystems. Dabei wird deutlich, dass die Qualitätssteuerungskosten wesentlich kalkulierbarer sind als die schwer erfassbaren Fehlerkosten, wie z. B. die emotionalen Kosten der Kunden.

Es ist nicht auszuschließen, dass sich Qualitätsmängel einzelner Netzwerkpartner auf das gesamte DLN auswirken können. Daher wird empfohlen, ein netzwerkweites, systematisches und ganzheitliches Qualitätsmanagement im DLN zu etablieren.[175]

---

173 Vgl. Maleri, R., Frietzsche, U.: Grundlagen der Dienstleistungsproduktion, S. 240.

174 Vgl. Heskett, J. L., Sasser, E. W., Hart, C. W.: Bahnbrechender Service (Service Breakthroughs), Frankfurt 1991, S. 99.

175 Vgl. Bieger, T., Beritelli, P.: Dienstleistungsmanagement in Netzwerken, S. 16.

Überlegungen zum Management der Qualität wurden bereits Anfang des 20. Jahrhunderts vorgenommen, als die industrielle Fertigung und Massenproduktion begann. Während *Taylor* begann, sich im Rahmen der Qualitätskontrolle um das Aussortieren fehlerhafter Produkte zu bemühen, konzentrierte sich *Shewhart* bereits einige Jahre später auf die Qualitätsprüfung, die anhand statistischer Methoden gesteuert wurde. Bereits Mitte des 20. Jahrhunderts wurden Qualitätsmaßnahmen vorbeugend im gesamten Unternehmen etabliert. Diese Überlegungen stammen von *Taguchi* und *Deming*. *Deming* begründete später, gegen Ende des 20. Jahrhunderts, das heute weitverbreitete TQM. Daraus entwickelte sich später das European Foundation for Quality Management (EFQM) Modell der European Foundation of Quality Management.[176] Angelehnt an die ganzheitlichen Qualitätsmanagementansätze des TQM und EFQM wird folgende Begriffsfestlegung für die Arbeit vorgenommen:[177]

> *Qualitätsmanagement* *beschreibt generell die Planung, Steuerung und Kontrolle der Qualität von Leistungserstellungsprozessen bei Produkten oder Dienstleistungen. Dabei soll eine kontinuierliche Verbesserung der Leistungserstellung angestrebt und sichergestellt werden, dass die Unternehmen ihre finanziellen, personellen und sachlichen Ressourcen zielgerichtet und wirtschaftlich einsetzen.*

Ein ganzheitliches Qualitätsmanagement umfasst demnach sowohl die Planung als auch die Steuerung und anschließende Kontrolle der Qualität. Dabei kann das ganzheitliche Qualitätsmanagement wie folgt detailliert werden: Die Qualitätsplanung beinhaltet die Ermittlung des aktuellen Ist-Zustandes der Dienstleistungsqualität. Danach kann festgelegt werden, für welche Prozesse und in welchem Umfang die Qualität im DLN definiert wird. Dies dient dem Verständnis, welche Qualitätsstrategie festgelegt werden kann und wie die Qualitätsziele weiterführend operationalisiert und im DLN umgesetzt werden. Dabei können im Rahmen der Steuerung der Qualität entsprechende Qualitätsmaßnahmen und Qualitätsinstrumente sowie die entsprechenden verantwortlichen Rollen definiert werden. Diese können im Rahmen der Kontrolle kontinuierlich überwacht

---

[176]   Vgl. Zink, K.: TQM als integratives Managementkonzept – Das EFQM Excellence Modell und seine Umsetzung, München 2004, S. 43-53; Weitere Qualitätsansätze, die Mitte des 20. Jahrhunderts entstanden, basieren auf einer Null-Fehlerstrategie und wurden von *Crosby* mit dem Ziel der Perfektion sowie General Electric und Motorola als Six Sigma begründet.

[177]   In Anlehung an Kamiske, G., Umbreit, G.: Qualitätsmanagement – eine multimediale Einführung, 4. Aufl., Leipzig 2008, S. 11; Zollondz, H.-D.: Grundlagen Qualitätsmanagement – Einführung in Geschichte, Begriffe, Systeme und Konzepte, 3. Aufl., München 2011, S. 4.

und verbessert werden. Durch die Erhebung und Auswertung entsprechender Qualitätsinformationen, wie z. B. Qualitätskosten oder Kundenzufriedenheit, können die Qualitätsziele angepasst und die relevanten Prozesse verbessert werden. Somit fließen die Erkenntnisse aus der Qualitätskontrolle wieder in die Qualitätsplanung mit ein und es entsteht ein Prozess der ständigen Verbesserung.

Damit alle Netzwerkpartner im DLN die Qualitätsziele, die damit verbundene Qualitätsstrategie, -maßnahmen und -instrumente sowie die verantwortlichen Rollen nachvollziehen können, sollten diese eindeutig definiert und transparent im DLN kommuniziert werden. Dies kann helfen, die Qualitätssteuerung erfolgreich im DLN zu implementieren[178] und dadurch die Dienstleistungsqualität sicherzustellen und weiterzuentwickeln.[179] Das TQM, welches im Folgenden näher erläutert wird, bietet mit seinem umfassenden Qualitätsverständnis und dem Qualitätsregelkreis[180] eine Basis, um dies im DLN zu realisieren.

TQM erweitert den Qualitätsgedanken, aufbauend auf bisherigen Konzepten, wie z. B. der Qualitätssteuerung und -lenkung sowie der DIN EN ISO 9000 ff. Dabei soll nicht allein die Qualitätskontrolle im Vordergrund stehen, sondern eine aktive Gestaltung der Qualitätsentwicklung und -verbesserung angestrebt werden.[181]

In der Literatur werden verschiedene Begriffsdefinitionen des TQM diskutiert.[182] So beschreibt das *Deutsche Institut für Normung* TQM allgemein als eine „[...] auf die Mitwirkung aller ihrer Mitglieder gestützte Managementmethode einer Organisation, die Qualität in den Mittelpunkt stellt und durch Zufriedenstellen der Kunden auf langfristigen Geschäftserfolg sowie auf Nutzen

---

178 Vgl. Kamiske, G., Umbreit, G.: Qualitätsmanagement – eine multimediale Einführung, S. 11-15.

179 Vgl. Bruhn, M., Stauss, B.: Dienstleistungsqualität. Konzepte – Methoden – Erfahrungen, Wiesbaden 2000, S. 5.

180 Vgl. Rothlauf, J.: Total Quality Management in Theorie und Praxis – zum ganzheitlichen Unternehmensverständnis, München 2003, S. 39.

181 Vgl. Seghezzi, D., Fahrni, F., Herrmann, F.: Integriertes Qualitätsmanagement, S. 271-272; Rohlfing, M.: Qualitätsmanagement in KMU: Nutzenanalyse und Ansätze zur Entwicklung einer organisationalen Handlungskompetenz, Göttingen 2004, S. 9.

182 Vgl. Seghezzi, H. D.: Integriertes Qualitätsmanagement, S. 23.

für die Mitglieder der Organisation und für die Gesellschaft zielt."[183] *Oess*[184] dagegen spezialisiert sich auf den Industriesektor und nennt folgende Definition: „Hinter TQM verbirgt sich ein langfristiges, integriertes Konzept, um die Qualität von Produkten und Dienstleistungen einer Unternehmung in Entwicklung, Konstruktion, Fertigung und Kundendienst durch die Mitwirkung motivierter Mitarbeiter und günstigsten Kosten kontinuierlich zu gewährleisten und zu verbessern, um eine optimale Bedürfnisbefriedigung zu ermöglichen." Eine weitere, allgemein gehaltene Definition findet sich bei *Rampstad*[185]: „TQM is both: a philosophy and a set of guiding principles that represent the foundation of a continuously improving organization. It encompasses mobilizing the entire organization to satisfy the demands of the customers. [...] It involves each individual group within all parts of the organization."

Aus den vorgestellten Begriffsdefinitionen wird deutlich, dass das TQM eine kundenorientierte Qualitätsausrichtung verfolgt. Das bedeutet, dass die Dienstleistungsqualität konsequent an den Kundenwünschen ausgerichtet wird. Daraus kann abgeleitet werden, dass alle Unternehmensbereiche und -prozesse sowie die Mitarbeiter, die in das TQM mit einbezogen werden, kundenorientiert sein sollen.[186] Das Qualitätsmanagement wird im TQM als Führungsaufgabe verstanden, die allen anderen Unternehmensfunktionen übergeordnet ist. Des Weiteren ist anzumerken, dass das TQM explizit den Menschen (z. B. Mitarbeiter) im Rahmen des Qualitätsmanagements berücksichtigt.[187] Der Begriff des TQM verdeutlicht die hier erläuterten Merkmale: [188]

---

[183]   Deutsches Institut für Normung e. V.: DIN EN ISO 9000 Qualitätsmanagementsysteme – Grundlagen und Begriffe (ISO 9000:2005). Hrsg.: Deutsches Institut für Normung e. V., Berlin 2005.

[184]   Oess, A.: Total Quality Management – die ganzheitliche Qualitätsstrategie, Wiesbaden 1993, S. 89.

[185]   Rampersad, H.: Total Quality Management – An executive Guide to Continuous improvement, Heidelberg 2001, S. 3.

[186]   Vgl. Hummel, T., Malorny, C.: Total Quality Management. Tipps für die Einführung, München 2002, S. 7.

[187]   Vgl. Kamiske, G., Umbreit, G.: Qualitätsmanagement – eine multimediale Einführung, S. 1-28; Theden, P.: Wirtschaftlichkeit von Qualitätstechniken, in: Hansen, W., Kamiske, G. (Hrsg.): Qualität und Wirtschaftlichkeit, Düsseldorf 2002, S.235 – 253, S. 239.

[188]   Vgl. Zollondz, H.-D.: Grundlagen Qualitätsmanagement – Einführung in Geschichte, Begriffe, Systeme und Konzepte, S. 191-193.

- „Total" verdeutlicht die Ausrichtung des Qualitätsgedanken auf alle Unternehmensprozesse. Das TQM kann als strategischer Ansatz verstanden werden, der alle Mitarbeiter einbezieht und die Qualität in den Mittelpunkt der Unternehmensabläufe stellt.

- „Quality" steht für eine an den Kundenanforderungen ausgerichtete Qualitätsorientierung. Dabei werden die Qualitätsanforderungen aller Anspruchsgruppen betrachtet, wie z. B. die Mitarbeiterzufriedenheit, die Prozesseffizienz oder die Lieferantenzufriedenheit.

- „Management" bezeichnet die Verankerung des TQM in der Führungsebene. Der Qualitätsgedanke wird von der Führung[189] vorgelebt und somit in die Unternehmenskultur transportiert.

Abbildung 3-2 skizziert die Zusammenhänge des Begriffs TQM.

Abbildung 3-2: Begriffsbestandteile des TQM[190]

---

[189] In dieser Arbeit wird Führung verstanden als die gesamtheitlichen Aufgaben der Gestaltung, Steuerung und Weiterentwicklung von Unternehmen und die damit verbundene Mitarbeiterführung. Mit der Führung wird generell eine zielorientierte, persönliche oder unpersönliche Verhaltensbeeinflussung mit dem Ziel der Herrschaftssicherung beschrieben. Die Führung stellt ein umfassendes Konzept zur Sicherung einer Entscheidungsbefugnis dar. Die Rolle, die die Aufgaben der Führung wahrnimmt, ist die Führungskraft. vgl. Staehle, W. H.: Management – Eine verhaltenswissenschaftliche Perspektive, München 1999, S. 329.

TQM stellt ein dynamisches und langfristig ausgerichtetes Konzept dar, welches verschiedene Instrumente und Maßnahmen zur Ausrichtung aller Unternehmensbereiche auf den Qualitätsgedanken vorschlägt, die durch ein Unternehmen individuell auf die gegebene Situation angepasst werden können.[191] Dabei bezieht das TQM alle Anspruchsgruppen des DLN in die Qualitätsausrichtung mit ein. Hierzu gehören neben den Kunden auch die Mitarbeiter oder Lieferanten.[192]

Um das TQM erfolgreich im DLN implementieren zu können, scheint die Etablierung einer netzwerkweiten qualitätsorientierten Kultur sinnvoll. Diese kann helfen, den Führungskräften und allen Mitarbeitern Werte und Leitbilder zu vermitteln, nach denen sie qualitätsbewusst handeln können.[193] Durch die Entwicklung eines Qualitätsleitbildes kann TQM als Philosophie in das DLN implementiert werden. Aus diesem Qualitätsleitbild können einerseits die qualitätsbezogenen Unternehmensziele abgeleitet werden und andererseits manifestiert sich das ganzheitliche Qualitätsverständnis in den Einstellungen aller Netzwerkpartner im DLN.[194]

Die Grundphilosophie des umfassenden Qualitätsmanagementansatzes TQM wird für die Entwicklung eines integrierten Steuerungsansatzes für die Qualitätssteuerung in DLN vorgeschlagen. Das TQM bietet dabei eine ganzheitliche Berücksichtigung aller qualitätsrelevanten Objekte, die im Rahmen der Steuerung der Dienstleistungsqualität im speziellen Kontext von DLN Anwendung finden können. Die hierbei betrachteten Objekte, die als Steuerungsobjekte in den integrierten Steuerungsansatz einfließen können, sind die Kunden, die Mitarbeiter, die Prozesse und die Führung. Im Folgenden werden die einzelnen Steuerungsobjekte ausführlich diskutiert, um einen Überblick über die benötigten Steuerungsmechanismen zu erhalten.

Wie bereits in Abschnitt 3.1.1 aufgezeigt, ist der Kunde ein wichtiger Faktor im Rahmen der Qualitätssteuerung im DLN und dadurch ein wichtiges Steuerungsobjekt. Insbesondere durch die hohe subjektive Wahrnehmung bei Dienstleis-

---

190   Vgl. Kamiske, G., Brauer, J.-P.: Qualitätsmanagement von A-Z – Erläuterungen moderner Begriffe des Qualitätsmanagements, München 2008, S. 344.

191   Vgl. Seghezzi, H. D.: Integriertes Qualitätsmanagement: Das St. Galler Konzept, München 2003, S. 213.

192   Vgl. Rothlauf, J.: Total Quality Management in Theorie und Praxis, S. 52.

193   Vgl. Binner, H.: Prozessorientierte TQM–Umsetzung, München 2002, S. 104.

194   Vgl. Hummel, T., Malorny, C.: Total Quality Management, S. 62-63.

tungen bestimmt der Kunde die Qualität.[195] Diese Erkenntnis greift das TQM auf, indem es die Qualität vornehmlich aus Kundensicht betrachtet. Daher wird eine konsequente kundenorientierte Ausrichtung aller Prozesse und Funktionen im DLN vorgeschlagen. Das heißt, dass alle Prozesse und Funktionen auf die Kundenerwartungen ausgerichtet werden sollten.[196] Es kann jedoch zum einen die Schwierigkeit bestehen, alle Prozesse und Funktionen ganzheitlich zu berücksichtigen, zum anderen, die Leistungen zu jeder Zeit zum geforderten Qualitätsniveau anzubieten, da sich die Kundenanforderungen im Zeitablauf ändern können. Dadurch ergibt sich die Notwendigkeit, die Kundenanforderungen kontinuierlich zu hinterfragen.[197] Als Qualitätssteuerungs-instrumente können hier z. B. regelmäßige Kundenbefragungen und -analysen eingesetzt werden, die dem DLN Aufschluss über sich ändernde Kundenanforderungen geben. Diese Erkenntnisse können in den Planungs- und Entwicklungsprozess des TQM einfließen. Des Weiteren kann es für das DLN sinnvoll sein, ein gezieltes, qualitätsorientiertes Marketing zu implementieren, mit dessen Hilfe die an den Kundenbedürfnissen ausgerichteten Dienstleistungen nach außen kommuniziert werden. Hieran kann gemessen werden, ob der Kunde die versprochenen Dienstleistungen entsprechend wahrnimmt oder vermehrt Reklamationen im DLN auftauchen. Dies kann den Grad der Kundenzufriedenheit beeinflussen. Der Kunde nimmt ein gewisses Image des einzelnen Netzwerkpartners oder des gesamten DLN wahr und richtet seine Erwartungen darauf aus. Das Image kann insbesondere durch die Darstellung der Potenziale, der Philosophie sowie einem gewissen Reputationsgrad des DLN geprägt werden. Die Diskrepanz zwischen den Erwartungen des Kunden und der tatsächlich wahrgenommenen Leistung kann die Kundenzufriedenheit maßgeblich beeinflussen.[198] Die Erwartung des Kunden wird also von seinem individuellen Anspruchsniveau, dem Image des DLN, dessen Leistungsversprechen sowie dem Wissen um Alternativen beeinflusst. Demgegenüber steht die tatsächlich wahrgenommene Leistung, welche durch aktuelle Erfahrungen, die subjektive Wahrnehmung sowie der individuel-

---

195 Vgl. Abschnitt 3.1.1

196 Vgl. Hummel, T., Malorny, C.: Total Quality Management, S. 42; Kamiske, G., Umbreit, G.: Qualitätsmanagement – eine multimediale Einführung, S. 124.

197 Vgl. hier und im Folgenden Binner, H.: Prozessorientierte TQM–Umsetzung, S. 115-117.

198 Vgl. Hinterhuber, H., Matzler, K.: Kundenorientierte Unternehmensführung: Kundenorientierung – Kundenzufriedenheit – Kundenbindung, Wiesbaden 2006, S. 638.

len Problemstellung des Kunden beeinflusst wird.[199] Die Kundenzufriedenheit allein reicht nicht aus, um langfristig erfolgreich am Markt zu agieren. Die zufriedenen Kunden müssen weiterhin an das Unternehmen bzw. DLN gebunden werden. Hierzu muss eine Kundenstrategie definiert werden, die in operative Maßnahmen umzusetzen ist. Beispielsweise lautet die Strategie für bereits zufriedene Kunden, diese Kundenbeziehung zu stärken und aufzubauen. Dazu sollte im Unternehmen ein spezielles Zufriedenheitsmanagement implementiert werden.[200] Bei derzeit unzufriedenen Kunden sollte das strategische Ziel eine Stabilisierung der gefährdeten Kundenbeziehung sein. Hierzu muss ein ausgereiftes Beschwerdemanagement implementiert werden, das zudem Maßnahmen zur Kundenrückgewinnung enthält. Das Beschwerdemanagement[201] sollte im Rahmen des TQM institutionalisiert werden durch z. B. eine eigene Abteilung, die sich ausschließlich um Kundenbeschwerden kümmert.[202] Daraus wird deutlich, dass insbesondere die Mitarbeiter und Prozesse im DLN ausschlaggebend für zufriedene Kunden sind.

Die Mitarbeiter sind ein weiterer wichtiger Faktor im TQM und können als Steuerungsobjekt betrachtet werden. Wie bereits angeführt, versteht das TQM den Menschen mit seinen Problemlösungs- und Kreativitätspotenzialen als wichtigsten Erfolgsfaktor bei der Umsetzung der Qualität. Alle Netzwerkpartner im DLN sollten das umfassende Qualitätsverständnis berücksichtigen.[203] Es kommt zum Ausdruck, dass das TQM jedem einzelnen Mitarbeiter die Verantwortung überträgt, Qualität im DLN umzusetzen und sicherzustellen. Dazu

---

[199] Siehe hierzu auch die Ausführungen zum GAP-Modell nach Parasuraman und Zeithaml und Berry in Abschnitt 3.1.1

[200] Vgl. hier und im Folgenden Rothlauf, J.: Total Quality Management in Theorie und Praxis, S. 114.

[201] Die Kundenbeschwerden sollten von jedem Unternehmen ernst genommen werden. Nicht beachtet Beschwerden führen zur Kundenunzufriedenheit und -abwanderung, wohingegen erfolgreich bearbeitete Beschwerden beim Kunden ein positives Unternehmensbild hinterlassen. Die Kunden sollten animiert werden, ihre Beschwerden an das Unternehmen zu richten, da nur so Schwachstellen aufgedeckt und die Prozesse und somit die Qualität verbessert werden können. Im Beschwerdemanagement sollten Vorgehens- und Verhaltensregeln festgelegt werden; vgl. Zollondz, H.-D.: Grundlagen Qualitätsmanagement – Einführung in Geschichte, Begriffe, Systeme und Konzepte, S. 6.

[202] Vgl. Rothlauf, J.: Total Quality Management in Theorie und Praxis, S. 126.

[203] Vgl. Sanders, E.-M.: Total Quality Management in kleinen und mittelständischen Unternehmen – der Beitrag des Konzepts „Partizipation & Empowerment", Aachen 2005, S. 14; Rothlauf, J.: Total Quality Management in Theorie und Praxis, S. 150; Hummel, T., Malorny, C.: Total Quality Management, S. 33.

benötigt es ein hohes Maß an Engagement und Eigenverantwortung von den Mitarbeitern. Dabei ist zu vermuten, dass gut motivierte und zufriedene Mitarbeiter diese Anforderungen eher erfüllen werden als Mitarbeiter, die unmotiviert und unzufrieden die Dienstleistungen erbringen. Die Netzwerkpartner sollten daher bestrebt sein, die Mitarbeiterzufriedenheit zu überprüfen, z. B. in Form von Mitarbeiterbefragungen. Eine entsprechende Qualifizierung und Führung kann zusätzlich dazu beitragen, dass die Mitarbeiter die Qualitätskultur im DLN annehmen und leben. Durch eine entsprechende Partizipation, d. h. dass ein Mitarbeiter in die Entscheidungs- und Verbesserungsprozesse involviert wird, kann er sich stärker mit dem DLN identifizieren und den Qualitätsgedanken tragen.[204] Hierzu eignen sich insbesondere kooperative Führungsstile und flache Hierarchien, die eine Partizipation fördern können.[205] Die Zielsetzung des TQM, bezogen auf den Mitarbeiter, kann demnach aufgefasst werden als Stärkung der Identifikation des Mitarbeiters mit dem DLN sowie eine Erweiterung von dessen Verantwortungsbereich. Zudem kann eine entsprechende Partizipation und Qualifikation des Mitarbeiters zu einer kontinuierlichen Prozessverbesserung beitragen.[206]

Daraus lässt sich ableiten, dass die Prozesse ebenfalls ein weiteres wichtiges Steuerungsobjekt im Rahmen des TQM darstellen können. Der Qualitätsgedanke bezieht sich somit nicht ausschließlich auf die Ergebnisse im Rahmen der Dienstleistungserbringung, sondern insbesondere auf die Prozesse im DLN.[207] Dabei kann ein entsprechendes Prozessmanagement im DLN als ein Erfolgskriterium dienen.[208] Hierbei soll ein Funktions- bzw. Bereichsdenken im DLN aufgehoben und alle Dienstleistungsaktivitäten – auch unternehmensübergreifend – prozessorientiert auf die Kundenbedürfnisse ausgerichtet werden.[209] Das

---

204 Vgl. Zink, K.: TQM als integratives Managementkonzept – Das EFQM Excellence Modell und seine Umsetzung, S. 124-166.

205 Vgl. Bea, F. X., Friedl, B., Schweitzer, M.: Allgemeine Betriebswirtschaftslehre: Führung, Band 2.9, Stuttgart 2006, S. 7.

206 Vgl. Kamiske, G., Brauer, J.-P.: Qualitätsmanagement von A-Z – Erläuterungen moderner Begriffe des Qualitätsmanagements, S. 111-112.

207 Vgl. Hummel, T., Malorny, C.: Total Quality Management, S. 91, Sanders, E.-M.: Total Quality Management in kleinen und mittelständischen Unternehmen – der Beitrag des Konzepts „Partizipation & Empowerment", S. 15.

208 Vgl. Wohlgemuth, O.: Management netzwerkartiger Kooperationen, S. 32-44.

209 Vgl. Meffert, H.: Marktorientierte Unternehmensführung im Wandel: Retrospektive und Perspektiven des Marketing, Wiesbaden 1999, S. 58.

Prozessmanagement umfasst generell die Planung, Steuerung und Kontrolle der analysierten und dokumentierten Wertschöpfungsprozesse im DLN und beinhaltet dabei die Prozessplanung, -gestaltung, -realisierung, das Prozesscontrolling sowie die Prozessverbesserung.[210] Wichtig ist hierbei, eine Prozessverantwortung im DLN zu definieren, damit die Zuständigkeit und Verantwortung transparent für alle Netzwerkpartner ist.[211] Dabei wird auch wieder die enge Verknüpfung mit der Mitarbeiterorientierung deutlich. Ein verantwortungsvolles Qualitätsverständnis für die unternehmensübergreifenden Prozesse erfordert eine entsprechende Qualifikation und Eigenverantwortung der Mitarbeiter. Durch die derartige Gestaltung und Überwachung bzw. Verbesserung von Prozessen ist es möglich, nachhaltig kürzere Bearbeitungs- und Durchlaufzeiten, geringere Fehlerquoten sowie kürzere Lieferzeiten im DLN zu erzielen.

Um den Qualitätsgedanken kunden-, mitarbeiter- sowie prozessorientiert umsetzen zu können, empfiehlt das TQM eine umfassende Steuerung durch die Führungskraft. Diese übernimmt dabei explizit die Verantwortung für das Vorantreiben der Qualitätsphilosophie. Dabei kann die Führung auf unterschiedlichen Ebenen betrachtet werden, der jeweils unterschiedliche Aufgaben im Rahmen des TQM zugeordnet sind. Die Führung auf oberster Ebene ist hauptsächlich für die strategischen Aufgaben, wie Einführung und Gesamtsteuerung, des TQM verantwortlich. Die Führung auf mittlerer Ebene ist überwiegend mit den operativen Aufgaben, wie der Umsetzung und Verbesserung, des TQM beauftragt.[212] Das TQM versteht sich als Führungsaufgabe, welches von der Führungskraft vorgelebt wird und transparent gestaltet ist. Das erfordert eine umfassende Kompetenz von der Führungskraft, die Qualitätsphilosophie nicht nur zu leben, sondern in alle Unternehmensbereiche zu übertragen und umzusetzen. Damit den Mitarbeitern die nötigen Verantwortungen und Kompetenzen übertragen werden können, wird ein kooperativer Führungsstil empfohlen.[213]

In der Praxis haben sich verschiedene Ansätze entwickelt, die den Grundgedanken des TQM verfolgen. Das TQM ist, wie hier aufgezeigt, umfangreich gestaltet und bietet dennoch wenig konkrete Umsetzungshinweise für Unternehmen. Die etablierten Praxisansätze versuchen, Unternehmen bei der Umsetzung des

---

210   Vgl. Binner, H.: Prozessorientierte TQM–Umsetzung, S. 168-171.

211   Vgl. Rothlauf, J.: Total Quality Management in Theorie und Praxis, S. 311.

212   Vgl. ebenda, S. 59-60.

213   Vgl. Kamiske, G., Umbreit, G.: Qualitätsmanagement – eine multimediale Einführung, S. 126-127.

TQM zu unterstützen. Im Folgenden sollen die weitverbreiteten Ansätze der DIN EN ISO 9000 ff. Normenreihe sowie des EFQM Modells vorgestellt werden.

Die DIN EN ISO 9000 ff. Normenreihe wurde Ende der 1980er Jahre entwickelt und bis heute kontinuierlich weiterentwickelt. Sie bietet einen Verhaltenskatalog für das Qualitätsmanagement und basiert auf drei Grundelementen.[214] Zur Ausrichtung des Qualitätsmanagements sind in den DIN EN ISO 9000 ff. Normen Grundsätze definiert. Hierzu gehören z. B. Kundenorientierung, Führung, Einbeziehung der Mitarbeiter, prozessorientierter Ansatz, systemorientierter Ansatz, ständige Verbesserung, sachbezogener Ansatz zur Entscheidungsfindung und Lieferantenbeziehung zum gegenseitigen Nutzen. Weiterhin wird ein Modell eines prozessorientierten Qualitätsmanagementsystems aufgezeigt, und als drittes die daraus abgeleiteten Anforderungen.[215]

Die DIN EN ISO 9000 ff. Normenreihe hat den Vorteil, dass sie eine Orientierung anhand der in ihr erfassten Kriterien ermöglicht. Anfangs war dies ein Katalog mit 20 Kriterien, der sich im Laufe der Zeit zu einem flexiblen Prozessmodell entwickelt hat. Die Normenreihe beinhaltet sozusagen Mindestanforderungen, die eingehalten werden müssen.[216] Durch erfolgreiche Orientierung an diesen Normen erhalten die Unternehmen eine Qualitätsmanagement-Zertifizierung nach DIN EN ISO 9000 ff., welche heutzutage in einigen Branchen, wie z. B. der Automobilindustrie oder im Gesundheitswesen, als nötiger Nachweis Pflicht ist. Dabei ist durch diese Zertifizierung nicht gewährleistet, dass die Unternehmen eine fest verankerte Qualitätskultur haben. Oft werden externe Personen oder Institutionen beauftragt, das Unternehmen auf die einmalige Zertifizierung vorzubereiten. Dabei kann nicht von einem langfristigen Umdenken im Sinne des Qualitätsmanagements ausgegangen werden. Somit kann die Zertifizierung nach DIN EN ISO 9000 ff. nicht als umfassender Qualitätsgedanke aufgefasst werden, sondern stellt lediglich einen ersten Schritt in Richtung TQM dar.[217]

---

214 Vgl. ebenda, S. 16.

215 Zur näheren Erläuterung vgl. Greßler, U., Göppel, R.: Qualitätsmanagement – Eine Einführung, 6. Aufl., Troisdorf 2008, S. 23-32.

216 Vgl. Kirstein, H.: Von ISO 9000 zum Excellence Modell, in: Kamiske, G. (Hrsg.): Der Weg zur Spitze – Business Excellence durch Total Quality Management. Der Leitfaden, München 2000, S.27-42, S. 29-31.

217 Vgl. Rothlauf, J.: Total Quality Management in Theorie und Praxis, S. 377.

Als eine Weiterentwicklung des TQM kann das EFQM-Modell angesehen werden. Die European Foundation of Quality Management hat Ende der 1980er Jahre als Antwort auf die in Japan und den USA bereits bestehenden Qualitätsbewegungen des TQM ein europäisches Qualitätsmodell entwickelt. Ihre Vision dabei ist „eine Welt, in der europäische Unternehmen eine überragende Stellung einnehmen". Die EFQM zählt 500 aktive europäische Unternehmen zu ihren Mitgliedern. Dieser ganzheitliche Qualitätsansatz ist besonders für Dienstleistungsunternehmen geeignet und kann DLN umfassend im Rahmen der Qualitätssteuerung unterstützen.[218]

Das Modell baut im Wesentlichen auf neun Kriterien aus zwei Gruppen von Einflussgrößen auf: Die Befähiger (Enabler), zu denen die Führung, Menschen, Strategie, Partnerschaften & Ressourcen sowie Prozesse, Produkte & Dienstleistungen gehören. Die Befähiger charakterisieren die Bereiche, in denen ein Unternehmen Qualität umsetzen kann, und gleichzeitig das Vorgehen bei der Umsetzung. Die zweite Gruppe sind die Ergebnisse (Results) mit den mitarbeiterbezogenen, kundenbezogenen, gesellschaftsbezogenen sowie Schlüsselergebnissen. Damit werden die Ergebnisse abgebildet, die ein Unternehmen erzielt. Die Gruppen werden jeweils zu 50% gewichtet. Diese Gewichtung basiert auf einer 2009 neu überarbeiteten Version des EFQM-Modells 2010.[219] Die einzelnen Kriterien werden dabei wie folgt bewertet:

---

[218] Vgl. EFQM: About EFQM, http://www.efqm.org/en/tabid/108/default.aspx (Abruf am 04.07.2012).

[219] Vgl. Gemoets, P.: EFQM Transition Guide. How to upgrade to the EFQM Model 2010, EFQM Publications 1.0, EFQM 2009.

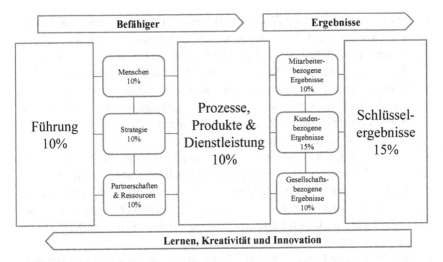

Abbildung 3-3: EFQM-Modell für Excellence[220]

Das EFQM-Modell baut auf einem Grundkonzept mit acht Grundprinzipien auf mit dem Ziel, die Nachhaltigkeit zu fördern. Folgende Ansatzpunkte werden vorgeschlagen: [221]

- Erzielung nachhaltiger Ergebnisse: Es sollen Schlüsselkennzahlen entwickelt werden, die die Unternehmensentwicklung abbilden. Daraufhin kann die Vision, Mission und Unternehmensstrategie neu ausgerichtet und die effektive und zeitgemäße Entscheidungsfindung der Führungskräfte unterstützt werden.

- Generierung von Kundenwert: Alle Qualitätsprozesse sollten im Rahmen der Kundenorientierung auf gegenwärtige und potenzielle Kunden ausgerichtet werden, da diese über die Produkt- und Dienstleistungsqualität entscheiden. Der Kunde soll aktiv in den Leistungserstellungsprozess mit eingebunden werden. Die Generierung des Kundenwertes soll klar definiert und kommuniziert werden. Ziel ist es, Kundenloyalität, Kundenbindung und Marktanteile aufzubauen und zu erhalten.

---

220 Vgl. ebenda, S. 6.

221 Vgl. EFQM: Fundamental Concepts, http://www.efqm.org/en/tabid/169/default.aspx (Abruf am 04.07.2012); Gucanin, A.: Total Quality Management mit dem EFQM-Modell. Verbesserungspotenziale erkennen und für den Unternehmenserfolg nutzen, Berlin 2003, S. 80-86; Ruiz-Carrillo, J. I. C., Fernández-Ortiz, R.: Theoretical Foundation of the EFQM Model: The Resource-based View, in: Zeitschrift Total Quality Management 16 (2005) 1, S. 31-55, S. 32.

- Führen mit Vision: Die Führungskräfte müssen die Unternehmenskultur im DLN vorleben und sicherstellen, um ein einheitliches Qualitätsverständnis in den Unternehmen zu schaffen. Die Führungskräfte müssen befähigt werden, die Mitarbeiter und Kunden von der Qualitätsvision zu überzeugen.

- Qualität durch Prozessmanagement: Die Qualitätsprozesse im DLN sollen für alle transparent sein und systematisch gesteuert werden. Die Prozesse müssen an der Qualitätsstrategie ausgerichtet werden und unternehmens-übergreifend realisiert werden.

- Erfolgreich durch Mitarbeiter: Es soll eine Kultur geschaffen werden, in der jeder Mitarbeiter Vertrauen kann und Entwicklungsmöglichkeiten hat. Gemeinsame Werte können helfen, das eigenverantwortliche Handeln der Mitarbeiter zu unterstützen. Ziel ist es, die persönlichen Bedürfnisse der Mitarbeiter bei der strategischen Ausrichtung der Qualität im DLN zu berücksichtigen.

- Förderung von Innovation: Eine Kultur im Unternehmen, die kontinuierliches Lernen, Innovation und Kreativität fördert, kann helfen, die Qualität zu sichern und stetig zu verbessern. Qualitätsteams, die aus allen relevanten Interessengruppen zusammengesetzt werden, können diese unterstützen.

- Aufbau von Partnerschaften: Der Aufbau von neuen Partnerschaften innerhalb des DLN soll unterstützt werden. Diese Beziehungen sollen auf Vertrauen und Wissenstransfer aufgebaut werden.

- Übernehmen von Verantwortung: Die gesellschaftlichen Erwartungen und Regeln sollen Berücksichtigung finden. Die Verantwortung gegenüber der Öffentlichkeit wird durch ethisch einwandfreies Vorgehen gebildet.

Das logische Konzept des EFQM-Modells wird anhand der RADAR-Logik aufgezeigt.[222]

RADAR steht für Results (Ergebnisse), Approach (Vorgehen), Deployment (Umsetzung) und Assessment and Review (Bewertung und Überprüfung). EFQM schlägt dabei folgendes Vorgehen vor:[223]

---

[222] Vgl. Abbildung 3-4.

[223] Vgl. EFQM: RADAR, http://www.efqm.org/en/tabid/171/default.aspx (Abruf am 04.07.2012).

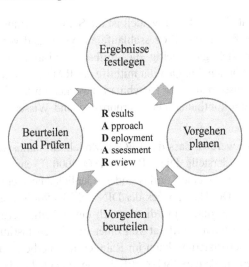

Abbildung 3-4: RADAR Logik[224]

1. Die gewünschten Qualitätsergebnisse werden über alle Unternehmensbereiche hinweg definiert. Dabei werden finanzielle und operationale Leistungen sowie die Erwartungen der Anspruchsgruppen berücksichtigt, die anschließend auf Relevanz, Tauglichkeit und Konsistenz überprüft werden.

2. Im Anschluss an die Ergebnisdefinition wird das Vorgehen zu dessen Erreichung geplant. Dabei sollten im Unternehmen klar definierte Prozesse, Produkte und Dienstleistungen vorhanden sein, die auf die Bedürfnisse der Anspruchsgruppen ausgerichtet sind.

3. Die Vorgehensweisen werden in allen relevanten Unternehmensbereichen auf systematische Art und Weise eingeführt. Durch diese Umsetzung soll eine vollständige Realisierung sichergestellt werden.

4. Abschließend sollen die Vorgehensweisen sowie deren Umsetzung bewertet und überprüft werden. Die Bewertungen sollen in regelmäßigen Abständen stattfinden und in einen kontinuierlichen Lernprozess überführt werden. Hierbei werden verbesserte Vorgehensweisen identifiziert, priorisiert, geplant und eingeführt.

---

224 In Anlehnung an EFQM: RADAR, http://www.efqm.org/en/tabid/171/default.aspx (Abruf am 04.07.2012).

Der zentrale Ansatz beim EFQM-Modell ist die Selbstbewertung. Hierbei sollen kontinuierlich Verfahren und Prozessabläufe analysiert und verbessert werden. Damit verbessert sich gleichzeitig die Aufbauorganisation.[225] Die einzelnen Netzwerkpartner können ihre Qualität mithilfe der RADAR-Logik bewerten und stellen ihre Ergebnisse danach zu Benchmark-zwecken im DLN zur Verfügung. Hierbei entsteht ein kontinuierlicher Lernprozess und Wissensaustausch innerhalb des DLN.

Es kann angeführt werden, dass das EFQM-Modell ein umfassendes Qualitätsmanagementsystem darstellt. Die DIN EN ISO 9000 ff. entspricht eher eines Kriterienkataloges denn eines umfassenden Qualitätsmanagementansatzes im Sinne des TQM.[226]. Der Hauptzweck der DIN EN ISO 9000 ff. ist, eine einheitliche Normung zu verfolgen und diese durch einen Zertifizierungsprozess mit einem zeitlich befristeten Zertifikat von einer offiziellen Institution bestätigen zu lassen. Diese Zertifizierung kann im Rahmen der Verbesserung des Images gut eingesetzt werden, da eine ISO-Zertifizierung einen hohen Bekanntheitsgrad in der Öffentlichkeit genießt. Mit dem EFQM-Modell wird jedoch eine ganzheitliche Sicht auf das DLN und eine kontinuierliche Weiterentwicklung der Dienstleistungsqualität gefördert. Der Selbstbewertungsprozess hilft den Netzwerkpartnern, ihre eigenen Potenziale zu erkennen und diese stetig zu Verbessern. Die ISO-Zertifizierung kann im Rahmen des EFQM-Modells jedoch Anwendung finden. Insgesamt bieten jedoch beide Ansätze wenige konkrete Hinweise, wie die Qualität im DLN gesteuert werden kann. Somit werden in einem nächsten Schritt die spezifischen Steuerungsaspekte in DLN hinsichtlich der Dienstleistungsqualität erarbeitet.

3.2 Steuerungsaspekte in Dienstleistungsnetzwerken

Wie in Abschnitt 2.2 gezeigt wurde, sind DLN komplexe offene Systeme, bestehend aus unterschiedlichen Systemelementen und deren Interdependenzen. Zudem wirken systeminterne und -externe Umfeldfaktoren auf das DLN ein, welche insbesondere im Rahmen der Qualitätssteuerung besondere Herausforderungen bergen. Vor diesem Hintergrund werden in diesem Kapitel die Besonderheiten der Steuerung in DLN hervorgehoben. Dabei wird versucht, ein inte-

---

[225] Vgl. Mühlbacher, A., Nübling, M., Niebling, W.: Qualitätsmanagement in Netzwerken der Integrierten Versorgung. Ansätze zur Steuerung durch Selbstbewertung und Patentenbefragung, Berlin 2003, S. 4.

[226] Vgl. Kirstein, H.: Von ISO 9000 zum Excellence Modell, S. 39.

griertes Steuerungsverständnis zu entwickeln. Dabei werden auch die Systemtheorie sowie die Neue Institutionenökonomik betrachtet und daraus zusätzliche Implikationen an einen Steuerungsansatz für DLN abgeleitet. Bei der Qualitätssteuerung von DLN ist vor allem die qualitätsrelevante IV von Bedeutung, die im Rahmen eines ganzheitlichen Qualitätsinformationssystems berücksichtigt werden kann.

Das Controlling hat sich in den letzten Jahrzehnten mehr und mehr zu einem festen Bestandteil in Praxis und Wissenschaft etabliert. Dem Controlling-Begriff werden unterschiedliche Betrachtungsdimensionen zugeordnet. Die funktionale Dimension beschreibt das Controlling im Rahmen der Ablauforganisation durch Aufgaben und Funktionen, die es zu erfüllen hat. Instrumentell betrachtet werden dem Controlling Methoden und Modelle zugewiesen und bei der institutionellen Dimension wird das Controlling aufbauorganisatorisch betrachtet, also mit welchen Strukturen es organisatorisch in einem Unternehmen verankert ist.[227] Des Weiteren haben sich unterschiedliche Steuerungsverständnisse gebildet, die sich in verschiedenen Controlling-Konzeptionen widerspiegeln. Zu nennen sind hier die informationsorientierte[228], koordinationsorientierte[229], rationalitätsorientierte[230], reflexionsorientierte[231], kognitionsorientierte[232] sowie intui-

---

[227] Vgl. Schweitzer, M., Friedl, B.: Beitrag zu einer umfassenden Controlling-Konzeption, in: Spremann, K., Zur, E. (Hrsg.): Controlling, Wiesbaden 1992, S. 141-167, S. 142 143.

[228] Vgl. Reichmann, T.: Controlling mit Kennzahlen und Management-ToolS. Die systemgestützte Controlling-Konzeption, 7. Aufl., München 2006, S. 6-13; zu weiteren Diskussionen vgl. auch Wall, F.: Planungs- und Kontrollsysteme. Informationstechnische Perspektiven für das Controlling. Grundlagen – Instrumente – Konzepte, Wiesbaden 1999, S. 64-66; Hahn, D., Hungenberg, H.: PuK. Planung und Kontrolle, Planungs- und Kontrollsysteme, Planungs- und Kontrollrechnungen. Wertorientierte Controllingkonzepte, 6. Aufl., Wiesbaden 2001, S. 272; Friedl, B.: Controlling, Stuttgart 2003, S. 151; Müller, W.: Die Koordination von Informationsbedarf und Informationsbeschaffung als zentrale Aufgabe des Controlling, in: Zeitschrift für betriebswirtschaftliche Forschung, 26 (1974) 10, S. 683-693, S. 683, 686-687; Hoffmann, F.: Merkmale der Führungsorganisation amerikanischer Unternehmen, in: Zeitschrift für Organisation, 41 (1972) 2, S. 85-89, S. 85; Heigl, A.: Controlling – Interne Revision, Stuttgart 1978, S. 3.

[229] Vgl. Horváth, P.: Controlling, 11. Aufl., München 2009, S. 141-156; Schmidt, A.: Das Controlling als Instrument zur Koordination der Unternehmensführung, Frankfurt 1986, S. 56-57; Küpper, H.-U.: Controlling. Konzeption, Aufgaben, Instrumente, 5. Aufl., Stuttgart 2008, S. 28-44.

[230] Vgl. Weber, J., Schäffer, U.: Sicherstellung der Rationalität von Führung als Aufgabe des Controlling?, in: Die Betriebswirtschaft, 59 (1999) 6, S. 731-747; Weber, J., Schäffer, U.: Einführung in das Controlling, 12. Aufl., Stuttgart 2008, S. 33-44.

[231] Vgl. Pietsch, G., Scherm, E.: Reflexionsorientiertes Controlling, in: Scherm, E., Pietsch, G. (Hrsg.): Controlling. Theorien und Konzeptionen, München 2004, S. 529-553, S. 535-55.

tive[233] Controlling-Konzeption. Auf die einzelnen Controlling-Konzeptionen wird hier nicht im Detail eingegangen, da sie keine Relevanz für die vorliegende Zielsetzung haben. Vielmehr wird eine integrative Sichtweise verfolgt, wie sie *Schaefer* mit ihrer integrativen Controlling-Konzeption vorschlägt, bei der sie die bestehenden Controlling-Konzeptionen zusammenführt.[234] Hierbei legt sie die informationsorientierte Controlling-Konzeption als Integrationsbasis fest. *Schaefer* konnte zeigen, dass in allen Controlling-Konzeptionen die IV der Führung die Basisaufgabe darstellt. Die IV dient dem Abbau von Informationsasymmetrien, welche insbesondere im Kontext von DLN auftreten können.[235] Der Abbau von Informationsasymmetrien im DLN kann den Aufbau von Vertrauen zwischen den Netzwerkpartnern bewirken und dadurch auch deren Verhalten beeinflussen. Wie in der Prinzipal-Agenten-Theorie als Lösungsansatz aufgezeigt wurde, kann das Controlling hierbei insbesondere die Implementierung von Anreizsystemen vorantreiben. Die informationsorientierte Controlling-Konzeption wurde durch den koordinationsorientierten Ansatz erweitert. Hierbei steht vor allem die Koordination der Führungs(teil-)systeme Planung, Kontrolle, Information, Organisation und Mitarbeiterführung im Vordergrund. Das Controlling übernimmt mithilfe einer adäquaten IV also die Aufgabe der Koordination zwischen und innerhalb der Führungs(teil-)systeme. Dabei verfolgt das Controlling generell die Zielsetzung der Rationalitätssicherung von Führungsentscheidungen. Dieser übergeordneten Aufgabe folgt prinzipiell jede Controlling-Konzeption, wie bei *Schaefer* aufgezeigt wurde. Die informations- und koordinationsorientierte Controlling-Konzeption stellt einen Spezialfall der rationalitätsorientierten Konzeption dar. Eine weitere Aufgabe des Controllings ist die Reflexionsfunktion. Hierbei sollen alle getroffenen Entscheidungen der Führung kritisch hinterfragt und gegebenenfalls korrigiert werden können. Damit präzisiert die reflexionsorientierte Controlling-Konzeption die vorangegangenen Konzeptionen. Nach den Ausführungen von *Schaefer* ist erkennbar, dass ein integrierter Steuerungsansatz zur Qualitätssteuerung in DLN nicht einem einzelnen Controlling-Verständnis folgen muss, sondern kann die verschiedenen

---

232   Vgl. Lingnau, V.: Controlling – Ein kognitionsorientierter Ansatz, Beiträge zur Controlling-forschung, Technische Universität Kaiserslautern, 2004.

233   Vgl. Müller, J., Sauter, U. W. M.: Intuitives Controlling. Ein neuer Ansatz der Unternehmenssteuerung, Lohmar 2009.

234   Vgl. hier und im Folgenden Schaefer, S.: Controlling und Informationsmanagement in strategischen Unternehmensnetzwerken, S. 50-53.

235   Vgl. Abschnitt 2.3.1- Prinzipal-Agenten-Theorie.

Aspekte der informations-, koordinations-, rationalitäts- und reflexionsorientierten Konzeptionen vereinen.

Im Kontext von DLN werden zusätzliche Herausforderungen an das Controlling gestellt. Wie oben erläutert, unterstützt das Controlling hauptsächlich die Führung. Um die Führung adäquat unterstützten zu können, kann der integrierte Steuerungsansatz folgende Mechanismen berücksichtigen.

Das DLN stellt, entsprechend der Systemtheorie, ein offenes System dar. Daher kann der integrierte Steuerungsansatz zur Qualitätssicherung und -verbesserung einem kybernetischen Steuerungsverständnis folgen. Die Kybernetik folgt dem Verständnis der Steuerung und Regelung. Die Steuerung nach dem kybernetischen Verständnis versucht, Differenzen bei Soll-Ist-Vergleichen über entsprechende Maßnahmen zu verringern. Dies geschieht in Form von Vorwärtskopplungen. Damit ist gemeint, dass die Informationsflüsse lediglich in einer Richtung stattfinden und keine Rückkopplungsprozesse entstehen.[236] Somit entspricht die Steuerung eher einer Vorauskoordination, die durch entsprechenden Maßnahmeneinsatz aktiv versucht Störungen im System vorzubeugen.[237] Dadurch entsteht eine primär vertikale Koordination.[238] Die Regelung folgt, wie die Steuerung, dem kybernetischen Verständnis. Dabei geht es ebenfalls um Soll-Ist-Vergleiche. Diese werden allerdings mit Rückkopplungsfunktion durchgeführt. Ebenso sind in der Regelung Maßnahmen zur Störungsbeseitigung enthalten. Somit entspricht die Regelung einer Feedbackkoordination.[239]

Wie in Abschnitt 3.1 erläutert, folgt der Qualitätssteuerungsansatz, angelehnt an die Definition des Qualitätsmanagements und dem ganzheitlichen Qualitätsver-

---

[236] Vgl. Kenter, M. E.: Die Steuerung ausländischer Tochtergesellschaften – Instrumente und Effizienz, Frankfurt 1985, S. 34-35.

[237] Vgl. Bufka, J.: Auslandsgesellschaften internationaler Dienstleistungsunternehmen: Koordination – Kontext – Erfolg, Wiesbaden 2000, S. 44.

[238] Vgl. Kutschker, M., Schmid, S.: Internationales Management, 6. Aufl., München 2008, S. 1015.

[239] Vgl. Kenter, M. E.: Die Steuerung ausländischer Tochtergesellschaften – Instrumente und Effizienz, S. 34-37; Bufka, J.: Auslandsgesellschaften internationaler Dienstleistungsunternehmen, S. 44; Kirsch, W., Seidel, D.: Steuerungstheorie, in: Schreyögg, G., von Werder, A. (Hrsg.): Handwörterbuch Unternehmensführung und Organisation, 4. Aufl., Stuttgart 2004, Sp. 1365-1374, Sp. 1366-1369.

ständnis des TQM, dem klassischen Managementkreislauf: Planung, Steuerung und Kontrolle.[240]

Die Planung verfolgt dabei hauptsächlich den Zweck, einen Ordnungsrahmen zu schaffen, nachdem die Unternehmensziele erreicht werden, und an den sich die Mitarbeiter und Führungskräfte halten sollen.[241] Dabei sind im Rahmen der Planung zukünftige Ziele zu definieren, die nach bestimmten Regeln und Wertvorstellungen gebildet werden müssen. Da die Planung zukünftig ausgerichtet ist, werden gleichzeitig Handlungsalternativen in Form von Zukunftsszenarien und Prognosen analysiert.[242]

Wie vorab erläutert, sind im Rahmen der Steuerung bzw. Regelung nach kybernetischem Verständnis Maßnahmen zur Koordination anwendbar. Dabei bezeichnet die Koordination eine zielgerichtete Abstimmung sowohl interdependenter Systeme als auch von Interdependenzen, die sich aufgrund einer Arbeitsteilung ergeben.[243] Damit ist gemeint, dass Entscheidungen, Aufgaben und Aktivitäten auf die Unternehmensziele ausgerichtet werden müssen und im Sinne einer wechselseitigen Abstimmung zusammengeführt, verbunden, gelenkt oder vereinheitlicht werden.[244] In der Literatur wird generell zwischen technokratischen und personenorientierten Koordinationsmaßnahmen unterschieden. Dabei betrachten technokratische Koordinationsmaßnahmen primär hierarchische und verwaltende Maßnahmen, wie z. B. die Entscheidungszentralisation, Anreizsysteme oder die Vertragsdurchsetzung. Die personenorientierten Koordinationsmaßnahmen setzen den Menschen in den Vordergrund und beziehen sich auf

---

240   Vgl. Scheer, L.: Antezedenzen und Konsequenzen der Koordination von Unternehmensnetzwerken, S. 39-46; Kutschker, M., Schmid, S.: Internationales Management, S. 1013-1063; Schreyögg, G.: Organisation – Grundlagen moderner Organisationsgestaltung – Mit Fallstudien, 4. Aufl., Wiesbaden 2008, S. 155-202; Bufka, J.: Auslandsgesellschaften internationaler Dienstleistungsunternehmen, S. 43-44; Wolf, J.: Internationales Personalmanagement, Wiesbaden 1994, S. 27-28; Kenter, M. E.: Die Steuerung ausländischer Tochtergesellschaften – Instrumente und Effizienz, S. 29-32.

241   Vgl. Gutenberg, E.: Einführung in die Betriebswirtschaftslehre, Wiesbaden 1958, S. 47.

242   Vgl. Schneeweiß, Ch.: Planung 1. Systemanalytische und entscheidungstheoretische Grundlagen, Berlin 1991, S. 1-6.

243   Vgl. Freese, E.: Organisation und Koordination, in: Zeitschrift für Organisation, 41 (1972) 8, S. 404-411, S. 404; Wolf, J.: Internationales Personalmanagement, S. 25; Staehle, W. H.: Management – Eine verhaltenswissenschaftliche Perspektive, S. 555; Kieser, A., Walgenbach, P.: Organisation, 6. Aufl., Stuttgart 2010, S. 93-94; Bufka, J.: Auslandsgesellschaften internationaler Dienstleistungsunternehmen, S. 41.

244   Vgl. Meier, A.: Koordination in der Leitungsorganisation, in: zfbf – Zeitschrift für betriebswirtschaftliche Forschung, 13 (1961) 9, S. 538-553, S. 540.

z. B. die Partizipation oder die Sozialisation der Mitarbeiter.[245] Im weiteren Verlauf der Arbeit wird im Rahmen der Qualitätssteuerung nicht zwischen technokratischen und personenorientierten Koordinationsmaßnahmen unterschieden, da der Einbezug des Menschen in der Qualitätsphilosophie des TQM fest verankert ist. Es kann weiterführend vertikal oder horizontal koordiniert werden. Vertikal ausgerichtete Koordinationsmaßnahmen stimmen die Qualitätsbestrebungen der unterschiedlichen Systemebenen und Hierarchiestufen aufeinander ab. Horizontal ausgerichtete Koordinationsmaßnahmen stimmen die Qualitätsmaßnahmen und Instrumente untereinander ab.

Die Arbeitsteilung (Spezialisierung) bezeichnet die zielgerichtete Aufteilung von Aktivitäten zur produktiveren Bearbeitung von organisationalen Aufgaben.[246] Die Arbeitsteilung stellt neben der Koordination eine der Grundprinzipien der Unternehmensgestaltung dar.[247] Im Rahmen der Koordination im DLN können Kooperation, Vertrauen, Selbstverpflichtung, Verlässlichkeit, Verträge und Beziehungszusammenhänge betrachtet werden.[248] Die Steuerung im Rahmen der Kooperation legt den Fokus auf die Entwicklung einer kooperativen Gestaltung des DLN. Durch gezielte Ausrichtung der IV und der Kommunikationswege kann die Zusammenarbeit im DLN verbessert werden. Hierbei sollte insbesondere der Autonomiegrad der einzelnen Netzwerkpartner gewahrt werden.[249] Es kann helfen, im DLN eine Vertrauensbasis zu schaffen, die ein kooperatives Verhalten unterstützt. Dabei ist nicht nur das Vertrauen zwischen den Netzwerkpartnern zu berücksichtigen, sondern auch der Auf- und Ausbau des Vertrauens in das gesamte DLN kann wesentlich zur Steuerung der Qualität beitragen. Ein wesentlicher Hebel der Qualitätssteuerung im DLN kann die Selbstverpflichtung der Netzwerkpartner darstellen, opportunistisches Verhalten zu reduzieren. Der Einsatz von Selbstverpflichtung kann durch entsprechendes Vertrauen unterstützt werden. Die Selbstverpflichtung stellt ein wechselseitig

---

245 Vgl. Bea, F. X., Göbel, E.: Organisation, S. 307-322.

246 Vgl. Hoffmann, F.: Führungsorganisation – Bd. II, Ergebnisse eines Forschungsprojektes, Tübingen 1980, S. 303-304.

247 Vgl. Kutschker, M., Schmid, S.: Internationales Management, S. 1018-1020.

248 Vgl. hier und im Folgenden auch Sydow, J., Windeler, A.: Steuerung von und in Netzwerken – Perspektiven, Konzepte, vor allem aber offene Fragen, in: Sydow, J., Windeler, A. (Hrsg.): Steuerung von Netzwerken. Konzepte und Praktiken, Wiesbaden 2000, S. 1-24, S. 12-16.

249 Vgl. auch Semlinger, K.: Effizienz und Autonomie in Zulieferungsnetzwerken – Zum strategischen Gehalt von Kooperationen, in: Staehle, W.H., Sydow, J. (Hrsg): Managementforschung 3, Berlin 1993, S. 308-354.

ökonomisches und personelles Konstrukt dar, welches insbesondere beim Aufbau von langfristigen Partnerschaften positive Signale vermittelt. Die Selbstverpflichtung kann als ein Instrument verwendet werden, die Verlässlichkeit der Netzwerkpartner zu steigern. Im DLN sollten sich die Netzwerkpartner auf die Fähigkeiten und Qualitäten der anderen Netzwerkpartner verlassen können. Somit ist das Vertrauen auch ein Teilaspekt der Verlässlichkeit. Neben der Selbstverpflichtung kann die Verlässlichkeit durch eine transparente Informationspolitik, eine offene Kommunikation, entsprechende Sanktionsmaßnahmen oder auch durch Auswahl geeigneter Netzwerkpartner gesteigert werden. Ein Instrument zur Steuerung der Qualität bilden auch Verträge. Hierdurch können Selbstverpflichtungen festgelegt und dadurch Vertrauen bzw. Verlässlichkeit gesteigert werden. Verträge sind ein Zeichen gemeinsamer Sichtweisen, da sich die Netzwerkpartner auf gewisse Regeln und Verhaltensweisen festlegen. Insbesondere in DLN, in denen wechselseitige Abhängigkeiten bestehen und die Netzwerkpartner ihre Autonomie bewahren, tragen Verträge zur Stabilisierung der Netzwerkbeziehungen bei. Zu beachten ist dabei jedoch auch, dass durch Verträge Konfliktpotenziale entstehen können, welche zusätzlich berücksichtigt werden sollten.

Wie in Abschnitt 2.3.2 erläutert wurde, ist die Koordination in DLN teilweise mit hohen Transaktionskosten verbunden, die eine Integration sinnvoll erscheinen lassen. Die Integration ist der Koordination ähnlich, wobei die Integration eine Zusammenführung oder Verbindung von Objekten, wie z. B. Daten, Funktionen oder Prozessen, zu einem bestimmten Zeitpunkt darstellt.[250] Die Koordination ist demgegenüber weiter gefasst und kann als eine kontinuierliche Aufgabe angesehen werden. Bei der Integration können weiterhin Teilsysteme in ein bereits bestehendes Gesamtsystem eingebunden werden (z. B. die Integration eines Unternehmens in eine Netzwerkstruktur).[251]

Bei der Kontrolle findet ebenfalls eine vertikale Koordination statt. Das ist darin begründet, dass die Abstimmung bei der Kontrolle eher einseitig erfolgt und nicht, wie bei der Koordination, wechselseitig. Ein Soll-Ist-Vergleich wird hier

---

[250] Vgl. Wolf, J.: Internationales Personalmanagement, S. 27; Kaib, M.: Enterprise Application Integration. Grundlagen, Integrationsprodukte, Anwendungsbeispiele. Wiesbaden 2002, S. 10; Rosemann, M.: Gegenstand und Aufgaben des Integrationsmanagements, in: Scheer, A.-W., Rosemann, M., Schütte, R. (Hrsg.): Integrationsmanagement. Arbeitsbericht Nr. 65, Institut für Wirtschaftsinformatik der Universität Münster 1999, S. 5-18, S. 7; Mertens, P.: Integrierte Informationsverarbeitung 1 – Operative Systeme in der Industrie, 17. Aufl., Wiesbaden 2009, S. 1-5.

[251] Vgl. Kutschker, M., Schmid, S.: Internationales Management, S. 1017.

vornehmlich durch hierarchische Strukturen realisiert. Somit entspricht die Kontrolle eher einer Feedback-, denn einer Vorauskoordination.[252]

Die Kybernetik baut ein Steuerungs- und Anpassungsprozessverständnis auf, welches die Wirkungszusammenhänge in Systemen widerspiegelt.[253] Die Kybernetik ist aus dem griechischen übersetzt und bedeutet „Steuermann". Sie ist auf den Mathematiker *Norbert Wiener* zurückzuführen.[254] Dabei hat der Begriff der Kybernetik in der Literatur eine umfassende Entwicklung erfahren. Es haben sich unterschiedliche Ansätze der Kybernetik sowie verschiedene Terminologien herausgebildet. Einige Autoren stellen den Steuerungs- und Informationsaspekt der Kybernetik,[255] andere die Systematisierungsfunktion[256] oder die Zielsetzung der Wirtschaftlichkeit[257] in den Vordergrund. Im Allgemeinen und dem hier vertretenen Verständnis im Rahmen von DLN beschäftigt sich die Kybernetik mit der Steuerung sowie Regelung von Systemen. Einerseits wird der Zustand eines Systems kontrolliert und andererseits ein institutioneller Rahmen geschaffen. Dadurch kann die Kybernetik mit ihrer dynamischen Perspektive die statische Perspektive der Systemtheorie ergänzen.[258]

Es haben sich unterschiedliche Denkansätze der Kybernetik etabliert.[259] Die ursprüngliche Kybernetik, auch Kybernetik I genannt, vertritt das optimistische Verständnis der direkten Steuerung. Hierbei kann durch sogenannte Fremdsteuerung, damit sind konkrete Zielvorgaben eines hierarchisch übergeordneten Systems gemeint, versucht werden, das Gleichgewicht des untergeordneten Systems von außen zu erhalten bzw. wieder herzustellen. Es wird davon ausgegangen, dass das System nach bekannten Mustern reagiert und keine unvorher-

---

252 Vgl. ebenda, S. 1015.

253 Vgl. Grochla, E.: Unternehmensorganisation, Berlin 1972, S. 203-205.

254 Vgl. Wiener, N.: Cybernetics: Or, Control and Communications in the Animal and the Machine, New York 1948.

255 Vgl. z. B. Bateson, G.: Geist und Natur – Eine notwendige Einheit, 8. Aufl., Frankfurt 2005, S. 128-137; Vester, F.: Die Kunst vernetzt zu denken: Ideen und Werkzeuge für einen neuen Umgang mit Komplexität 5. Aufl., Stuttgart 2000, S. 124; von Förster, H.: KybernEthik, Berlin 1993, S. 61.

256 Vgl. von Glasersfeld, E.: Radical Constructivism – A Way of Knowing and Learning, London und Washington 1995, S. 147.

257 Vgl. Beer, S.: Decision and Control: The Meaning of Operational Research and Management Cybernetics, Chichester 2000, S. 56-60.

258 Vgl. Hess, T.: Netzwerkcontrolling, S. 104-106.

259 Vgl. für eine Übersicht Baumöl, U.: Change Management in Organisationen, S. 112-115.

gesehenen Rückkopplungseffekte auftreten. Das System wird statisch betrachtet und die Systemstabilität steht hier im Vordergrund.[260]

Von Förster hat auf Basis naturwissenschaftlicher Erkenntnisse weiterführende Arbeiten zur Kybernetik II verfasst.[261] Hierbei wird die dynamische Veränderung von Systemen in den Vordergrund gerückt. Systeme weisen eine gewisse Instabilität, Flexibilität, Evolution und ein Ungleichgewicht auf. Bei diesem skeptischen Steuerungsverständnis spielt insbesondere die Selbststeuerung von Systemen eine besondere Rolle. Die Systeme werden nicht mehr von außen gesteuert, sondern steuern bzw. regulieren sich selber innerhalb ihres Systems. Die Koordination erfolgt nur noch indirekt über Ziele des übergeordneten Systems. Insbesondere im Rahmen von DLN ist die Selbststeuerung hervorzuheben, da die einzelnen Subsysteme, also die Netzwerkpartner, selbstständig agieren und eine eigene Identität aufweisen.[262] Weitere kybernetische Ansätze sind bei *von Glaserfeld* zu finden, der eine Philosophie des radikalen Konstruktivismus entwickelt hat, *Maturana* und *Varela* entwickelten die Philosophie von Individuen als lebende Systeme, die nicht durch Fremdsteuerung beeinflusst werden können, und *Luhmann* betrachtete insbesondere die Kommunikation als zwischenmenschliche Interaktion, die sich auf das System auswirkt.[263]

Als Steuerungsmechanismus ist im betriebswirtschaftlichen Kontext das Grundkonzept des kybernetischen Regelkreises zu finden, der in Abbildung 3-5 dargestellt wird.

---

[260] Vgl. z. B. Bateson, G.: Geist und Natur, S. 34-85.

[261] Vgl. von Förster, H.: KybernEthik, S. 61.

[262] Vgl. Weisser, L.: Controlling in kybernetischer Sicht, in: Controller Magazin, 23 (1998) 2, S. 94-103.

[263] Vgl. zur näheren Erläuterung der Ansätze von Glaserfeld, E.: Radical Contructivism; Maturana, H. R., Varela, F. J.: Der Baum der Erkenntnis; Luhmann, N.: Soziale Systeme, Grundriss einer allgemeinen Theorie, Frankfurt 2008.

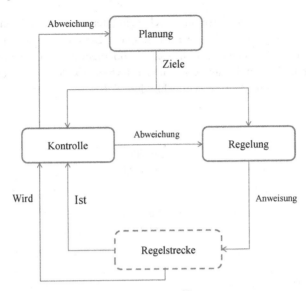

Abbildung 3-5: Kybernetischer Regelkreis[264]

Der Kybernetische Regelkreis beginnt mit der Aktivität der Planung. Hier werden die einzelnen Ziele definiert, die im Rahmen der Steuerung Anwendung finden sollen. Diese Ziele dienen zum einen der Kontrolle des Systems und zum anderen der Regelungen. Die Ziele, die der Systemregelung dienen, enthalten bestimmte Anweisungen, die den Zustand der Regelstrecke vorgeben. Die Regelstrecke entspricht dabei dem zu steuernden Ereignis. Die Regelstrecke wird anhand von Ist-Werten kontrolliert. Wirken unvorhergesehene Störgrößen auf die Regelstrecke ein, so müssen diese anhand von Wird-Werten kontrolliert werden. Bei der Kontrolle werden diese Werte den Zielen gegenüber gestellt und bei kleineren Abweichungen durch den Regelmechanismus ausgeglichen. Überschreitet die Abweichung einen gewissen vorher definierten Bereich, so müssen im Rahmen der Planung die Ziele überdacht und angepasst werden.

Im Kontext von DLN kann der kybernetische Regelkreis nicht in seiner Grundform Anwendung finden. Wie bereits in Abbildung 2-4 dargestellt wurde, enthält das System D (DLN) wiederum verschiedene Subsysteme. Das sind einerseits die rechtlich selbstständigen Unternehmen und andererseits die Subsysteme DL, die sich aus den Kooperationen im Rahmen der Dienstleistungserbringung ergeben. Jedes Unternehmen verfolgt weiterhin eigene Interessen und

---

264 Vgl. Hess, T.: Netzwerkcontrolling, S. 105.

Zielsetzungen, sodass diese nur durch Selbststeuerung im Rahmen der Dienstleistungserbringung erreicht werden können. Dennoch muss jeder Netzwerkpartner und jedes Subsystem DL sich am übergeordneten Gesamtziel des DLN orientieren. Hierzu ist im Rahmen der Kybernetik folgender Regelkreis der Qualitätssteuerung denkbar (vgl. Abbildung 3-6):

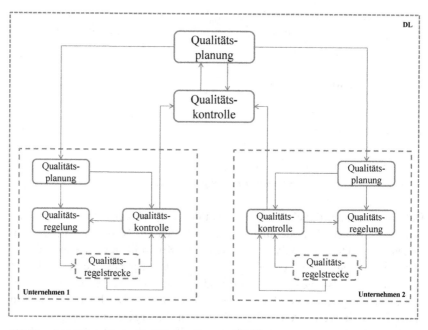

Abbildung 3-6: Kybernetischer Qualitätsregelkreis im DLN[265]

Jedes Unternehmen verfolgt im Rahmen der Dienstleistungserbringung seinen eigenen Qualitätsregelkreis. Die Netzwerkpartner können hierbei auf horizontaler Ebene gleichgestellt werden. Um die Verfolgung des Gesamtzieles im DLN sicherstellen zu können, bedarf es noch einer übergeordneten Qualitätsplanungs- und Kontrollfunktion. Die sich aus der Eigeninteressenverfolgung der Netzwerkpartner ergebende Problematik gestaltet die übergeordnete Steuerung sehr komplex. [266]

---

265   In Anlehnung an Hess, T.: Netzwerkcontrolling, S. 108.

266   Vgl. ebenda, S. 105-108.

Der integrierte Steuerungsansatz zur Qualitätssteuerung im DLN muss neben den Anforderungen, die sich im Rahmen der Dienstleistungsqualität ergeben, insbesondere den Herausforderungen des Kontextes des DLN gerecht werden. Ein DLN ist laut Definition eine Kooperation rechtlich selbstständiger jedoch wirtschaftlich voneinander abhängiger Dienstleistungsunternehmen.[267] Dies impliziert, dass die Netzwerkpartner im DLN ihre Autonomie behalten und die Entscheidungen überwiegend dezentral getroffen werden.

Wie bereits in Abschnitt 2.3.1. erläutert, können DLN von asymmetrischer Informationsverteilung betroffen sein. Das ist bedingt durch die autonom agierenden Netzwerkpartner im DLN. Einerseits ist ein nahezu gleicher Informationsstand aufgrund der erhöhten Schnittstellenzahl schwer realisierbar, andererseits können auch – aufgrund differierender Zielverfolgungen – Informationen bewusst zurückgehalten oder verfälscht werden (Opportunismusrisiko). In DLN können Zielkonflikte zwischen den einzelnen Zielen der Netzwerkpartner sowie den gemeinsamen Zielen des DLN entstehen.[268] Solche Zielkonflikte entstehen, wenn Ziele sich gegenseitig behindern oder ausschließen.

Die dargestellten Besonderheiten, die sich in DLN ergeben, wie dezentral getroffene Entscheidungen, Opportunismusrisiko und asymmetrische Informationen, bedingen eine unternehmensübergreifende Steuerung. Es ist sinnvoll, die Entscheidungen, die im Rahmen der Qualitätssteuerung getroffen werden, zu koordinieren. Aufgrund wechselnder Konstellationen bei der Dienstleistungserbringung im DLN kann eine zentrale unternehmensübergreifende Koordination jedoch erschwert werden.[269]

Bei der Qualitätssteuerung können die Phasen des Netzwerkmanagements Berücksichtigung finden. Das Netzwerkmanagement koordiniert Aktivitäten der Netzwerkgestaltung, der Netzwerkorganisation sowie der Netzwerknutzung. Generell werden über formale oder informale Verträge die Zuständigkeiten (Rechte, Pflichten) im DLN im Detail geregelt. Ziel ist es, die unterschiedlichen Fähigkeiten und Leistungsangebote miteinander zu kombinieren und zu einer

---

267 Vgl. Abschnitt 2.1

268 Vgl. Hess, T., Schumann, M.: Auftragscontrolling in Unternehmensnetzwerken, in: Zeitschrift für Planung 11 (2000) 4, S. 411-432, S. 416.

269 Vgl. Hess, T., Schumann, M.: Erste Überlegungen zum Controlling in Unternehmensnetzwerken, in: Engelhard, J., Sinz, E.J. (Hrsg.): Kooperation im Wettbewerb. Neue Formen und Gestaltungskonzepte im Zeichen von Globalisierung und Informationstechnologie, Wiesbaden 1999, S. 347-370, S. 351-352.

gemeinsamen Problemlösung zu integrieren.[270] Das Netzwerkmanagement folgt den Phasen der Entstehung, Konfiguration sowie Leistungserstellung des DLN. Dabei sind jeder Phase entsprechende Aufgaben zugeordnet. Weiterhin übernimmt das Netzwerkmanagement phasenübergreifende Aufgaben.[271]

In der Entstehungsphase wird die Selektion[272] der Netzwerkpartner unterstützt. Die Auswahl von geeigneten Netzwerkpartnern ist eine zentrale Aufgabe des Netzwerkmanagements. Wenn die Netzwerkpartner ähnliche Ziele verfolgen, können die Unternehmensziele einfacher mit den Zielen des DLN in Einklang gebracht werden, da weniger Zielkonflikte entstehen. Wichtig ist, dass die einzelnen Netzwerkpartner nicht nur netzwerkkompatible Ziele, wie z. B. die Qualitätsziele, verfolgen wollen, sondern dass sie sie auch verfolgen können. Dazu sollten die Netzwerkpartner hinsichtlich ihrer Ressourcen adäquat ausgestattet sein. Beispielsweise benötigen die Mitarbeiter der Netzwerkpartner eine entsprechende Qualifikation, um die Qualitätsziele erfolgreich umsetzen zu können. Die Netzwerkpartnerselektion stellt auch eine zentrale Aufgabe im Beziehungsmanagement dar[273] und bezieht sich nicht nur auf die Auswahl geeigneter Unternehmen für das DLN, sondern auch auf die Auswahl von geeigneten Mitarbeitern, die den Qualitätsanforderungen im DLN gerecht werden können. Die Mitarbeiter im DLN sollten kommunikationsfähig sein, sensibel gegenüber Werten und Interessen anderer, gutes politisches Verhandlungsgeschick beweisen und die Fähigkeit besitzen, Vertrauen im DLN aufzubauen. Hierfür zeichnen sich insbesondere Persönlichkeitsmerkmale, wie z. B. Zuverlässigkeit, Toleranz, Offenheit, Sensitivität, Kommunikations- und Verhandlungsfähigkeit sowie diplomatisches Geschick aus.[274]

In der Konfigurationsphase geht es um die Regulation im DLN.[275] Interessenkonflikte, wie z. B. unterschiedliche Zielsetzungen der Netzwerkpartner und

---

270   Vgl. Ahlert, D., Evanschitzky, H.: Dienstleistungsnetzwerke, S. 208.

271   Vgl. hier und im Folgenden Stauss, B., Bruhn, M.: Dienstleistungsnetzwerke – Eine Einführung in den Sammelband, S. 16-21.

272   Vgl. Sydow, J.: Management von Netzwerkorganisationen – Zum Stand der Forschung, S. 409-411.

273   Vgl. Spintig, S.: Beziehungsmanagement in Dienstleistungsnetzwerken, S. 229-252.

274   Vgl. Williams, P.: The competent boundary spanner, in: Public Administration, 80 (2002) 1, S. 103-124.

275   Vgl. Sydow, J.: Management von Netzwerkorganisationen – Zum Stand der Forschung, S. 411-412.

daraus entstehende Zielkonflikte, sollen hierbei gemildert werden. Durch Anreiz- und Sanktionsmaßnahmen kann die Zusammenarbeit im DLN koordiniert werden. Hierbei sind sowohl formelle als auch informelle Regeln bzw. vertragliche Vereinbarungen zur Abstimmung und Konfliktlösung denkbar.[276] Diese sind nicht einmalig festzulegen, sondern sollten kontinuierlich überprüft und weiterentwickelt werden.[277] Zur Umsetzung der Regeln oder vertraglichen Vereinbarungen können hierarchische oder heterarchische Koordinationsinstrumente angewendet werden. Dabei zielen hierarchische Koordinationsinstrumente im Rahmen der Fremdsteuerung auf Entscheidungs- und Weisungsrechte ab, indem einzelnen Rollen im DLN die nötigen Befugnisse erteilt werden. Denkbar sind weiterhin Verhaltensrichtlinien sowie Zielvorgaben, die – unabhängig von bestimmten Rollen – die Zusammenarbeit im DLN koordinieren sollen. Dabei können bestimmte Qualitätsstandards im DLN festgelegt werden, die das Verhalten aller Mitarbeiter und Führungskräfte sowie die Leistungsergebnisse betreffen. Die Fremdsteuerung greift jedoch in autonomen und hochkomplexen soziotechnischen Systemen wenig und kann daher als direkter Steuerungsmechanismus für DLN nur erschwert eingesetzt werden. Heterarchische Koordinationsinstrumente zielen auf Maßnahmen zur Selbststeuerung, wie z. B. der Selbstbewertung im Rahmen des EFQM-Modells[278], ab. Hierbei können weiterhin Selbstabstimmungsmechanismen durch Gremien[279] in Form von Abstimmungsprozessen, Preismechanismen[280], Etablierung einer gemeinsamen Quali-

276 Vgl. Burr, W.: Koordination durch Regeln in selbstorganisierenden Unternehmensnetzwerken, in: Zeitschrift für Betriebswirtschaft, 69 (1999) 10, S. 1159-1179; Specht, D., Kahmann, J.: Regelung kooperativer Tätigkeiten im virtuellen Unternehmen, in: Albach, H., Specht, D., Wildemann, H. (Hrsg.): Virtuelle Unternehmen, Zeitschrift für Betriebswirtschaft, Ergänzungsheft 2 (2000), S. 55-73; Ariño, A., Reuer, J.J.: Designing and renegotiating strategic alliance contracts, in: Academy of Management Executive, 18 (2004) 3, S. 37-48.

277 Vgl. Sobrero, M., Schrader, S.: Structuring inter-firm relationships: A meta-analytic approach, in: Organization Studies, 19 (1998) 4, S. 585-615; Kale, P., Singh, H., Perlmutter, H.: Learning and protection of proprietary assets in strategic alliances: Building relational capital, in: Strategic Management Journal 21 (2000) 3, S. 217-237.

278 Vgl. Abschnitt 3.1.2

279 Vgl. Stock, R.: Steuerung von Dienstleistungsnetzwerken durch interorganisationale Teams, in: Bruhn, M., Stauss, B. (Hrsg.): Dienstleistungsnetzwerke. Wiesbaden 2003, S. 215-228.

280 Vgl. Hess, T., Wittenberg, S.: Interne Märkte in Dienstleistungsnetzwerken, in: Bruhn, M., Stauss, B. (Hrsg.): Dienstleistungsnetzwerke. Wiesbaden 2003, S. 161-184.

tätskultur sowie Standardisierung der Mitarbeiter- sowie Führungsqualifikationen.[281] im DLN etabliert werden.

Aufgrund der vielschichtigen Strukturen in einem DLN ist zu vermuten, dass sich die Qualität weder allein durch Fremdsteuerung noch durch Selbststeuerung adäquat steuern lässt. Der integrierte Qualitätssteuerungsansatz sollte deshalb Steuerungsmechanismen berücksichtigen, welche die Fremd- sowie die Selbststeuerung miteinander kombinieren, ohne dabei auf deren Vorteile zu verzichten. Dieser Forderung kommt die Kontextsteuerung nach. Sie verbindet die hierarchischen Maßnahmen der Fremdsteuerung, welche in heterarchischen DLN nur bedingt anwendbar sind, mit den Maßnahmen der Selbststeuerung, welche insbesondere im Kontext hochkomplexer soziotechnischer Systeme deren Autonomie und Flexibilität sichert.[282] Somit können sowohl die Nachteile von heterarchischer und hierarchischer Koordination gemildert als auch deren Vorteile gestärkt werden.[283] Die Kontextsteuerung soll dabei die Rahmenbedingungen des DLN so gestalten, dass sie den Netzwerkpartnern eine Struktur geben, in der sie die Qualität eigenverantwortlich steuern können. Somit kann jeder Netzwerkpartner selbststeuernd seine Qualitätsziele festlegen und verfolgen. Damit dabei keine dysfunktionalen Entwicklungen im DLN auftreten, die sich auf die anderen Netzwerkpartner negativ auswirken, sollte das DLN bestrebt sein, eine Struktur aus Regeln und Standards zu bieten, die die selbststeuernden Maßnahmen der Netzwerkpartner in die dem Netzwerkerfolg begünstigende Richtung lenken. Dabei sollte stets berücksichtigt werden, dass sich Selbststeuerungsmaßnahmen auf der Ebene der Netzwerkpartner ebenso auf die Ebene des DLN auswirken und dadurch die Fremdsteuerungsmaßnahmen beeinflussen können. Somit ergibt sich ein rückkoppelnder Prozess, dessen endgültiges Ergebnis nicht eindeutig prognostizierbar ist. Das ergibt sich daraus, dass zum einen die Struktur des DLN einen gewissen Handlungsrahmen für die Netzwerkpartner vorgibt und zum anderen die Handlungen der Netzwerkpartner sich wiederum auf die Struktur des DLN auswirken und diese dadurch stetig verändern und neu gestalten können. Diese Veränderungen können nicht explizit geplant und vorhergesehen werden und bilden somit einen unbekannten Faktor, der bei der Qualitätssteuerung im DLN immer mit berücksichtigt werden

---

[281] Vgl. Bea, F. X., Göbel, E.: Organisation, 3. Aufl., Stuttgart 2006, S. 307-322; Kieser, A., Walgenbach, P.: Organisation, S. 102-127.

[282] Vgl. Willke, H.: Systemtheorie III, S. 123-125.

[283] Vgl. Wildemann, H.: Koordination von Unternehmensnetzwerken, S. 420.

sollte.[284] Es ist zu empfehlen, die Qualitätssteuerungsmaßnahmen im DLN vornehmlich im Rahmen der Kontextsteuerung auszurichten. Die bereits angesprochen, vielschichtigen Strukturen im DLN sowohl auf Mikroebene der Netzwerkpartner als auch auf Mesoebene des DLN lassen diese Berücksichtigung sinnvoll erscheinen. Zusätzlich sollten hierbei die Beeinflussungen der beiden Ebenen durch die Kunden und den Wettbewerb auf Makroebene berücksichtigt werden.

Die Kontextsteuerung kann in dezentrale und weisende Steuerungsmaßnahmen differenziert werden.[285] Dabei können die Qualitätssteuerungsmaßnahmen sowohl planend und formalisierend gestaltet werden als auch kulturell ausgerichtet sein. Die dezentrale Kontextsteuerung verfolgt dabei eine lediglich unterstützende Form von Fremdsteuerungsmaßnahmen, die die Selbststeuerung der einzelnen Netzwerkpartner im DLN begünstigt. Hierbei wird indirekt versucht, die Selbststeuerungsmaßnahmen soweit zu beeinflussen, dass die Netzwerkpartner eigenständig befähigt sind, die Qualitätssteuerung im Hinblick auf den Gesamterfolg des DLN auszurichten. Diese Beeinflussung erfolgt ausschließlich prozedural und enthält keine inhaltlichen Rahmenvorgaben durch das DLN. Die Abstimmungsprozesse sollten auf Mesoebene unter Einbezug aller Netzwerkpartner erfolgen, um die Partizipation aller Beteiligten im DLN zu gewährleisten, damit Opportunismusrisiken vorgebeugt werden kann. Die weisenden Steuerungsmaßnahmen greifen bereits stärker in die Selbststeuerungsprozesse der Netzwerkpartner ein. Hierbei werden sowohl prozedurale als auch inhaltliche Rahmenvorgaben zur Qualitätssteuerung etabliert. Die Selbststeuerung wird durch kontextuelle Beeinflussung in die entsprechende Richtung gelenkt. Somit liegt hier bereits eine stärkere Form der Fremdsteuerung vor. Je höher der Qualitätssteuerungsbedarf im DLN ist, desto stärker sollte die weisende Kontextsteuerung ausgeprägt sein. In Krisensituationen, wie z. B. einbrechende Umsatzzahlen oder Marktanteile, können bei entsprechender flexibler Steuerungsfähigkeit der Führungskräfte im DLN auch vermehrt fremdsteuernde Maßnahmen gemäß einem klassischen Steuerungsverständnis der Kybernetik I angewendet werden. Hierbei werden von der koordinierenden Einheit im DLN klare inhaltliche Zielvorstellungen im Rahmen der Qualitätssteuerung vorgegeben und durch direkte

---

284 Vgl. Gilbert, D. U.: Kontextsteuerung und Systemvertrauen in strategischen Unternehmensnetzwerken, in: Die Unternehmung 59 (2005) 5, S. 407-422, S. 412.

285 Vgl. hier und im Folgenden Naujoks, H.: Konzernmanagement durch Kontextsteuerung – die Relevanz eines gesellschaftstheoretischen Steuerungskonzepts für betriebswirtschaftliche Anwendungen, in: Schreyögg, G., Conrad, P. (Hrsg.): Managementforschung 4. Dramaturgie des Managements Laterale Steuerung, Berlin 1994, S. 105-141, S. 114-126 und 130-132.

Fremdsteuerungsmaßnahmen kontrollierend eingegriffen. Diese Ausprägung ist stark situationsabhängig und kann in heterarchischen Netzwerkstrukturen, wie es ein DLN darstellt, in der Regel nur kurzzeitig angewendet werden und nur, wenn alle Netzwerkpartner damit einverstanden sind.

In der Konfigurationsphase wird neben der Art der Kopplung auch die Kooperationsintensität festgelegt. Damit ist der Grad der Integration zwischen den einzelnen Netzwerkpartnern gemeint. Dieser kann durchaus unterschiedlich innerhalb des DLN sein und wirkt sich dementsprechend auf die IV im DLN aus.[286] Um die Netzwerkpartner mit den benötigten Informationen bedarfsgerecht zu versorgen und eine netzwerkweite Wissensspeicherung und -entwicklung zu begünstigen, kann ein netzwerkweites Qualitätsinformationssystem implementiert werden.[287] In diesem Rahmen ist das kontinuierliche Lernen wichtig, um die Flexibilität an sich ändernde Umfeldbedingungen unterstützen zu können.[288]

Um dies zu gewährleisten, können in der Leistungserstellungsphase die Aufgaben der Allokation und Evaluation[289] berücksichtigt werden. Hier wird ebenfalls die Koordination der Zusammenarbeit betrachtet. Jedoch geht es in der Leistungserstellungsphase nicht um die Festlegung der Koordinationsmechanismen und -instrumente, sondern um die konkrete Ausgestaltung der Leistungserstellung. Hierbei kann z. B. definiert werden, wie Prozesse ablaufen müssen, um die geforderten Qualitätsziele garantieren zu können. Ziel ist es, die Aufgaben, Ressourcen und Zuständigkeiten im DLN so zu verteilen, dass die jeweiligen Kompetenzen entsprechend eingesetzt werden und dadurch Konkurrenzvorteile

---

[286] Vgl. Jung, R., Meschke, M.: Leistungsorientierte Steuerung der Informationsversorgung im Rahmen der Qualitätssicherung in Dienstleistungsnetzwerken, S. 527-529.

[287] Vgl. Sydow, J., van Well, B.: Wissensintensiv durch Netzwerkorganisation – Strukturationstheoretische Analyse eines wissensintensiven Netzwerkes, in: Sydow, J. (Hrsg.): Management von Netzwerkorganisationen. Beiträge aus der „Managementforschung", 4. Aufl., Wiesbaden 2006, S. 143-186; Krebs, M.: Organisation von Wissen in Unternehmungen und Netzwerken, Wiesbaden 1998, S. 268-286; Weissenberger-Eibl, M.A.: Ziele, Potenziale und Methoden des Wissensmanagements in Unternehmensnetzwerken, in: Die Unternehmung 58, (2004) 5, S. 313-329; van Well, B.: Standardisierung und Individualisierung von Dienstleistungen – Zur Organisation wissensintensiver Unternehmungsnetzwerke, Wiesbaden 2001, S. 4-6.

[288] Vgl. Buse, H. P.: Organisationales Lernen in kooperativen Beziehungen – Theorieperspektive oder praxisorientiertes Gestaltungskonzept?, in: Stölzle, W., Gareis, K. (Hrsg.): Integrative Management- und Logistikkonzepte. Wiesbaden 2002, S. 69-102; Holmqvist, M.: A dynamic model of intra- and interorganizational learning, in: Organization Studies 24 (2003) 1, S. 95-123, S. 110-114; Knight, L., Pye, A.: Network learning: An empirically derived model of learning by groups of organizations, in: Human Relations, 58 (2005) 3, S. 369-392.

[289] Vgl. Sydow, J.: Management von Netzwerkorganisationen – Zum Stand der Forschung, S. 411-413.

erzielt werden können. Dabei ist zu beachten, dass dies ebenfalls kein einmaliger Prozess ist, sondern kontinuierlich im Rahmen der Evaluation überprüft und gegebenenfalls angepasst werden sollte. Die einzelnen Teilaufgaben zwischen den Netzwerkpartnern sollten koordiniert werden. Dazu ist eine entsprechende Kapazitätsauslastung erstrebenswert und eine terminliche Abstimmung der Leistungserbringung erforderlich. Weiterhin ist zu empfehlen, dass anfallende Zusatzleistungen zur Unterstützung der Leistungserstellung koordiniert werden. Dazu ist eine effiziente Kosten-Nutzen-Verteilung im DLN zu beachten.[290]

Neben den phasenbezogenen Aufgaben definieren *Stauss* und *Bruhn* auch phasenübergreifende Aufgaben des Netzwerkmanagements.[291] Dazu gehört die Bereitstellung einer in jeder Phase unterstützenden Infrastruktur. Diese sollte sowohl geeignete Unternehmensstrukturen abdecken als auch eine auf die Gegebenheiten angepasste IKT. Ziel ist, die Kompetenzen der einzelnen Netzwerkpartner durch alle Phasen hindurch zu kontrollieren und gegebenenfalls weiterzuentwickeln. Dazu gehören nicht nur finanzielle, physische oder personelle Ressourcen, sondern auch Kompetenzen hinsichtlich der Informations- und Kommunikationsfähigkeit sowie Qualifikationen im Bereich der Leistungserstellung und der Qualitätsanforderungen. Diese interorganisationalen Kompetenzen schaffen Vertrauen zwischen den Netzwerkpartnern und helfen, eine gemeinsame Qualitätskultur im DLN zu integrieren. Dazu gehört auch, dass die Netzwerkpartner sich an getroffene Vereinbarungen halten und zu regelmäßigen Überprüfungen der Leistungserstellungsprozesse und der Zielerreichung bereit sind. Dies dient der Unterstützung der Qualitätssicherung und -verbesserung und somit der strategischen Weiterentwicklung des DLN.

Diese Kompetenzen werden von *Fleisch* auch als Netzwerkfähigkeit bezeichnet.[292] Unter der Netzwerkfähigkeit versteht er die Kooperationsfähigkeit von

---

290   Vgl. Gebauer, M., Schiermeier, R.J., Wall, F.: Methoden zur Auswahl von Partnern in Dienstleistungsnetzwerken, in: Bruhn, M., Stauss, B. (Hrsg.): Dienstleistungsnetzwerke, Wiesbaden 2003, S. 185-213.; Wohlgemuth, O., Hess, T.: Strategische Projekte als Objekt kollektiver Investitionsentscheidungen in Unternehmensnetzwerken, in: Schreyögg, G., Sydow, J. (Hrsg.): Managementforschung 13, Wiesbaden 2003, S. 195-224.; Hirnle, C.: Bewertung unternehmensübergreifender IT-Investitionen. Ein organisationsökonomischer Zugang, Wiesbaden 2006, S. 113-114.

291   Vgl. Stauss, B., Bruhn, M.: Dienstleistungsnetzwerke – Eine Einführung in den Sammelband, S. 19-21.

292   Vgl. hier und im Folgenden Fleisch, E.: Das Netzwerkunternehmen. Business Engineering. Strategien und Prozesse zur Steigerung der Wettbewerbsfähigkeit in der 'Networked Economy', Berlin 2001, S. 207-211.

Unternehmen, die anhand von Eigenschaften verschiedener Gestaltungsobjekte beschrieben werden. Er unterscheidet die Gestaltungsobjekte Leistung, Prozess, IKT, Mitarbeiter, Kultur sowie Unternehmensstruktur. Ein Netzwerkpartner ist demnach netzwerkfähig, wenn er seine Produkte und Dienstleistungen schnell und kostengünstig an individuelle Bedürfnisse im Kontext des DLN anpassen kann. Dies kann durch Modularisierung, Standardisierung oder auch Digitalisierung der Dienstleistungen erreicht werden. Ebenso sollten die Prozesse im DLN entsprechend koordiniert werden und schnell und flexibel an veränderte Umfeldbedingungen anpassbar sein. Dabei ist die Form der Integration zu beachten und es müssen Prozessstandards festgelegt werden. Die IKT sollte ebenfalls schnell, flexibel und vor allem kostengünstig anpassbar sein, um hier eine individuelle Kommunikation im DLN zu ermöglichen. Das Ziel ist hierbei, eine hohe Datenqualität in Echtzeitmodus zu gewährleisten und damit eine angemessene IV im DLN zu garantieren. Die Netzwerkfähigkeit kann hier ebenfalls durch Standardisierung der Kommunikation und Daten gesteigert werden. Ein wichtiges Gestaltungsobjekt, insbesondere im Hinblick auf die Qualitätssteuerung im DLN, sind netzwerkfähige Mitarbeiter und die Kultur im DLN. Die Mitarbeiter und Führungskräfte sollten kooperative Fähigkeiten besitzen, sowohl intern als auch extern. Das heißt, sie sollten kundenorientiert sein und über eine gewisse Offenheit und Kommunikationsfähigkeit im DLN verfügen. Nur so kann eine kooperationsfördernde Kultur im DLN geschaffen werden. Dies kann durch entsprechende Anreiz- und Motivationssysteme im Rahmen der Mitarbeiterentwicklung unterstützt werden. Die Kommunikationskompetenz kann durch entsprechende Informationsbereitstellung sowie vertrauensbildende Maßnahmen gefördert werden. Zudem sollte den Mitarbeitern und Führungskräften die nötige Autonomie gewährleistet werden, damit die Pflege der persönlichen Kontakte im DLN unterstützt wird. Die Unternehmensstrukturen müssen flexibel gestaltet sein, damit die Teilnahme an dem DLN erleichtert wird. Hierbei ist die Modularisierung und Visualisierung der Unternehmensstrukturen eine unterstützende Maßnahme. Ebenso die Kontrollverteilung hilft, eine individuell angemessene Vernetzung zu gewährleisten.

3.3 Zusammenfassung und Beitrag für die Arbeit

In diesem Kapitel wurden die Besonderheiten der Qualität von Dienstleistungen hervorgehoben. Dazu wurden die spezifischen Merkmale der Dienstleistungsqualität erörtert und eine Definition festgelegt. Anschließend wurden die in der Literatur am meisten diskutierten Modelle, die die Dienstleistungsqualität untersuchen, vorgestellt. Dadurch konnte gezeigt werden, dass der Kunde mit seinen Erwartungen den zentralen Faktor im Rahmen der Dienstleistungsqualität darstellt. Dieser bewertet die Qualität nicht allein anhand objektiver Kriterien, sondern – und das ist insbesondere bei Dienstleistungen ausgeprägt – anhand subjektiver Bewertungskriterien. Dabei wurde ebenso festgestellt, dass sich Informationsasymmetrien hinsichtlich der Dienstleistungsqualität, die sich im Rahmen unterschiedlicher Dienstleistungstypen (Such-, Erfahrungs- und Vertrauensdienstleistungen) ergeben, zusätzlich auf die Kundenerwartungen auswirken.

Des Weiteren wurde festgestellt, dass im Kontext von DLN die Qualität nicht allein aus Kundensicht bewertet wird. Auch aus Netzwerkpartnersicht werden von den Mitarbeitern bzw. Führungskräften Anforderungen an die Qualität im DLN gestellt, die im Rahmen des integrierten Qualitätssteuerungsansatzes berücksichtig werden müssen. Ebenfalls müssen die unterschiedlichen Ebenen des DLN integriert werden. Relevante Anspruchsgruppen auf Mikroebene sind die Netzwerkpartner mit ihren Mitarbeitern bzw. Führungskräften. Auf Mesoebene agiert das gesamte DLN, und auf Makroebene werden die Kunden und der Wettbewerb in die Betrachtung mit einbezogen. Daraus wird deutlich, dass der integrierte Steuerungsansatz unterschiedliche Ebenen und Sichten im Hinblick auf die Dienstleistungsqualität berücksichtigen muss.

Um die Dienstleistungsqualität integriert und umfassend zu planen, zu steuern und zu kontrollieren, bedarf es eines ganzheitlichen Ansatzes, wie es das TQM bietet. Zuerst wurde eine Definition für das Qualitätsmanagement festgelegt, und im Anschluss das TQM ausführlich diskutiert. Angelehnt an das TQM haben sich in der Praxis zwei gängige Ansätze durchgesetzt: die DIN EN ISO 9000 ff. sowie das EFQM-Modell. Beide Ansätze wurden diskutiert und es wurde festgestellt, dass diese keine konkreten Hinweise für die Steuerung der Qualität in DLN aufzeigen. Somit ergibt sie die Notwendigkeit, die spezifischen Steuerungsaspekte in DLN zu untersuchen.

In einem ersten Schritt wurden die in der Literatur entstandenen Controlling-Konzeptionen erläutert und aufgezeigt, dass deren Steuerungsverständnis zu einem Ansatz integriert werden kann. *Schaefer*[293] hat dies in ihrer Arbeit aufgezeigt und die informationsorientierte, die koordinationsorientierte, die rationalitätsorientierte sowie die reflexionsorientierte Controlling-Konzeption zusam-

---

[293] Vgl. Schaefer, S.: Controlling und Informationsmanagement in Strategischen Unternehmensnetzwerken, S. 52.

mengeführt. Daraus konnte abgeleitet werden, dass ein integrierter Steuerungsansatz alle Aspekte der einzelnen Controlling-Konzeptionen abdecken kann.

Um dies zu gewährleisten, können adäquate Steuerungsmechanismen im DLN etabliert werden. Einen Ansatz bietet die aus der Systemtheorie entstandene Kybernetik, die der Betrachtung des DLN als offenes, sozio-ökonomisches System gerecht wird und dessen Komplexität und Wirkungszusammenhänge entsprechend berücksichtigen kann. Die Kybernetik wurde im Folgenden umfangreich dargestellt und deren Grundkonzept des kybernetischen Regelkreises auf die Qualitätssteuerung in DLN angepasst.[294]

Anschließend wurden die Phasen des Netzwerkmanagements erläutert, um aufzuzeigen, welche Maßnahmen und Instrumente im Rahmen der Qualitätssteuerung anwendbar sind. Hierbei wurden in der Konfigurationsphase ausführlich die unterschiedlichen Maßnahmen der Selbst-, Fremd- sowie Kontextsteuerung vorgestellt. Daraus wurde ersichtlich, dass die Kontextsteuerung im Hinblick auf DLN besonders gut angewendet werden kann, da sie die Vor- und Nachteile der Selbst- und Fremdsteuerung stärken bzw. abmildern kann. In diesem Rahmen kann auch die entsprechende Flexibilität gewahrt werden, in Krisenzeiten, wie z. B. Umsatzeinbrüchen, die Steuerungsmaßnahmen und -instrumente anpassen zu können. Abschließend wurde im Zusammenhang mit der Netzwerkfähigkeit nach *Fleisch* dargestellt, welche Eigenschaften und Kompetenzen die einzelnen Netzwerkpartner aufweisen sollten, um erfolgreich in das DLN integriert werden zu können.

Es wurde deutlich, dass die Systemtheorie im Rahmen der Qualitätssteuerung eine strukturierende Funktion im DLN bieten kann. Zudem wurden verschiedene Steuerungsmechanismen aufgezeigt, die bei der Steuerung im DLN Anwendung finden können. Der integrierte Steuerungsansatz soll die strukturierende Funktion sowie die unterschiedlichen Steuerungsmechanismen berücksichtigen und diese für die Problemstellung der Qualitätssteuerung relevant anwenden. Im Folgenden werden dazu in einem weiteren Schritt die relevanten Wirkungszusammenhänge hinsichtlich der Qualitätssteuerung durchleuchtet.

---

[294] Vgl. Abbildung 3-6.

4 Zusammenhänge und Wechselwirkungen bei der Steuerung der Qualität in Dienstleistungsnetzwerken

DLN stellen aufgrund ihrer hohen Anzahl an Systemelementen, wie z. B. Netzwerkpartner oder Mitarbeiter, komplexe Systeme dar. Komplexe Systeme zeichnen sich nicht nur durch die hohe Anzahl an Systemelementen aus, sondern auch durch deren Schnittstellen und Interdependenzen. Dazu kommen äußere Einflüsse aus dem Umfeld des DLN, welches sich kontinuierlich an die dynamische Umfeldsituationen anpassen muss.[295]

Die Qualitätssteuerung in einem DLN stellt somit ein komplexes Problem dar, da hier sehr viele Einflussfaktoren und deren Interdependenzen sowie eine hohe Dynamik einwirken.[296] In DLN kann von divergierenden Zielsetzungen ausgegangen werden. Aufgrund der heterogenen und autonomen Subsysteme ist das Verhalten der Netzwerkpartner oft nicht vorhersehbar. Dadurch wird das Problem der Qualitätssteuerung schwierig prognostizierbar und die Entscheidungsfindung ist oft intransparent. Die Qualitätssteuerung kann für die Führungskraft eine große Herausforderung darstellen, da die menschliche Informationsverarbeitung sowie die kognitiven Fähigkeiten (z. B. Aufmerksamkeit, Kreativität, Planen, Argumentation, Lernen) nur begrenzt vorhanden sind. Das kann zu Überforderung führen und dadurch die Entscheidungsleistungen senken.[297]

Die Methode des vernetzen Denkens kann helfen, die Qualitätssteuerung in DLN und die Schnittstellen und Interdependenzen in diesem Rahmen übersichtlich zu erfassen.

---

295 Vgl. Abschnitt 2.2

296 Vgl. Ulrich, P., Fluri, E.: Management. Eine konzentrierte Einführung, 7. Aufl., Stuttgart 1995, S. 46.

297 Vgl. Kirchler, E., Schrott, A.: Entscheidungen, in: Kirchler, E. (Hrsg.): Arbeits- und Organisationspsychologie, 2. Aufl., Wien 2008, S. 487-581, S. 540, 556-557.

4.1 Wirkungskreislauf der Qualitätssteuerung in Dienstleistungsnetzwerken

In ihrer Studie, die bereits im Jahre 2002 durchgeführt wurde, hat die *Boston Consulting Group* erhoben, dass das vernetzte Denken eine der wichtigsten Fähigkeiten von Führungskräften und Mitarbeitern darstellt und von Unternehmen gefordert wird.[298]

Das vernetzte Denken wurde erstmals von *Frederic Vester*[299] begründet. Seine Erkenntnisse hat er aus der Kybernetik[300] abgeleitet. Hierbei betrachtet er insbesondere die Rückkopplungsmechanismen in sozialen komplexen Systemen, wie es DLN darstellen. Die Rückkopplungen entstehen durch die Interdependenzen der Systemelemente, die sich verstärkend oder abschwächend beeinflussen. Auf die komplexe Problemstellung der Qualitätssteuerung bezogen, können hiermit z. B. selbstregulierende Rückkopplungsmechanismen aufgedeckt und bewertet werden.[301] Es geht also nicht um ein Einwirken auf das System, sondern um das Arbeiten mit dem System im Rahmen eines ganzheitlichen, vernetzten Denkansatzes. Hierzu definieren *Probst* und *Gomez* Bausteine und entwickeln eine Methodik:[302]

- Ganzheit und Teil: Wie bereits erläutert, bilden Systeme eine hierarchische Struktur, das heißt, die einzelnen Systemelemente ergeben zusammen ein größeres Ganzes.[303] Es konnte auch gezeigt werden, dass die einzelnen Systemelemente aus subjektiven Perspektiven betrachtet werden können.[304] Dadurch erscheint die Berücksichtigung unterschiedlicher Perspektiven sinnvoll.

- Vernetztheit: Die einzelnen Systemelemente sind miteinander verknüpft und beeinflussen sich gegenseitig. Daraus ergeben sich bestimmte Verhal-

---

[298] Vgl. The Boston Consulting Group: Die Zukunft bilden. Eine gemeinsame Aufgabe für Schule und Wirtschaft, München 2002, S. 3.

[299] Vgl. Vester, F.: Unsere Welt – ein vernetztes System, Stuttgart 1978; Vester, F.: Neuland des Denkens, München 1980; Vester, F.: Die Kunst vernetzt zu denken.

[300] Vgl. Abschnitt 3.2

[301] Vgl. Vester, F.: Die Kunst vernetzt zu denken, S. 210-219.

[302] Vgl. hier und im Folgenden Probst, G., Gomez, P.: Vernetztes Denken. Ganzheitliches Führen in der Praxis, Wiesbaden 1991, S. 5-19.

[303] Vgl. Abschnitt 2.2

[304] Vgl. Abschnitt 3.1.1

tensweisen bzw. Rückkopplungsmechanismen im System, die beachtet werden müssen.

- Offenheit: Ein soziales komplexes System, wie ein DLN, stellt immer auch ein offenes System dar. Es steht in enger Verbindung zu seinem Systemumfeld und wird davon beeinflusst bzw. beeinflusst das Umfeld. Das System muss sich kontinuierlich an die Umfeldbedingungen anpassen, um nachhaltig agieren zu können.

- Komplexität: Aufgrund der unterschiedlichen heterogenen Systemelemente, deren Interdependenzen untereinander und der Offenheit zum Systemumfeld, ist ein DLN ein komplexes System. Wie bereits dargestellt, kann diese Komplexität mit dem vernetzten Denken erfasst und analysiert werden, um zukünftige Verhaltensweisen zu prognostizieren.

- Ordnung: Das System verfolgt trotz seiner hohen Komplexität dennoch eine gewisse Ordnung. Hiermit sind bestimmte Regeln und Verhaltensmuster gemeint, denen das System selbstregulierend folgt. Diese selbstregulierenden Mechanismen müssen im Rahmen der Qualitätssteuerung beachtet werden.

- Lenkung: Die Lenkung im System beruht auf seiner bestimmten Ordnung. Daraus ergeben sich selbstregulierende Mechanismen, die das System intern lenken. Das DLN passt sich somit selbstständig und dynamisch an die veränderten Umfeldeinflüsse an. Die Lenkung kann auch bewusst von außen erfolgen.

- Entwicklung: Soziale Systeme verfolgen einen bestimmten Zweck und sind zielorientiert ausgerichtet. Dadurch ergeben sich im Zeitverlauf aufgrund verändernder Umfeldeinflüsse oder Systemstrukturen notwendige Entwicklungsschritte. Das DLN soll sich auf die veränderten Qualitätsanforderungen einstellen und seinen Zweck und seine Ziele anpassen sowie lernfähig sein und sich kontinuierlich weiterentwickeln.

Ausgehen von den hier definierten Bausteinen haben *Probst* und *Gomez* eine Methode mit sechs Schritten zum vernetzten Denken entwickelt (s. Abbildung 4-1).

Abbildung 4-1: Methode des vernetzten Denkens[305]

Die einzelnen Schritte sind nicht rein linear, sondern als dynamischer iterativer Prozess zu betrachten. Die Schritte werden wie folgt beschrieben:

1. Problemstellung und Zielsetzung

Im ersten Schritt müssen die Beziehungsstrukturen durchleuchtet werden. Die Qualitätssteuerung in DLN ist einer hohen Dynamik ausgesetzt, da sie sich kontinuierlich an die veränderten Kunden- und Marktbedürfnisse anpassen müssen. Damit die Problemsituation konkret erfasst werden kann, können Ziele definiert werden. Durch konkrete Zielsetzungen können komplexe Probleme strukturiert werden. Neben der Definition eines Oberzieles können auch Teilziele definiert werden. Im Umgang mit komplexen Problemen fällt die konkrete Zielsetzung oft schwer, da es sich um vielschichtige Zielhierarchien handelt, die zum Teil Zielkonflikte beinhalten können.

2. Wirkungsverläufe

Im nächsten Schritt werden die Wirkungsverläufe zwischen den einzelnen Einflussgrößen deutlich gemacht. Dies geschieht mit der Netzwerktechnik, die die Beziehungsstrukturen visuell darstellen. Dabei werden Wirkungsrichtung, Zeitaspekt und Wirkungsintensität erfasst. Die Wirkungsrichtung verdeutlicht, ob sich die Einflussgrößen positiv in die gleiche Richtung oder negativ in die ent-

---

305   Vgl. Probst, G., Gomez, P.: Vernetztes Denken, S. 8.

gegengesetzte Richtung beeinflussen. Positive Wirkungsrichtungen werden mit einem Pluszeichen (+) markiert. Ein Beispiel für eine positive Wirkungsrichtung ist ein steigender Umsatz, der zu steigendem Gewinn führt. Negative Wirkungsrichtungen werden mit einem Minuszeichen (-) markiert. Ein Beispiel hierfür sind steigende Kosten, die zu sinkendem Gewinn führen. Ein weiterer Aspekt zum Verständnis der Wirkungsverläufe sind deren Zeitverhalten sowie die Wirkungsintensität. Es kann berücksichtigt werden, wie viel Zeit die einzelnen Wirkungsverläufe benötigen. Das Zeitverhalten kann in kurz-, mittel- oder langfristig eingeteilt werden. Die genauen Zeitdaten sollten dokumentiert werden, da diese je nach Unternehmensbranche oder -situation variieren können. Der Zeitaspekt wird über unterschiedliche Pfeildarstellungen oder Farben markiert. Die Wirkungsintensitäten drücken aus, wie stark die einzelnen Einflussgrößen aufeinander einwirken. Die Intensitätsgrade können zwischen keiner bis sehr starken Beeinflussung variieren, wobei diese nicht quantitativ messbar sind, sondern eher intuitiv und qualitativ geschätzt werden können. Mit einer Einflussmatrix können die Einflussgrößen anhand ihrer Einflussnahme und ihrer Beeinflussbarkeit kategorisiert werden.[306]

3. Veränderungsmöglichkeiten

Das zukünftige Verhalten in komplexen Systemen wie DLN ist schwer prognostizierbar. Um dennoch gewisse Entwicklungspfade und Verhaltensmöglichkeiten abschätzen zu können, können diese anhand von Szenarien simuliert, durchdacht und bewertet werden. Mit einem Szenario soll ein Zukunftsbild entstehen, mit dessen Hilfe mögliche Veränderungen der Beziehungsstrukturen im System aufgrund veränderter Einflüsse, meist externer Einflüsse, erkannt werden. Dabei wird zuerst ein Zeithorizont festgelegt, in dessen Rahmen sich das Szenario befinden soll. Danach werden die Einflussfaktoren bestimmt, die die Veränderung hervorrufen können. Darauf aufbauend werden die relevanten Szenarienbereiche definiert und in der Regel drei Szenarien entwickelt. Zum einen ein Grundszenario, welches das wahrscheinlichste abbildet, und zum anderen zwei Alternativszenarien, welche eine optimistische und eine pessimistische Alternative darstellen. Diese Szenarien werden in einem abschließenden Schritt auf ihre Chancen und Risiken hin interpretiert. Aus dem wahrscheinlichsten Szenario können dann Ziele und Maßnahmen abgeleitet werden. Die Szenarienbildung

---

306 Vgl. Vester, F.: Die Kunst vernetzt zu denken, S. 164-165.

hilft, zukünftige Chancen und Risiken zu erkennen und verbessert dadurch die Entscheidungssicherheit.[307]

4. Lenkungsmöglichkeiten

Um die abgeleiteten Ziele und Maßnahmen umzusetzen, werden die Einflussgrößen identifiziert, die eine Steuerung oder Lenkung ermöglichen. Lenkbare Größen, auch Hebel genannt[308], dienen der direkten Lenkung des Systems. Nicht jede Einflussgröße ist lenkbar. Es gibt Größen im System, die zwar indirekt beeinflusst werden können, die jedoch vielen weiteren Einflussgrößen ausgesetzt sind, sodass die konkrete Entwicklung nicht gesteuert werden kann. Ein Beispiel für eine nicht lenkbare Einflussgröße sind die Kosten. Diese können nicht direkt verringert werden, sondern nur indirekt über andere Einflussgrößen, wie z. B. Einsparungen bei Mitarbeitern oder Werbemaßnahmen. Anhand von Erfolgsindikatoren können anschließend die Lenkungsmöglichkeiten bewertet werden. Mit den Indikatoren wird der jeweilige Erfolg einer Maßnahme sowohl quantitativ als auch qualitativ ermittelt. Erfolgsindikatoren sind z. B. die Größe Umsatz und Gewinn. Wichtig bei der Ermittlung der Lenkungsgrößen ist auch die Berücksichtigung der Lenkungsebene, wie z. B. DLN-, Netzwerkpartner- oder Mitarbeiterebene. Nicht jede Einflussgröße ist auf gleicher Ebene gleich lenkbar.

5. Maßnahmenplanung

Im Rahmen der Zielerreichung können, wie bereits angedeutet, Maßnahmen festgelegt werden. Maßnahmen stellen Lenkungs- bzw. Steuerungsaktivitäten dar, die zur Erreichung der definierten Ziele führen sollen. Bei der Planung der Maßnahmen ist zu beachten, dass es lediglich sinnvoll ist, für Hebel Maßnahmen zu planen, da diese direkt beeinflussbar sind. Es wird also festgelegt, wie in die entsprechende Problemsituation eingriffen werden soll. Bei der Maßnahmenplanung empfiehlt es sich, den kybernetischen Lenkungsregeln zu folgen. Dabei werden die richtigen Hebel und die Eigendynamik des Systems berücksichtigt, und es können Synergien geschaffen werden.[309]

---

[307]   Vgl. hierzu auch Honegger, J.: Vernetztes Denken und Handeln in der PraxiS. Mit Netmapping und Erfolgslogik schrittweise von der Vision zu Aktion, Zürich 2008, S. 123-131.

[308]   Vgl. Honegger, J.: Vernetztes Denken und Handeln in der Praxis, S. 110-111.

[309]   Vgl. Probst, G., Gomez, P.: Vernetztes Denken, S. 17.

6. Problemlösung

Abschließend wird die Lösung für das komplexe Problem umgesetzt. Dabei werden Pläne erstellt und Projekte eingeleitet und anhand entsprechender Instrumente verwirklicht. Nicht allein die passenden Instrumente sind ausschlaggebend für die Realisierung, auch die Mitarbeiter, die an der Umsetzung beteiligt sind, sollen fähig und motiviert sein. Die Problemlösung sollte sich flexibel an Veränderungen der Problemsituation anpassen können. Dazu kann ein Kontrollinformationssystem eingerichtet werden, welches Auskunft über die Bedingungen der Problemlösung gibt. Die Problemlösung kann dabei den systemischen Gedanken der Selbststeuerung im Sinne der Selbstlenkung und Lernentwicklung berücksichtigen.

Im Folgenden werden die Wirkungskreisläufe für die Qualitätssteuerung in DLN erstellt. Daran wird die komplexe Problemstellung deutlich, und es sollen Steuerungsmöglichkeiten abgeleitet werden können. Darauffolgend werden ausgewählte Steuerungsansätze aus der Literatur analysiert und aufgezeigt, warum diese im Rahmen der hier erläuterten Problemstellung nicht ausreichend sind. Abschließend wird der Handlungsbedarf für einen neuen Qualitätssteuerungsansatz begründet.

Die Problemstellung wird aus einer abstrahierten Sicht mit einem übergeordneten Wirkungskreislauf dargestellt. Der Wirkungskreislauf folgt dabei der Legende aus Abbildung 4-2, deren Inhalt bereits erläutert wurde. Der Wirkungskreislauf setzt sich aus verschiedenen Elementen, den sogenannten Erfolgsfaktoren, und deren Wirkungsverläufen zusammen. Die Wirkungsverläufe können dabei positiv (+) oder negativ (-) sein. Hebel sind lenkbar, das bedeutet, dass sie direkt beeinflussbar und dadurch im Rahmen der Qualitätssteuerung besonders interessant sind. Einen qualitativen oder quantitativen Hinweis auf die erfolgreiche Steuerung der Dienstleistungsqualität können Erfolgsindikatoren geben. Diese stellen klassifizierte Erfolgsfaktoren dar und können als Zielvariablen verwendet werden. Das Zeitverhalten und die Wirkungsintensität bleiben in vorliegendem Kontext bewusst unberücksichtigt, da diese nicht generell erfasst werden können, sondern nur individuell pro Netzwerkpartner bzw. im DLN. Im Rahmen einer individuellen Anwendung des Qualitätssteuerungsansatzes können diese jedoch in die Betrachtung mit einbezogen werden, da insbesondere dadurch die relevanten Steuerungsmaßnahmen für den individuellen Kontext identifiziert werden können.

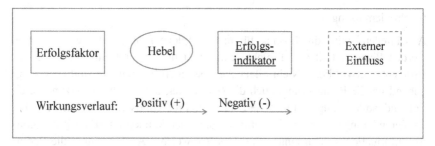

Abbildung 4-2: Legende zum Wirkungskreislauf[310]

Es ist sinnvoll, bei der Erstellung des übergeordneten Wirkungskreislaufes von einer Anspruchsgruppe auszugehen und den Wirkungskreislauf anhand des Nutzens dieser Anspruchsgruppe darzustellen. Die Fragestellung zu dem hier diskutierten, komplexen Sachverhalt lautet, wie bereits aufgezeigt:

Welche Elemente und Zusammenhänge müssen im DLN berücksichtigt werden,
um die Dienstleistungsqualität erfolgreich steuern zu können?

Bei der Steuerung der Dienstleistungsqualität ist der Kunde der ausschlaggebende Faktor[311], da dieser die Dienstleistungsqualität maßgeblich mitbestimmt bzw. fordert. Aus diesem Grund startet der Wirkungskreislauf aus der Kundenperspektive. Das heißt, eine bessere Dienstleistungsqualität erhöht den Kundennutzen. Ein erhöhter Kundennutzen führt in der Regel zu mehr Umsatz, und dadurch kann der Gewinn im DLN gesteigert werden. Der gesteigerte Gewinn führt dazu, dass mehr Investitionsbudget zur Verfügung steht, welches zum Teil wieder in die Dienstleistungsentwicklung einfließen kann. Mit einer gesteigerten Dienstleistungsentwicklung ist davon auszugehen, dass sich die Dienstleistungsqualität erhöht und somit der Kundennutzen steigt. Es handelt sich bei diesem Wirkungskreislauf also um einen selbstverstärkenden Wirkungszusammenhang. Abbildung 4-3 verdeutlicht den hier beschriebenen positiven Wirkungskreislauf.

---

310 In Anlehnung an Honegger, J.: Vernetztes Denken und Handeln in der Praxis, S. 113.

311 Vgl. Abschnitt 3.1.1

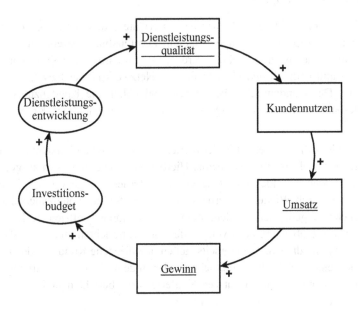

Abbildung 4-3: Übergeordneter Wirkungskreislauf[312]

Denkbar ist ebenfalls ein negativer Verlauf: wenn die Dienstleistungsqualität sinkt, sinkt auch der Kundennutzen und somit Umsatz und Gewinn, welcher dann nicht mehr in die Dienstleistungsentwicklung investiert werden kann. Dadurch verändert sich die Dienstleistungsqualität nicht oder verringert sich sogar weiter, und der Wirkungskreislauf führt sich negativ fort.

Von diesem übergeordneten Wirkungskreislauf ausgehend werden nun die weiteren Wirkungskreisläufe entwickelt, die im Rahmen der Qualitätssteuerung in DLN relevant sind. Dabei wird zunächst die Kundenperspektive im Detail betrachtet. Danach werden die Mitarbeiterperspektive und anschließend die Führungsperspektive eingenommen. Abschließend wird die Perspektive der Netzwerkpartner berücksichtigt. Alle Wirkungskreisläufe der unterschiedlichen Perspektiven ergeben dann den gesamten Wirkungskreislauf für die vorangegangene Fragestellung.

---

312   In Anlehnung an Honegger, J.: Vernetztes Denken und Handeln in der Praxis, S. 100.

4.1.1 Kundenperspektive

Die Kundenperspektive stellt, wie bereits erläutert, den zentralen Fokus eines ganzheitlichen Qualitätsmanagements dar. Das Qualitätsbestreben muss konsequent aus Kundensicht aufgebaut werden. Es geht darum, den Kundennutzen zu erhöhen und dadurch den Umsatz für den Netzwerkpartner bzw. das DLN zu steigern. Der Kundennutzen beeinflusst maßgeblich die Kundenzufriedenheit, die deshalb im Rahmen der Qualitätssteuerung ein wichtiges Kriterium darstellt.[313]

Die Kundenzufriedenheit ist in der betriebswirtschaftlichen Forschung seit Jahrzehnten ein viel diskutiertes Thema. Hierbei wird generell davon ausgegangen, dass zufriedene Kunden eine Chance für Unternehmen generieren, indem sie zum einen durch Wiederkaufverhalten und Cross-Selling-Potenziale stärker ans Unternehmen gebunden werden. Zum anderen können zufriedene Kunden in ihrem Umfeld über ihre positiven Kauferlebnisse berichten und somit als aktive Werbereferenz dienen. Andererseits stellen unzufriedene Kunden jedoch gleichermaßen eine Gefahr für Unternehmen dar, indem sie vom Unternehmen abwandern oder über ihre negativen Kauferlebnisse berichten und somit andere potenzielle Kunden vom Kauf abhalten.[314]

Der Kundennutzen kann als Oberbegriff für die Kundenzufriedenheit gesehen werden. Der Kundennutzen und somit auch die Kundenzufriedenheit werden generell erreicht, wenn die Erwartungen des Kunden erfüllt oder übertroffen werden. In diesem Rahmen wird in der Literatur das Confirmation-/Disconfirmation Paradigma diskutiert.[315] Demnach werden die Kundenerwartungen erfüllt (Confirmation), wenn die vom Kunden wahrgenommene Dienst-

---

313   Vgl. Fornell, C., Bryant, B. E.: Der Amerikanische Kundenzufriedenheitsindex ACSI (American Customer Satisfaction Index), in: Simon, H., Homburg, C. (Hrsg.): Kundenzufriedenheit: Konzepte – Methoden – Erfahrungen, 3. Aufl., Wiesbaden 1998, S. 165-179, S. 175-179.

314   Vgl. z. B. Peterson, R. A., Wilson, W. R.: Measuring Customer Satisfaction: Fact and Artifact, in: Journal of the Academy of Marketing Science, 20 (1992) 1, S. 61-71; Giering, A.: Der Zusammenhang zwischen Kundenzufriedenheit und Kundenloyalität. Eine Untersuchung moderierender Effekte, Wiesbaden 2000, S. 2-3.

315   Vgl. z. B. Oliver, R. L.: Cognitive Model of the Antecedents and Consequences of Satisfaction Decisions, in: Journal of Marketing Research, 17 (1980) 4, S. 460-469; Stauss, B.: Kundenzufriedenheit, in: Marketing – Zeitschrift für Forschung und Praxis, 21 (1999) 1, S. 5-24, S. 6; Homburg, C., Becker, A., Hentschel, F.: Der Zusammenhang zwischen Kundenzufriedenheit und Kundenbindung, in: Bruhn, M., Homburg, C. (Hrsg.): Handbuch Kundenbindungsmanagement: Strategien und Instrumente für ein erfolgreiches CRM, Wiesbaden 2005, S. 93-123, S. 96.

leistung (Ist) mit seiner erwarteten Leistung (Soll) übereinstimmt. Wird die erwartete Leistung von der wahrgenommenen Dienstleistung übertroffen, handelt es sich um eine „Positive Disconfirmation" und im umgekehrten Fall, wenn die wahrgenommene Leistung unter der erwarteten liegt, um eine „Negativer Disconfirmation".

Die wahrgenommene Ist-Leistung bei Dienstleistungen ist, wie bereits in Abschnitt 3.1 dargestellt, stark von dem subjektiven Empfinden des Kunden geprägt. Demnach bewertet der Kunde eine Dienstleistung nicht allein anhand der objektiven Kriterien, wie z. B. die Lieferzeit eines Paketdienstes, sondern vor allem anhand der subjektiven Kriterien, wie z. B. Freundlichkeit des Mitarbeiters.[316] In der Literatur wird in diesem Zusammenhang auch von kognitiven oder affektiven Faktoren gesprochen. Zu den kognitiven Faktoren zählen z. B. Einrichtung des Ladenlokals, Geräuscheinfluss sowie Temperatur- oder Luftbedingungen. Affektive Faktoren beeinflussen primär die Emotionen des Kunden. Hierzu gehören z. B. Farben oder Hintergrundmusik. Dabei haben *Homburg, Koschate und Hoyer* festgestellt, dass die affektiven Faktoren insbesondere am Anfang der Kundenbeziehung ausschlaggebend sind, wenn der Kunde noch wenige Erfahrungen mit dem Unternehmen hat. Je weiter die Kundenbeziehung fortgeschritten ist, desto mehr rücken die kognitiven Faktoren in den Vordergrund.[317] Daraus wird deutlich, dass die vom Kunden wahrgenommene Leistung und die daraus resultierende (Un-)Zufriedenheit nicht statisch betrachtet werden sollte.

Der Kunde bemisst die wahrgenommene Leistung insgesamt an seiner individuellen Differenz aus Wertsumme und Kostensumme. Die Wertsumme setzt sich aus dem Produktwert, dem Dienstleistungswert, dem Mitarbeiterwert und dem Imagewert zusammen. Demgegenüber entstehen dem Kunden Kosten in monetärer Form, Zeit, physischem und psychischem Aufwand. Diese Kriterien muss das DLN bei der Qualitätssteuerung berücksichtigen, um die wahrgenommene

---

316 Vgl. Churchill, G. A.; Surprenant, C.: An Investigation into the Determinants of Customer Satisfaction, in: Journal of Marketing Research, 19 (1982) 4, S. 491-504; Tse, D. K.; Wilton, P. C.: Models of Consumer Satisfaction Formation: An Extension, in: Journal of Marketing Research, 25 (1988) 2, S. 204-212.

317 Vgl. Oliver, R. L., DeSarbo, W. S.: Response Determinants in Satisfaction Judgments, in: Journal of Consumer Research, 14 (1988) 4, 495-507; Mano, H., Oliver, R. L.: Assessing the Dimensionality and Structure of the Consumption Experience: Evaluation, Feeling, and Satisfaction, in: Journal of Consumer Research, 20 (1993) 3, S. 451-466; Homburg, Ch., Koschate, N., Hoyer, W. D.: The Role of Cognition and Affect in the Formation of Customer Satisfaction – A Dynamic Perspective, in: Journal of Marketing, 70 (2006) 3, S. 21-31.

Ist-Leistung des Kunden aktiv mit beeinflussen zu können.[318] Diese wahrge-nommene Ist-Leistung vergleicht der Kunde mit seiner definierten Soll-Leistung. Diese hängt stark von seinen individuellen Erfahrungen, Normen, Werten und Idealen ab und kann von Kunde zu Kunde stark variieren. Die Er-fahrungen, die ein Kunde mit einer Dienstleistung in der Vergangenheit ge-macht hat, beeinflussen seine zukünftigen Erwartungen und Normvorstellungen an die Dienstleistung und auch an den Dienstleistungsanbieter. Ebenso beein-flussen individuelle Bedürfnisse und Ideale des Kunden, wie z. B. Sicherheit, Ehrlichkeit oder Fairness, seine Erwartungshaltung.[319]

Dabei können unterschiedliche Erwartungshaltungen bzw. Anforderungen der Kunden charakterisiert werden. Diese können anhand der Zwei-Faktoren-Theorie von *Herzberg et al.* begründet werden, die unterschiedliche Zufrieden-heitsfaktoren in Bezug auf die Arbeitszufriedenheit untersucht haben.[320] *Herzberg et al.* unterscheiden dabei sogenannte Hygienefaktoren und Motiva-toren, die ebenfalls auf den Bereich der Kundenzufriedenheit angewendet wer-den können. Hygienefaktoren führen bei Erfüllung nicht zur Kundenzufrieden-heit. Sie werden vielmehr vom Kunden vorausgesetzt und als Standard erwartet. Jedoch bei Nichterfüllung der Hygienefaktoren entsteht Unzufriedenheit bei den Kunden. Ebenfalls zu Unzufriedenheit führt die Nichterfüllung der Motivatoren. Diese werden jedoch nicht als Standard vorausgesetzt und führen im Gegensatz zu den Hygienefaktoren bei Erfüllung zur Zufriedenheit.

Erweitert wurde die Zwei-Faktoren-Theorie durch das Mehrfaktoren-Modell von *Kano et al.*[321] Hierbei werden Basis-, Leistungs- und Begeisterungsanforde-rungen unterschieden. Die Basisanforderungen entsprechen dabei den Hygie-nefaktoren und werden unausgesprochen von den Kunden vorausgesetzt und als selbstverständlich angesehen. Das DLN muss diese Basisanforderungen als minimale Kundenerwartung festlegen. Die Leistungsanforderungen werden

---

[318]   Vgl. Kotler, P., Keller, K. L., Bliemel, F.: Marketing-Management. Strategien für wertschaf-fendes Handeln, 12. Aufl., München 2007, S. 43-46.

[319]   Vgl. Parasuraman, A., Zeithaml, V. A., Berry, L. L.: A Conceptual Model of Service Quality and its Implications for Future Research, S. 47-49.

[320]   Vgl. hier und im Folgenden Herzberg, F. Mausner, B., Snyderman, B. B.: The motivation to work, New York, 1959.

[321]   Vgl. hier und im Folgenden Bailom, F., Hinterhuber, H., Matzler, K., Sauerwein, E.: Das Kano-Modell der Kundenzufriedenheit, in: Marketing Zeitschrift für Planung, 18 (1996) 2, S. 117-126, in Anlehnung an Kano, N.: Attractive Quality and Must-be Quality, in: Journal of the Japanese Society for Quality Control, 14 (1984) 2, S. 147-156.

ebenfalls vom Kunden erwartet und haben einen direkten linearen Einfluss auf die Kundenzufriedenheit. Die Begeisterungsanforderungen werden nicht als selbstverständlich vorausgesetzt und entsprechen den Motivatoren. Bei deren Erfüllung empfinden die Kunden einen überproportionalen Anstieg an Zufriedenheit. Werden die Begeisterungsanforderungen nicht erfüllt, entsteht beim Kunden keine Unzufriedenheit. Das Kano-Modell wird insbesondere bei der Messung der Kundenzufriedenheit eingesetzt.

Das DLN sollte bestrebt sein, die Kundenerwartungen zu kennen und entsprechend bedienen zu können. Wie bereits in Abschnitt 3.1.1 im Rahmen des Gap-Modells erläutert wurde, wird die Kundenerwartung maßgeblich durch das Marketing und die Kommunikation sowie das Image des DLN beeinflusst. Somit hat das DLN die Möglichkeit, durch aktive IV des Kunden, die Kundenerwartungen an das entsprechende Dienstleistungsangebot anzupassen.

Eine hohe Kundenzufriedenheit führt in der Regel zu Kundenbindung. In der Literatur finden sich einige Studien, die den positiven Zusammenhang zwischen Kundenzufriedenheit und Kundenbindung bestätigen.[322] Die Kundenbindung kann dabei aus Nachfrage- oder Anbietersicht betrachtet werden. Die Bindungsperspektive aus Sicht der Kunden beschäftigt sich überwiegend mit den psychologischen Beziehungsstrukturen, die ein Kunde zum Unternehmen hat. Dabei unterscheiden *Meyer, Oevermann* verschiedene Ursachen, nach denen sich der Kunde an ein Unternehmen bindet.[323] Die Ursachen können in psychologische, situative, rechtliche, ökonomische und technologische Ursachen aufgeteilt werden. Die psychologischen Ursachen resultieren aus der Zufriedenheit des Kunden mit dem Produkt oder der Dienstleistung. Die Kundenzufriedenheit wurde oben bereits erläutert. Eine weitere Ursache kann situativer Natur sein, wenn ein Kunde besonders einfach und unkompliziert das Angebot von Unternehmen wahrnehmen kann. Rechtliche Ursachen resultieren aus Vertragsabschlüssen zwischen Unternehmen und Kunde, wenn ein Kunde z. B. einen Wartungsver-

---

[322]   Vgl. für einen Überblick z. B. Krafft, M., Götz, O.: Der Zusammenhang zwischen Kundennähe, Kundenzufriedenheit und Kundenbindung sowie deren Erfolgswirkungen, in: Hippner, H., Hubrich, B., Wilde, K. D.: Grundlagen des CRM: Strategie, Geschäftsprozesse und IT-Unterstützung, Wiesbaden 2011, S. 213-246; Homburg, C., Bucerius, M.: Kundenzufriedenheit als Managementherausforderung, in: Homburg, C. (Hrsg.): Kundenzufriedenheit: Konzepte – Methoden – Erfahrungen, Wiesbaden 2006, S. 53-89; Homburg, C., Bruhn, M.: Kundenbindungsmanagement – Eine Einführung in die theoretischen und praktischen Problemstellungen, in: Bruhn, M., Homburg, C. (Hrsg.): Handbuch Kundenbindungsmanagement: Strategien und Instrumente für ein erfolgreiches CRM, Wiesbaden 2008, S. 3-37.

[323]   Vgl. hier und im Folgenden: Meyer, A., Oevermann, D.: Kundenbindung, in: Tietz, B., Köhler, R., Zentes, J. (Hrsg.): Handwörterbuch des Marketing, Stuttgart 1995, S. 1341-1351.

trag über einen bestimmten Zeitraum mit dem Unternehmen abgeschlossen hat. Auch ökonomische Ursachen, wie besonders günstige Preise eines Unternehmens gegenüber den Mitbewerbern, können einen Kunden an dieses Unternehmen binden. Zu den technologischen Ursachen der Kundenbindung gehören z. B. informationstechnologische Anbindungsmöglichkeiten an das Unternehmen, welche die Anforderungen der Kunden abdeckt. Die hier beschriebenen Ursachen können ausschlaggeben dafür sein, dass der Kunde weitere Transaktionen mit dem Unternehmen wahrnimmt und dieses auch weiterempfiehlt. Zusätzlich können Cross-Selling-Potenziale entstehen, die den Kunden zum Kauf weiterer Angebote des Unternehmens animieren.[324]

DLN müssen sich dieser Ursachen bewusst sein, um die Kunden aktiv zu binden. Dabei geht es bei der Kundenbindung aus Anbietersicht hauptsächlich um die Gewinnung von Stammkunden. Für das DLN ist die Kundenbindung interessant, da sich hierdurch Kosten senken lassen. Das liegt zum einen daran, dass die Kosten für den Erhalt von Stammkunden wesentlich geringer sind als die Kosten für die Akquisition von Neukunden.[325] Zum anderen können die Transaktionskosten gesenkt werden, da der Dienstleister bei langfristigen Kundenbeziehungen Erfahrungen mit dem Kunden sammelt und dadurch Lerneffekte erzielt. Die Dienstleistungskosten sind nicht die einzigen Transaktionskosten, die eingespart werden können; ebenso steigen für den Kunden die Wechselkosten, je länger er an ein Unternehmen gebunden ist. Daraus entstehen für den Kunden Wechselbarrieren, die das DLN ausnutzen kann.[326] Die Maßnahmen, die ein Unternehmen zur Kundenbindung einsetzen kann, können vor dem Kauf in Form von Rabatten oder Vergünstigungen, während des Kaufs durch z. B. bevorzugte Behandlung oder nach dem Kauf in Form von Prämien, Geschenken oder Boni erfolgen.[327] Die Maßnahmen, die im Rahmen der Qualitätssteuerung eingesetzt werden können, werden in Abschnitt 5.2.1 diskutiert.

---

324   Vgl. auch Homburg, Ch., Faßnacht, M.: Kundennähe, Kundenzufriedenheit und Kundenbindung bei Dienstleistungsunternehmen, in: Bruhn, M., Meffert, H., (Hrsg.): Handbuch Dienstleistungsmanagement. Von der strategischen Konzeption zur praktischen Umsetzung, Wiesbaden 2001, S. 441-463.

325   Vgl. Winkelmann, P.: Marketing und Vertrieb. Fundament für die marktorientierte Unternehmensführung, 7. Aufl., München 2010, S. 368.

326   Vgl. Peter, S. I.: Kundenbindung als Marketingziel: Identifikation und Analyse zentraler Determinanten, Wiesbaden 1997, S. 94-95.

327   Vgl. z. B. Musiol, G., Kühling, Ch.: Kundenbindung durch Bonusprogramme: Erfolgreiche Konzeption und Umsetzung, Berlin 2009; Bruhn, M.: Zufriedenheits- und Kundenbindungsmanagement, in: Hippner, H., Hubrich, B., Wilde, K. D. (Hrsg.): Grundlagen des CRM.

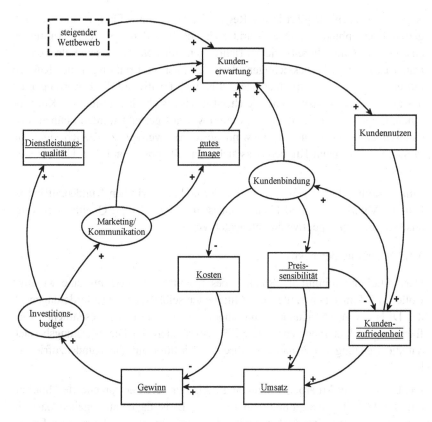

Abbildung 4-4: Kundenperspektive

Abbildung 4-4 verdeutlicht noch einmal den Wirkungskreislauf der Kundenperspektive. Ein hoher Kundennutzen beeinflusst positiv die Kundenzufriedenheit. Eine hohe Kundenzufriedenheit steigert den Umsatz und dadurch bei gleichbleibenden Kosten den Gewinn des DLN. Dieser kann in das Investitionsbudget einfließen, welches einerseits in die Dienstleistungsentwicklung und andererseits in Marketing und Kommunikation investiert werden kann. Dadurch wird die Dienstleistungsqualität positiv beeinflusst und das Image des DLN kann verbessert sowie die Kundenerwartungen angepasst werden.[328] Eine höhere

---

Strategie, Geschäftsprozesse und IT-Unterstützung, 3. Aufl., Wiesbaden 2011, S. 409-439, S. 420-422.

328   Vgl. Abschnitt 4.1.3

Kundenzufriedenheit führt in der Regel, wie bereits angeführt, zu einer gesteigerten Kundenbindung. Diese wirkt sich positiv auf die Kundenerwartungen
aus, da der Kunde bereits viele Erfahrungen mit dem DLN sammeln konnte.
Dabei ist auch zu berücksichtigen, dass sich positive Erfahrungen des Kunden
mit einzelnen Netzwerkpartnern des DLN auch positiv auf die Erwartungen an
das gesamte DLN auswirken. Gleichzeitig wirkt sich eine gesteigerte Kundenbindung auch auf die Kosten aus, die im Verlauf gesenkt werden können, und
dadurch kann wiederum der Gewinn gesteigert werden. Zusätzlich sinkt die
Preissensibilität beim Kunden, was sich ebenfalls positiv auf dem Umsatz auswirken kann.

Einige Studien bestätigen eine starke Verbindung zwischen Kundenzufriedenheit und Mitarbeiterzufriedenheit[329], sodass im Folgenden die Qualitätssteuerung
aus Mitarbeiterperspektive durchleuchtet wird.

4.1.2 Mitarbeiterperspektive

Der Mitarbeiter nimmt im Rahmen des Qualitätsmanagements eine wichtige
Rolle ein. Zum einen stellen die Mitarbeiter selbst Qualitätsanforderungen an
das DLN als interne Kunden, zum anderen haben sie einen wesentlichen Einfluss auf die Unternehmensleistung.[330] Insbesondere im Dienstleistungsbereich
hat die Leistung der Mitarbeiter direkten Einfluss auf die Kundenzufriedenheit.[331]

Die Leistung der Mitarbeiter kann langfristig nur durch entsprechende Mitarbeiterzufriedenheit gesichert und erhöht werden. Es ist davon auszugehen, dass ein
zufriedener Mitarbeiter stärker motiviert und gewillt ist, gute Leistungen für das
Unternehmen zu erbringen. In der Literatur haben sich einige Theorien und
Modelle etabliert, die die Entstehung der Mitarbeiterzufriedenheit erläutern.

---

329   Für einen Überblick vgl. Winter, S.: Mitarbeiterzufriedenheit und Kundenzufriedenheit: Eine
      mehrebenenanalytische Untersuchung der Zusammenhänge auf Basis multidimensionaler Zu-
      friedenheitsmessung, Dissertation an der Universität Mannheim 2005, S. 60-65; siehe auch
      Schlesinger, L. A., Heskett, J. L.: Breaking the Cycle of Failure in Services, in: Sloan
      Management Review, 32 (1991) 3, S. 17-28, S. 17-19; Brown, S. P., Lam, S. K.: A Meta-
      Analysis of Relationships Linking Employee Satisfaction to Customer Responses, in: Journal
      of Retailing, 84 (2008) 3, S. 243-255.

330   Vgl. Gutenberg, E.: Grundlagen der Betriebswirtschaftslehre – Band 1: Die Produktion,
      24. Aufl., Berlin 2005, S. 3.

331   Vgl. Wolf, L. J.: Mitarbeiterzufriedenheit als Determinante der wahrgenommenen Dienstleis-
      tungsqualität. Das Beispiel der stationären Patientenversorgung, Wiesbaden 2005, S. 1.

Ein Modell baut auf dem Grundgedanken des Confirmation-/Disconfirmation Paradigmas[332] auf und stammt von *Bruggemann*. *Bruggemann* untersuchte unterschiedliche Formen der Mitarbeiterzufriedenheit.[333] Hierbei definierte sie – wie beim Confirmation-/Disconfirmation Paradigma – einen Vergleichsprozess der Mitarbeiter, die gewisse Erwartungen und Bedürfnisse (Soll-Werte) an ihre Arbeit haben, die sich aus generellen und situationsbedingten Erwartungen und Bedürfnissen ergeben. Damit werden die tatsächlich wahrgenommenen Situationsmerkmale (Ist-Werte) im Arbeitsumfeld verglichen. Daraus ergibt sich entweder eine Zufriedenheit oder eine Unzufriedenheit beim Mitarbeiter. *Bruggemann* betrachtet diesen Vergleichsprozess jedoch nicht als einmalig statischen Prozess, sondern geht davon aus, dass sich Situationen sowie Erwartungen und Bedürfnisse ändern können. Sie spricht deshalb von stabilisierender Zufriedenheit, wenn die Situationsmerkmale den Erwartungen und Bedürfnissen der Mitarbeiter entsprechen oder diese übertreffen. Hierbei können zwei Arten der Zufriedenheit unterschieden werden. Erhöht der Mitarbeiter sein Anspruchsniveau, entsteht progressive Zufriedenheit. Wird das Anspruchsniveaus auf gleichem Level aufrechterhalten, entsteht stabilisierte Zufriedenheit. Wenn die Situationsmerkmale die Bedürfnisse und Erwartungen des Mitarbeiters nicht erfüllen, entsteht diffuse Unzufriedenheit. Dieses Konstrukt ist differenzierter zu betrachten. Senkt der Mitarbeiter sein Anspruchsniveau, kann resignative Zufriedenheit entstehen. Wird das Anspruchsniveau aufrechterhalten, ergeben sich drei unterschiedliche Formen. Der wahrgenommene Ist-Wert kann an das Anspruchsniveau angepasst werden, wodurch eine Verfälschung der Situationswahrnehmung stattfindet. Diese Form wird Pseudo-Zufriedenheit genannt. Wenn keine neuen Problemlösungsversuche unternommen werden, wird von fixierter Unzufriedenheit gesprochen, und wenn neue Problemlösungsversuche unternommen werden, kann von konstruktiver Unzufriedenheit gesprochen werden.

Das Modell von *Bruggemann* verdeutlicht sehr gut unterschiedliche Formen der Mitarbeiterzufriedenheit. Es gibt zwar keinen eindeutigen Hinweis darauf, wie sich das Anspruchsniveau im Zeitablauf verändern lässt und welche Problemlö-

---

332 Vgl. Abschnitt 4.1.1

333 *Bruggemann* verwendet in ihren Arbeiten, wie viele andere Autoren in früheren Publikationen, den Begriff der Arbeitszufriedenheit. In neueren Publikationen wird synonym zum Begriff der Arbeitszufriedenheit der Begriff der Mitarbeiterzufriedenheit verwendet, dem diese Arbeit folgt; vgl. hier und im Folgenden Bruggemann, A.: Zur Unterscheidung verschiedener Formen von „Arbeitszufriedenheit", in: Arbeit und Leistung, 28 (1974) 11, S. 281-284, S. 282-284.

sungsversuche konkret unternommen werden können, jedoch bietet es einen guten Überblick im Rahmen der Steuerung der Mitarbeiterzufriedenheit, wie sich die Zufriedenheitsformen ausprägen können, und einen Erklärungsansatz dafür, dass daraus unterschiedliche Verhaltensweisen resultieren können.[334]

Die Zwei-Faktoren-Theorie von *Herzberg et al.*, die bereits im Rahmen der Kundenzufriedenheit vorgestellt wurde[335], wurde ursprünglich im Rahmen der Arbeitszufriedenheit entwickelt und kann ebenfalls wichtige Erkenntnisse zur Mitarbeiterzufriedenheit liefern.[336] Als Motivatoren konnten *Herzberg et al.* insbesondere inhaltsbezogene Faktoren wie Leistung, Anerkennung, Arbeitsinhalt, Verantwortung und Aufstieg identifizieren. Diese Faktoren führen zur Mitarbeiterzufriedenheit, wenn sie erfüllt werden. Als Hygienefaktoren identifizierten sie Arbeitsbedingung, Gehalt, Vorgesetzte, Mitarbeiterführung, Kontrolle, Kollegen sowie die Unternehmenspolitik und -organisation. Diese eher rahmengebenden Faktoren werden vom Mitarbeiter vorausgesetzt und führen nicht generell zur Zufriedenheit. Allerdings führen sie im Fall der Nichterfüllung zu Unzufriedenheit und sollten im Hinblick auf die Qualitätsbeurteilung der Mitarbeiter besonders beachtet werden. Sie bilden also die Basis für die Motivatoren, die dann bei Erfüllung zur Zufriedenheit führen. Obwohl die Zwei-Faktoren-Theorie von *Herzberg et al.* in der Kritik steht[337], kann das DLN Ansatzpunkte erkennen, die zur Veränderung der Mitarbeiterzufriedenheit berücksichtigt werden können.

Ein weiteres Modell, welches Erkenntnisse für die Arbeitszufriedenheit liefern kann, ist die Bedürfnispyramide von *Maslow*.[338] Hierbei untersuchte *Maslow* im Rahmen einer psychologischen Analyse, welche Bedürfnisse Menschen haben und welche Motivationsanreize sich daraus ableiten lassen. Seine Ergebnisse

---

334 Vgl. Neuberger, O., Allerbeck, M.: Messung und Analyse von Arbeitszufriedenheit. Erfahrungen mit dem „Arbeitsbeschreibungsbogen (ABB)", Bern 1978, S. 170-174; Gebert, D., von Rosenstiel, L.: Organisationspsychologie. Person und Organisation, 5. Aufl., Stuttgart 2002, S. 83-87; Winter, S.: Mitarbeiterzufriedenheit und Kundenzufriedenheit, S. 19-20.

335 Vgl. Abschnitt 4.1.1

336 Vgl. hier und im Folgenden Herzberg, F. Mausner, B., Snyderman, B. B.: The motivation to work, S. 44-54.

337 Siehe z. B. Robbins, S. P.: Organisational Behaviour: Global and Southern African Perspectives, 2. Aufl, Kappstadt 2009, S. 147-148; Greenberg, J., Baron, R. A.: Behavior in organizations: Understanding and managing the human side of work, New Jersey 1997, S. 176-189, S. 183.

338 Vgl. hier und im Folgenden Maslow, A.: Motivation and personality, New York 1954.

können in der betriebswirtschaftlichen Forschung im Bereich der Mitarbeiterzufriedenheit eingesetzt werden.[339] *Maslow* entwickelte ein hierarchisches Motivationsmodell mit fünf aufeinander aufbauenden Ebenen. Die unterste Ebene beschreibt die physiologischen Bedürfnisse eines Menschen, die er primär versucht zu befriedigen. Hierzu gehören Grundbedürfnisse, wie z. B. Nahrung,
Sauerstoff und Schlaf. Die zweite Ebene beschreibt die Sicherheitsbedürfnisse,
die auf physische Sicherheit bezogen die Gesundheit oder die Sicherheit am
Arbeitsplatz sein können. Die ökonomische Sicherheit kann z. B. die Einkom-
menssicherung, die Sicherung des Arbeitsplatzes oder die Altersversorgung
sein. Auf der dritten Ebene werden die sozialen Bedürfnisse erläutert. Hierzu
gehören insbesondere der Wunsch nach Gruppenzugehörigkeit, Kommunikation
oder auch die Akzeptanz der Mitmenschen. Auf der vierten Ebene finden sich
die Anerkennungsbedürfnisse. Hierzu können Bedürfnisse nach Macht, sozia-
lem Ansehen oder respektvoller Behandlung gezählt werden. Die oberste Ebene
der Pyramide stellt die Bedürfnisse nach Selbstverwirklichung dar. Im Rahmen
der Selbstverwirklichung hat der Mensch das Bedürfnis sich kreativ zu entfalten
und seine Fähigkeiten individuell und ganz einzusetzen. *Maslow* geht davon
aus, dass – sobald ein Bedürfnis befriedigt ist – die Motivation dafür zurückgeht
und sich auf die nächsthöhere Ebene konzentriert. Obwohl es einige Kritik an
Maslows Bedürfnispyramide gibt, wie beispielsweise die fehlende empirische
Bestätigung oder fehlende objektive Kriterien zur Einordnung in die Bedürfnis-
ebenen, bietet *Maslows* hierarchisches Motivationsmodell dennoch eine hohe
praktische Relevanz und liefert gute Hinweise auf unterschiedlichen Motivati-
ons- und damit Zufriedenheitskriterien von Mitarbeitern.[340]

Im Hinblick auf die von *Maslow* beschriebene Selbstverwirklichung, die er auch
als Wachstumsmotiv beschreibt, nimmt die Mitarbeiterentwicklung in Unternehmen einen wichtigen Stellenwert ein. Die Mitarbeiterentwicklung hat einen
erheblichen Einfluss auf die Mitarbeiterzufriedenheit und steigert damit die
Wettbewerbsfähigkeit von Unternehmen.[341] Die Mitarbeiterentwicklung erhöht
die Qualifikation der Mitarbeiter und trägt dazu bei, dass die Arbeits- und Leis-
tungsmotivation steigt. Dies wirkt sich auch positiv auf die Dienstleistungsqualität aus. Die Mitarbeiterentwicklung kann dabei auf quantitativer Ebene eine

---

339   Vgl. Winter, S.: Mitarbeiterzufriedenheit und Kundenzufriedenheit, S. 21.

340   Vgl. Gebert, D., von Rosenstiel, L.: Organisationspsychologie, S. 48; Winter, S.: Mitarbeiter-
      zufriedenheit und Kundenzufriedenheit, S. 23.

341   Vgl. Giese, I., Schindler, R., Hausmann, C.: Auftrag Mitarbeiterentwicklung, in Personal,
      57 (2005) 7/8, S. 6-8.

Erweiterung des Arbeitsumfangs (job-enlargement) oder einen Wechsel der Arbeitstätigkeit (job-rotation) bedeuten. Auf qualitativer Ebene kann der Mitarbeiter durch die Erweiterung seiner Entscheidungsbefugnisse und des Kontrollspielraumes (job-enrichment) weiterentwickelt werden. In diesem Rahmen werden auch häufig teilautonome Arbeitsgruppen eingesetzt, die selbststeuernd bestimmte Aufgaben und Projekte bearbeiten.[342] Für das DLN ergeben sich hieraus wichtige Erkenntnisse, mit welchen Maßnahmen im Rahmen der Mitarbeiterentwicklung die Mitarbeiterzufriedenheit gesteigert werden kann. Dabei ist zu beachten, dass durch die gestiegene Mitarbeiterqualifikation die Kosten für ein Unternehmen steigen, z. B. in Form der Löhne und Gehälter. Dadurch werden der Gewinn und in Folge das Investitionsbudget verringert. Es muss darauf geachtet werden, dass die richtigen Maßnahmen zur richtigen Zeit eingesetzt werden, um Fehlkosten zu vermeiden (etwa Schulungskosten für eine neue Applikation, die später niemals eingesetzt wird).

Ein weiterer Einflussfaktor auf die Mitarbeiterzufriedenheit ist der Führungsstil, auf den in Abschnitt 4.1.3 näher eingegangen wird. Generell kann angemerkt werden, dass ein kooperativer Führungsstil, der den Mitarbeitern mehr Eigenverantwortung und Entscheidungsfreiheit lässt, zur Mitarbeiterzufriedenheit beitragen kann.[343] Dies unterstützt die Aussage des oben erläuterten job-enrichment. Ebenso fördert die qualitätsorientierte Kultur die Mitarbeiterzufriedenheit. Das liegt zum einen an dem gemeinsamen Qualitätsverständnis im DLN, welches das Zugehörigkeitsgefühl und dadurch die Zufriedenheit stärkt. Zum anderen impliziert eine umfassende Qualitätsorientierung wirtschaftliche Prozesse und eine hohe Kundenzufriedenheit, die sich auch positiv auf die Mitarbeiterzufriedenheit auswirkt.[344] Ein gutes Image des Unternehmens oder DLN wirkt sich ebenfalls positiv auf die Mitarbeiterzufriedenheit aus. Das begründet sich dadurch, dass der Mitarbeiter durch ein gutes Unternehmensimage eine generell positive Grundeinstellung zu diesem hat. Er fühlt sich dem Unternehmen verbunden und strebt eine dauerhafte Tätigkeit zum Erreichen der Unternehmensziele an. In der Literatur wird dieser Zustand auch mit dem organisati-

---

[342] Vgl. Gebert, D., von Rosenstiel, L.: Organisationspsychologie, S. 329-332 in Verbindung mit Ulich, E.: Arbeitswechsel und Aufgabenerweiterung, REFA-Nachrichten, 25 (1972) 4, S. 265-275.

[343] Vgl. z. B. Tannenbaum, R., Schmidt, W. H.: How to Choose a Leadership Pattern, in: Harvard Business Review, 36 (1958) 2, S. 95-101, S. 96; Kühn, S., Platte, I., Wottawa, H.: Psychologische Theorien für Unternehmen, 2. Aufl., Göttingen 2006, S. 259-260.

[344] Vgl. Winter, S.: Mitarbeiterzufriedenheit und Kundenzufriedenheit, S. 84.

onalen Commitment (Verbundenheit) oder Involvement (Beteiligung) umschrieben.[345] Die Mitarbeiterzufriedenheit kann weiterhin positiv von wirtschaftlich gestalteten Prozessen und einer anforderungsgerechten IKT beeinflusst werden, da der Mitarbeiter wesentlich von deren reibungslosem Ablauf sowie fehlerfreiem Gebrauch profitiert. Durch wirtschaftlich gestaltete Prozesse können Zeit eingespart und Fehler vermieden werden. Ebenso kann eine anforderungsgerechte IKT den Mitarbeiter bei seinen Aufgaben entsprechend unterstützen.

Abbildung 4-5 verdeutlicht den Wirkungskreislauf der Mitarbeiterperspektive und wird noch einmal zusammenfassend erläutert. Ein Teil der Investitionsbudgets kann in die Mitarbeiterentwicklung einfließen. Wie bereits angeführt, sind die personellen Ressourcen, insbesondere in Dienstleistungsunternehmen, ein entscheidender Erfolgsfaktor, in die Unternehmen investieren können. Die Mitarbeiterentwicklung führt dazu, dass die Mitarbeiterqualifikation steigt. Das kann sich zum einen positiv auf die Mitarbeiterzufriedenheit und zum anderen auf die Dienstleistungsqualität auswirken. Die Mitarbeiterzufriedenheit kann zusätzlich positiv durch eine qualitätsorientierte Kultur im DLN sowie einem kooperativen Führungsstil, einem guten Image des DLN, wirtschaftlicher Prozesse und einer anforderungsgerechten IKT beeinflusst werden. Die Mitarbeiterzufriedenheit kann ebenfalls die Dienstleistungsqualität positiv beeinflussen. Eine höhere Dienstleistungsqualität wirkt sich dann über den Kreislauf der Kundenperspektive wiederum positiv auf die Investitionsbudgets aus.[346] Zu beachten ist außerdem, dass eine höhere Mitarbeiterqualifikation die Kosten für z. B. Löhne steigert. Dies wirkt sich allerdings negativ auf den Gewinn und somit auf die Investitionsbudgets aus. Erstrebenswert für das DLN ist also eine Erhöhung der Mitarbeiterqualifikation, deren Nutzen die Kosten dafür übersteigt.

---

345 Vgl. Tett, R. P., Meyer, J. Pl.: Job Satisfaction, Organizational Commitment, Turnover Intention, and Turnover: Path Analyses based on Meta-Analytic Findings, in: Personnel Psychology, 46 (1993) 2, S. 259-293; Maier, G. W., Woschée, R.-M.: Die affektive Bindung an das Unternehmen. Psychometrische Überprüfung einer deutschsprachigen Fassung des Organizational Commitment Questionnaire (OCQ) von Porter und Smith (1970), in: Zeitschrift für Arbeits- und Organisationspsychologie, 46 (2002) 3, S. 126-136.

346 Vgl. Abschnitt 4.1.1

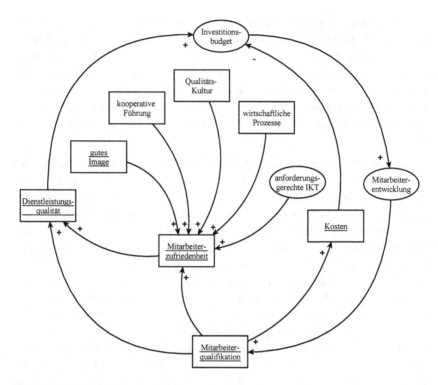

Abbildung 4-5: Mitarbeiterperspektive

Einen wesentlichen Einfluss auf die Mitarbeiterentwicklung und somit auf die Mitarbeiterzufriedenheit hat die Führung im DLN, die im Folgenden näher betrachtet wird.

4.1.3 Führungsperspektive

Die Führung oder auch Führungskraft im DLN kann Einfluss auf die Qualitätssteuerung haben. Zum einen sollte das Qualitätsbewusstsein im Rahmen des TQM von der Führungskraft gelebt werden.[347] Dadurch können die Kultur des DLN qualitätsorientiert ausgerichtet und die Mitarbeiter entsprechend gefördert werden. Zum anderen hat die Führungskraft die Entscheidungsbefugnis, das Dienstleistungsangebot weiterzuentwickeln und an die Kundenbedürfnisse anzupassen. Somit kann die Dienstleistungsqualität sowohl über die Mitarbeiter-

---

347 Vgl. Abschnitt 3.1.2

als auch über die Dienstleistungsentwicklung von der Führungskraft beeinflusst werden. Insbesondere im Kontext des DLN ist es aufgrund der heterogenen Unternehmenskulturen und der erhöhten Anzahl von Schnittstellen umfangreicher, ein entsprechend einheitliches qualitätsorientiertes Mitarbeiter- und Dienstleistungsentwicklungskonzept zu realisieren.

Dabei ist zu berücksichtigen, dass die Führungskräfte ebenfalls Mitarbeiter im DLN darstellen können, die jedoch besondere Weisungsbefugnisse und Entscheidungskompetenzen besitzen.[348] Sie handeln dabei im Interesse der Eigentümer bzw. Anteilseigner der Unternehmen, können jedoch auch selber Eigentümer oder Anteilseigner sein. Sie sind im Rahmen der Prinzipal-Agenten-Theorie[349] einerseits Prinzipale gegenüber den ihnen unterstellten Mitarbeitern und andererseits Agenten gegenüber den Eigentümern bzw. Anteilseignern.[350] Als Prinzipal hat die Führungskraft Weisungsbefugnisse gegenüber den unterstellten Mitarbeitern und versucht damit, deren Verhalten im Sinne der Zielerreichung des Unternehmens zu beeinflussen. In diesem Zusammenhang wird auch der Begriff Führungsstil verwendet, der je Führungskraft individuell gestaltet ist, je nachdem, welche Ausgestaltung des Führungsprozesses hinterlegt ist. Der Führungsprozess kann dabei in vier Phasen unterteilt werden: Führungsphilosophie, Entscheidungsfindung, Entscheidungsdurchsetzung, Entscheidungskontrolle.[351] Der Führungsprozess wird in der Regel bei den einzelnen Netzwerkpartnern durchlaufen. Es ist zur Qualitätssteuerung im DLN sinnvoll, diesen mit zu berücksichtigen, um z. B. die Erreichung einer gemeinsamen Qualitätskultur zu fördern.

Die Führungsphilosophie als erste Phase des Führungsprozesses beschreibt die grundsätzliche Einstellung einer Führungskraft zu seinen Mitarbeitern. Es wird davon ausgegangen, dass unterschiedliche Menschenbilder vorherrschen können. Das Menschenbild hat wesentlichen Einfluss auf die Art der Führung. In der Literatur wird zwischen einem pessimistischen (Theorie X), einem optimistischen (Theorie Y)[352] sowie einem daraus erweiterten Menschenbild

---

348   Vgl. Ulrich, P., Fluri, E.: Management, S. 174-175, 225-226.

349   Vgl. Abschnitt 2.3.1

350   Vgl. Holtbrügge, D.: Personalmanagement, 4. Aufl., Heidelberg 2010, S. 45.

351   Zur näheren Erläuterung vgl. ebenda, S. 207-217; sowie die darin zitierten Quellen.

352   Vgl. hier und im Folgenden McGregor, D.: The Human Side of Enterprise, New York 1960.

(Theorie Z)[353] unterschieden. In DLN ist es sinnvoll, ein optimistisches bzw. erweitertes Menschenbild zu verfolgen. Dieses geht dagegen davon aus, dass der Mensch nach Selbstverwirklichung strebt, die Arbeit gerne verrichtet und dabei Zufriedenheit erlangt. Der Mensch entwickelt demnach einen hohen Grad an Eigeninitiative und handelt intrinsisch motiviert. Die Unternehmensziele dienen dabei als Orientierungsrahmen, in dem sich der Mitarbeiter bewegt. Die Führungskraft sollte dem Mitarbeiter nach dieser Auffassung Eigenverantwortung überlassen, ihn an Entscheidungen in seinem Umfeld partizipieren und die Selbstkontrolle durch den Mitarbeiter fördern. Der Mitarbeiter sollte entsprechend seinen Wünschen und Zielen weiterentwickelt werden, damit er sein volles Potenzial freisetzen kann. Diese Annahme entspricht auch der Bedürfnispyramide nach *Maslow* und kann somit tendenziell die Mitarbeiterzufriedenheit steigern.[354] Eine etwas differenziertere Betrachtung nimmt *Schein* vor, der die Menschenbilder in den rational-ökonomischen, den sozialen, den sich-selbst-verwirklichenden und den komplexen Mensch unterteilt.[355] Grundsätzlich sind diese jedoch auch in das pessimistische oder optimistische Menschenbild bzw. der Mischform kategorisierbar. Das zugrunde liegende Menschenbild kann Einfluss auf die Entscheidungsfindung im Unternehmen und somit auch im DLN haben.

Wie eben bereits erläutert, kann die Mitarbeiterzufriedenheit durch eine entsprechende Partizipation der Mitarbeiter bei der Entscheidungsfindung gesteigert werden. Hierbei soll die Führung primär die Bedürfnisse der Mitarbeiter berücksichtigen.[356] Ein bekannter Ansatz zum Führungsverhalten wurde von *Tannenbaum* und *Schmidt* entwickelt, die den Entscheidungsspielraum der Führungskraft und der Mitarbeiter betonen. Sie unterscheiden das autoritäre, patriarchalische, beratende, konsultative, partizipative und delegative Führungsverhalten.[357]

---

353   Diese Theorie wurde von *Douglas McGregor* 1964 angedacht und erst später von *William Ouchi* weiterentwickelt. Vgl. hierzu Ouchi, W. G.: Theory Z. How American business can meet the Japanese challenge, 7. Aufl., Reading (MA) 1981.

354   Vgl. Abschnitt 4.1.2

355   Zur näheren Erläuterung vgl. Schein, E.H.: Organisationspsychologie, Wiesbaden 1980, S. 77-101.

356   Vgl. Nerdinger, F. W.: Führung von Mitarbeitern, in: Nerdinger, F. W., Blickle, G., Schaper, N. (Hrsg.): Arbeits- und Organisationspsychologie, 2. Aufl., Berlin 2011, S. 81-94, S. 83-86.

357   Zur näheren Erläuterung vgl. Tannenbaum, R., Schmidt, W. H.: How to Choose a Leadership Pattern, in: Harvard Business Review, 36 (1958) 2, S. 95-101, S. 96.

Weitere Ansätze verfolgen ähnliche Klassifikationen[358] und betrachten ebenfalls den Partizipationsgrad der Mitarbeiter bei der Entscheidungsfindung. Auch aus diesen Ansätzen wird deutlich, dass mit steigender Partizipation bei der Entscheidungsfindung die Motivation und dadurch auch die Zufriedenheit des Mitarbeiters steigen können. Ein kooperatives Führungsverhalten kann somit die Mitarbeiterzufriedenheit steigern und im DLN gefördert werden. Die Form der Entscheidungsfindung ist ausschlaggebend für die Entscheidungsdurchsetzung.

Bei der Entscheidungsdurchsetzung wird untersucht, wie die Führungskraft die getroffenen Entscheidungen im Unternehmen umsetzen kann. Dabei geht es um die Art, mit der die Führungskraft versucht, das Verhalten der Mitarbeiter entsprechend zu beeinflussen. Hierbei kann zwischen persönlicher Weisung oder Zielvorgaben unterschieden werden.[359] In diesem Rahmen spielt die Kommunikation sowie die IV eine entscheidende Rolle. Die Entscheidungsdurchsetzung erfolgt bei den einzelnen Netzwerkpartnern. Jedoch kann im Rahmen der Qualitätssteuerung im DLN eine Führung durch Zielvorgaben empfohlen werden, da hierbei ein eher kooperatives Führungsverhalten vorliegt. Die Führungskraft kann lediglich die Qualitätsziele vorgeben, die es zu erreichen gilt. Die Form, wie diese Ziele erreicht werden, bleibt in der Verantwortung der Mitarbeiter. Konzepte, die die Idee der Zielvorgabe aufgreifen, sind z. B. das Management by Objectives[360], die transaktionale Führung[361], oder darauf aufbauend die transformationale Führung[362]. Die Art der Entscheidungsdurchsetzung beeinflusst die Entscheidungskontrolle und somit die Steuerungsprozesse im DLN.

Im Rahmen der Entscheidungskontrolle geht es letztendlich darum, die Zielerreichung zu kontrollieren. Das kann durch Selbstkontrolle des ausführenden Mitarbeiters erfolgen. Dieser überwacht und dokumentiert seine Aktivitäten selbstständig. Das birgt die Gefahr von Manipulationsmöglichkeiten. Dem kann durch Fremdkontrolle durch die Führungskraft entgegen gewirkt werden. Durch den zusätzlichen Kontrollaufwand kann das tendenziell zu einer Überlastung der

---

[358]   Vgl. für einen Überblick z. B. Kühn, S., Platte, I., Wottawa, H.: Psychologische Theorien für Unternehmen, 2. Aufl., Göttingen 2006, S. 259-260.

[359]   Vgl. hier und im Folgenden Kieser, A., Walgenbach, P.: Organisation, S. 102-103, 111-114.

[360]   Vgl. Drucker, P. F.: Was ist Management?, München 2005, S. 141-157.

[361]   Vgl. Burns, J. M.: Leadership, New York 1982, S. 141-254; Bass, B. M., Avolio, B. J., Jung, D. I., Berson, Y.: Predicting unit performance by assessing transformational and transactional leadership, in: Journal of Applied Psychology, 88 (2003) 2, S. 207-218.

[362]   Vgl. Burns, J. M.: Leadership, S. 257-397; Bass, B. M., Riggio, R. E.: Transformational Leadership, 2. Aufl., Mahwah (NJ) 2006.

Führungskraft führen. Zudem hat die Fremdkontrolle negative Auswirkungen auf die Mitarbeiterzufriedenheit, insbesondere bei besser qualifizierten Mitarbeitern.[363] Dennoch können im DLN Maßnahmen etabliert werden, die die Selbstkontrolle der Mitarbeiter unterstützen und eine zusätzliche Art der Fremdkontrolle vereinen. Beispielsweise können in einem Hotel Mystery Checks eingeführt werden, die die Qualität durch eine externe Person prüfen und dadurch die Führungskraft entlasten.

Wie eingangs erwähnt, hat eine Führungskraft nicht allein Einfluss auf die Mitarbeiterentwicklung, sondern auch auf die Dienstleistungsentwicklung. Im Rahmen der Dienstleistungsentwicklung kann die Führungskraft maßgebliche Entscheidungsbefugnis haben.[364] Die Entwicklung innovativer Dienstleistungen wird in der Literatur unter dem Begriff Service Engineering diskutiert.[365] Das Service Engineering entspricht – angelehnt an die Produktentwicklung – einem systematischen und ingenieurmäßigen Vorgehen zur Entwicklung von Dienstleistungen. Hierbei soll der Prozess, von der Idee bis hin zur Realisierung einer marktfähigen Dienstleistung, durch entsprechende Methoden und Modelle unterstützt werden. Die Besonderheit für DLN liegt in der systematischen Planung und Gestaltung von neuen und innovativen Dienstleistungen über Unternehmensgrenzen hinweg. Dabei müssen auch die unterschiedlichen Fähigkeiten und Ressourcen der Netzwerkpartner berücksichtigt und aufeinander abgestimmt werden. Durch ein Service Engineering für gemeinsam erstellte Dienstleistungen kann sich das DLN besser und schneller an sich ändernde Kundenanforderungen anpassen. Dadurch kann ein Dienstleistungsbündel im DLN realisiert werden, welches den hohen Qualitätsanforderungen gerecht wird. Dabei unterstützt das Service Engineering das DLN sowohl bei der Entwicklung neuer Dienstleistungen und Dienstleistungsbündel als auch bei der Weiterentwicklung oder Verbesserung bestehender Dienstleistungen und stellt hierfür entsprechende Vorgehensmodelle, Methoden und Werkzeuge zur Verfügung.[366] Die Vorge-

---

363 Vgl. Welge, M. K.: Unternehmensführung. Bd. 3: Controlling, Stuttgart 1988, S. 324-328.

364 Vgl. Meiren, T.: Studie „Dienstleistungsentwicklung", Fraunhofer IAO, Stuttgart 2010.

365 Vgl. hier und im Folgenden Bullinger, H.-J., Scheer, A.-W.: Service Engineering – Entwicklung und Gestaltung innovativer Dienstleistungen, in: Bullinger, H.-J., Scheer, A.-W. (Hrsg.): Service Engineering – Entwicklung und Gestaltung innovativer Dienstleistungen, Berlin 2006, S. 3-18.

366 Vgl. Fähnrich, K.-P., Meiren, T., Barth, T., Hertweck, A., Baumeister, M., Demuß, L., Gaiser, B., Zerr, K.: Service Engineering. Ergebnisse einer empirischen Studie zum Stand der Dienstleistungsentwicklung in Deutschland, Stuttgart 1999.

hensmodelle lassen sich nach Phasenmodellen[367] und iterativen Modellen[368] unterscheiden und bilden im Wesentlichen die einzelnen Phasen von der Ideenfindung bis zur Markteinführung ab.[369] Dabei bedient sich das Service Engineering bekannter Methoden aus der Betriebswirtschaftslehre. Hierzu gehören beispielsweise die Fehlermöglichkeits- und Einflussanalyse (FMEA), das Quality Function Deployment (QFD), das Target Costing, Wirtschaftlichkeitsanalysen oder die SWOT-Analyse.[370] Die Werkzeuge beim Service Engineering reichen von Groupware-Applikationen über Applikationen zur Prozessmodellierung oder zum Projektmanagement.[371,372] Im Rahmen des Service Engineerings wird maßgeblich über entsprechende Investitionsentscheidungen im Bereich der Infrastruktur des DLN und der IKT entschieden, die die Dienstleistungsqualität mit beeinflussen. Dabei ist zu beachten, dass auch die Mitarbeiterentwicklung eng mit dem Service Engineering verbunden ist. Es ist nicht ausreichend, die entsprechende Infrastruktur sowie die unterstützende IKT für die neuen oder verbesserten Dienstleistungen zur Verfügung zu stellen: auch die Mitarbeiter, die die Dienstleistungen erbringen, müssen entsprechend weiterentwickelt werden. Von ihnen wird eine adäquate Methoden- und Sozialkompetenz gefordert

---

[367] Vgl. z. B. Edvardsson, B., Olsson, J.: Key Concepts for New Service Development, in: The Service Industries Journal, 16 (1996) 2, S. 140-164; Scheuing, E. E., Johnson, E. M.: A proposed model for new service development, in: The Journal of Services Marketing, 3 (1989) 2, S. 25-34; Ramaswamy, R.: Design and Management of Service Processes, Reading 1996; DIN Deutsches Institut für Normung e. V. (Hrsg.): DIN-Fachbericht 75, Entwicklungsbegleitende Normung (EBN) für Dienstleistungen, Berlin 1998.

[368] Vgl. z. B. Jaschinski, C.: Qualitätsorientiertes Redesign von Dienstleistungen, Dissertationsschrift an der Rheinisch-Westfälischen Technischen Hochschule Aachen, Aachen 1998; Shostack, G. L.: Designing services that deliver, in: Harvard Business Review, 62 (1984) 1, S. 133-139; Meiren, T.: Entwicklung von Dienstleistungen unter besonderer Berücksichtigung von Human Ressources, in: Bullinger, H.-J. (Hrsg.): Entwicklung und Gestaltung innovativer Dienstleistungen, Tagungsband zur Service Engineering 2001, Stuttgart 2001.

[369] Für einen Überblick vgl. Scheider, K., Daun, Ch.: Vorgehensmodelle und Standards zur systematischen Entwicklung von Dienstleistungen, in: Bullinger, H.-J., Scheer, A.-W. (Hrsg.): Service Engineering – Entwicklung und Gestaltung innovativer Dienstleistungen, Berlin 2006, S. 113-138.

[370] Für einen Überblick S. z. B. Fähnrich, K.-P.: Service Engineering – Entwicklungspfad und Bild einer jungen Disziplin, in: Bullinger, H.-J., Scheer, A.-W. (Hrsg.): Service Engineering – Entwicklung und Gestaltung innovativer Dienstleistungen, Berlin 2006, S. 85-112, S. 97-100 und die darin zitierten Quellen.

[371] Vgl. ebenda, S. 99.

[372] Für eine ausführlichere Beschreibung S. Abschnitt 5.2.3

sowie die Motivation, die Dienstleistung in der erforderlichen Qualität zu erbringen.[373]

Abbildung 4-6 verdeutlicht noch einmal den Gesamtzusammenhang der Führungsperspektive.

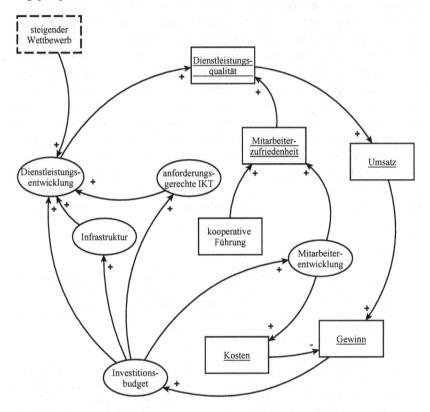

Abbildung 4-6: Führungsperspektive

Die Führungskraft handelt im Interesse der Eigentümer bzw. Anteilseigner der Unternehmen und hat deswegen ebenfalls Interesse an steigendem Umsatz und wirtschaftlichen Kosten. Dadurch kann der Gewinn steigen. Das daraus wachsende Investitionsbudget kann die Führungskraft einerseits in die Mitarbeiterentwicklung investieren. Die Mitarbeiterentwicklung sowie die kooperative

---

373 Vgl. Bullinger, H.-J., Scheer, A.-W.: Service Engineering – Entwicklung und Gestaltung
     innovativer Dienstleistungen, S. 5.

Führung können sich positiv auf die Mitarbeiterzufriedenheit auswirken, welche sich wiederum positiv auf die Dienstleistungsqualität auswirken kann.[374] Andererseits kann die Führungskraft das Investitionsbudget zum Teil in die Dienstleistungsentwicklung investieren. Das verbesserte oder innovative Dienstleistungsangebot, welches gleichzeitig durch eine bessere Infrastruktur sowie entsprechende anforderungsgerechte IKT unterstützt werden kann, kann sich ebenfalls positiv auf die Dienstleistungsqualität auswirken.

Da in einem DLN unterschiedliche Netzwerkpartner miteinander kooperieren und somit auch Führungskräfte aus unterschiedlichen Unternehmen mit differierenden Unternehmenskulturen agieren, wird dem Beziehungsmanagement zwischen den einzelnen Netzwerkpartnern ein hoher Stellenwert eingeräumt.

4.1.4 Netzwerkpartnerperspektive

Die Netzwerkpartnerperspektive berücksichtigt die Qualität im DLN aus interner Sicht der Netzwerkpartner. Hierzu gehören die Mitarbeiter und damit auch die Führungskräfte. Das Beziehungsmanagement der internen Kunden steht somit im Vordergrund. Wie bereits in Abschnitt 3.1 erwähnt, haben die Mitarbeiter ebenfalls Anforderungen und Erwartungen an die Qualität. Im Rahmen der Mitarbeiterzufriedenheit[375] und der Geschäftsbeziehungen zwischen den einzelnen Unternehmen im DLN[376] sind diese mit zu berücksichtigen.

Das Beziehungsmanagement sollte eng mit dem Netzwerkmanagement verknüpft sein, damit das DLN den Qualitätsanforderungen seitens der Netzwerkpartner und der Kunden gerecht werden kann.[377] „Beziehungsmanagement beinhaltet die aufeinander abgestimmte Gesamtheit der Grundsätze, Leitbilder und Einzelmaßnahmen zur langfristig zielgerichteten Selektion, Anbahnung, Steuerung und Kontrolle von Geschäftsbeziehungen.“[378] Dies ist insbesondere im Rahmen einer gemeinsamen Qualitätsausrichtung im DLN anwendbar. Durch die sorgfältige Planung und Steuerung der Beziehungsstrukturen im DLN, die bereits in der Entstehungsphase zu berücksichtigen sind, können Wettbewerbs-

---

374   Vgl. Abschnitt 4.1.2

375   Vgl. Abschnitt 4.1.2

376   Vgl. hierfür Abschnitt 2.3.1 und die darin enthaltenen Ausführungen zur Prinzipal-Agenten-Theorie, die das Opportunismusrisiko und Informationsasymmetrien im DLN hervorhebt.

377   Vgl. Abschnitt 3.2

378   Diller, H. (a): Beziehungsmanagement, in: Die Betriebswirtschaft, 57 (1997) 4, S. 572-575, S. 572-573.

vorteile erzielt werden.[379] Die Ziele und Aufgaben des Beziehungsmanagements orientieren sich dabei an den jeweiligen Anforderungen.[380] Es sollen vor allem die Qualitätsziele jedes einzelnen Netzwerkpartners im DLN betrachtet werden, um diese zu einem übergeordneten Gesamtziel zu integrieren. Hierbei steht der Beziehungserfolg im DLN im Vordergrund.

Das Beziehungsmanagement soll z. B. eine verbesserte Nutzung von Qualitäts-potenzialen, wie Wissen über den Kunden oder die Mitarbeiterfähigkeiten, för-dern. Durch einen intensiven Informationsaustausch kann das Wissen über die Kunden- oder Netzwerkpartnerbedürfnisse sowie Markttendenzen im gesamten DLN aufgebaut werden und jeder Netzwerkpartner kann davon partizipieren. Das hilft Vertrauen im DLN aufzubauen und Opportunismusrisiken[381] abzubau-en. Ebenfalls kann dadurch für die Netzwerkpartner eine Sicherheit aufgebaut werden.

Das Beziehungsmanagement kann ebenso die Verringerung von Transaktions-kosten[382] unterstützen. Durch z. B. die gemeinsame Nutzung von Ressourcen können Größen- und Erfahrungskurveneffekte entstehen. Gleichzeitig ist es möglich, die Marktmacht durch ein DLN auszubauen. Dadurch können Vorteile auf dem Beschaffungs- oder Absatzmarkt realisiert werden. Durch den wirt-schaftlicheren Einsatz von IKT können Prozesse zeitsparender ablaufen und Informationsasymmetrien abgebaut und infolge dessen Redundanzen verringert werden. Dadurch und durch die Implementierung von Standards und Normen kann die Qualitätssteuerung positiv unterstützt werden.

Ein Beziehungserfolg ist möglich, wenn alle Netzwerkpartner im DLN gewillt sind, eine langfristige, vertrauensvolle und qualitätsorientierte Netzwerkbezie-hung aufzubauen. Dies gelingt vor allem dann, wenn die Netzwerkpartner auch die entsprechende Netzwerkkompetenz oder auch Netzwerkfähigkeit[383] besitzen. Um den Beziehungserfolg und die damit verbundenen Ziele zu erreichen, kann das Beziehungsmanagement Aufgaben erfüllen, die eng mit den Phasen des

---

379   Vgl. Diller, H. (b): Beziehungsmanagement, in: Enzyklopädie der Betriebswirtschafts-lehre/HWM – Handwörterbuch des Marketing, Stuttgart 2007, S. 1-8, S. 1.

380   Vgl. hier und im Folgenden Spintig, S.: Beziehungsmanagement in Dienstleistungsnetz-werken, S. 234-243; Diller, H. (b): Beziehungsmanagement, S. 2-4.

381   Vgl. Abschnitt 2.3

382   Vgl. Abschnitt 2.3.2

383   Vgl. Abschnitt 3.2 , Netzwerkfähigkeit nach Fleisch.

Netzwerkmanagements verknüpft sind.[384] Am Anfang stehen, angelehnt an die Phasen der Selektion und Anbahnung im Netzwerkmanagement, die Aufgaben der Netzwerkpartnerselektion und -priorisierung. Dabei geht es insbesondere darum, passende Partner für das DLN zu finden. Die potenziellen Netzwerkpartner können vorab analysiert werden, um zu erkennen, wie diese aufgebaut sind und welches Verhalten sie im Wettbewerb zeigen. Hierdurch kann abgeschätzt werden, ob die potenziellen Netzwerkpartner sich gut in das DLN integrieren lassen. Es ist zudem sinnvoll, wenn das Dienstleistungsangebot des Netzwerkpartners entsprechende Synergien im DLN schaffen kann und die Entwicklungsdynamik der potenziellen Netzwerkpartner ähnlich denen des DLN ist. Das heißt, die potenziellen Netzwerkpartner sollten das entsprechende Potenzial und die Fähigkeiten besitzen, sich im DLN zu integrieren und den darin herrschenden Qualitätsanforderungen gerecht werden können.

Eine weitere wichtige Aufgabe im Beziehungsmanagement ist die operative Ausgestaltung der Beziehungsstruktur. Dies entspricht der Phase der Steuerung und Kontrolle der Geschäftsbeziehung des Netzwerkmanagements. Im Rahmen der Qualitätssicherung und -verbesserung geht es hier primär um die Verbesserung der Beziehungsqualität. Die Beziehungsqualität in DLN kann dabei generell, angelehnt an die Definition der Dienstleistungsqualität[385], als Beschaffenheit oder Güte der Beziehungen der Netzwerkpartner im DLN untereinander und zum DLN verstanden werden. Dabei können auch hier die Erwartungen der Netzwerkpartner an objektive und subjektive Merkmalsanforderungen berücksichtigt werden. Die Gesamtbeurteilung der Beziehungsqualität setzt sich auch hier aus vielen einzelnen Qualitätsmerkmalen zusammen.[386] Als Hauptdimensionen der Beziehungsqualität haben *Backhaus* sowie *Scheer* die Beziehungszufriedenheit, das Vertrauen und die Verbundenheit genannt.[387] Dabei ist zu be-

---

384 Vgl. hier und im Folgenden Spintig, S.: Beziehungsmanagement in Dienstleistungsnetzwerken, S. 235-246.

385 Vgl. Abschnitt 3.1.1

386 Vgl. Hadwich, K.: Beziehungsqualität im Relationship Marketing: Konzeption und empirische Analyse eines Wirkungsmodells, Wiesbaden 2003, S. 20; Woo, K.-S., Ennew, C. F.: Business-to-Business Relationship Quality, in: European Journal of Marketing, 38 (2004) 9/10, S. 1252-1271, S. 1254; Palmatier, R. W., Dant, R. P., Grewal, D., Evans, K. R.: Factors Influencing the Effectiveness of Relationship Marketing: A Meta-Analysis, in: Journal of Marketing, 70 (2006) 4, S. 136-153, S. 138; Backhaus, C.: Beziehungsqualität in Dienstleistungsnetzwerken, S. 43-49.

387 Vgl. Backhaus, C.: Beziehungsqualität in Dienstleistungsnetzwerken, S. 50-55 und die darin zitierten Quellen; Scheer, L.: Antezedenzen und Konsequenzen der Koordination von Unternehmensnetzwerken, S. 170-172.

rücksichtigen, dass diese Dimensionen nicht unabhängig voneinander sind und im Laufe der Beziehungsdauer wachsen können. Insbesondere das Vertrauen baut sich erst nach und nach auf und kann dadurch Unsicherheiten bezüglich von Opportunismusrisiken und Informationsasymmetrien im Rahmen der Prinzipal-Agenten-Theorie mildern.[388] Durch Vertrauen können Kontrollmechanismen abgebaut und somit auch Transaktionskosten eingespart werden.[389] Das Vertrauen und die Verbundenheit werden maßgeblich durch die Bereitschaft zum Informationsaustausch gefördert.[390] Durch gesteigertes Vertrauen und eine gestärkte Verbundenheit kann die Beziehungszufriedenheit zwischen den Netzwerkpartnern steigen. Da die Beziehungsqualität zwischen den Mitarbeitern und Führungskräften einen wesentlichen Einfluss auf den Erfolg der Führung hat[391], ist es sinnvoll, diese im Rahmen der Qualitätssteuerung in DLN zu berücksichtigen.

Da im DLN die Qualität nicht allein anhand der Ergebnisse bewertet wird[392], ist es sinnvoll, auch im Rahmen des Beziehungsmanagements die Ausgestaltungsaufgaben sowohl ergebnis- als auch potenzial- sowie prozessorientiert zu berücksichtigen. Potenzialorientierte Faktoren sind z. B. fachliche und soziale Kompetenzen der Mitarbeiter, die wesentlichen Einfluss auf die Qualität der Dienstleistungserbringung haben können. Die Zusammenarbeit und Beziehungen im DLN können hierdurch stark beeinflusst werden. Durch entsprechende Verhaltensnormen und Verträge können diese Potenziale gestärkt und Regeln und Handlungsanweisungen für bestimmte Maßnahmen im Rahmen der Qualitätssteuerung vorgegeben werden. Hierbei ist auch die Form der Machtverteilung zu berücksichtigen. Die Potenziale im Rahmen der Führung sowie gegebene Vertrauensvorschüsse können sich hier positiv auf die Qualitätssteuerung

---

388 Vgl. Dahm, M. H., Thorenz, D.: Kooperation statt Konfrontation. Vertrauen und Kontrolle in zwischenbetrieblichen Kooperationen, in: Zeitschrift Führung und Organisation (zfo), 79 (2010) 2, S. 82-89, S. 83.

389 Vgl. Heußler, T.: Zeitliche Entwicklung von Netzwerkbeziehungen. Theoretische Fundierung und empirische Analyse am Beispiel von Franchise-Netzwerken, Wiesbaden 2011, S. 51.

390 Vgl. Spintig, S.: Beziehungsmanagement in Dienstleistungsnetzwerken, S. 239.

391 Vgl. Dansereau, F. J., Graen, G., Haga, W. J.: A Vertical Dyad Linkage Approach to Leadership Within Formal Organizations – a Longitudinal Investigation of the Role Making Process, in: Organizational Behavior and Human Performance, 13 (1975) 1, S. 46-78, S. 48-50; Gerstner, C. R., Day, D. V.: Meta-Analytic Review of Leader-Member Exchange Theory: Correlates and Construct Issues, in: Journal of Applied Psychology, 82 (1997) 6, S. 827-844, S. 827.

392 Vgl. Abschnitt 2.1 und 3.1.1

auswirken. Hinzu kommt die Ausstattung von Informations- und Sachkapital im DLN. Die IKT sowie Infrastruktur bietet Potenzialfaktoren, um die Dienstleistungsqualität im DLN erfolgreich zu gestalten und zu steuern. Die prozessorientierten Faktoren können auf diese Ressourcen zugreifen, um z. B. den Dienstleistungsentwicklungsprozess zu gestalten. Dabei sind persönliche Kontakte wichtig, die die entsprechenden Informations- und Kommunikationswege vereinfachen. Es ist dazu eine Vertrauensbildung wichtig, ohne die eine gute Kommunikation sowie Informationsbereitstellung schwierig zu realisieren ist. Im Rahmen von Konfliktlösungen kann das Vertrauen den Prozess wesentlich vereinfachen. Dabei ist jedoch auch wichtig, kulturelle Unterschiede zu berücksichtigen und gegebenenfalls anzupassen, damit alle Partner im DLN einen ähnlichen Qualitätsgedanken verfolgen. Hierbei sollte im Rahmen der Qualitätssteuerung auch wieder die Führung mit berücksichtigt werden, da die Art der Machtverteilung und des Machtgebrauchs das Dienstleistungsergebnis beeinflussen kann. Die ergebnisorientierten Faktoren konzentrieren sich auf die Entwicklung wettbewerbsfähiger Problemlösungen und neuer Wertschöpfungsstrukturen. Eine einheitliche Qualitätskultur kann helfen, das Vertrauen und die Sicherheit für die Netzwerkpartner aufzubauen, um die Beziehungsqualität zu gewährleisten. Die Machtverteilung kann darauf ausgerichtet sein, die Unabhängigkeit der einzelnen Netzwerkpartner nicht einzuschränken und eine Gleichberechtigung zwischen den Netzwerkpartnern zu gewährleisten. Durch vorgegebene Regeln können die Kommunikation sowie die Informationsverteilung wirtschaftlich gestaltet werden. Bei der Betrachtung der potenzial-, prozess- sowie ergebnisorientierten Faktoren im Rahmen des Beziehungsmanagements wird deutlich, dass der Faktor Mensch – sowohl auf Mitarbeiter- als auch auf Führungsebene – dazu beiträgt, die Qualität im DLN zu sichern und zu verbessern.[393]

Der Gesamtzusammenhang der Netzwerkpartnerperspektive wird noch einmal übersichtlich in Abbildung 4-7 verdeutlicht.

Das erwirtschaftete Investitionsbudget kann in den Aufbau einer auf die Bedürfnisse angepassten IKT eingesetzt werden. Je besser die IKT an die Anforderungen im DLN ausgerichtet ist, desto reibungsloser kann der Informationsaustausch stattfinden und desto effizienter können die Prozesse abgewickelt werden. Der letzte Punkt kann insbesondere zu einer gesteigerten Liefer- und Er-

---

[393] Vgl. Spintig, S.: Beziehungsmanagement in Dienstleistungsnetzwerken, S. 241-248.

bringungsfähigkeit der Dienstleistungen und somit zu einer Verbesserung der
Dienstleistungsqualität beitragen.

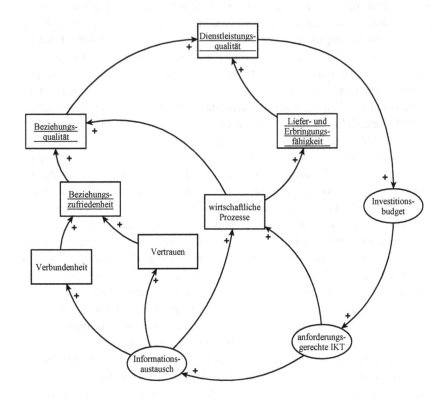

Abbildung 4-7: Netzwerkpartnerperspektive

Der reibungslose Informationsaustausch kann die Verbundenheit und das Vertrauen im DLN verbessern und somit zu einer gesteigerten Beziehungszufriedenheit der Netzwerkpartner und damit zu einer gesteigerten Beziehungsqualität
beitragen. Die Beziehungsqualität kann ebenfalls positiv durch effiziente Prozesse beeinflusst werden. Eine gute Beziehungsqualität wirkt sich in der Regel
insgesamt positiv auf die Dienstleistungsqualität aus, was weiterführend wieder
zu steigendem Umsatz und somit zu steigendem Investitionsbudget führen kann.

4.1.5 Zusammenführung der einzelnen Perspektiven

Die einzelnen Perspektiven werden abschließend zu einem integrierten Wirkungskreislauf zusammengefasst. Dadurch können die Gesamtzusammenhänge in DLN erkannt werden, die im Rahmen der Qualitätssteuerung zu beachten sind. Zudem wird eine integrierte Sicht über alle Perspektiven der Anspruchsgruppen gewährleistet, was insbesondere in Netzwerkstrukturen vorteilhaft ist.

Die Dienstleistungsqualität, die maßgeblich durch innovative Dienstleistungsentwicklung, hohe Beziehungsqualität, gute Liefer- und Erbringungsfähigkeit des DLN sowie gute Mitarbeiterentwicklung gesteigert werden kann, hat positiven Einfluss auf die Kundenerwartungen. Die Kundenerwartungen können zusätzlich durch entsprechende Marketing- und Kommunikationsmaßnahmen des DLN, ein gutes Image, eine hohe Kundenbindung sowie einen erhöhten Wettbewerb der Branche positiv beeinflusst werden. Diese positiv beeinflussten Kundenerwartungen können sich positiv auf den Kundennutzen auswirken und dadurch zu einer gesteigerten Kundenzufriedenheit führen. Durch die Kundenzufriedenheit kann einerseits davon ausgegangen werden, dass die Kundenbindung an das DLN zunimmt und andererseits die Kunden mehr kaufen und sich dadurch der Umsatz und der Gewinn erhöht. Die Kundenzufriedenheit und Kundenbindung können sich auf die Preissensibilität auswirken. Je höher die Kundenzufriedenheit bzw. -bindung ist, desto geringer reagiert der Kunde in der Regel auf Preisänderungen. Dadurch wird der Umsatz ebenfalls positiv beeinflusst. Eine höhere Kundenbindung kann gleichzeitig die Kosten für das DLN senken und somit den Gewinn bei gleichbleibendem Umsatz steigern. Der Gewinn kann teilweise als Investitionsbudget verwendet werden, und somit kann davon ausgegangen werden, dass bei steigendem Gewinn auch das Investitionsbudget steigt. Dieses kann z. B. in Marketing- und Kommunikationsmaßnahmen investiert werden, die sich positiv auf ein gutes Image und damit auch auf die Kundenerwartungen auswirken können. Ein gutes Image des DLN kann außerdem die Mitarbeiterzufriedenheit erhöhen. Die Mitarbeiterzufriedenheit wird gleichzeitig positiv von einer guten Qualitätskultur, einem kooperativen Führungsstil, wirtschaftlichen Prozessen sowie einer anforderungsgerechten IKT beeinflusst. Die Mitarbeiterzufriedenheit kann ebenfalls durch eine entsprechende Mitarbeiterentwicklung und die daraus resultierende höhere Mitarbeiterqualifikation gesteigert werden. Dafür kann ebenfalls ein Teil des Investitionsbudgets eingesetzt werden. Die gesteigerte Mitarbeiterentwicklung kann sich zudem direkt auf die Dienstleistungsqualität und dadurch auf die Kundenzufriedenheit auswirken. Allerdings sollte beachtet werden, dass durch die Entwicklung der Mitarbeiter und die dadurch erhöhte Qualifikation auch die Kosten durch z. B. höhere Gehälter im DLN steigen. Das Investitionsbudget kann auch in die Entwicklung neuer Dienstleistungsangebote fließen. Dies wird durch Investitionen in die Infrastruktur und eine anforderungsgerechte IKT unterstützt. Die Dienstleistungsentwicklung kann zusätzlich durch steigenden Wettbewerb beeinflusst werden. Sie kann die Dienstleistungsqualität direkt beeinflussen. Es kann davon ausgegangen werden, dass mit steigenden Maßnahmen zur Entwicklung innovativer Dienstleistungsangebote auch die Qualität der Dienstleistungen steigt. Eine anforderungsgerechte IKT kann nicht nur die Dienstleistungsentwicklung steigern, sondern kann ebenfalls den Informationsaustausch sowie die Wirtschaftlichkeit der Prozesse im DLN positiv beeinflussen. Ein gesteigerter Informationsaustausch unterstützt den Aufbau von Vertrauen sowie Verbundenheit und kann dadurch zur Steigerung der Beziehungszufriedenheit beitragen. Dies und eine gesteigerte Wirtschaftlichkeit der Prozesse können sich ebenfalls tendenziell positiv auf die Beziehungsqualität im DLN auswirken. Durch wirtschaftliche Prozesse kann ebenfalls die Liefer- und Erbringungsfähigkeit der Dienstleistungen gesteigert werden. Eine hohe Beziehungsqualität und eine gute Liefer- und Erbringungsfähigkeit können sich wiederum positiv auf die Dienstleistungsqualität auswirken.

Abbildung 4-8 verdeutlicht den Gesamtzusammenhang der Wirkungskreisläufe im Rahmen der Qualitätssteuerung in DLN.

Der hier vorgestellte Wirkungskreislauf zeigt auf, welche Erfolgsfaktoren sowie deren Zusammenhänge bei der Qualitätssteuerung im DLN berücksichtigt werden sollten. Die Erfolgsfaktoren korrespondieren mit den in Abschnitt 3.1.2 erläuterten Qualitätssteuerungsobjekten und erweitern diese. Im Folgenden soll untersucht werden, welche Steuerungsansätze aus der Literatur diese qualitätsrelevanten Zusammenhänge berücksichtigen.

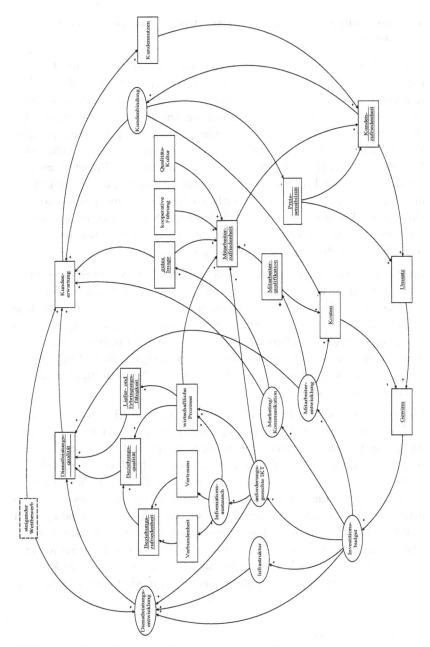

Abbildung 4-8: Wirkungskreislauf der Qualitätssteuerung in DLN

4.2 Spiegelung ausgewählter bisheriger Ansätze und Analyse ihrer Anwendbarkeit

Um die Anwendbarkeit bisheriger Ansätze aus der Literatur für die Qualitätssteuerung in DLN analysieren zu können, müssen diese anhand geeigneter Kriterien erfasst werden. Dabei ist zum einen interessant, welchen Netzwerkkontext diese Ansätze durchleuchten und welche Steuerungsobjekte hauptsächlich berücksichtigt werden. Es sollen insbesondere Unternehmensnetzwerke aus dem Dienstleistungsbereich betrachtet werden. Es ist jedoch auch denkbar, dass Steuerungsansätze für Unternehmensnetzwerke aus anderen Branchen anwendbar sind. Dabei werden Unternehmensnetzwerke betrachtet, die aus mindestens drei rechtlich selbstständigen Unternehmen bestehen, deren Kooperation auf eine gewisse Dauer ausgelegt ist und die hinsichtlich des Ressourcenaustausches voneinander abhängig sind.[394] Die Steuerung kann in einem Kontinuum zwischen heterarchisch und hierarchisch erfolgen.

Im Weiteren wird untersucht, nach welchem Forschungsvorgehen die Ansätze entwickelt wurden und auf welchen Forschungstheorien sie basieren. Hierbei ist zu erfassen, ob die Ansätze rein konzeptionell entwickelt oder auch anhand empirischer Daten evaluiert wurden. Die Berücksichtigung der angewendeten Forschungstheorien soll erkennen helfen, auf welchen Basisannahmen die Steuerungsansätze entwickelt wurden, um die Wirkungszusammenhänge besser beurteilen zu können. Hierbei ist insbesondere die Berücksichtigung der Systemtheorie interessant

Ein wichtiges Kriterium ist auch das Steuerungsziel, welches mit dem Ansatz verfolgt wird. Anhand des Steuerungszieles kann abgeleitet werden, welche Steuerungsmaßnahmen angewendet werden müssen und mit welchen Steuerungsinstrumenten diese realisiert werden können. Im Rahmen vorliegender Zielsetzung sind insbesondere Ansätze interessant, die sich im Speziellen mit der Qualitätssicherung und -verbesserung in Unternehmensnetzwerken, vornehmlich DLN, auseinandersetzen. Dabei soll vor allem die Anwendung einer qualitätsrelevanten IV im Rahmen eines Qualitätsinformationssystems analysiert werden. Aus diesem Grund werden zusätzlich zu den Kriterien Kontext, Steuerungsobjekte, Forschungsvorgehen und Forschungstheorien, die Kriterien Steuerungsziele, Steuerungsmaßnahmen und Steuerungsinstrumente berücksichtigt.

---

[394] Vgl. Abschnitt 2.1

Aufgrund der großen Menge an Veröffentlichungen zum Thema Controlling und Management in Netzwerkunternehmen, muss von einer allumfassenden, vergleichenden Gegenüberstellung des „State of the Art", die den Rahmen dieser Arbeit überschreiten würde, abgesehen werden. Aus diesem Grund konzentriert sich die nachfolgende Spiegelung bisheriger Ansätze auf solche, die im Rahmen der Zielsetzung dieser Arbeit als repräsentativ angesehen werden können. Es wurden Ansätze analysiert, die im Rahmen einer Volltextsuche durch die Begriffe „Qualität", „Controlling", „Steuerung", „Führung" oder „Management" in Verbindung mit den Begriffen „DLN", „Unternehmensnetzwerk" oder „Kooperation" auf die Repräsentativität schließen lassen. Hierbei wurde sich speziell auf wissenschaftliche Monografien konzentriert, da diese aufgrund ihres Umfangs und ihrer Detailliertheit den besten Überblick über den Forschungsstand vermuten lassen.[395] Die Auswahl wurde auf Monografien bis zum Jahre 2010 beschränkt.

Die Literatur wurde zuerst auf Ansätze untersucht, die sich speziell mit der Qualitätssteuerung bzw. dem Qualitätsmanagement oder verwandten Zielsetzungen in DLN beschäftigen. Als einschlägige Literatur konnten die Ansätze von *Birkelbach, Ahlert* und *Evanschitzky, Meldau, Backhaus* und *Michaelis* identifiziert werden[396].

Danach wurde die Literatur auf Ansätze untersucht, die sich allgemein mit Steuerungsaspekten in Unternehmensnetzwerken auch anderer Branchen beschäftigen, um feststellen zu können, ob diese Ansätze auch auf die Qualitätssteuerung in DLN anwendbar sind. Als einschlägige Literatur konnten die Ansätze von *Hippe, Kräge, Evers, Drews, Hess, Wenninger-Zeman, Wittig, Rief, Schaefer, Scheer* und *Wolf* identifiziert werden.[397]

---

395 Vgl. Wohlgemuth, O.: Management netzwerkartiger Kooperationen, S. 77.

396 Vgl. Birkelbach, R.: Qualitätsmanagement in Dienstleistungscentern; Ahlert, D., Evanschitzky, H.: Dienstleistungsnetzwerke; Meldau, S.: Qualitätsmessung in Dienstleistungscentern; Backhaus, C.: Beziehungsqualität in Dienstleistungsnetzwerken; Michaelis, M.: Internes Marketing in Dienstleistungsnetzwerken.

397 Vgl. Hippe, A.: Interdependenzen von Strategien und Controlling in Unternehmensnetzwerken, Wiesbaden 1997; Kraege, R.: Controlling strategischer Unternehmenskooperationen. Aufgaben, Instrumente und Gestaltungsempfehlungen, München 1997; Evers, M.: Strategische Führung mittelständischer Unternehmensnetzwerke, München 1998; Drews, H.: Instrumente des Kooperationscontrollings. Anpassung bedeutender Controllinginstrumente an die Anforderungen des Managements von Unternehmenskooperationen, Wiesbaden 2001; Hess, T.: Netzwerkcontrolling; Wenninger-Zeman, K.: Controlling in Unternehmensnetzwerken: Eine organisationstheoretische Betrachtung, Wiesbaden 2003; Wittig, A.: Management von Unternehmensnetzwerken. Eine Analyse der Steuerung und Koordination von Logistik-

Nachfolgende Tabelle 4-1 zeigt die Ergebnisse der Literaturanalyse.

Bei den hier untersuchten Steuerungsansätzen für Unternehmensnetzwerke fällt auf, dass die Systemtheorie in diesem Kontext eine besondere Relevanz erfährt. Auffällig ist jedoch, dass bei den Arbeiten, die sich explizit mit DLN beschäftigen, die Systemtheorie keine Berücksichtigung findet. Im Rahmen der in Abschnitt 4.1.5 dargestellten Wirkungszusammenhänge der Systemelemente (Qualitätssteuerungsobjekte) untereinander und zum Systemumfeld, ist die Berücksichtigung der Systemtheorie jedoch zu empfehlen.

Weiterhin werden nicht alle Steuerungsobjekte betrachtet, die im Rahmen der Qualitätssteuerung als relevant scheinen. Es fällt auf, dass generell ein starker Fokus auf die Zusammenarbeit in Unternehmensnetzwerken gelegt wird. Hierbei finden insbesondere die Steuerungsobjekte Netzwerkpartner und Prozesse eine besondere Berücksichtigung. Einige Ansätze berücksichtigen explizit die Steuerungsobjekte Mitarbeiter, Führung, Kultur und IKT. Die Steuerungsziele fokussieren stark auf die Zusammenarbeit im DLN und hier überwiegend auf den Netzwerkerfolg und die dafür benötigte Beziehungsqualität. Dabei werden Steuerungsobjekte sowie Ziele und Maßnahmen überwiegend auf Mesoebene betrachtet. Die instrumentelle Unterstützung, die im Rahmen der Qualitätssteuerung in DLN sinnvoll erscheint, weist Forschungslücken auf.

In Abschnitt 3.1.1 wurde erläutert, dass der Steuerungsansatz zur Qualitätssicherung und -verbesserung im DLN eine integrierte Sichtweise einnehmen sollte. Hierbei werden alle Ebenen (Makro, Meso, Mikro), vom Individuum bis zum Umfeld des DLN, integriert betrachtet und die einzelnen Betrachtungsperspektiven, wie in Abbildung 4-8 verknüpft und deren Interdependenzen im Rahmen der Systemtheorie berücksichtigt.

---

netzwerken, Wiesbaden 2004; Rief, A.: Entwicklungsorientierte Steuerung strategischer Unternehmensnetzwerke, Wiesbaden 2008; Schaefer, S.: Controlling und Informationsmanagement in strategischen Unternehmensnetzwerken; Scheer, L.: Antezedenzen und Konsequenzen der Koordination von Unternehmensnetzwerken; Wolf, R.-J.: Risikoorientiertes Netzwerkcontrolling. Bestimmung der Risikoposition von Unternehmensnetzwerken und Anpassung kooperationsspezifischer Controllinginstrumente an die Anforderungen des Risikomanagements, Köln 2010.

Autor	Jahr	Titel	Kontext	Forschungsvorgehen und Forschungstheorien	Steuerungsobjekte	Steuerungsziele und Steuerungsmaßnahmen	Steuerungsinstrumente
Birkelbach	1993	Qualitätsmanagement in Dienstleistungscentern. Konzeption und typenspezifische Ausgestaltung unter besonderer Berücksichtigung von Verkehrsflughäfen	Dienstleistungscenter (Flughafen, Bahnhof, Messe- und Kongresscenter, Erlebnispark, Medical Center)	Theoretisch-konzeptionell; Entscheidungstheorie	Preis, Standort, Infrastruktur, Prozess, Mitarbeiter, Netzwerkpartner, Kommunikation, Angebot	Integriertes Qualitätsmanagement (Analyse, Planung, Gestaltung, Kontrolle, Organisation); Eigen-, Fremd- und Selbstkontrolle	Kommunikationsinstrumente, Instrumente des Beziehungsmanagements, Kontraktmarketing
Ahlert, Evanschitzky	2003	Dienstleistungsnetzwerke – Management, Erfolgsfaktoren und Benchmarks im internationalen Vergleich	DLN (Franchisesysteme, Bankdienstleister, New Economy)	Theoretisch-konzeptionell, empirisch (Expertengespräche, Delphi-Studie, konfirmatorische Analyse); Transaktionskostentheorie, Ressourcentheorie	Marke, Dienstleistungsentwicklung, Mitarbeiter, Dienstleistungsqualität, Führung	Steigerung der Wettbewerbsposition, Identifikation von Erfolgsfaktoren; Netzwerkmanagement, Markenmanagement, Innovationsmanagement	Benchmarking, Balanced Scorecard
Meldau	2007	Qualitätsmessung in Dienstleistungscentern: Konzeptionierung und empirische Überprüfung am Beispiel eines Verkehrsflughafens	Dienstleistungscenter (Flughafen)	Theoretisch-konzeptionell, empirisch, Strukturgleichungsmodell; keine explizite Theoriebasis	Kundenkontaktpunkte, Standort, Infrastruktur, Leistungsumfang	Qualitätsmessung, Qualitätsschaffung, -sicherung, -verbesserung; Qualitätsmanagement (Analyse, Planung, Umsetzung/Gestaltung, Kontrolle)	(Un-)persönliche Kommunikation, Öffentlichkeitsarbeit

Autor	Jahr	Titel	Kontext	Forschungsvorgehen und Forschungstheorien	Steuerungsobjekte	Steuerungsziele und Steuerungsmaßnahmen	Steuerungsinstrumente
Backhaus	2009	Beziehungsqualität in Dienstleistungsnetzwerken. Theoretische Fundierung und empirische Analyse	DLN (Verbundgruppen, Franchisesysteme)	Theoretisch-konzeptionell, empirisch; Strukturgleichungsmodell; Transaktionskostentheorie, Prinzipal-Agenten-Theorie, (Sozial-)psychologische Theorien	Netzwerkpartner	Beziehungsqualität	Mehrebenenanalyse, Autonomie, Partizipation, Informationsaustausch, Werteähnlichkeit, Bonusprogramme, Personalentwicklung, Kommunikation
Michaelis	2009	Internes Marketing in Dienstleistungsnetzwerken. Konzeption und Erfolgsmessung	DLN (Telekommunikation)	Theoretisch-konzeptionell, empirisch; Verhaltenswissenschaftliche Theorie	Netzwerkpartner, Mitarbeiter (interne Kunden)	interne Kundenorientierung (Austauschbeziehung mit internen Kunden); internes Marketing mit der Network-Profit-Chain	Interne Kommunikation und Information, Training und Personalentwicklung
Hippe	1997	Interdependenzen von Strategie und Controlling in Unternehmensnetzwerken	Strategische (fokale) Unternehmensnetzwerke => polyzentrische werden ausgeschlossen	Empirisch; Systemtheorie, Netzwerktheorie	Netzwerk, Netzwerkpartner	Erfolgspotenziale aufbauen; strategischer Informationsfluss, Ressourceneinsatz verwalten	Informationsorientierte Instrumente zur Generierung (z. B. Kompetenz-Portfolios), Strukturierung (z. B. Berichtswesen), Verteilung

Autor	Jahr	Titel	Kontext	Forschungsvorgehen und Forschungstheorien	Steuerungsobjekte	Steuerungsziele und Steuerungsmaßnahmen	Steuerungsinstrumente
Kraege	1997	Controlling strategischer Unternehmenskooperationen: Aufgaben, Instrumente und Gestaltungsempfehlungen	Strategische Wertschöpfungspartnerschaften (=Unternehmensnetzwerke), Strategische Allianzen, Joint-Ventures	Theoretisch-konzeptionell	Kooperationsstruktur, Netzwerkpartner, Erfolgsfaktoren	Ausbau von Kernkompetenzen und Erfolgspotenzialen; strategisches Kooperationsmanagement (angelehnt an die Netzwerkphasen), wert- und potenzialorientierte Informationsversorgung	Instrumente zur Unterstützung in jeder Phase, z. B. Strategische Planungsinstrumente (z. B. Stärken-Schwächen-Analyse, Fähigkeitsmatrix), Informationsdatenbanken, Dokumentenanalyse, Wertschöpfungskettenanalyse, Wirtschaftlichkeitsanalysen, Risikokennzahlen
Evers	1998	Strategische Führung Mittelständischer Unternehmensnetzwerke	Polyzentrische Unternehmensnetzwerke (Mittelstand)	Theoretisch-konzeptionell; Systemtheorie	Netzwerkpartner, Führung, Erfolgspotenziale	Strategische Rahmenplanung, Weiterentwicklung der Führungsstruktur, Integration von Managementsystemen, Motivation und Kontrolle der Netzwerkpartner, Informationsmanagement, Konfliktmanagement, Interessenvertretung, zentrale Dienstleistungen; technokratische, strukturelle, personelle,	Gremien, Weiterbildungsmaßnahmen, Anreizsysteme, Personaltransfer, IKT, Kennzahlensysteme

Autor	Jahr	Titel	Kontext	Forschungsvorgehen und Forschungstheorien	Steuerungsobjekte	Steuerungsziele und Steuerungsmaßnahmen	Steuerungsinstrumente
Evers						informationelle Koordination, dezentrale Kontextsteuerung	
Drews	2001	Instrumente des Kooperationscontrollings. Anpassung bedeutender Controllinginstrumente an die Anforderungen des Managements von Unternehmenskooperationen	Unternehmenskooperationen allgemein	Theoretisch-konzeptionell; Systemtheorie, Spieltheorie	Kosten, Erlöse, Prozesse	Unterstützung des Kooperationsmanagements in allen Phasen; Entscheidungsunterstützung	Kostenrechnung, Investitionsrechnung, Kennzahlensysteme, Berichtssysteme
Hess	2002	Netzwerkcontrolling. Instrumente und ihre Werkzeugunterstützung	Fokale und polyzentrische Unternehmensnetzwerke, Virtuelle Unternehmen (ITK, Beratung, Industrie)	Theoretisch-konzeptionell; Transaktionskostentheorie, Ressourcenorientierte Theorie, Spieltheorie, Prinzipal-Agenten-Theorie, Systemtheorie	Prozesse, Aufgaben	Rationalitätssicherung, Nutzenmaximierung; Auftragsvergabe, Auftragsabwicklung, Preisfestlegung	Kostenrechnung, Soll-Ist-Vergleiche, Abweichungsanalysen, Nutzwertanalyse, Portfolio-Analysen, Checklisten
Wenninger-Zeman	2003	Controlling in Unternehmensnetzwerken: Eine organisationstheoretische Betrachtung	Unternehmensnetzwerke allgemein	Theoretisch-konzeptionell; Organisationstheorie, Transaktionskostentheorie, Prinzipal-Agenten-Theorie	Mitarbeiter, Netzwerkpartner	Koordination, Motivation; Transparenz, Informationsbereitstellung, Partizipation	Verrechnungs- und Lenkungspreise, Balanced Scorecard, Mitarbeiterentwicklung, Anreizsysteme

Autor	Jahr	Titel	Kontext	Forschungsvorgehen und Forschungstheorien	Steuerungsobjekte	Steuerungsziele und Steuerungsmaßnahmen	Steuerungsinstrumente
Wittig	2004	Management von Unternehmensnetzwerken. Eine Analyse der Steuerung und Koordination von Logistiknetzwerken	Unternehmensnetzwerke (Logistik)	Empirisch (explorativ); Transaktionskostentheorie, Ressourcenorientierte Theorie, Spieltheorie, Systemtheorie, Prinzipal-Agenten-Theorie, Industrieökonomik, Verhaltenswissenschaftliche Ansätze, Entscheidungstheorie	Strategie, Struktur, Prozesse, Kultur, IKT, Umwelt	Supply Chain Management (vertikal); Koordinationsmaßnahmen horizontal (Deckung und Reduzierung des Koordinationsbedarfs)	Strukturelle, Technokratische und personenorientierte Koordinationsinstrumente
Rief	2008	Entwicklungsorientierte Steuerung strategischer Unternehmensnetzwerke	Strategische Unternehmensnetzwerke	Theoretisch-konzeptionell, empirisch; Systemtheorie, Ressourcenorientierte Theorie, Lerntheorie	Prozesse, IKT, Netzwerkpartner	Reduktion opportunistischer Verhaltensweisen, Beziehungsqualität; Fremdsteuerung, Kontextsteuerung, Selbststeuerung	Anreizsysteme, Unternehmens- und Umweltanalyse, Netzwerkanalyse, Prämissen- und Verfahrenskontrollen, Instrumente des Beziehungsmanagements
Schaefer	2008	Controlling und Informationsmanagement in Strategischen Unternehmensnetzwerken. Multiperspek-	Strategische Unternehmensnetzwerke	Theoretisch-konzeptionell; Transaktionskostentheorie, Spieltheorie,	Prozesse, Strategie, Netzwerkpartner, Stakeholder	Prozessintegration, Entscheidungsunterstützung, Informationsversorgung; Netzwerkmanagement	Anreizsysteme, Supply Chain Operations Reference (SCOR)-Modell, Kennzahlen, Reportingsysteme, Bonus-

Autor	Jahr	Titel	Kontext	Forschungsvorgehen und Forschungstheorien	Steuerungsobjekte	Steuerungsziele und Steuerungsmaßnahmen	Steuerungsinstrumente
		tivische Modellierung und interorganisationale Vernetzung von Informationsprozessen		Prinzipal-Agenten-Theorie		(angelehnt an die Lebenszyklusphasen), Verhaltensbeeinflussung, Vertrauensbildung	system, Weiterbildung, Verrechnungspreise
Scheer	2008	Antezedenzen und Konsequenzen der Koordination von Unternehmensnetzwerken. Eine Untersuchung am Beispiel von Franchise-Systemen und Verbundgruppen	Franchise-Systeme, Verbundgruppen	Theoretisch-konzeptionell, empirisch (qualitativ, quantitativ); Strukturgleichungsmodell; Systemtheorie, Transaktionskostentheorie, Prinzipal-Agenten-Theorie, Ressourcenabhängigkeitstheorie	Netzwerkzentrale, Netzwerkpartner, Markt, Koordinationsprozesse	Netzwerkerfolg, Beziehungsqualität, Marktorientierung; Technokratische und personenorientierte Koordinationsmaßnahmen	Technokratische und personenorientierte Koordinationsinstrumente
Wolf	2010	Risikoorientiertes Netzwerkcontrolling. Bestimmung der Risikoposition von Unternehmensnetzwerken und Anpassung kooperationsspezifischer Controllinginstrumente an die Anforderungen des Risikomanagements	Unternehmensnetzwerke allgemein	Theoretisch-konzeptionell; Transaktionskostentheorie, Ressourcenorientierte Theorie, Spieltheorie, Systemtheorie, Prinzipal-Agenten-Theorie, Sozialwissenschaftliche Theorien	Risiken, Netzwerk, Erfolgsfaktoren, Prozesse	Risikominimierung; Anpassung kooperationsspezifischer Controllinginstrumente an die Anforderungen des Risikomanagements	Balanced Scorecard, Kostenrechnungssysteme, Verrechnungspreise, Risikokontrolle, Auftragsanalyse

Tabelle 4-1: Ausgewählte Steuerungsansätze für Unternehmensnetzwerke

Die in Abschnitt 4.2 gespiegelten Ansätze zur Steuerung in Unternehmensnetzwerken bieten gute Anhaltspunkte. Jedoch berücksichtigen sie nicht umfassend und integriert die Steuerungsobjekte und Wirkungszusammenhänge, die im Rahmen der Qualitätssteuerung in DLN als relevant erachtet werden. Es soll also im Folgenden ein Ziel- und Maßnahmensystem abgeleitet werden, welches den speziellen Anforderungen genügt. Zudem soll das Steuerungsinstrumentarium auf die unternehmensübergreifende Situation angepasst und insbesondere die IV qualitätsrelevant gestaltet werden. Somit sollte der Steuerungsansatz nicht allein die fachlichen Gestaltungselemente der Qualitätssicherung und -verbesserung berücksichtigen, sondern ebenfalls die technischen Gestaltungselemente der IV integrieren.

Kapitel 5 zeigt die Entwicklung eines integrierten Steuerungsansatzes zur Qualitätssicherung und -verbesserung im DLN auf und leitet in diesem Rahmen ein Qualitätsinformationssystem ab, welches die fachliche und technische Ebene vereint.

4.3 Zusammenfassung und Beitrag für die Arbeit

In diesem Kapitel wurden die spezifischen Zusammenhänge und Wechselwirkungen bei der Steuerung der Qualität in DLN hervorgehoben. Dafür wurde in einem ersten Schritt die Komplexität des Sachverhaltes identifiziert. Anhand des vernetzten Denkens wurden die einzelnen Elemente erfasst, die im Rahmen der Qualitätssteuerung betrachtet werden müssen. Diese wurden konsequent an den Perspektiven der relevanten Anspruchsgruppen eines DLN hergeleitet. Dies ist als wichtigste Anspruchsgruppe der Kunde. In Abschnitt 3.1.1 wurde der Kunde als ausschlaggebender Faktor für die Qualitätsbeurteilung ermittelt. Davon ausgehend wurden im Weiteren die Mitarbeiter- sowie die Führungsperspektive und abschließend die Netzwerkpartnerperspektive diskutiert. In einem nächsten Schritt wurden alle Perspektiven zu einem Gesamtwirkungskreislauf zusammengeführt. Dadurch wurde versucht, alle Beziehungen und Einflussfaktoren zwischen den Elementen im DLN zu bestimmen und damit die Komplexität der Qualitätssteuerung im DLN zu erfassen. Hierdurch kann gezeigt werden, wie vielfältig die Wirkungszusammenhänge sind und im Rahmen eines integrierten Steuerungsansatzes Berücksichtigung finden müssen.

Im Weiteren werden, daran angelehnt, ausgewählte bisherige Ansätze aus der Literatur untersucht. Diese wurden anhand bestimmter Begriffe (z. B. Steuerung, Controlling, Management, Unternehmensnetzwerk, Dienstleistungsnetzwerk), die auf eine entsprechende Repräsentativität für die Zielsetzung dieser

Arbeit schließen lassen, ausgewählt. Es wurde davon ausgegangen, dass wissenschaftliche Monografien aufgrund ihrer umfassenden Ausarbeitung der Themenstellungen den besten Überblick über den aktuellen Forschungsstand bieten. Daraufhin konnten 16 Ansätze identifiziert werden, die anschließend nach folgenden Kriterien analysiert wurden: Kontext, Forschungsvorgehen und Forschungstheorien, Steuerungsobjekte, Steuerungsziele und Steuerungsmaßnahmen sowie Steuerungsinstrumente. Mit der Analyse kann aufgezeigt werden, dass die ausgewählten Ansätze die Gesamtkomplexität und den speziellen Kontext der Qualitätssteuerung in einem DLN nicht vollständig berücksichtigen. Daraus leitet sich eine konkrete Spezifikation des Handlungsbedarfs ab, welche die Entwicklung eines neuen Qualitätssteuerungsansatzes begründet und motiviert.

Im folgenden Kapitel wird daher die Herleitung eines integrierten Steuerungsansatzes zur Qualitätssteuerung in DLN im Rahmen eines Qualitätsinformationssystems aufgezeigt.

5 Konzeptualisierung eines integrierten Steuerungsansatzes zur Qualitätssicherung und Qualitätsverbesserung in Dienstleistungsnetzwerken

In diesem Kapitel wird ein integrierter Steuerungsansatz entwickelt, der die Qualität in einem DLN sichern soll. Zusätzlich soll der integrierte Qualitätssteuerungsansatz dazu beitragen, den Qualitätsstandard im DLN kontinuierlich zu verbessern.

Es wird vorab ein Bezugsrahmen hergeleitet, in den der integrierte Steuerungsansatz eingebettet werden kann. Dieser Bezugsrahmen folgt dem Verständnis des Business Engineerings, welches vorab erläutert wird. Daraus wird ein Qualitätsinformationssystem abgeleitet, welches die fachlichen und technischen Gestaltungselemente im Rahmen der Qualitätssteuerung abdecken soll. Die fachlichen Gestaltungselemente sind die Qualitätssteuerungsebene sowie die Qualitätssteuerungsprozessebene. Zusätzlich werden die für die Steuerung relevante Qualitätsinformationsversorgung und daraus die technische Komponente der IKT-Ebene abgeleitet. Auf der Qualitätssteuerungsebene werden die Qualitäts-Controllingobjekte mit deren Objektbeziehungen sowie die daraus abgeleiteten Qualitätssteuerungsziele, -maßnahmen und -instrumente abgebildet. Auf der Qualitätssteuerungsebene werden zusätzlich die Prozesse der Qualitätssteuerung abgebildet, da diese eng damit verknüpft sind. Diese werden anhand von Prozessmodellen erläutert und beinhalten verschiedene Steuerungsaufgaben sowie Rollen, die für die Qualitätssteuerung verantwortlich sind. Anschließend werden im Rahmen der IV Datenmodelle abgeleitet, welche die relevanten Daten zur Qualitätssteuerung für jede der in Abschnitt 4.1 erläuterten Perspektiven übersichtlich dargestellt. Abschließend wird erläutert, wie Applikationsarchitekturen im DLN gestaltet werden können, um die IV im Rahmen der Qualitätssteuerung zielgerichtet und wirtschaftlich zu unterstützen.

5.1 Herleitung eines integrierten Steuerungsansatzes im Rahmen eines Qualitätsinformationssystems

Wie bereits in Abschnitt 2.2 dargelegt, folgt diese Arbeit einem systemtheoretischen Verständnis. Es wird davon ausgegangen, dass alle Systemelemente des

Systems DLN miteinander verbunden sind und sich gegenseitig beeinflussen. Weiterhin wirken Störungen von außerhalb des Systems auf dieses ein und erzwingen eine Veränderung. Diese Wirkungszusammenhänge, die insbesondere im Rahmen der Steuerung des DLN zu berücksichtigen sind, wurden ausführlich in Abschnitt 4.1 erläutert.

Diesem Verständnis folgt auch das Business Engineering. Business Engineering vereint die Disziplinen der Wirtschaftsinformatik, des Technologiemanagements sowie der Organisationslehre und wurde ehemals entwickelt, um Unternehmen beim Übergang von der Industrie- zur Informationsgesellschaft Unterstützung zu leisten. Dabei bedient es sich Modellen und Methoden, um ein systematisches, in der Literatur ingenieurmäßig genanntes Vorgehen zu realisieren. Bei dieser modell- und methodenorientierten Konstruktionslehre werden die drei Gestaltungsebenen Strategie, Prozesse und IKT unterschieden: [398]

- Auf der Ebene der Strategie werden die langfristigen politischen Entscheidungen der Unternehmen festgelegt. Diese bedingen die Positionierung im Wettbewerb sowie im DLN. Auf der Strategieebene werden die eigenen Kernkompetenzen und Dienstleistungen definiert. Hierbei kann ein Zielsystem mittels strategischer Erfolgsfaktoren und Kennzahlen erfasst werden.

- Die Ebene der Strategie wirkt sich unmittelbar auf die Prozessebene aus. Hier werden die Prozesse definiert, die zur Strategieumsetzung benötigt werden. Dabei werden auch die Interdependenzen der Prozesse berücksichtigt. Die Prozesse werden dabei konsequent kundenorientiert ausgerichtet. Ebenso müssen Rollen und Verantwortlichkeiten für die Prozesse definiert werden.

- Aus der Prozessebene ergibt sich die Gestaltung der IKT-Ebene. Die Prozesse werden auf dieser Ebene durch entsprechende Applikationen unterstützt, die die IV sowie die Kommunikation im DLN gewährleisten. Hier müssen Informations- und Kommunikationsflüsse definiert sowie Schnittstellen und Sicherheitsmaßnahmen (z. B. Zugriffsrechte) abgebildet werden.

Das Business Engineering wird in der Business Engineering Landkarte abgebildet.[399] Zu den vorab definierten drei Gestaltungsebenen wird zusätzlich eine emotional-kulturelle Ebene abgebildet, welche die Kultur, die Führung, das

---

[398]   Vgl. Österle, H., Winter, R.: Business Engineering, S. 7-14.

[399]   Vgl. Österle, H., Winter, R.: Business Engineering, S. 12.

Verhalten sowie die Machtstrukturen abbildet. *Baumöl* vereint die Business Engineering Landkarte mit dem Ansatz des neuen St. Galler Management Modells[400] zu einem integrierten Bezugsrahmen. Dabei ergänzt sie die Business Engineering Landkarte um die Ebenen Steuerung und Kontext sowie die emotional-kulturelle Ebene.[401] Abbildung 5-1 zeigt den Bezugsrahmen, der sich daraus ergibt.

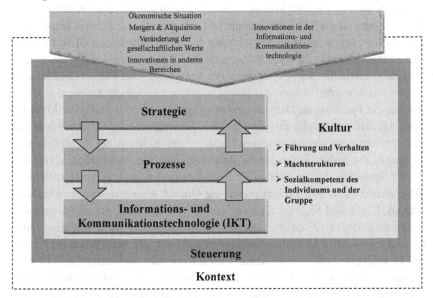

Abbildung 5-1: Bezugsrahmen[402]

Der in Abbildung 5-1 integrierte Bezugsrahmen dient im Rahmen der Zielsetzung dieser Arbeit als Bezugsrahmen für die Qualitätssteuerung in DLN. Dafür soll dieser in einem ersten Schritt auf den vorliegenden Kontext modifiziert werden.

---

400 Vgl. Rüegg-Stürm, J.: Das neue St. Galler Management-Modell – Grundkategorien einer integrierten Managementlehre: Der HSG-Ansatz, Bern 2002 basierend auf Ulrich, H., Krieg, W.: St. Galler Management-Modell, Bern 1974.

401 Für eine ausführliche Beschreibung vgl. Baumöl, U.: Change Management in Organisationen, S. 36-48.

402 Vgl. Baumöl, U.: Change Management in Organisationen, S. 48.

Der relevante Kontext in dieser Arbeit ist das DLN. Das DLN stellt als System mit seinen Elementen und dessen Beziehungen einen bestimmten Handlungsrahmen dar, der sich von seinem Umfeld abgrenzt. Auf den Kontext wirken von außen sogenannte Stör- oder Einflussfaktoren, die das DLN zwingen, sich an die neuen Gegebenheiten anzupassen. Im Rahmen der Qualität können solche Faktoren z. B. veränderte Kundenerwartungen oder Wettbewerbsbedingungen sein. Das DLN hat nun die Möglichkeit, sich mit seinem individuellen Kontext anzupassen. Dazu ist die Qualitätsstrategie neu auszurichten, und damit einher geht die schrittweise, notwendige Angleichung der Qualitätskultur im DLN. Führung und Verhalten sowie die Machtstrukturen im DLN können neu überdacht und angepasst sowie die Sozialkompetenz der Mitarbeiter und Führungskräfte weiterentwickelt werden. Damit die Strategie erfolgreich umgesetzt werden kann, werden die Prozesse im DLN angepasst. Angelehnt an das St. Galler Management Modell werden die Prozesse in Managementprozesse, Geschäftsprozesse und Unterstützungsprozesse unterschieden.[403] Im Rahmen des Qualitätssteuerungsansatzes werden insbesondere die Managementprozesse berücksichtigt, die für die Steuerung der Qualität im DLN verantwortlich sind. Somit werden nicht die Geschäftsprozesse, sondern primär die Qualitätssteuerungsprozesse berücksichtigt. Diese sind eng verknüpft mit der Steuerungsebene, die im Rahmen der Zielsetzung dieser Arbeit im Besonderen berücksichtigt wird. Auf der Steuerungsebene werden die Controllingobjekte definiert, die hinsichtlich der Qualitätssteuerung relevant sind. Anhand entsprechender Steuerungsziele können Steuerungsmaßnahmen abgeleitet und die geeigneten Steuerungsinstrumente festgelegt werden. Aus den Angaben auf der Qualitätssteuerungsebene sowie der Ebene der Qualitätssteuerungsprozesse ergeben sich Anforderungen an die IV im DLN. Dazu wird ein Datenmodell bereitgestellt, welches die relevanten Qualitätsinformationen für das DLN abbildet. Abgeleitet aus den benötigten Qualitätsinformationen sowie den entsprechenden Qualitätssteuerungsprozessen kann die Ausgestaltung der IKT-Ebene definiert werden. Hierbei werden mögliche Applikationsarchitekturen sowie unterstützende Technologieansätze beispielhaft erläutert. Das Ergebnis ist ein in Abbildung 5-2 dargestelltes Qualitätsinformationssystem, welches die fachlichen sowie technischen Gestaltungsebenen zur Qualitätssteuerung in DLN vereint.

---

403 Vgl. Rüegg-Stürm, J.: Das neue St. Galler Management-Modell, S. 68-76.

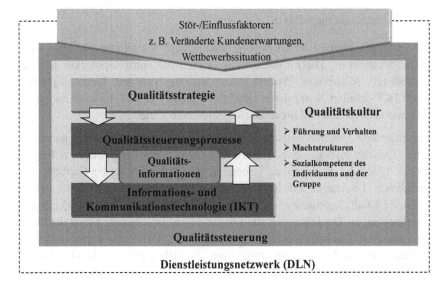

Abbildung 5-2: Qualitätsinformationssystem

Im Folgenden werden die relevanten Gestaltungsebenen detailliert erläutert. Es werden sowohl die fachlichen als auch technischen Gestaltungselemente des integrierten Qualitätssteuerungsansatzes berücksichtigt.

5.2 Ebenen des Qualitätsinformationssystems

Die fachlichen Gestaltungsebenen des Qualitätsinformationssystems bestehen aus den Ebenen der Qualitätssteuerung in Verbindung mit der Prozessebene. Die diese unterstützende Qualitätsinformationsversorgung dient zur Umsetzung der Qualitätssteuerung auf die technische Gestaltungsebene der IKT-Ebene.

Das Qualitätsinformationssystem soll dazu dienen, die Leistungsfähigkeit der Qualitätsbestrebungen im DLN zu dokumentieren und zu kommunizieren. Dadurch sollen sowohl bei den Kunden als auch bei den weiteren Anspruchsgruppen, wie z. B. Mitarbeitern oder Netzwerkpartnern, die Transparenz und somit das Vertrauen gefördert werden.[404] Die einzelnen Ebenen des Qualitätsinformationssystems werden im Folgenden erläutert.

---

[404] Vgl. Bruhn, M.: Qualitätsmanagement für Dienstleistungen, S. 358.

5.2.1 Qualitätssteuerungsebene

Die Qualitätssteuerung im DLN wird anhand eines integrierten Steuerungsansatzes beschrieben. Hierfür werden die Qualitäts-Controllingobjekte Kunde, Wettbewerb, Mitarbeiter, Prozess, Dienstleistung, Führung, Netzwerkpartner sowie IKT definiert sowie deren Objektbeziehungen erfasst. Es wird zwischen Informationsobjekten und Steuerungsobjekten unterschieden.[405]

Der integrierte Steuerungsansatz berücksichtigt die Philosophie eines ganzheitlichen Qualitätsmanagements[406] sowie den Ansatz des kybernetischen Regelkreises[407], welche die Planung, Steuerung und Verbesserung der Qualität hervorheben.[408] Übertragen auf den Kontext des DLN umfasst die in dieser Arbeit definierte Qualitätssteuerung die Prozesse der Qualitätsplanung, die Qualitätskoordination, die Qualitätsintegration und die Qualitätskontrolle sowie die diese unterstützende Qualitätsinformationsversorgung.[409] Für jeden dieser Prozesse werden relevante Qualitätssteuerungsziele, die sich daraus ergebenden Qualitätssteuerungsmaßnahmen und die entsprechenden Qualitätssteuerungsinstrumente definiert.

Abbildung 5-3 verdeutlicht die Qualitätssteuerungsebene mit den einzelnen Elementen und Zusammenhängen.

---

[405] Vgl. Abschnitt 5.2.1.1

[406] Vgl. Abschnitt 3.1.2

[407] Vgl. Abschnitt 3.2

[408] Andere Autoren, wie z. B. Bruhn, M.: Qualitätsmanagement für Dienstleistungen, S. 279-365, differenzieren stärker in Planung, Lenkung, Prüfung und Darlegung oder daran angelehnt Birkelbach, R.: Qualitätsmanagement in Dienstleistungscentern, S. 49-52 und Meldau, S.: Qualitätsmessung in Dienstleistungscentern, S. 225-253, die Analyse, Planung, Gestaltung, Kontrolle sowie organisationale Umsetzung abgrenzen.

[409] Vgl. hierzu auch Bruhn, M.: Wirtschaftlichkeit des Qualitätsmanagements. Qualitätscontrolling für Dienstleistungen, Berlin 1998, S. 78-85.

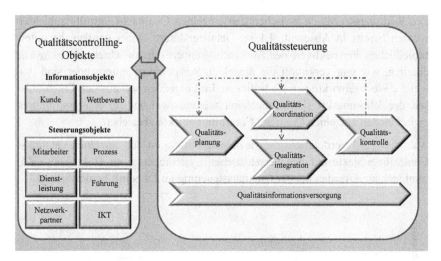

Abbildung 5-3: Qualitätssteuerungsebene

Im Folgenden werden die hier dargestellten Elemente der Qualitätssteuerungsebene im Detail erläutert. In einem ersten Schritt werden die relevanten Qualitäts-Controllingobjekte beschrieben.

5.2.1.1 Qualitäts-Controllingobjekte

Die Qualitäts-Controllingobjekte leiten sich aus einem ganzheitlichen Qualitätsmanagementansatz des TQM sowie den spezifischen Anforderungen an die
Qualitätssteuerung in einem DLN ab. Systemextern werden die Kunden und der
Wettbewerb berücksichtigt. Da diese nicht direkt durch das DLN steuerbar sind,
werden sie als Informationsobjekte betrachtet. Die Wichtigkeit der Berücksichtigung von Kunde und Wettbewerb im Rahmen der Qualitätssteuerung wurde
bereits in Abschnitt 4.1.1 ausführlich erläutert. Systemintern sind die Netzwerkpartner sowie die einzelnen Mitarbeiter zu steuern.[410] Angelehnt an den ganzheitlichen Qualitätsmanagementansatz des TQM müssen weiterhin die Objekte
Führung, Prozess und Dienstleistung bei der Steuerung berücksichtigt werden.[411]
Hinsichtlich eines Qualitätsinformationssystems, das neben den fachlichen auch
eine technische Gestaltungsebene beinhaltet, wird ebenfalls die IKT bei der
Qualitätssteuerung im DLN berücksichtigt.

---

410 Vgl. hierzu auch Tabelle 3-2.

411 Vgl. Abschnitt 3.1.2

Die Wirkungskreisläufe zwischen den einzelnen Qualitäts-Controllingobjekten wurden bereits in Abschnitt 4.1 im Detail erläutert. Dabei wurden die unterschiedlichen Perspektiven der Anspruchsgruppen durchleuchtet und es wurde deutlich, wie eng verknüpft die einzelnen Perspektiven miteinander sind und welche Wechselwirkungen sie bedingen. Im Folgenden soll aus den Erkenntnissen der Wirkungskreisläufe abgeleitet werden, welche Beziehungsstrukturen zwischen den einzelnen Qualitäts-Controllingobjekten bestehen.

Abbildung 5-4 verdeutlicht die Beziehungsstrukturen der einzelnen Qualitäts-Controllingobjekte auf den verschiedenen Systemebenen im DLN. Diese Zusammenhänge werden bei der Qualitätssteuerung im DLN mit berücksichtigt.

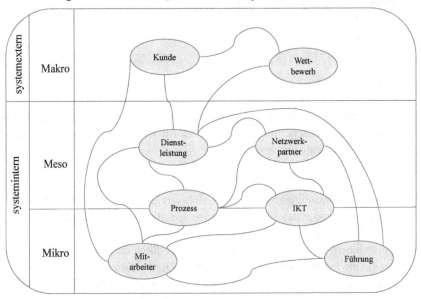

Abbildung 5-4: Qualitäts-Controllingobjekte auf den Systemebenen

- Der Kunde stellt auf der Makroebene ein Informationsobjekt außerhalb des Systems DLN dar. Wie bereits dargestellt, kann der Kunde einen wesentlichen Einfluss auf die Dienstleistung haben. Das ergibt sich zum einen aus den Erwartungen, die der Kunde an die Dienstleistungsqualität hat, und zum anderen aus der üblicherweise direkten Mitwirkung am Dienstleistungsprozess. Die Erwartungen des Kunden werden zusätzlich durch den Wettbewerb des DLN beeinflusst, welcher sich primär auf die Erwartungen hinsichtlich des Dienstleistungsangebotes auswirkt. Ein weiterer Einflussfaktor ist der Mitarbeiter. Wie in Abschnitt 4.1.1 dargestellt, besteht eine enge Verbindung zwischen der Kunden- und der Mitarbeiterzufriedenheit.

- Der Wettbewerb kann ebenfalls systemextern auf der Makroebene als Informationsobjekt berücksichtigt werden. Hier bestehen, wie bereits erläutert, Wechselwirkungen zum Kunden und zur Dienstleistung.

- Die Dienstleistung kann als Steuerungsobjekt systemintern auf der Mesoebene betrachtet werden. Hier bestehen Wechselwirkungen zu den systemexternen Kunden, die bestimmte Erwartungen an die Dienstleistung haben, und dem Wettbewerb, der Konkurrenzleistungen anbietet. Die Dienstleistung kann eine starke Wechselwirkung zu den Prozessen im DLN haben, da die Qualität maßgeblich von deren Wirtschaftlichkeit beeinflusst wird. Dadurch kann auch eine Wechselwirkung zu den Mitarbeitern bestehen, die die Dienstleistung erbringen und dadurch in die Prozesse involviert sind. Eine weitere Abhängigkeit kann zu den Netzwerkpartnern bestehen, die teilweise in die Dienstleistung bzw. in die Prozesse mit eingebunden sind. Einen starken Einfluss auf die Dienstleistung kann die Führung im DLN haben, da diese die Dienstleistung weiterentwickelt bzw. Innovationen forciert.

- Die Netzwerkpartner können systemintern auf der Mesoebene berücksichtigt werden. Hier bestehen, wie bereits in den vorherigen Abschnitten erläutert, Wechselwirkungen zur Dienstleistung, zu den Prozessen und zur Führung. Zudem können die Netzwerkpartner auf die gemeinsame IKT zugreifen, wodurch ein weiterer Einflussfaktor entstehen kann.

- Der Prozess kann systemintern sowohl auf der Mikro- als auch auf der Mesoebene betrachtet werden. Der Prozess als Geschäftsprozess hat einerseits Auswirkungen auf die Dienstleistung selbst, da er diese ausführt. Andererseits kann er als Unterstützungsprozess betrachtet werden, der z. B. die Beziehungsqualität im DLN unterstützt. Somit wird auch die Wechselwirkung zu den Netzwerkpartnern deutlich. Damit die Prozesse wirtschaftlich gestaltet werden können, besteht eine Abhängigkeit zur IKT und auch zu den Mitarbeitern.

- Die IKT kann systemintern sowohl auf der Mikro- als auch auf der Mesoebene berücksichtigt werden. Hier bestehen, wie bereits in den vorherigen Abschnitten erläutert, Wechselwirkungen zu den Prozessen, den Mitarbeitern, den Netzwerkpartnern sowie zur Führung.

- Der Mitarbeiter kann systemintern auf der Mikroebene als Steuerungsobjekt betrachtet werden. Wie eben aufgezeigt, hat dieser eine Wechselwirkung zum Kunden, da der Mitarbeiter einen überwiegend engen Kontakt zum

Kunden bei der Dienstleistungserbringung hat. Dadurch kann der Mitarbeiter auch Einfluss auf die Dienstleistung haben und steht auch mit diesem Steuerungsobjekt in Wechselwirkung. Zudem wird der Mitarbeiter durch die Führung im Unternehmen beeinflusst, da der Führungsstil ausschlaggebend für die Mitarbeiterzufriedenheit sein kann.[412] Weitere Wechselbeziehungen können zu den Prozessen bestehen, in die der Mitarbeiter involviert ist und dessen Wirtschaftlichkeit er maßgeblich mit beeinflusst, sowie der IKT, auf dessen Wirksamkeit er angewiesen ist.

- Die Führung kann systemintern auf der Mikroebene berücksichtigt werden. Hier kann, wie im vorigen Abschnitt erläutert, eine Wechselwirkung zur Dienstleistung bestehen. Die Führung trifft einerseits Entscheidungen über die Entwicklung und den Einsatz der IKT sowie benötigt andererseits Informationen zur Entscheidungsfindung, die überwiegend durch die IKT zur Verfügung gestellt werden. Somit besteht auch hier eine Wechselwirkung. Die Mitarbeiter werden maßgeblich von der Führung beeinflusst, die deren Handeln lenkt und kontrolliert. Weiterhin kann eine Wechselwirkung zu den Netzwerkpartnern bestehen, da davon auszugehen ist, dass insbesondere die Führung den Kontakt und Einfluss zu diesen im DLN hat.

In Tabelle 5-1 werden die Controllingobjekte mit ihren direkten Wechselwirkungen noch einmal übersichtlich dargestellt.

Controllingobjekte	Direkte Wechselwirkung
Kunde	Dienstleistung, Mitarbeiter, Wettbewerb
Wettbewerb	Dienstleistung, Kunde
Dienstleistung	Führung, Kunde, Mitarbeiter, Prozess, Wettbewerb
Netzwerkpartner	Dienstleistung, Führung, IKT, Prozess
Prozess	Dienstleistung, IKT, Mitarbeiter, Netzwerkpartner
IKT	Führung, Mitarbeiter, Netzwerkpartner, Prozess
Mitarbeiter	Dienstleistung, Führung, IKT, Kunde, Prozess
Führung	Dienstleistung, IKT, Mitarbeiter, Netzwerkpartner

Tabelle 5-1: Direkte Wechselwirkungen der Qualitäts-Controllingobjekte

---

412 Vgl. Abschnitt 4.1.2 und 4.1.3

Nachdem die Controllingobjekte im DLN sowie deren Wechselwirkungen erfasst wurden, können – angelehnt an eine ganzheitliche Qualitätsphilosophie – die einzelnen Qualitätssteuerungsprozesse näher durchleuchtet werden.

5.2.1.2 Prozesse der Qualitätssteuerung

In einem nächsten Schritt wird ein Prozessmodell erarbeitet, an dem die einzelnen Qualitätssteuerungsprozesse aufgezeigt werden. Hierbei werden die einzelnen Prozesse von der Erfassung der Qualitätsanforderungen bis zur letztendlichen Qualitätskontrolle im Detail beschrieben. Zusätzlich müssen Rollen und Verantwortlichkeiten definiert werden, die in die Qualitätssteuerung involviert sind.

Wie bereits in Abschnitt 5.1 erläutert, können die Qualitätssteuerungsprozesse den Managementprozessen zugeordnet werden. Die Qualitätssteuerungsprozesse sind die Planung, Koordination, Integration und Kontrolle. Abbildung 5-5 zeigt die einzelnen Prozesse auf und verdeutlicht den Steuerungskreislauf[413], der sich im Rahmen der Qualitätssteuerung ergibt.

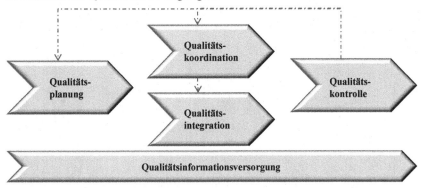

Abbildung 5-5: Qualitätssteuerungsprozesse

Die Herausforderung im DLN besteht in der unternehmensübergreifenden Realisation dieser Prozesse. Angelehnt an die in Abschnitt 3.2 dargestellte Kontextsteuerung sollen die Prozesse so gestaltet werden, dass sie den Netzwerkpartnern einen Handlungsrahmen zur Qualitätssteuerung bieten. Die Prozesse werden auf Mesoebene definiert und es werden Rollen im DLN festgelegt, die einzelne Aktivitäten im Rahmen der Qualitätssteuerung verantworten und ausführen. Diese Rollen sind überwiegend unternehmensübergreifend gestaltet.

---

413   Vgl. hierzu auch Abbildung 3-6.

Für eine übersichtliche Darstellung werden die Prozesse mithilfe Ereignisge-steuerter Prozessketten (EPKs) modelliert. EPKs wurden von *Scheer* entwickelt und werden im Rahmen von ARIS (Architecture of Integrated Information Systems) eingesetzt.[414] Durch die semiformale Darstellung können Prozesse einfach und übersichtlich abgebildet werden, haben dadurch eine weite Verbreitung erfahren und sind als Modellierungsmethode im Rahmen des Prozessmanagements allgemein anerkannt. Da EPKs im Rahmen der DIN EN ISO 9000 ff. Zertifizierung empfohlen werden[415], werden sie in dieser Arbeit ebenfalls angewendet, um die Steuerungsprozesse im Rahmen der Qualitätssteuerung im DLN abzubilden. Als Notationselemente werden im Folgenden Ereignisse, Aktivitäten, Rollen, Prozessschnittstellen, Kanten und die Konnektoren UND (+), XOR (X) sowie ODER (O) verwendet.[416] Abbildung 5-6 stellt die einzelnen Notationselemente dar.

Im Folgenden werden die einzelnen Prozesse Qualitätsplanung, -koordination, -integration sowie -kontrolle im Detail erläutert.

414　Vgl. Keller, G., Nüttgens, M., Scheer, A.-W.: Semantische Prozeßmodellierung auf der Grundlage „Ereignisgesteuerter Prozeßketten (EPK)", in: Scheer, A.-W. (Hrsg.): Veröffentlichungen des Instituts für Wirtschaftsinformatik, Heft 89, Saarbrücken 1992, S. 11-16.

415　Vgl. Helling, K.: ISO 9000-Zertifizierung mit ARIS-Modellen, in: Scheer, A.-W. (Hrsg.): ARIS – Vom Geschäftsprozess zum Anwendungssystem, 4. Aufl., Berlin 2002, S. 154-161.

416　Für eine nähere Erläuterung vgl. Keller, G., Nüttgens, M., Scheer, A.-W.: Semantische Prozeßmodellierung auf der Grundlage „Ereignisgesteuerter Prozeßketten (EPK)", S. 9-15.

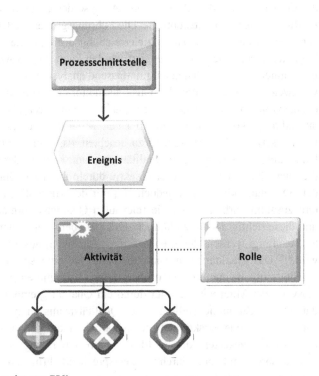

Abbildung 5-6: Notationselemente EPK

5.2.1.2.1 Qualitätsplanungsprozess

Die Qualitätsplanung ist eng verbunden mit der Qualitätskontrolle und umfasst primär die Definition von neuen, bzw. die Anpassung von bereits bestehenden Qualitätszielen für die einzelnen Controllingobjekte sowie die Entwicklung neuer bzw. Anpassung bestehender Dienstleistungen. Die Herausforderung im DLN besteht in der unternehmensübergreifenden Zieldefinition bzw. Dienstleistungsentwicklung. Hierfür werden verschiedene Rollen vorgeschlagen, die im Rahmen des Qualitätsplanungsprozesses verantwortlich sind und Entscheidungsbefugnisse haben.

Der Qualitätsplanungsprozess beginnt mit dem Ergebnis der Qualitätsabweichungen aus dem Kontrollprozess. Die Qualitätsabweichungen ergeben sich aus dem Soll-Ist-Vergleich der Regel- und Führungsgrößen. Die Regelgrößen sind die Ergebnisse aus der Messung und Analyse der Qualitäts-Controllingobjekte im Rahmen der Qualitätskontrolle. Die Führungsgrößen stellen Soll-Kennzahlen dar, anhand derer die Qualitätszielerreichung der einzelnen Qualitäts-Controllingobjekte gemessen und analysiert werden kann. Die Abweichungen werden im Rahmen der Qualitätsplanung umfassend analysiert. Die Analyse kann netzwerkweit von einem prüfenden Qualitätsauditor oder von einem für das Abweichungsproblem speziell gebildeten Qualitätsteam durchgeführt werden. Qualitätsauditoren können intern durch einen Mitarbeiter eines Unternehmens im DLN besetzt werden. Hierbei ist zu beachten, dass der interne Qualitätsauditor keine andere Rolle in einem Qualitätsgremium, -zirkel oder -team besetzt, um die Qualitätsprüfung möglichst objektiv durchführen zu können. Der ausgebildete Qualitätsauditor sollte jedoch eng mit den zuständigen Qualitätsmitarbeitern zusammenarbeiten, um die relevanten Qualitätsinformationen zu erhalten und diese richtig deuten zu können. Es kann ebenso ein externer Qualitätsauditor beauftragt werden, der z. B. von einer Zertifizierungsorganisation eingesetzt wird.[417] Das Qualitätsteam kann temporär für eine spezielle, netzwerkweite Qualitätsaufgabe unternehmensübergreifend zusammengestellt werden. Die Auswahl der Mitarbeiter erfolgt durch ein Qualitätsgremium, welches den Bedarf an der Zusammenstellung eines Qualitätsteams analysiert hat. Das Team sollte sich aus qualitätskompetenten Mitarbeitern aus den entsprechenden Bereichen zusammensetzen, die im Idealfall direkten Bezug zu dem vorliegenden Qualitätsproblem haben, durch z. B. entsprechende Prozessbeteiligung. Die Mitarbeiter des Qualitätsteams werden in der Regel von den normalen Aufgaben freigestellt für die Zeit, in der sie die Aufgabe zur Lösung des Qualitätsproblems bearbeiten. Das Qualitätsteam wird nur so lange gebildet, bis die entsprechende Aufgabe ausgeführt wurde und kann danach aufgelöst werden.[418]

Für die Problemanalyse sollten entsprechende Qualitätsinformationen vorliegen, die sowohl intern als auch extern beschafft werden können. Die Abweichungsprobleme können durch Veränderungen des Wettbewerbsumfeldes, veränderte Kundenanforderungen oder interne Mängel, wie z. B. fehlerhafte Dienstleistungsprozesse, entstehen. Veränderungen des Wettbewerbsumfeldes können durch z. B. Wettbewerbsanalysen identifiziert werden. Hierbei ist für das DLN wichtig zu erfahren, welches Dienstleistungsangebot und welche Qualitätsstan-

---

417 Vgl. Bruhn, M.: Qualitätsmanagement für Dienstleistungen, S. 361-362.

418 Vgl. Haller, S.: Dienstleistungsmanagement. Grundlagen – Konzepte – Instrumente, 5. Aufl., Wiesbaden 2012, S. 296-299.

dards die Wettbewerber im Markt bieten. Um wettbewerbsfähig zu bleiben, ist es empfehlenswert, mindestens den marktüblichen Qualitätsstandard zu verfolgen. Bei Realisierung eines im Vergleich zum Markt höheren Qualitätsstandards, können Wettbewerbsvorteile erlangt werden. In diesem Rahmen können Kosten-Nutzen-Analysen helfen, eine für das DLN wirtschaftliche Alternative zu finden. Die Weiterentwicklung des Dienstleistungsangebotes sollte ebenfalls unter Berücksichtigung des Wettbewerbs erfolgen. Dabei ist zu überprüfen, welche Differenzierungsmöglichkeiten das DLN im Markt hat. Veränderte Kundenerwartungen können ein weiterer Auslöser für entsprechende Anpassungen der Qualität oder des Dienstleistungsangebotes sein. Die durch z. B. Kundenbefragungen analysierte Abweichung zwischen Kundenerwartung und tatsächlicher Dienstleistungsqualität kann z. B. mithilfe des GAP-Modells[419] übersichtlich dargestellt werden und bei der Analyse der Teilabweichungen unterstützen. Hierbei können sowohl externe als auch interne Kunden berücksichtigt werden. Interne Mängel, wie etwa fehlerhafte Dienstleistungsprozesse oder Ressourcenengpässe, können z. B. durch entsprechende Prozessanalysen identifiziert werden. Hierbei kann im Detail analysiert werden, welche Teilbereiche zu der Qualitätsabweichung beigetragen haben.

Nachdem die Problembereiche eindeutig identifiziert werden konnten, kann das Qualitätsgremium mit den relevanten Informationen versorgt werden und daraufhin die bestehenden Qualitätsziele oder das Dienstleistungsangebot anpassen oder neu entwickeln. Das netzwerkweite Qualitätsgremium setzt sich aus je einem Qualitätsbeauftragten pro Netzwerkpartner zusammen, damit eine übergeordnete Instanz geschaffen wird, in der alle Netzwerkpartner des DLN gleichberechtigt partizipiert werden. Der Zusammenschluss ergibt sich auf freiwilliger Basis und die Gremiumsmitglieder können gleichberechtigt über die zukünftige Qualitätsentwicklung des DLN entscheiden.[420] Der Qualitätsbeauftragte kann in dem Qualitätsgremium die Interessen seines Unternehmens vertreten und in dessen Namen mitbestimmen. Oft sind solche stimmberechtigten Qualitätsbeauftragten Führungskräfte der Netzwerkpartner. Das Qualitätsgremium des DLN sollte sich in regelmäßigen Abständen treffen. Eine Herausforderung besteht hier in der gemeinsamen Entscheidungsfindung. Da sich das Qualitätsgremium aus unterschiedlichen Mitgliedern mit teilweise unterschiedlichen Interessensvertretungen zusammensetzt, müssen entsprechende Gruppenentschei-

---

419 Vgl. Abschnitt 3.1.1

420 Vgl. Laux, H.: Entscheidungstheorie, 6. Aufl., Berlin 2005, S. 405.

dungsprozesse berücksichtigt werden, die die Entscheidungsfindung im Gremium beeinflussen. Auch wenn der Entscheidungsprozess im Gremium die für alle Beteiligten des DLN sinnvollste Möglichkeit eines „fairen Interessensausgleichs" darstellt, da jeder Netzwerkpartner partizipiert wird und Mitentscheidungsrecht hat, so stehen diesem auch Nachteile gegenüber.[421] Der Entscheidungsprozess basiert zum einen auf einem Informationsprozess und zum anderen auf einem Abstimmungsprozess im Qualitätsgremium. Im Informationsprozess beschaffen sich die Gremiumsmitglieder die relevanten Qualitätsinformationen, die sie für das Entscheidungsproblem benötigen. Dabei sollen die individuellen Präferenzen der Mitglieder in eine Ordnung gebracht werden, die abschließend zu einer gemeinsamen Entscheidung führt. Die individuellen Präferenzen sind geprägt durch die Ziele der einzelnen Mitglieder bzw. der Netzwerkpartner, die sie vertreten. Diese können im DLN, wie bereits beschrieben, sehr unterschiedlich ausgeprägt sein und insbesondere im Rahmen der Prinzipal-Agenten-Problematik zu erhöhtem Opportunismusrisiko führen.[422] Zudem kann die Informationsstruktur der einzelnen Qualitätsgremiumsmitglieder deren Präferenzen beeinflussen. Die Informationsstruktur setzt sich zum einen aus der Informationsmenge, die den einzelnen Gremiumsmitgliedern vorliegt, und zum anderen aus deren Ausprägungen zusammen. So ist es nicht alleine ausschlaggebend, wie viele Qualitätsinformationen vorliegen, sondern auch, welche spezifischen Bedeutungen diese für das Qualitätsgremiumsmitglied haben. Doch selbst, wenn die Qualitätsgremiumsmitglieder gleiche oder ähnliche Informationsstrukturen vorliegen haben, können unterschiedliche Präferenzen entstehen. Das liegt an der subjektiven Auslegung der Informationsstrukturen und den dadurch entstehenden unterschiedlichen Prognosefunktionen für die jeweiligen Entscheidungsalternativen. Dabei kann im Rahmen des Informationsprozesses die Präferenz der anderen Qualitätsgremiumsmitglieder beeinflusst werden, um sie an die eigene Präferenz anzupassen. Somit können langwierige Informationsprozesse entstehen. Um dies zu verhindern und den Informationsprozess möglichst wirtschaftlich zu gestalten, sollte vorab ein Endzeitpunkt definiert werden, bis zu dem der Informationsprozess abgeschlossen ist und der Abstimmungsprozess beginnen kann. Für den Abstimmungsprozess können verschiedene formelle als auch informelle Methoden eingesetzt werden. Am Ende des Abstimmungsprozesses sollte eine Entscheidung für das entsprechende Qualitätsproblem (z. B. Qualitätsziel oder Qualitätsmaßnahme) gefallen sein, ansons-

---

[421] Vgl. hier und im Folgenden ebenda, S. 406-433.

[422] Vgl. Abschnitt 2.3.1

ten beginnt das Qualitätsgremium noch einmal mit der entsprechenden Informationssammlung.

Die Qualitätsziele können vom Qualitätsgremium für jedes Qualitäts-Controllingobjekt überdacht werden. Wenn die Qualitätsziele erfasst wurden, können diese anschließend bewertet werden. Die Zielbeziehungen können dabei im Detail betrachtet werden, um daraufhin abzuschätzen, welche Qualitätsziele gut realisiert werden können oder ob die Realisierung gewisser Qualitätsziele nicht wirtschaftlich erscheint. Insbesondere können hierbei die direkten Wechselwirkungen zwischen den Qualitäts-Controllingobjekten[423] berücksichtigt werden. Anhand einer Kosten-Nutzen-Betrachtung kann prognostiziert werden, welche Erfolgswirksamkeit die definierten Qualitätsziele haben können. Nachdem die Erfolgswirksamkeit und Wirtschaftlichkeit der einzelnen Qualitätsziele bewertet wurden, kann das Qualitätsgremium zukünftige Qualitätsziele festlegen. Wie bereits in Abschnitt 3.1.1 erläutert, sind die Kundenerwartungen im Rahmen der Dienstleistungsqualität zu berücksichtigen. Daher ist zu empfehlen, die Anforderungen sowohl der internen als auch der externen Kunden bei der Definition und Anpassung der Qualitätsziele im Rahmen der Qualitätsplanung mit einzubeziehen. Des Weiteren ist es sinnvoll, die Qualitätsziele unter Berücksichtigung des Wettbewerbs zu definieren, um den branchenüblichen Qualitätsstandard zu erfüllen. Durch eine Differenzierungsstrategie kann ein höherer Qualitätsstandard Wettbewerbsvorteile ermöglichen.[424] Dabei ist eine eindeutige Formulierung der Qualitätsziele zu gewährleisten. Die Qualitätsziele sollten einen Zielinhalt, das Zielausmaß und den Zielzeitbezug beinhalten. Zudem sind die Zielbeziehungen zu überprüfen.[425] Im Hinblick auf die Sicherung und Verbesserung der Qualität im DLN kann beispielsweise der Zielinhalt, angelehnt an die differenzierenden Ansätze der Dienstleistungsdefinition[426], in potenzialorientierte, prozessorientierte und ergebnisorientierte Qualitätsziele formuliert werden.

---

423 Vgl. Tabelle 5-1.

424 Vgl. Seghezzi, D., Fahrni, F., Herrmann, F.: Integriertes Qualitätsmanagement, S. 147-154; Bruhn, M.: Qualitätsmanagement für Dienstleistungen, S. 231-236.

425 Vgl. hier und im Folgenden Heinen, E.: Einführung in die Betriebswirtschaftslehre, 9. Aufl., Wiesbaden 1992, S. 98-105; Birkelbach, R.: Qualitätsmanagement in Dienstleistungscentern, S. 102-109; Kappler, E.: Controlling. Eine Einführung für Bildungseinrichtungen und andere Dienstleistungsorganisationen, Münster 2006, S. 44-45.

426 Vgl. Abschnitt 2.1 und Abschnitt 3.1.1

Neben den Qualitätszielen kann das Qualitätsgremium ebenfalls das Dienstleistungsangebot anpassen bzw. weiterentwickeln. Dabei sollten das Dienstleistungsangebot kundenorientiert ausgerichtet und das Dienstleistungsangebot des Wettbewerbs mit berücksichtigt werden. Im Zusammenhang mit der Dienstleistungsentwicklung können die Prozesse im DLN angepasst bzw. neu gestaltet werden. Ebenso können die internen Ressourcen, wie die Mitarbeiterqualifikation, die IKT und die Infrastruktur, auf das neue Dienstleistungsangebot ausgerichtet werden. Maßnahmen im Rahmen der Dienstleistungsentwicklung sind z. B. der Einsatz bestimmter Methoden und Modelle in diesem Kontext, die Ermittlung von zukünftigen Qualitätsanforderungen der Kunden und Netzwerkpartner im DLN sowie eine entsprechende Wettbewerbsanalyse und die daraus abgeleitete Entwicklung von neuen und innovativen Dienstleistungsangeboten.[427] Hinsichtlich der Dienstleistungserbringung kann die Vermeidung von Fehlern als Planungsprämisse berücksichtigt werden. Diese Prämisse wurde bereits in Abschnitt 3.1.2 thematisiert und kann zur Kostenreduzierung und gleichzeitigen Kundenzufriedenheitssteigerung beitragen. Die Fehlervermeidung kann bereits bei der Dienstleistungsentwicklung mit berücksichtigt werden und es können Führungsgrößen definiert werden, die im Rahmen der Qualitätskontrolle eine Früherkennung auftretender Fehler ermöglichen. Das Frühwarnsystem kann ermöglichen, dass die nötigen Informationen vom Wettbewerb rechtzeitig geliefert und adäquat im DLN verarbeitet werden, damit Fehler schnellstmöglich beseitigt werden können.[428]

Nachdem die Qualitätsziele sowie das Dienstleistungsangebot angepasst und weiterentwickelt wurden, können hierfür Qualitätsziele und daraus abgeleitete Führungsgrößen für die Qualitätskontrolle[429] definiert werden. Die Definition und Überwachung dieser Führungsgrößen ermöglicht eine Qualitätssicherung und -verbesserung im DLN. Die Qualitätsziele sowie die Führungsgrößen für das DLN können in einem gemeinsamen Zielbildungsprozess, in den alle Netzwerkpartner integriert sind, definiert werden. Hierbei ist zu berücksichtigen, dass eine gemeinsame Zielbildung in der Regel erst nach einer gewissen Dauer der Netzwerkbeziehung in den Vordergrund rückt, da zu Beginn einer Koopera-

---

[427] Vgl. Schneider, K., Daun, Ch., Behrens, H., Wagner, D.: Vorgehensmodelle und Standards zur systematischen Entwicklung von Dienstleistungen, in: Bullinger, H.-J., Scheer, A.-W. (Hrsg.): Service Engineering – Entwicklung und Gestaltung innovativer Dienstleistungen, Berlin 2006, S. 113-138.

[428] Vgl. hierzu ausführlicher Abschnitt 3.1.2

[429] Vgl. Abschnitt 5.2.1.2.4

tion häufig operative Steuerungsaufgaben im Vordergrund stehen. Dennoch ist zu empfehlen, den positiven Effekt der gemeinsamen Zielbildung nicht unberücksichtigt zu lassen. Dieser spiegelt sich in einer besseren Transparenz und einem besseren gegenseitigen Verständnis im DLN wider und begünstigt dadurch eine konfliktärmere Zusammenarbeit.[430]

Nachdem die Qualitätsziele und Führungsgrößen festgelegt worden sind, kann das Qualitätsgremium in einem nächsten Schritt eine netzwerkweite Qualitätsstrategie erarbeiten. Diese wird, angelehnt an eine ganzheitliche Qualitätsphilosophie[431] aus den Qualitätszielen für die einzelnen Qualitäts-Controllingobjekte abgeleitet.[432] Diese Qualitätsstrategie kann allen Netzwerkpartnern ein Rahmenwerk zur Orientierung bieten, dem sie sich im Hinblick auf die Qualitätssteuerung und ihre Qualitätsstrategie in den einzelnen Unternehmen anpassen können. Bei der Entwicklung einer Qualitätsstrategie für das DLN können folgende Ausprägungsformen beachtet werden.[433]

- Qualitätsreichweite: Hierbei kann zum einen ein unternehmensinterner Fokus eingenommen werden, der sich lediglich auf die innerbetrieblichen Prozesse der Netzwerkpartner bezieht und somit die Mikroebene einbezieht. Zum anderen kann ein unternehmensübergreifender Fokus eingenommen werden, der die Wertschöpfungsprozesse im gesamten DLN betrachtet und somit die Mesoebene einbezieht.

- Qualitätspositionierung: Fungiert das DLN als Qualitätsfolger, passt es sich lediglich an bestehende Qualitätsstandards des Marktes an. Als Qualitätsführer setzt das DLN neue Qualitätsstandards im Markt durch eine dynamische und innovative Dienstleistungsentwicklung. Die Qualitätsführerschaft kann Wettbewerbsvorteile ermöglichen, weshalb die Marktforschung und Dienstleistungsentwicklung besondere Beachtung finden sollten.

- Qualitätsstrategiedimension: Eine eindimensionale Qualitätsstrategie bedeutet, dass sich das DLN lediglich auf eine Qualitätsbestrebung ausrichtet. Das kann z. B. die reine Ausrichtung auf Kundenbedürfnisse und

---

430   Vgl. Wohlgemuth, O.: Management netzwerkartiger Kooperationen, S. 140-148.

431   Vgl. Abschnitt 3.1.2

432   Vgl. Horváth, P., Urban, G.: Qualitätscontrolling, Stuttgart 1990, S. 41; Birkelbach, R.: Qualitätsmanagement in Dienstleistungscentern, S. 99-119, Eversheim, W.: Prozessorientiertes Qualitätscontrolling. Qualität messbar machen, Berlin 1997, S. 30-31.

433   Vgl. hier und im Folgenden Seghezzi, D., Fahrni, F., Herrmann, F.: Integriertes Qualitätsmanagement, S. 126 – 134.

-erwartungen sein und sich dadurch einzig auf die Sicherung und Verbesserung der Dienstleistungsqualität beziehen. Dies entspricht einer kundenorientierten Fokussierung im Rahmen einer Differenzierungsstrategie. Die Bestrebungen können sich jedoch auch rein auf die internen Prozesse beziehen, womit eine Fokussierung auf die Prozessqualität gegeben ist. Hierbei folgt das DLN einer wirtschaftlich orientierten Ausrichtung im Sinne einer Kostenführerschaft. Eine mehrdimensionale Qualitätsstrategie verbindet beide Ausrichtungen miteinander und ist sowohl kunden- als auch wirtschaftlich orientiert. Da die in dieser Arbeit zugrunde gelegte Qualitätsphilosophie ganzheitlich im Rahmen des TQM betrachtet wird, ist eine mehrdimensionale Ausrichtung der Qualitätsbestrebungen vorteilhaft.

- Entwicklung und Implementierung: Dabei kann das Vorgehen top-down oder partizipativ gestaltet werden. Bei einem top-down-Vorgehen wird die Qualitätsstrategie – ausgehend von der Unternehmensleitung, die die Qualitätsstrategie entwickelt – über die Führungskräfte auf allen Hierarchiestufen bis hinunter zu den einzelnen Mitarbeitern implementiert. Dies entspricht einer hierarchischen Vorgehensweise. Beim partizipativen Vorgehen werden die einzelnen Führungskräfte und Mitarbeiter von Anfang an in den Entwicklungs- und Implementierungsprozess mit eingebunden. Das kann tendenziell zu einer stärkeren Identifikation mit der Qualitätsstrategie und dadurch weiterführend zu geringerem Implementierungs- und Kontrollaufwand führen. Für ein DLN mit überwiegend heterarchischen Strukturen bietet sich ein partizipatives Vorgehen an.

Im Anschluss an die Entwicklung einer netzwerkweiten Qualitätsstrategie kann das Qualitätsgremium entsprechende Maßnahmen definieren, die zur Umsetzung der Qualitätsstrategie im DLN angewendet werden können, sowie die diese unterstützenden Qualitätsinstrumente. Die Qualitätsmaßnahmen und -instrumente können auf Mesoebene nur sehr abstrakt formuliert werden und dienen als dem Rahmenwerk zugehörende Orientierungshilfen.[434] Die Qualitätsmaßnahmen können durch entsprechende Qualitätsinstrumente unterstützt werden. Damit können die einzelnen Maßnahmen strukturiert realisiert und somit die Erreichung der Qualitätsziele gewährleistet werden. Es sind verschiedene Qualitätsinstrumente, wie z. B. im Rahmen der Qualitätszielbildung Pläne, Stärken- /Schwächenanalyse (SWOT-Analyse), Fehlererfassungs- und Fehleranalyseinstrumente (Q7), Portfolioanalyse, Ereignisbaumanalyse oder Frequenz-

---

[434]   Vgl. Bruhn, M.: Wirtschaftlichkeit des Qualitätsmanagements, S. 42-44.

Relevanz-Analyse für Probleme (FRAP), anwendbar. Im Rahmen der Dienstleistungsentwicklung können beispielsweise Wettbewerbsanalysen, wie die Branchenstrukturanalyse nach *Porter*, Target Costing, Life-Cycle-Costing, Design Review Based on Failure Mode (DRBFM), Fehler-Möglichkeits-Einfluss-Analyse (FMEA), Quality Function Deployment (QFD), Statistische Prozessregelung, Success Resource Deployment, Kundenproblemanalyse oder Service Blueprinting, angewendet werden.[435]

Die Umsetzungsmaßnahmen sowie die Instrumente werden bei den Netzwerkpartnern des DLN konkretisiert, da diese sehr heterogen sein können. Die Abstimmungsaufgaben der qualitätsbezogenen Ziele, Strategien, Maßnahmen und Instrumente auf Mikro- und Mesoebene folgen im Qualitätskoordinations- oder Qualitätsintegrationsprozess. Abbildung 5-7 verdeutlicht den Qualitätsplanungsprozess und die dazugehörenden Rollen.

Im Anschluss an den Qualitätsplanungsprozess, wird im Folgenden der Qualitätskoordinationsprozess erläutert.

---

[435] Vgl. für eine ausführliche Beschreibung z. B. Kamiske, G., Brauer, J.-P.: Qualitätsmanagement von A-Z, S. 204-213; Pepels, W.: Qualitätscontrolling bei Dienstleistungen, München 1996, S. 50-77.

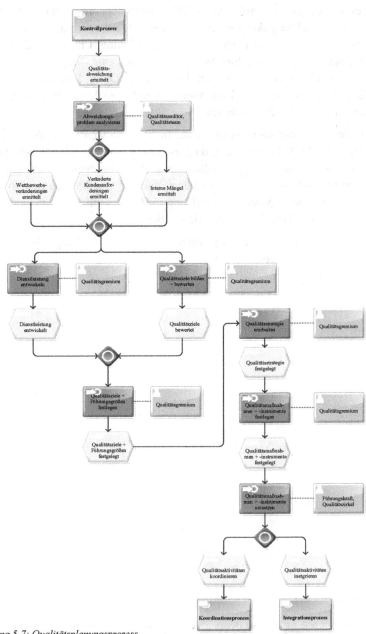

Abbildung 5-7: Qualitätsplanungsprozess

5.2.1.2.2 Qualitätskoordinationsprozess

Nach Abschluss des Planungsprozesses, können die hier festgelegten Ziele, Strategien, Maßnahmen und Instrumente zur Qualitätssteuerung umgesetzt werden. Dazu ist eine Koordination über alle Ebenen und aller betroffenen Bereiche notwendig. Da die Qualitätskoordination für die eigentliche Umsetzung der Qualität verantwortlich ist, stellt sie einen kritischen Erfolgsfaktor für die Qualitätssteuerung dar. Dabei sollen die in der Qualitätsplanung definierten Qualitätsziele aufeinander abgestimmt werden, um einen einheitlichen, netzwerkweiten Qualitätsstandard realisieren zu können. Es können z. B. strategische und operative Qualitätsziele aufeinander abgestimmt sowie die Qualitätsziele der einzelnen Netzwerkpartner den gemeinsamen Qualitätszielen des DLN angepasst werden.[436]

Die durch das Qualitätsgremium festgelegten Qualitätsziele können durch die einzelnen Qualitätsgremiumsmitglieder in ihre Unternehmen integriert werden. Dabei passen die Führungskräfte bei den Netzwerkpartnern die Qualitätsziele auf Mikroebene an die festgelegten Qualitätsziele des DLN auf Mesoebene an. Die Qualitätsziele des DLN dienen dabei als Orientierungsrahmen und sind nicht immer unverändert übertragbar. Die Führungskraft sollte vorab prüfen, ob die netzwerkweiten Qualitätsziele mit den unternehmensinternen Zielen vereinbar sind. Es kann angestrebt werden, dass alle Netzwerkpartner des DLN die auf Mesoebene festgelegten Qualitätsziele verfolgen. Sollten jedoch Zielkonflikte bei den Netzwerkpartnern entstehen, können die Qualitätsziele unternehmensspezifisch angepasst werden. Ebenso wie die Qualitätsziele kann auch die Qualitätsstrategie durch die Führungskraft auf Mikroebene an die definierte Qualitätsstrategie auf Mesoebene angepasst werden. Zu beachten ist hier zusätzlich eine Abstimmung der Qualitätsstrategie mit der Gesamtunternehmensstrategie des Netzwerkpartners. Es ist sinnvoll, die Qualitätsstrategie mit der Gesamtunternehmensstrategie abzustimmen, um Synergiepotenziale zu generieren und Strategiekonflikte zu vermeiden.

Die Qualitätskoordination dient der Erstellung eines Handlungsrahmens für die Netzwerkpartner im DLN, an dem sie ihr Qualitätsverhalten ausrichten können. Es kann ein Regelwerk implementiert werden, welches die Qualitätsprozesse, -aktivitäten und -entscheidungen beeinflusst und miteinander in Einklang bringen kann. Die Schaffung einer gemeinsamen Qualitätskultur im DLN kann

---

[436] Vgl. Scheer, L.: Antezedenzen und Konsequenzen der Koordination von Unternehmensnetzwerken, S. 39-41.

dabei ein Qualitätskoordinationsinstrument darstellen. Hierdurch können unternehmensübergreifend gemeinsame Werte und Normen hinsichtlich der Qualitätsphilosophie etabliert werden und dadurch ein Orientierungsrahmen für alle Netzwerkpartner entstehen. Die Führungskräfte sollen dabei die Qualitätsstrategie des DLN verinnerlicht haben und diese entsprechend vorleben, um die Mitarbeiter entsprechend zu motivieren, die Qualitätsziele erfolgreich und schnell umzusetzen.[437]

Zur Umsetzung der Qualitätsstrategie bei den Netzwerkpartnern können entsprechende Qualitätsmaßnahmen und -instrumente implementiert werden. Es ist zu empfehlen, dass diese ebenfalls von der Führungskraft an die für das DLN festgelegten Qualitätsmaßnahmen und -instrumente angepasst werden. Die auf Mesoebene festgelegten Qualitätsmaßnahmen und -instrumente bieten im Rahmen der Qualitätssteuerung lediglich einen Handlungsrahmen, dem die Netzwerkpartner folgen können. Durch den Einsatz und die Verwendung der gleichen oder ähnlichen Qualitätsmaßnahmen und -instrumente kann eine einheitliche Qualitätssicherung und -verbesserung im DLN erzielt werden. Maßnahmen im Rahmen der Qualitätskoordination können z. B. ein zentralisiertes Schulungsangebot für die Mitarbeiter, vertragliche Vereinbarungen, entsprechende Anreizsysteme (Incentives, Boni, Geld, Motivation) für Mitarbeiter und Führungskräfte und eine stärkere Partizipation der Mitarbeiter bei Entscheidungsprozessen sein.[438] Entsprechende Qualitätskoordinationsinstrumente unterstützen die Realisierung der Qualitätskoordinationsmaßnahmen und können z. B. persönliche Weisungen, Programme (Verhaltensrichtlinien), Selbstabstimmung, Märkte, Benchmarking, Rankings, Wissensmanagement, Beziehungsmanagement, Corporate Governance, Verträge oder virtuelle Kommunikation sein. [439]

Abschließend können die Qualitätskoordinationsmaßnahmen im Unternehmen umgesetzt werden. Hier ist die Rolle des Qualitätszirkels verantwortlich, der die Qualitätsbestrebungen bei den Netzwerkpartnern vorantreibt und die Mitarbeiter bei der Umsetzung unterstützt. Der Qualitätszirkel setzt sich in der Regel aus Mitarbeitern des jeweiligen Netzwerkpartners aus unterschiedlichen Bereichen mit ähnlichen Qualitätserfahrungswerten, entweder der gleichen Hierarchiestufe oder auch hierarchieübergreifend, zusammen. Diese Kleingruppe von Mitarbeitern ist auf unbestimmte Dauer angelegt und trifft sich in regelmäßigen Abstän-

---

[437]   Vgl. Abschnitt 3.1.2

[438]   Vgl. Bruhn, M.: Qualitätsmanagement für Dienstleistungen, S. 320-322.

[439]   Vgl. Abschnitt 3.2

den mit dem Ziel, das Qualitätsbewusstsein im Unternehmen zu stärken und die Qualitätsbestrebungen zu unterstützen. Das Dienstleistungsangebot und alle relevanten Prozesse werden vom Qualitätszirkel besprochen, um die Qualität langfristig im DLN zu sichern und im Rahmen eines kontinuierlichen Verbesserungsprozesses[440] weiterzuentwickeln.[441] Der Qualitätszirkel überwacht somit zusätzlich den Umsetzungsprozess. Wenn die Umsetzungsergebnisse zufriedenstellend sind, folgt im Rahmen der Qualitätssteuerung der Kontrollprozess. Im Falle von mangelhaften Umsetzungsergebnissen sind die Koordinationsmaßnahmen vielleicht nicht ausreichend und es müssen Überlegungen zu stärkerer Integration im DLN getätigt werden.

Abbildung 5-8 verdeutlicht den Qualitätskoordinationsprozess und die dazugehörenden Rollen.

Die Qualitätskoordination ist in einem DLN aufgrund der heterogenen Netzwerkpartner sowie der Überwindung der Schnittstellen aufwendig und kostenintensiv. Ist eine stärkere und langfristigere Kooperation im DLN geplant oder sind die Umsetzungsergebnisse aus dem Koordinationsprozess nicht ausreichend, ist die Überlegung der Integration von Qualitätsaktivitäten sinnvoll.

---

440 Der Kontinuierlicher Verbesserungsprozess ist aus dem japanischen Kaizen abgeleitet, vgl. hierzu Imai, M.: The Key to Japan's Competitive Success, New York 1986.

441 Vgl. Schnoor, H., Mietens, A., Lange, C.: Qualitätszirkel: Theorie und Praxis der Problemlösung an Schulen, Paderborn 2006, S. 13-14; Meffert, H., Bruhn, M.: Dienstleistungsmarketing, S. 361.

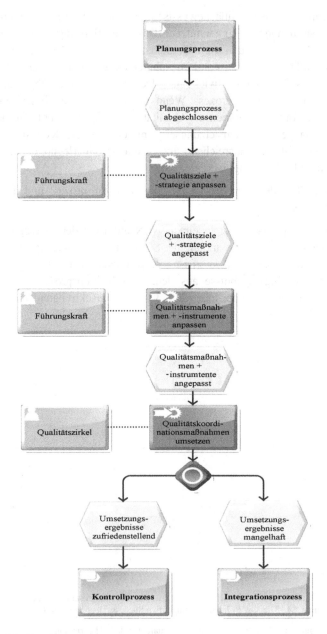

Abbildung 5-8: Koordinationsprozess

5.2.1.2.3 Qualitätsintegrationsprozess

Die Qualitätsintegration ist – wie die Qualitätskoordination – primär dafür zuständig, dass die Qualitätsziele im DLN erfolgreich umgesetzt werden. Hierbei geht es jedoch nicht allein um die Abstimmung und Beeinflussung der Qualitätsaktivitäten der einzelnen Netzwerkpartner, sondern um das Verbinden und Zusammenführen von Qualitätsprozessen, -aktivitäten und die dafür benötigten -entscheidungen. Die Qualitätsintegration dient einer Senkung der Transaktionskosten und kann die Selbststeuerung der einzelnen Netzwerkpartner unterstützen.[442] Je stärker die einzelnen Qualitätsmanagementsysteme der Netzwerkpartner in das DLN integriert sind, desto geringer kann der Aufwand für Abstimmungsprozesse und Informationsaustausch vermutet werden.

Wenn die Umsetzungsergebnisse aus dem Koordinationsprozess nicht ausreichend sind, können diese anschließend analysiert werden. Dazu kann ein spezielles Qualitätsteam gebildet werden, das diese Gründe prüft, um anschließend Integrationsmaßnahmen im DLN einzuleiten, die zur Qualitätssicherung beitragen sollen. Ebenso kann im Rahmen der Qualitätsplanung eine Mängelprüfung festgelegt werden. Das Qualitätsteam sollte unternehmensübergreifend zusammengestellt werden, auch wenn die Probleme überwiegend bei einem Netzwerkpartner ermittelt wurden, da die Umsetzungsmängel in der Regel das gesamte DLN betreffen. Je nach Fall kann das Team aus mehreren Vertretern des entsprechenden Netzwerkpartners und zusätzlichen qualitätskompetenten Mitarbeitern anderer Netzwerkpartner, die z. B. besonders gute Ergebnisse erzielen, bestehen. Hierdurch können Synergieeffekte im Rahmen von Benchmarking[443] entstehen.

Ein Mangel kann sein, dass die Qualitätsergebnisse auf Mesoebene sehr heterogen ausfallen. Das ist insbesondere dann problematisch, wenn sich schlechte Qualitätsergebnisse eines Netzwerkpartners negativ, z. B. durch sinkende Kundenzufriedenheit und dadurch sinkende Kundenzahlen, auf die anderen Netzwerkpartner auswirken, die auf Mikroebene gute Qualitätsergebnisse erzielen. Eine Integrationsmaßnahme, um die Qualitätsergebnisse zu homogenisieren, kann z. B. die Standardisierung von Qualitätsaktivitäten sein. In diesem Rahmen können durch entsprechende Benchmarks die Qualitätsmaßnahmen und -instrumente der qualitativ erfolgreichen Netzwerkpartner als Best Practice für das gesamte DLN vorgeschlagen werden. Sind bereits entsprechende Qualitäts-

---

442 Vgl. Abschnitt 2.3.2

443 Vgl. Pepels, W.: Qualitätscontrolling bei Dienstleistungen, S. 95-99.

maßnahmen und -instrumente im Qualitätsplanungsprozess definiert worden, kann beispielsweise durch verbindliche Vorgaben in Form von Verträgen oder Programmen die Anwendung forciert werden. Die Entscheidungsbefugnis für die Standardisierung der Qualitätsaktivitäten liegt beim Qualitätsgremium. Dadurch wird gewährleistet, dass jeder Netzwerkpartner des DLN in den Entscheidungsprozess involviert wird und die verbindlichen Vorgaben, die einer eher hierarchischen Steuerung entsprechen, in einer heterarchischen Netzwerkstruktur umgesetzt werden können. Zusätzlich kann durch z. B. eine Vereinheitlichung der Kommunikation nach außen sowie eine entsprechende Qualifikation der Mitarbeiter und Führungskräfte (z. B. Personalentwicklung durch entsprechende Schulungen oder Verkaufsseminare, Coaching der Führungskräfte) die Qualitätsstandardisierung unterstützt werden.[444]

Ein weiterer Mangel kann eine heterogene Dienstleistungsqualität auf Mesoebene sein. Teilweise kann dieses Problem durch eine oben beschriebene Standardisierung der Qualitätsaktivitäten behoben werden. Eine generelle Standardisierung von Dienstleistungen kann jedoch aufgrund der Integration des externen Faktors (Kunde)[445] nicht sinnvoll sein. Dienstleistungen müssen bis zu einem gewissen Grad flexibel bleiben, um an die entsprechenden Kundenbedürfnisse individuell angepasst werden zu können. Somit bietet sich als weiterer Lösungsansatz zur Integration die Modularisierung von Dienstleistungen an. Hierbei kann im DLN eine Dienstleistungsarchitektur erstellt werden, in der das Dienstleistungsangebot in seinen Teilleistungen aller Netzwerkpartner sowie deren Zusammenhänge abgebildet wird. Die Teilleistungen oder Module können standardisiert sein. Die Dienstleistungsarchitektur bietet die Möglichkeit, die einzelnen Dienstleistungsmodule bei Bedarf individuell auf die Kundenbedürfnisse zu konfigurieren.[446] Zur Modularisierung der Dienstleistungen im DLN kann das Qualitätsteam zuständig sein, da es sich hier um eine netzwerkweite Spezialaufgabe handelt, die von kompetenten Qualitätsmitarbeitern der entsprechenden Netzwerkpartner ausgeführt werden sollte.

---

[444] Vgl. Stauss, B.: Plattformstrategie im Dienstleistungsbereich, in: Bullinger, H.-J., Scheer, A.-W. (Hrsg.): Service Engineering – Entwicklung und Gestaltung innovativer Dienstleistungen, Berlin 2006, S. 321-340.

[445] Vgl. Abschnitt 2.1

[446] Zur Näheren Erläuterung vgl. Böhmann, T., Krcmar, H.: Modularisierung: Grundlagen und Anwendung bei IT-Dienstleistungen, in Hermann, T., Krcmar, H., Kleinbeck, U. (Hrsg.): Konzepte für das Service Engineering – Modularisierung, Prozessgestaltung und Produktivitätsmanagement, Heidelberg 2005, S. 45-84, S. 46-57.

Eine mangelhafte IV auf Mesoebene kann eine weitere Problemstellung sein. Im DLN stellt die Informationslogistik aufgrund heterogener Strukturen eine besondere Herausforderung dar. Reicht eine manuelle IV nicht mehr aus, um den gewünschten Qualitätsstandard zu sichern, können Überlegungen zu einer stärkeren Integration der IKT erfolgen.[447] Es kann eine entsprechende Applikationsarchitektur aufgebaut werden, welche die relevanten Applikationen für die Verteilung der Qualitätsinformationen sowie deren Zusammenhänge aufzeigt. Auch hier kann das netzwerkweite Qualitätsteam für die Initiierung verantwortlich sein. Welche Möglichkeiten zur Gestaltung der Applikationsarchitektur im Rahmen der Qualitätssteuerung im DLN gegeben sind, wird ausführlich in Abschnitt 5.2.3 diskutiert.

Der Integrationsprozess schließt mit dem Ereignis, dass einer oder mehrere Mängel beseitigt wurden, indem die Qualitätsbestrebungen auf Mesoebene integriert wurden. Danach folgt die Überprüfung der Ergebnisse im Rahmen des Qualitätskontrollprozesses. Abbildung 5-9 verdeutlicht den Qualitätsintegrationsprozess und die dazugehörenden Rollen.

Die definierten Ziele und Maßnahmen der Qualitätsplanung, -koordination und -integration können fortwährend kontrolliert und analysiert werden, um sicherzustellen, dass die Qualitätsbestrebungen im DLN erfolgreich und wirtschaftlich sind.

---

[447] Vgl. Bruhn, M.: Qualitätsmanagement für Dienstleistungen, S. 320-322.

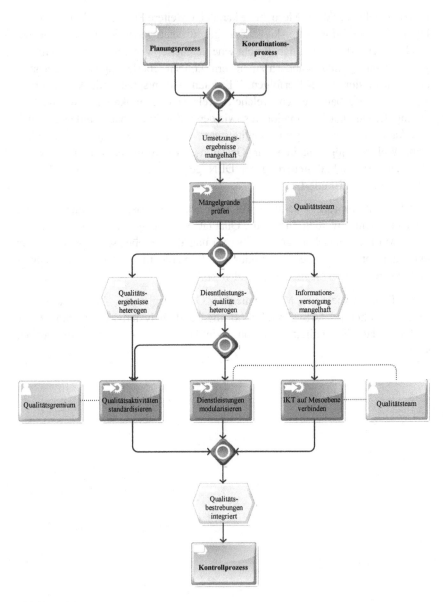

Abbildung 5-9: Integrationsprozess

5.2.1.2.4 Qualitätskontrollprozess

Ausgehend vom Qualitätskoordinations- oder Qualitätsintegrationsprozess ist eine regelmäßige Kontrolle der Qualitätsaktivitäten erforderlich. Diese kann im Rahmen der Selbststeuerung von den qualitätsbeauftragten Mitarbeitern oder auch von einem Qualitätsauditor durchgeführt werden. Dabei ist denkbar, dass die Mitarbeiter generell ihre Leistungen überwachen und in regelmäßigen Abständen ein Qualitätsauditor hinzukommt, um die Objektivität der Qualitätskontrollen zu gewährleisten. Die Qualitätskontrolle dient der Messung und Analyse der Controllingobjekte. Gemessen werden können z. B. die Kundenzufriedenheit, die Mitarbeiterzufriedenheit, die Durchlaufzeiten im Beschwerdemanagement oder die Verfügbarkeit der IKT. Die Ergebnisse aus der Messung und Analyse, die sogenannten Regelgrößen, müssen analysiert und mit den vorgegebenen Soll-Werten aus den Qualitätszielen, den sogenannten Führungsgrößen, verglichen werden. Die strategischen Qualitätsziele sollten mindestens jährlich, die operativen Qualitätsziele mindestens monatlich gemessen und analysiert werden.[448]

In einem ersten Schritt können die Regelgrößen der einzelnen Qualitäts-Controllingobjekte gemessen werden. Es können nachfrager- sowie anbieterorientierte Qualitätsmessansätze für Dienstleistungen unterschieden werden. Die nachfragerorientierten Qualitätsmessansätze können dabei objektiv oder subjektiv aus Kundensicht durchgeführt werden. Dabei sind objektive Messverfahren aus Kundensicht z. B. Mystery Shopping oder Expertenbeobachtung. Es ist empfehlenswert, diese Leistungstests durch externe Rollen durchführen zu lassen, um eine größtmögliche Objektivität zu gewährleisten. Subjektive Messverfahren sind z. B. Problementdeckungsmethoden oder Kundenzufriedenheitsmessungen. Die hierfür relevanten Informationen können z. B. über Kundenbefragungen erfasst und sowohl von externen als auch internen Rollen ausgeführt werden. Die anbieterorientierten Qualitätsmessansätze können aus Führungs- oder aus Mitarbeitersicht durchgeführt werden. Qualitätsmessansätze aus Führungssicht sind z. B. im Rahmen von Benchmarking oder Fehlermöglichkeits- und -einflussanalyse (FMEA) möglich. Zu den mitarbeiterorientierten Messverfahren gehören beispielsweise die Mitarbeiterzufriedenheitsmessung oder das betriebliche Vorschlagswesen. Die hierfür relevanten Informationen können

---

[448] Seghezzi, D., Fahrni, F., Herrmann, F.: Integriertes Qualitätsmanagement, S. 57-58; Bruhn, M.: Wirtschaftlichkeit des Qualitätsmanagements, S. 53-55.

unter anderem über Mitarbeiterbefragungen erhoben und sowohl von internen als auch externen Rollen bearbeitet werden.[449]

Im Weiteren können die Regelgrößen analysiert und im Rahmen eines Soll-Ist-Vergleiches mit den im Planungsprozess definierten Führungsgrößen verglichen werden, um deren Zielerreichen zu messen. Die Analyse der Regelgrößen kann von den gleichen externen oder internen Rollen durchgeführt werden, die auch die Qualitätsmessung durchgeführt haben, um ein möglichst aussagekräftiges Kontrollergebnis zu erzielen. Für den Soll-Ist-Vergleich können vorab Abweichungsgrenzen definiert werden, um die Dringlichkeit der Qualitätsanpassungen für den Planungsprozess hervorzuheben.

Für die Qualitätskontrolle können entsprechende Maßnahmen etabliert werden, die zur Umsetzung der Messung und Analyse der Controllingobjekte dienen. Die Qualitätskontrollmaßnahmen können, angelehnt an die zeitlichen Vorgaben der strategischen und operativen Kontrollziele, in entsprechender Periodizität durchgeführt werden. Die Kontrollmaßnahmen werden in der Regel partiell eingesetzt, da eine Totalkontrolle nicht wirtschaftlich erscheint.[450] Beispielsweise ist es im Rahmen einer Messung der Kundenzufriedenheit in Form von Kundenbefragungen nicht möglich, eine 100%ige Rücklaufquote zu erhalten. Anhand von Stichproben kann mithilfe statistischer Methoden eine allgemeine Aussage zur durchschnittlichen Kundenzufriedenheit getätigt werden. Die Qualitätskontrollmaßnahmen können intern oder extern durchgeführt werden. Externe Qualitätskontrollen bieten den Vorteil einer objektiven Überprüfung der internen Ergebnisse und können das Risiko von Informationsverzerrungen[451] für das gesamte DLN mildern. Wichtig ist, dass alle Netzwerkpartner des DLN vorab einer externen Überprüfung durch z. B. Zertifizierungsorgane zustimmen, um im Rahmen der Beziehungsqualität im DLN kein Misstrauen zu fördern. Die Qualitätskontrollmaßnahmen fokussieren darauf, „wie" die Qualitätssteuerungsziele umgesetzt werden sollen, und beziehen sich ebenfalls auf jedes einzelne Controllingobjekt. Hierzu gehören überprüfende Maßnahmen, wie z. B. die Messung der Durchlaufzeiten, die Analyse der Wettbewerbssituation, die Mes-

---

[449] Vgl. Pepels, W.: Qualitätscontrolling bei Dienstleistungen, S. 199-251; Bruhn, M.: Qualitätsmanagement für Dienstleistungen, S. 129-212.

[450] Vgl. Deming, E.: Out of the crisis, Cambridge (MA) 2000, S. 11.

[451] Informationsverzerrungen gehen auf die Annahmen der Prinzipal-Agenten-Theorie zurück, die besagt, dass die Agenten – hier die Dienstleistungsunternehmen – dem DLN falsche Informationen zur Verfügung stellen, um z. B. evtl. Missstände bei den eigenen Qualitätsergebnissen zu verschweigen; vgl. Abschnitt 2.3.1

sung der Mitarbeiterzufriedenheit oder die Analyse der Mitarbeiterqualifikationen.

Die primären Qualitätskontrollmaßnahmen für das DLN sind das Messen und Analysieren der Controllingobjekte sowie die Früherkennung von Fehlern. Zur Realisierung der Qualitätskontrollmaßnahmen können verschiedene Qualitätskontrollinstrumente unterstützend eingesetzt werden. Diese können zum einen zur Ergebniskontrolle, wie etwa der Evaluation von Berichten, und zum anderen zur Verhaltenskontrolle, wie z. B. direkte Überwachung des Mitarbeiterverhaltens[452], verwendet werden. Als Qualitätskontrollinstrumente können im DLN beispielsweise Qualitäts-Kennzahlen oder Kennzahlensysteme (z. B. Balanced Scorecard [BSC][453]), Kundenbefragungen (Messung und Analyse der Erwartungen und Zufriedenheit), Mitarbeiterbefragungen (Messung und Analyse der Erwartungen und Zufriedenheit), Qualitätsberichtswesen, Qualitätskostenrechnung, Store-/Qualitäts-Checks, Testkäufe (Bewertung der Mitarbeiterqualität, wie etwa das Beratungsniveau und die Qualifikation), Testanrufe, Abweichungsanalysen (Soll-/Ist-Vergleich), Mitarbeiterbeurteilung, Beschwerdemanagement (Auswertung von Qualitätsproblemen − Reklamationsbereitschaft anregen), Qualitätsstatistiken sowie Frühwarnsysteme zur Fehlervermeidung eingesetzt werden.[454]

Abbildung 5-10 verdeutlicht den Qualitätskontrollprozess und die dazugehörenden Rollen.

Wie bereits in Abschnitt 5.2.1.2.1 dargestellt, hängt die Qualitätskontrolle eng mit der Qualitätsplanung zusammen. Nachdem Abweichungen analysiert wurden, können diese wiederum in der weiteren Planung berücksichtigt und daraufhin neue Qualitätsziele definiert werden. Der Steuerungskreislauf wiederholt sich dadurch kontinuierlich. Die Qualitätssteuerung kann dabei in jedem Prozess mit den entsprechenden Qualitätsinformationen versorgt werden.

---

[452] Vgl. Martinez, J. I., Jarillo, C. J.: Coordination Demands of International Strategies, in: Journal of International Business Studies, 22 (1991) 3, S. 429-444, S. 432.

[453] Vgl. Kaplan, R. S., Norton, D. P.: Balanced Scorecard. Strategien erfolgreich umsetzen, Stuttgart 1997.

[454] Vgl. Bruhn, M.: Qualitätsmanagement für Dienstleistungen, S. 186-188, 340-353, 535-545.

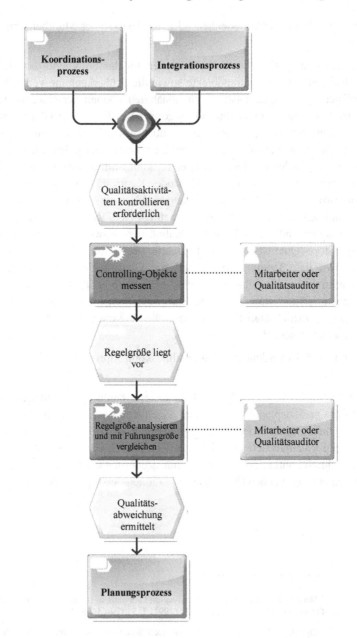

Abbildung 5-10: Kontrollprozess

5.2.1.3 Qualitätsinformationsversorgung

Eine zentrale Aufgabe der Qualitätssteuerung ist die IV im DLN mit den entsprechenden Qualitätsinformationen. Hierfür ist es sinnvoll, eine Informationslogistik zu etablieren, die eine kontinuierliche, netzwerkweite Qualitätssicherung und -verbesserung unterstützt. Die IV dient der Beschaffung, Aufbereitung und Bereitstellung von Qualitätsinformationen zu den einzelnen Controllingobjekten. Hierbei kann definiert werden, welche Informationen in welchem Umfang, in welchem Zeitraum, über welches Medium, zu welchem Empfänger geliefert werden.[455] Das Qualitätsinformationssystem soll eine umfangreiche Qualitätsinformationsversorgung gewährleisten, gegebenenfalls sogar in Echtzeit. Generell kann die IV für operative Qualitätsziele täglich, wöchentlich oder monatlich, und für strategische Qualitätsziele monatlich, quartalsweise oder jährlich erfolgen. Dieser zeitliche Bezug hängt vom jeweiligen Qualitätsziel ab und ist individuell für das DLN zu bestimmen.

Die Ziele für die Qualitätsinformationsversorgung sind z. B. die Gestaltung einer für alle Netzwerkpartner transparenten IV, die lückenlos über den gesamten Qualitätssteuerungsprozess und kontinuierlich erfolgt. Zudem sollen die Informationen zeitnah verteilt werden können. Hierfür sind entsprechende Qualitätsinformationsversorgungsmaßnahmen zu etablieren, die der Unterstützung der IV zur Qualitätsplanung, -koordination, -integration und -kontrolle im gesamten DLN dienen. Die Herausforderung besteht in der Analyse des netzwerkweiten Qualitätsinformationsbedarfs. Nicht jeder Netzwerkpartner benötigt die gleichen Informationen in der gleichen Regelmäßigkeit. Eine weitere Herausforderung birgt die Beschaffung und Aufbereitung dieser Informationen, die auf unterschiedliche Weise stattfinden können. Nicht jedem Netzwerkpartner werden dieselben Möglichkeiten der Beschaffung und Aufbereitung, z. B. in Form entsprechender IKT, zur Verfügung stehen. Davon abhängig ist auch die Möglichkeit der Speicherung sowie Übermittlung der qualitätsrelevanten Informationen im DLN.[456] Die Maßnahmen zur IV im Rahmen der Qualitätssteuerung dienen zudem der Lösung der Problembereiche der Prinzipal-Agenten-Theorie.[457] Die Self Selection bietet bei der Informationsbeschaffung Ansatzpunkte durch das Wahlverhalten, beispielsweise von Mitarbeitern bei Arbeitsverträgen. Beim Screening werden Informationen von außen beschafft, die dem

---

455 Vgl. Augustin, S.: Information als Wettbewerbsfaktor, S. 23.

456 Vgl. Bruhn, M.: Wirtschaftlichkeit des Qualitätsmanagements, S. 74-77.

457 Vgl. Abschnitt 2.3.1

DLN Auskunft, etwa über die Kreditwürdigkeit einzelner Netzwerkpartner, geben können. Beim Signalling können aktiv Informationen, z. B. durch Mitarbeiter in Form von Zeugnissen, zur Verfügung gestellt werden. Das Monitoring dient der Qualitätskontrolle, und die Informationen können durch die entsprechenden, netzwerkweiten Planungs- und Kontrollsysteme, wie z. B. dem Berichtswesen, zur Verfügung gestellt werden.

Die IV kann extern, durch z. B. Werbung oder Marketing, ausgerichtet sein. Hierbei erfolgt eine aktive IV der Kunden, um beispielsweise deren Qualitätserwartungen zu beeinflussen. Intern kann die IV z. B. durch eine integrierte Kommunikation, Qualitätsmanagementhandbücher, Netzwerkzeitschriften (Intranet) oder regelmäßige Teammeetings erfolgen.[458] Im Rahmen einer integrierten Kommunikation kann die Kommunikationsdiagnose (KODA) angewendet werden.[459]

Dabei kann die IV im DLN, abhängig vom Grad der Kooperationsintensität, unterschiedlich ausgestaltet sein. Wie in Abschnitt 2.1 bereits dargelegt, kann der Integrationsgrad der Applikationsarchitekturen mit wachsender Kooperationsintensität steigen. Die IV wird in dieser Arbeit demnach in separat, kooperativ und integriert unterteilt und in Abschnitt 5.2.3 näher erläutert.

Nachdem die einzelnen Prozesse der Qualitätssteuerung sowie deren unterstützende IV durchleuchtet wurden, ist nun zu prüfen, welche Informationen im DLN fließen müssen, um die Qualitätssicherung und -verbesserung auf Mesoebene erfolgreich und wirtschaftlich durchzuführen. Dazu wird in einem nächsten Schritt ein Datenmodell abgeleitet, welches die qualitätsrelevanten Daten für jedes Qualitäts-Controllingobjekt abbildet.

---

[458] Vgl. Bruhn, M.: Qualitätsmanagement für Dienstleistungen, S. 359-361.

[459] Die Kommunikationsdiagnose (KODA) stellt eine Methode dar, mit der alle Kommunikationsbeziehungen und die darin enthaltenen Informationsflüsse erfasst und analysiert werden können. Dies ist insbesondere im Rahmen der Wissensgenerierung in DLN interessant. Ziel der KODA ist, die Kommunikation zu optimieren und dadurch Komplexität zu reduzieren. Die Kommunikationsprozesse im DLN können dadurch wirtschaftlicher gestaltet werden, z. B. indem die Informationsversorgung automatisiert abläuft. Vgl. für eine ausführlichere Betrachtung Dämmig, I., Hess, U., Borgmann, C.: Kommunikationsdiagnose (KODA) – Einstiegsmethode und -werkzeug in das praktische Wissensmanagement, in: Abecker, A., Hinkelmann, K., Maus, H., Müller, H.-J.: Geschäftsprozessorientiertes Wissensmanagement, Berlin 2002, S. 123-158; Heisig, P.: Integration von Wissensmanagement in Geschäftsprozesse, Berlin 2005, S. 28-29.

5.2.2 Datenmodell für die Umsetzung der Qualitätssteuerung auf der IKT-Ebene

Das Datenmodell beschreibt die IV, die zur Qualitätssteuerung im DLN relevant ist. Dadurch kann konzeptionell festgelegt werden, wie die Umsetzung auf der IKT-Ebene erfolgen muss, um die Qualitätssteuerungsprozesse adäquat zu unterstützen.

In der Literatur sind diverse Datenmodellierungsansätze, wie z. B. das Entity Relationship Model (ERM), das erweiterte ERM (eERM) oder die Unified Modeling Language (UML), zu finden. Für den vorliegenden Kontext werden primär semantische Datenmodellierungsansätze betrachtet, da diese implementierungsunabhängig sind und dadurch die fachlichen Aspekte der IV übersichtlich dargestellt werden können.[460] Nach *Hars* sollen Datenmodelle folgenden Anforderungen genügen:[461]

- Verständlichkeit: Das Datenmodell soll durch die Formalisierung anschaulich und leicht verständlich für die Anwender sein.
- Ausdrucksstärke: Das Datenmodell soll umfassend und präzise die relevanten Objekte und deren Beziehungen in abstrakter Form darstellen können.
- Zerlegbarkeit: Das Datenmodell soll einfach in einzelne Sachverhalte zerlegbar sein.
- Validierbarkeit: Das Datenmodell soll die Richtigkeit der Sachverhalte sicherstellen.
- Veränderbarkeit: Das Datenmodell soll erweiter- und adaptierbar sein.

Die hier aufgezeigten Ansätze erfüllen diese Anforderungen gänzlich. Aufgrund des hohen Bekanntheitsgrades, der hohen Anwendungshäufigkeit sowie der dadurch vorliegenden breiten Quellenbasis[462], eignet sich zur Darstellung der in dieser Arbeit relevanten Qualitätsinformationen das Entity-Relationship-Model (ERM). Das von *Chen* entwickelte ERM ist ein semantischer Modellierungsansatz, der Daten als sogenannte Entitäten und deren Zusammenhänge als Relationen beschreibt. Der Zusammenhang der Entitäten wird durch Kardinalitäten

---

[460] Für eine Übersicht vgl. Böhnlein, M.: Konstruktion semantischer Data-Warehouse-Schemata, Wiesbaden 2001, S. 187-231.

[461] Vgl. Hars, A.: Referenzdatenmodelle – Grundlagen effizienter Datenmodellierung, Wiesbaden 1994, S. 47-48.

[462] Vgl. Leist, S.: Methoden zur Unternehmensmodellierung. Vergleich, Anwendungen und Integrationspotenziale, Berlin 2006, S. 120-121.

spezifiziert, welche die Relationen detailliert beschreiben.[463] Das ERM wurde im Laufe der Jahre stetig weiterentwickelt und modifiziert und hat sich weltweit zum bekanntesten Datenmodellierungsansatz etabliert.[464]

In dieser Arbeit werden die in Abschnitt 5.1 definierten Controllingobjekte als Entitäten abgebildet. Die dabei definierten Zusammenhänge werden im ER als Relationen mit den entsprechenden Kardinalitäten dargestellt.[465] Die Entitäten werden im Modell als Rechteck und die Relationen als Rauten dargestellt. Die Kardinalitäten werden mit Minimal- bis Maximalangaben von keinem (0), einem (1) bis mehrere (n) angegeben. Beispielsweise kann ein Kunde eine oder mehrere Dienstleistung(en) im DLN in Anspruch nehmen (1, n), und eine Dienstleistung kann von keinem, einem oder mehreren Kunden beansprucht werden (0, n). Daraus ergibt sich das in Abbildung 5-11 dargestellte Datenmodell.

Das ERM verdeutlicht übersichtlich die Zusammenhänge im DLN. Hierbei fällt insbesondere auf, dass der Mitarbeiter mit vielen Controllingobjekten (Dienstleistung, Führung, IKT, Kunde, Prozess) zusammenhängt, ebenso wie die Dienstleistung (Führung, Kunde, Mitarbeiter, Prozess, Wettbewerb). Im Hinblick auf die Qualitätssteuerung scheinen diese Controllingobjekte dadurch besonders beachtenswert.

---

463   Zur ausführlichen Erläuterung vgl. Chen, P.: The Entity-Relationship Model-Toward a Unified View of Data, in: ACM Transactions on Database Systems, 1 (1976) 1, S. 9-36.

464   Für eine Übersicht vgl. Ferstl, O. K., Sinz, E. J.: Grundlagen der Wirtschaftsinformatik, S. 132-158.

465   Die Zusammenhänge ergeben sich aus den Wirkungskreisläufen, die in Abschnitt 4.1 detailliert erläutert wurden.

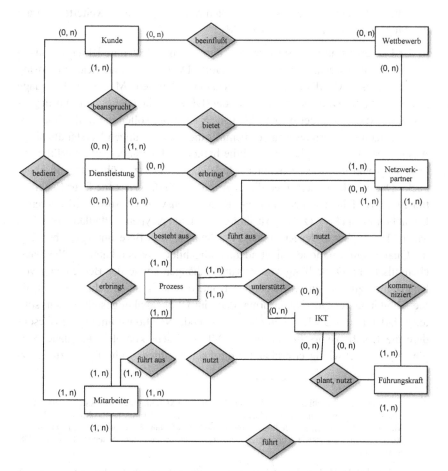

Abbildung 5-11: ERM der Controllingobjekte zur Qualitätssteuerung im DLN

Nachdem die spezifizierten Zusammenhänge der Entitäten anhand der entsprechenden Relationen und Kardinalitäten definiert wurden, soll nun dargestellt
werden, welche Informationen der Qualitätssteuerung dienen. Die im Rahmen
der Qualitätssteuerung benötigten Qualitätsinformationen stellen multidimensionale Daten dar, die durch das einfache ERM nicht abgebildet werden können.

Aus dieser Erkenntnis heraus entwickelten *Sapia et al.* den erweiterten Ansatz des Multidimensionalen ERM (ME/RM).[466]

In der Literatur sind noch weitere multidimensionale Datenmodellierungsansätze entwickelt worden, wie z. B. Application Design for Analytical Processing Technologies (ADAPT)[467], Multidimensional Unified Modeling Language (mUML)[468] oder Dimensional Fact Model (DFM)[469], die ebenfalls im vorliegenden Kontext angewendet werden können. Nach *Hars* sollen die multidimensionalen Datenmodellierungsansätze ebenfalls die Anforderungen Verständlichkeit, Ausdrucksstärke, Zerlegbarkeit, Validierbarkeit und Veränderbarkeit erfüllen.[470] Dies wird von den hier genannten Modellierungsansätzen überwiegend abgedeckt. Der primäre Unterschied dieser Ansätze sind differierende Begriffsdefinitionen (z. B. Dimensionen, Fakten, Kennzahlensysteme) sowie differierende Betrachtungsaspekte (z. B. Attribute, Beziehungstypen, Pfadlängen). Das ME/RM steht aber in der Kritik, dass die Analyse bzw. Berechnung der benötigten Qualitätsinformationen nicht adäquat abgebildet werden kann.[471] DFM lässt ebenfalls keine Darstellung von Zusammenhängen sowie der Berechnung von Kennzahlen zu, was im vorliegenden Kontext jedoch angebracht erscheint, da die Abbildung der Qualitätsinformationen im DLN flexibel gestaltbar sein sollte. ADAPT und mUML bieten eine umfassende Notationsgrundlage. Insbesondere die Notationsvorschriften der mUML sind sehr komplex und daher vergleichsweise schwierig erlernbar für die Fachabteilungen im DLN. Grundsätz-

---

466   Vgl. Sapia, C., Blaschka, M., Hofling, G., Dinter, B.: Extending the E/R Model for the Multidimensional Paradigm, in: Kambayashi, Y., Lee, D. L., Lim, E.-P., Mohania, M. K., Masunaga, Y. (Hrsg.): Proceedings of the Workshops on Data Warehousing and Data Mining: Advances in Database Technologies, Lecture Notes in Computer Science, London 1998, S. 105-116.

467   Vgl. Bulos, D.: A New Dimension. OLAP Database Design, in: Database Programming & Design, 9 (1996) 6, S. 33-38.

468   Vgl. Harren, A., Herden, O.: MML und mUML – Sprache und Werkzeug zur Unterstützung des konzeptionellen Data-Warehouse-Designs, in: Proceedings 2nd GI-Workshop on Data Mining und Data Warehousing als Grundlage moderner entscheidungsunterstützender Systeme, Magdeburg 1999, S. 57-68.

469   Vgl. Golfarelli, M., Maio, D., Rizzi, S.: The Dimensional Fact Model – A Conceptual Model for Data Warehouse, in: International Journal of Cooperative Information Systems, 7 (1998) 2-3, S. 215-246.

470   Vgl. Hars, A.: Referenzdatenmodelle – Grundlagen effizienter Datenmodellierung, S. 47-48.

471   Vgl. hierzu Bulos, D.: OLAP Database Design. A new Dimension, in: Chamoni, P., Gluchowski, P. (Hrsg.): Analytische Informationssysteme. Data Warehouse, On-Line Analytical Processing, Data Mining, Berlin 1998, S. 251-261, S. 252.

lich sind alle hier genannten Datenmodellierungsansätze für die Abbildung multidimensionaler Qualitätsinformationen im DLN geeignet. Aufgrund seiner umfassenden und leicht erlernbaren Notationselemente sowie der erprobten Anwendbarkeit in der Praxis eignet sich ADAPT für den vorliegenden Kontext.[472]

ADAPT wurde von *Bulos* mit der Intention entwickelt, ein ganzheitliches, multidimensionales Datenmodell bereitzustellen, welches die drei Ebenen der semantischen, logischen und physischen Datenmodellierung abdeckt. ADAPT soll dadurch eine schnellere und einfachere Realisierung von Online Analytical Processing (OLAP) Applikationen unterstützen. Die Notationselemente von ADAPT gliedern sich in folgende Elemente:[473]

- Kernelemente: Würfel (Hypercube), Dimension (Dimension), Formeln (Model).

- Dimensionstypen: Aggregierende (Aggregation), Kennzahlen (Measure), Eigenschaften (Property), Partitionierende (Version), Sequentielle (Sequential), Tupel (Tupel).

- Dimensionselemente: Hierarchie (Hierarchy), Dimensionswert (Dimension Member), Dimensionsattribut (Dimension Attribute), Hierarchieebene (Hierarchy Level), Dimensionssicht (Dimension Scope), Ausschnitt (Context).

- Beziehungstypen: einschließende (inclusive), ausschließende (exclusive), wechselseitig ausschließende (mutually exclusive).

In Abbildung 5-12 werden die einzelnen Notationssymbole aufgezeigt. Die verwendeten Notationssymbole werden in den folgenden Abschnitten 5.2.2.1 bis 5.2.2.4 mit erläutert.

---

[472] Für einen ausführlichen Vergleich der Ansätze vgl. Hettler, D., Preuss, P., Niedereichholz, J.: Vergleich ausgewählter Ansätze zur semantischen Modellierung von Data-Warehouse-Systemen, in: HMD – Praxis der Wirtschaftsinformatik, 40 (2003) 231, S. 97-107.

[473] Vgl. hier und im Folgenden Totok, A.: Modellierung von OLAP- und Data-Warehouse-Systemen, Wiesbaden 2000, S. 133-137.

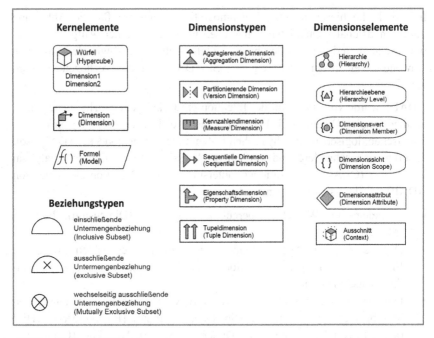

Abbildung 5-12: ADAPT Notation

Anschließend werden nun beispielhaft die Modellierungen der Qualitätsinformationen anhand der in Abschnitt 4.1 beschriebenen Perspektiven sowie der in Abbildung 5-11 dargestellten Zusammenhänge verdeutlicht. Die Führung wird dabei als Dimension bewusst nicht mit einbezogen, da diese, wie bereits in Abschnitt 4.1.3 erläutert, Mitarbeiter mit Führungsverantwortung darstellen und somit keine abweichenden Kennzahlen erhoben werden.

5.2.2.1 Qualitätsinformationen Kundenperspektive

In Abbildung 5-13 wird die multidimensionale Modellierung der Qualitätsinformationen aus Kundenperspektive dargestellt. Dazu werden vier generelle Dimensionen definiert, die für alle Perspektiven verwendet werden; die Zeit-, Netzwerkpartner-, Szenario- und Kennzahldimension:[474]

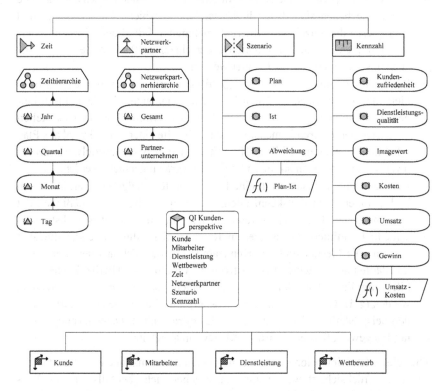

Abbildung 5-13: Multidimensionale Modellierung der Qualitätsinformationen Kundenperspektive

• Die Zeitdimension stellt eine sequentielle Dimension dar, da die Elemente dieser Dimension eine fest vorgegebene Reihenfolge auf horizontaler Ebene haben. Somit ist die Reihenfolge für z. B. die Monate fest definiert (Januar, Februar, März usw.). Ebenso verhält es sich für Jahr, Quartal und Tag. Gleichzeitig stellt die Zeitdimension auch eine vertikale Anordnung im

---

[474] Vgl. hier und im Folgenden zur Erläuterung der einzelnen Notationssymbole Bulos, D.: OLAP Database Design, S. 254.

Rahmen der Hierarchie dar. Die Hierarchieebenen werden von unten nach oben aggregiert. Somit werden Tage zu Monat, Monate zu Quartal und Quartale zu Jahr aggregiert. Die Zeitdimension gibt an, dass Qualitätsinformationen, wie z. B. der Umsatz, bis auf den Tag genau heruntergebrochen werden können.

- Die Netzwerkpartnerdimension stellt eine aggregierende Dimension dar. Die Hierarchieebenen sind dabei direkt der Netzwerkhierarchie angehängt und aggregieren die einzelnen Partnerunternehmen auf die Ebene Gesamt. Hierdurch können Qualitätsinformationen der einzelnen Partnerunternehmen als auch des gesamten DLN betrachtet werden.

- Die Szenariodimension stellt eine partitionierende Dimension dar. Partitionierende Dimensionen enthalten Dimensionselemente, die hierarchisch keinen Zusammenhang aufweisen. Die Dimensionswerte Plan und Ist stellen Szenarien der anderen Dimensionen dar. Mithilfe einer Formel wird aus Plan – Ist die Abweichung gebildet. Hiermit können die Qualitätszielwerte der relevanten Dimensionen auf ihren Erreichungsgrad untersucht werden.

- Die Kennzahldimension stellt eine Dimension für Maßgrößen dar, in diesem Fall definierte Qualitätskennzahlen, die mengen- bzw. wertmäßig erfasst werden können. Die Qualitätskennzahlen können je nach DLN höchst unterschiedlich definiert und in diesem Rahmen nicht allumfassend aufgezeigt werden. Die hier angeführten Kennzahlen ergeben sich aus den Wirkungskreisläufen der einzelnen Perspektiven in Abschnitt 4.1 Hierbei können mithilfe einer Formel aus definierten Kennzahlen weitere Kennzahlen berechnet werden (z. B. Gewinn = Umsatz – Kosten). Für die Kundenperspektive wurden beispielhaft die Kennzahlen Kundenzufriedenheit, Dienstleistungsqualität, Imagewert, Kosten, Umsatz und Gewinn abgeleitet.

Die relevanten Dimensionen, die für die Qualitätsinformationen aus Kundenperspektive berücksichtigt werden müssen, ergeben sich ebenfalls aus den Wirkungskreisläufen in Abschnitt 4.1 . Diese sind die Dimensionen Kunde, Mitarbeiter, Dienstleistung und Wettbewerb. Die Dimensionen werden in dem Würfel „QI Kundenperspektive" zusammengeführt. Der Würfel bildet das zentrale Notationselement der ADAPT.

5.2.2.2 Qualitätsinformationen Mitarbeiterperspektive

In Abbildung 5-14 wird die multidimensionale Modellierung der Qualitätsinformationen aus Mitarbeiterperspektive dargestellt. Der Würfel „QI Mitarbeiterperspektive" ist mit den perspektivenspezifischen Dimensionen Mitarbeiter, Dienstleistung, Prozess, IKT sowie Kunde verbunden. Zusätzlich ist der Datenwürfel mit den generischen Dimensionen Zeit, Netzwerkpartner, Szenario und Kennzahl verbunden. Die beispielhaft definierten Kennzahlen für die Mitarbeiterperspektive sind Mitarbeiterqualifikation, Mitarbeiterzufriedenheit, Dienstleistungsqualität, Imagewert und Kosten.

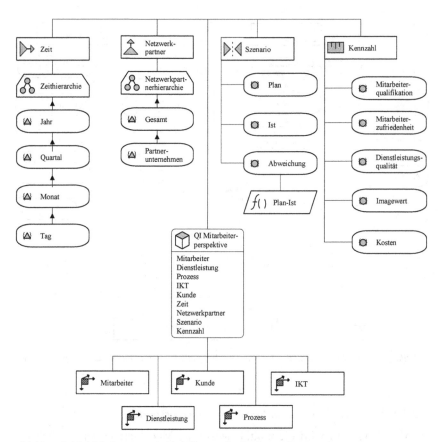

Abbildung 5-14: Multidimensionale Modellierung der Qualitätsinformationen Mitarbeiterperspektive

5.2.2.3 Qualitätsinformationen Führungsperspektive

In Abbildung 5-15 wird die multidimensionale Modellierung der Qualitätsinformationen aus Führungsperspektive dargestellt. Der Würfel „QI Führungsperspektive" ist mit den perspektivenspezifischen Dimensionen Mitarbeiter, Dienstleistung sowie IKT verbunden. Zusätzlich ist der Datenwürfel mit den generischen Dimensionen Zeit, Netzwerkpartner, Szenario und Kennzahl verbunden. Die definierten Kennzahlen für die Führungsperspektive sind Dienstleistungsqualität, Kosten, Umsatz und Gewinn.

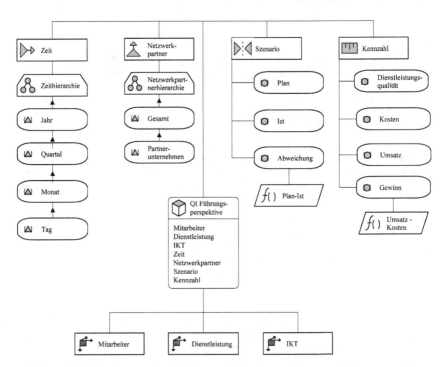

Abbildung 5-15: Multidimensionale Modellierung der Qualitätsinformationen Führungsperspektive

5.2.2.4 Qualitätsinformationen Netzwerkpartnerperspektive

In Abbildung 5-16 wird die multidimensionale Modellierung der Qualitätsinformationen aus Netzwerkpartnerperspektive dargestellt. Der Würfel „QI Netzwerkp.perspektive" ist mit den perspektivenspezifischen Dimensionen Kunde,

Mitarbeiter, Dienstleistung, Prozess sowie IKT verbunden. Zusätzlich ist der Datenwürfel mit den generischen Dimensionen Zeit, Netzwerkpartner, Szenario und Kennzahl verbunden. Die definierten Kennzahlen für die Netzwerkpartner- perspektive sind Beziehungsqualität, Dienstleistungsqualität und Liefer- und Erbringungsfähigkeit.

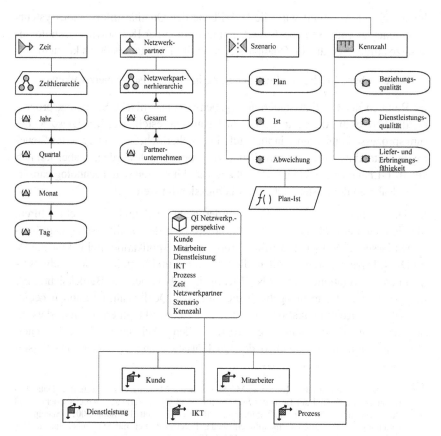

Abbildung 5-16: Multidimensionale Modellierung der Qualitätsinformationen Netzwerkpartnerperspektive

Die ADAPT als semantisches Datenmodell bildet das Realweltproblem im Rahmen der Qualitätssteuerung in DLN ab und bildet dadurch die Grundlage für das später zu entwickelnde logische Datenmodell (z. B. Starschema[475]) und die darauf aufbauende physische Umsetzung in ein Datenbankschema.[476] Das semantische Modell kann als Kommunikationsinstrument für die qualitätsbeauftragten Rollen im DLN herangezogen werden und bietet gleichzeitig den Entwicklern der IKT eine Übersicht für den Aufbau und die technischen Anforderungen an zukünftig einzusetzende Applikationen.

Im folgenden Abschnitt wird die IKT-Ebene des Qualitätsinformationssystems durchleuchtet und mögliche Ausgestaltungsformen der IKT sowie Technologieansätze aufgezeigt, die die Qualitätssteuerung im DLN unterstützen können.

5.2.3 IKT-Ebene für die Qualitätssteuerung in Dienstleistungsnetzwerken

Im Rahmen der Qualitätssteuerung ergeben sich spezifische Steuerungsprozesse, die bereits in Abschnitt 5.2.1.2 im Detail dargestellt wurden. Diese Steuerungsprozesse können im Hinblick auf ein ganzheitliches und integriertes Steuerungsverständnis durch entsprechende IKT unterstützt werden. Dabei können auf IKT-Ebene entsprechende Applikationsarchitekturen und Technologieansätze im Rahmen der Systemarchitektur berücksichtigt werden.[477]

Im DLN ergeben sich generelle Anforderungen an Applikationsarchitekturen, die sich auch auf die spezifischen Anforderungen der Qualitätssteuerung übertragen lassen. Somit ist eine Anforderung an die Applikationsarchitektur die IV im DLN. Dazu gehören vor allem die Integration und Verteilung der qualitätsrelevanten Informationen im DLN. Wichtig ist dabei auch die Berücksichtigung der Datenqualität, die maßgeblich die Güte der Qualitätsinformationen beeinflusst.[478] Die Kommunikation zwischen den Netzwerkpartnern kann verbessert und das Wissensmanagement gefördert werden. Dadurch wird die Entscheidungsunterstützung hinsichtlich der Qualitätssteuerung verbessert. Die Syste-

---

[475] Vgl. hierzu ausführlich z. B Hahne, M.: Star Schema Modellierung – Logisches Data Warehouse-Datenmodell auf Basis des Star Schemas und seiner Varianten, Arbeitsbericht 01-38 des Lehrstuhls für Wirtschaftsinformatik, Ruhr-Universität Bochum 2001; Schelp, J., Chamoni, P.: Modellierung mehrdimensionaler Datenstrukturen mit Star Schemata, in: Das Wirtschaftsstudium, 29 (2000) 8-9, S. 1132-1138.

[476] Vgl. z. B. Kemper, A., Eickler, A.: Datenbanksysteme: Eine Einführung, München 2011, S. 31.

[477] Vgl. Abschnitt 5.1

[478] Vgl. Otto, B., Wende, K., Schmidt, A., Osl, P.: Towards a Framework for Corporate Data Quality Management, in: Toleman, M., Cater-Steel, A., Roberts, D. (Hrsg.): Proceedings of 18th Australasian Conference on Information Systems, The University of Southern Queensland, Australia 2007, S. 916-926.

marchitektur kann hauptsächlich Anforderungen an Dienste, Schnittstellen und Sicherheit im Rahmen der technologischen Infrastruktur berücksichtigen. Die hier genannten Anforderungen an die Applikations- und Systemarchitektur sind die in der Literatur meist diskutierten Themen in Bezug auf DLN.[479]

Aufgrund der heterogenen Netzwerkpartner im DLN kann die IV zwischen den Netzwerkpartnern unterschiedlich organisiert und die Applikationsarchitekturen verschiedenartig strukturiert sein. Die IV im DLN kann dabei folgende grundlegende Formen aufweisen: separat, kooperativ, integriert.[480]

- Die separate IV ist insbesondere bei Eintritt eines neuen Netzwerkpartners in das DLN sinnvoll. Hierbei ist das Hauptziel der IV eine vorerst hohe Unabhängigkeit des Netzwerkpartners. Dies gewährleistet gleichzeitig eine einfache Austauschbarkeit der Netzwerkpartner im DLN. Die Informationen, die zur Qualitätssteuerung benötigt werden, werden als Ausgangsdaten des Netzwerkpartners in Form von Berichten zur Verfügung gestellt. Die für die Berichte benötigten Eingangsdaten werden dezentral von jedem Netzwerkpartner verwaltet. Somit muss eine genaue Vorgabe im DLN definiert werden, welche Ausgangsdaten in welcher Güte für die Qualitätssteuerung benötigt werden. Das Qualitätsgremium legt fest, welche Informationen von den einzelnen Netzwerkpartnern zu welcher Zeit und an welchen Adressaten zur Verfügung gestellt werden müssen. Die Form und Güte der Informationen müssen einem bestimmten Standard entsprechen, um eine Vergleichbarkeit der Qualitätsinformationen im DLN gewährleisten zu können. Die fachlichen und technischen Prozesse zur Informationsbereitstellung laufen dezentral bei den einzelnen Netzwerkpartnern ab und werden von fachlichen und technischen Datenstewards[481] der Netzwerkpartner verantwortet. Der fachliche Datensteward ist z. B. verantwortlich für die Rahmenbedingungen der IV, wie beispielsweise die Datenqualität und die dazu erforderlichen Maßnahmen. Der technische Datensteward ist verantwortlich für die techni-

---

[479] Vgl. Meschke, M., Baumöl, U.: Architecture concepts for value networks in the service industry, in International Conference on Information Systems (ICIS) 2010 Proceedings "Information Technology: Gateway to the Future", Saint Louis – Missouri (USA), December 12-15, 2010, Paper 266.

[480] Vgl. hier und im Folgenden Jung, R., Meschke, M.: Leistungsorientierte Steuerung der Informationsversorgung im Rahmen der Qualitätssicherung in Dienstleistungsnetzwerken.

[481] Vgl. Otto, B., Wende, K., Schmidt, A., Hüner, K., Vogel, T.: Unternehmensweites Datenqualitäts-management: Ordnungsrahmen und Anwendungsbeispiele, in: Dinter, B., Winter, R. (Hrsg.): Integrierte Informationslogistik, Berlin 2008, S. 211-230, S. 223.

sche Umsetzung der dazu benötigten Applikationen in seinem Unternehmen. Hierzu gehören die Wartung sowie Weiterentwicklung der Applikationen.

- Die kooperative IV hat das Ziel, eine Unabhängigkeit der Netzwerkpartner mit einer hohen Flexibilität der IV zu verbinden. Dies kann entweder durch Datenintegration (Data Sharing) und/oder durch Funktionsintegration (Applikations Kommunikation) erreicht werden.[482] Beim Data Sharing wird eine gemeinsame Datenbasis mit qualitätsrelevanten Daten angestrebt, auf die alle beteiligten Netzwerkpartner zugreifen und flexibel Berichte definiert werden können. Die Ausgangsdaten werden standardisiert, damit sowohl bei den allgemeinen Berichten für das Qualitätsgremium als auch bei den individuellen Berichten, die die einzelnen Netzwerkpartner abrufen können, eine Vergleichbarkeit der Informationen und somit ein gemeinsamer Qualitätsstandard im DLN angestrebt werden kann. Mithilfe von Metadaten und Ontologien[483] muss die Standardisierung der Eingangsdaten für die gemeinsame Qualitätsdatenbasis garantiert werden. Eine weitere Möglichkeit des Informationsaustausches kann in Form der Applikations Kommunikation realisiert werden. Hierbei werden die bei den Netzwerkpartnern befindlichen Applikationen miteinander verbunden, sodass diese miteinander kommunizieren und Daten austauschen können. Die fachlichen und technischen Prozesse der IV verbleiben bei den einzelnen Netzwerkpartnern und werden von den dafür zuständigen dezentralen, fachlichen und technischen Datenstewards verantwortet. Zusätzlich muss ein zentraler technischer Datensteward beauftragt werden, der die gemeinsame Datenbasis in Form eines gemeinsamen Qualitäts-Data Warehouse bzw. die Schnittstellenverwaltung bei der Applikations Kommunikation verantwortet. Dieser ist für die Wartung und Weiterentwicklung der gemeinsamen Datenbasis sowie der Schnittstellen verantwortlich und legt die Verteilung der Kosten dafür im DLN fest.

---

[482]   vgl. hierzu z. B. Stadlbauer, F.: Zwischenbetriebliche Anwendungsintegration. IT-Management in Unternehmensnetzwerken, Gabler 2007, S. 32-40 mit Bezug auf Arnold, O., Faisst, W., Härtling, M., Sieber, P.: Virtuelle Unternehmen als Unternehmenstyp der Zukunft?, in: HMD Theorie und Praxis der Wirtschaftsinformatik, 32 (1995) 185, S. 8-23, S. 15-16; Schräder, A.: Management virtueller Unternehmungen: organisatorische Konzeption und informationstechnische Unterstützung flexibler Allianzen, Frankfurt 1996, S. 116-118; Mertens, P., Griese, J., Ehrenberg, D.: Virtuelle Unternehmen und Informationsverarbeitung, Berlin 1998, S. 78-84.

[483]   Vgl. Höfferer, P.: Achieving Business Process Model Interoperability Using Metamodels and Ontologies, in: Österle, H., Schelp, J., Winter, R. (Hrsg.): Proceedings of the 15th ECIS, St. Gallen 2007, S. 1620-1631.

- Die integrierte IV hat zum Ziel, eine integrierte Zusammenarbeit mit maximaler Flexibilität in der IV zu gewährleisten. Hierzu wird eine gemeinsame Applikationsarchitektur (Applikations Sharing) zur Qualitätssteuerung aufgebaut, die sowohl eine gemeinsame Datenbasis als auch integrierte Analyse- und Berichtsapplikationen aufweist. Die Ausgangsdaten werden durch ein gemeinsames Metadatenmanagement standardisiert. Bei der Definition der Eingangsdaten muss dadurch insbesondere die Einhaltung von Anforderungen der Datenqualität, wie z. B. Datenformat und Korrektheit, bei der Dateneingabe berücksichtigt werden. Somit verbleiben die fachlichen Prozesse der Informationsbereitstellung bei den Netzwerkpartnern und die Verantwortung bei den dezentralen fachlichen Datenstewards. Die fachlichen Prozesse zur Informationsbereitstellung, wie z. B. das Metadatenmanagement, das Stammdatenmanagement und die Datenaufbereitung (Cleansing), werden durch zentrale, fachliche Datenstewards verantwortet. Ebenso werden alle technischen Prozesse von zentralen technischen Datenstewards verantwortet.

Die hier definierten Formen der IV können durch entsprechende Applikationsarchitekturen im DLN unterstützt werden. Im Folgenden werden die drei Ausgestaltungsformen dezentralisiert, hybrid und zentralisiert vorgestellt, sowie beispielhaft relevante Technologieansätze aufgezeigt.

- Die dezentralisierte Applikationsarchitektur unterstützt eine separate IV. Da die hierfür benötigten Technologieansätze zur Datenspeicherung und Informationsanalyse bei den einzelnen Netzwerkpartnern verbleiben, dienen die im DLN geforderten Technologien hauptsächlich der Kommunikation zwischen den Netzwerkpartnern sowie der Übersendung der fertigen Berichte.
  Hierfür stehen neben den Standardtechnologien Telefon, Fax, E-Mail oder Instant Messaging Tools (z. B. ICQ, MSN) auch Videokonferenztechnologien zur Verfügung.[484] Diese sind dann sinnvoll, wenn die Netzwerkpartner z. B. über weite Entfernungen verteilt sind. Hierdurch können Reisen zu Abstimmungsterminen reduziert und dennoch eine persönlichere Kommunikation (Hören und Sehen) gewährleistet werden. Hierbei sind jedoch auch kulturelle Aspekte der Kommunikation zu berücksichtigen. Insbesondere die Nutzung von Kommunikationstechnologien im Rahmen von Abstim-

---

484 Vgl. Dickerhof, M., Gengenbach, U.: Kooperationen flexibel und einfach gestalten. Checklisten – Tipps – Vorlagen, München 2006, S. 181-187.

mungs- und Entscheidungsprozessen unterliegt länderspezifischen, kulturellen Besonderheiten.[485]

- Die hybride Applikationsarchitektur unterstützt eine kooperative IV. Die kooperative IV basiert im Rahmen des Data Sharings auf einer gemeinsamen Datenbasis, auf die die Netzwerkpartner mit ihren unternehmensinternen Applikationen zugreifen können. Dabei beruht die Datenbasis ausschließlich auf qualitätsrelevanten Daten, die zur Qualitätssteuerung berücksichtigt werden müssen. Der Datenaustausch erfolgt dabei in der Regel teilautomatisiert und asynchron. Wichtig ist die Etablierung eines gemeinsamen Datenmodells[486], welches von den Netzwerkpartnern angewendet werden kann und kompatibel zur gemeinsamen Datenbasis ist.[487] Die Datenbasis wird in der Regel durch ein Data Warehouse zur Verfügung gestellt. Das Data Warehouse hat die Aufgabe, die qualitätsrelevanten Daten aus den operativen Applikationen der Netzwerkpartner sowie aus externen Datenquellen zu sammeln und entsprechend aufzubereiten (Extraktion Transformation Laden [ETL]-Prozess). Die Netzwerkpartner können je nach Bedarf z. B. über das Internet auf die Daten mit ihren entsprechenden Applikationen zugreifen.[488] Die Datenbasis kann in weitere kleinere Datenextrakte transformiert werden, um z. B. einen schnelleren Ladeprozess zu gewährleisten. Man nennt diese Teildatenbestände Data Marts, die neben dem Vorteil der besseren Leistung auch einen Zugriffsschutz bieten, indem z. B. bestimmte Data Marts nur für gewisse Rollen freigegeben werden und somit kein allgemeines Zugriffsrecht auf das gesamte Data Warehouse freigegeben werden muss. Insbesondere im Rahmen von mehrdimensionalen Analysen zur Generierung von qualitätsrelevanten Kennzahlen ist die Bildung spezifischer Datenstrukturen im Data Mart sinnvoll. Diese Data Marts können dann z. B. nach den in Abschnitt 5.2.2 beschriebenen Perspektiven gebildet werden. Demnach deckt jeweils ein Data Mart die Kunden-, die Mitarbeiter-, die Führungs- sowie die Netzwerkpartnerperspektive ab.

---

[485] Vgl. Erumbana, A. B., de Jong, S. B.: Cross-country differences in ICT adoption: A consequence of Culture?, in: Journal of World Business, 41 (2006) 4, S. 302-314; Hofstede, G. J.: Adoption of communication technologies and national culture, in: Systèmes d'Information et Management, 6 (2001) 3, S. 55-74.

[486] Vgl. Abschnitt 5.2.2

[487] Vgl. Sieber, P.: Die Internet-Unterstützung virtueller Unternehmen, in: Sydow, J. (Hrsg.): Management von Netzwerkorganisationen, Beiträge aus der Managementforschung, Wiesbaden 2003, S. 179-214, S. 195.

[488] Vgl. Stadlbauer, F.: Zwischenbetriebliche Anwendungsintegration, S. 32-34.

Im Rahmen der Applikations Kommunikation können die unternehmensinternen Applikationen über Schnittstellen oder Services miteinander verbunden werden. Hierzu haben sich insbesondere die Integrationslösungen Enterprise Application Integration (EAI) sowie Serviceorientierte Architekturen (SOA) etabliert. EAI bietet die Möglichkeit, Applikationen über Unternehmensgrenzen hinweg miteinander zu koppeln. Aufgrund der Prozessorientierung[489] kann EAI die IV zwischen den Netzwerkpartnern verbessern und dadurch die gemeinsame Dienstleistungserbringung wirtschaftlicher gestalten.[490] SOA erweitert den Ansatz der EAI, indem z. B. Applikationsfunktionen prozessorientiert koordiniert werden, um diese als Dienste für das gesamte DLN zur Verfügung zu stellen. SOA entspricht in dem Sinne keiner eigenständigen Technologie, sondern eher einem Architekturparadigma, welches hilft, eine hohe Flexibilität durch Wiederverwendung der zur Verfügung gestellten Dienste und dadurch eine langfristige Senkung der Kosten im DLN zu realisieren.[491] Denkbar ist beispielsweise, dass gewisse Prozesse im DLN (z. B. die Personalabrechnung) durch einen Dienst bereitgestellt werden und somit im Sinne eines Benchmark optimale Prozesse etabliert werden können.

Einen weiteren Ansatz im Zuge der rasch wachsenden Internettechnologie stellt das Cloud Computing dar. Cloud Computing bietet die Möglichkeit, IT-Ressourcen extern über das Internet zu beziehen. Hierbei können sowohl Hardware- (Infrastructure as a Service – IaaS) als auch Softwareressourcen (Platform as a Service – PaaS, Software as a Service – SaaS) über einen Cloud-Anbieter bezogen werden. Somit können diese Ressourcen aus dem Unternehmen ausgelagert werden bzw. müssen nicht in die eigene IKT-Landschaft integriert werden. Dabei kann das DLN zwischen einer internen Cloud (Private) mittels Intranet oder einer speziell für die Gemeinschaft des DLN entwickelten öffentlichen Cloud (Community) mittels Internet wählen. Denkbar ist auch eine Kombination aus privater und öffentlicher Cloud

---

489 Vgl. Kaib, M.: Enterprise Application Integration – Grundlagen, Integrationsprodukte, Anwendungsbeispiele; Linthicum, D. S.: Enterprise Application Integration, Massachusetts 2000.

490 Vgl. Dickerhof, M., Gengenbach, U.: Kooperationen flexibel und einfach gestalten, S. 227.

491 Vgl. Krafzig, D., Banke, K., Slama, D.: Enterprise SOA: Best Practices für Serviceorientierte Architekturen – Einführung, Umsetzung, Praxis, Heidelberg 2007, S. 75-84, 251-262; Martin, W., Eckert, J., Repp, N.: SOA Check 2009. S.A.R.L Martin, IT Research, Darmstadt 2009, S. 16; Papazoglou, M. P., van den Heuvel, W.-J.: Service oriented architectures: approaches, technologies and research issues, in: International Journal on Very Large Data Bases (VLDB), 16 (2007) 3, S. 389-415.

(Hybrid).[492] Somit können die qualitätsrelevanten Daten in einer Cloud abgelegt werden, auf die alle autorisierten Netzwerkpartner zugreifen können. Dieser Ansatz ist für ein DLN, insbesondere hinsichtlich der Kostenverteilung, interessant. Im Rahmen von PaaS und SaaS bietet Cloud Computing weiterführend die Möglichkeit, eine gemeinsame Applikationsarchitektur zur Verfügung zu stellen.

- Die zentrale Applikationsarchitektur unterstützt eine integrierte IV. Die Netzwerkpartner im DLN greifen auf eine gemeinsame Applikation zur Qualitätssteuerung zu. Dies können analytische Applikationen sein, die Methoden des Online Analytical Processing (OLAP) oder Data Mining unterstützen. OLAP ist eine Analysemethode, der die Struktur eines multidimensionalen Datenwürfels zugrunde liegt. Der Datenwürfel greift auf vorhandene Data Warehouses oder Data Marts zu und stellt dem Entscheider die benötigten Informationen aufbereitet zur Verfügung. Dabei können OLAP-Applikationen auf relationale (ROLAP), multidimensionale (MOLAP) sowie hybride (HOLAP) Data Warehouses zugreifen. Das in Abschnitt 5.2.2 beschriebene Datenmodell ADAPT impliziert die Verwendung von MOLAP. Die hier definierten Dimensionen, wie z. B. Kunde, Mitarbeiter oder Prozess, können benutzerfreundlich und schnell zu qualitätsrelevanten Kennzahlen verdichtet werden. Dazu können die Möglichkeiten des Slicing, Dicing, Drill down bzw. Drill up verwendet werden. Beim Slicing werden einzelne Dimensionsebenen aus dem Datenwürfel herausgeschnitten, während beim Dicing Teilwürfel erzeugt werden bzw. der Datenwürfel rotiert. Beim Drill down werden Werte anhand eines vordefinierten Konsolidierungspfades aufgebrochen, während beim Drill up genau entgegengesetzt Werte entlang dieses Pfades zusammengefasst werden.[493] OLAP eignet sich insbesondere für vorab fest definierte Abfragen mit bekannten Dimensionen. Für nicht scharf definierte Fragestellungen, bei denen die relevanten Dimensionen erst aufgedeckt werden müssen, eignet sich das Data Mining.

---

492   Vgl. Armbrust, M.; Fox, A., Griffith, R., Joseph, A. D., Katz, R. H. Konwinski, A., Lee, G., Patterson, D. A., Rabkin, A., Stoica, I., Zaharia, M.: Above the Clouds: A Berkeley View of Cloud Computing, in: Technical Report Nr. UCB/EECS-2009-28, Berkeley 2009; Hayes, B.: Cloud Computing, in: Communications of the ACM, 51 (2008) 7, S. 9-11.

493   Vgl. Chamoni, P.: Analytische Informationssysteme für das Controlling – Stand und Entwicklungsperspektiven, in: Weber, J., Hess, T. (Hrsg.): Controlling & Management: Anwendungssysteme im Controlling, Wiesbaden 2003, S. 8-12; Gluchowski, P., Chamoni, P.: Entwicklungslinien und Architekturkonzepte des On-Line Analytical Processing, in: Chamoni, P., Gluchowski, P. (Hrsg.): Analytische Informationssysteme. Business Intelligence-Technologien und -Anwendungen. 3. Aufl., Berlin 2006, S. 143 – 176.

Data Mining Applikationen analysieren große Datenbestände und können daraus Muster und Strukturen erkennen.[494] Ziel ist dabei das Auffinden von Signalen im Rahmen der Früherkennung, um dadurch relevantes Wissen zur Qualitätssteuerung zu generieren. Dabei durchläuft der Prozess der Wissensgenerierung im Data Mining die Phasen Planung, Vorbereitung, Analyse und abschließende Auswertung.[495] Mit Data Mining können Prognosen, Klassifikationen, Segmentierungen und Assoziationsanalysen durchgeführt werden, deren Ergebnisse z. B. wieder im OLAP angewendet werden können.

Im Hinblick auf die Internettechnologie sind auch Applikationen aus dem Social Media Bereich für die Qualitätssteuerung im DLN anwendbar. Die Applikationen können in die Bereiche Informationsmanagement, Kollaboration, Kommunikation und Vernetzung unterteilt werden.[496] Zu nennen sind Weblogs, Social Networking Applikationen, Social Bookmarking Applikationen sowie Wikis.[497] Weblogs sind eine Art Tagebuch oder Journal als Internetseite, auf die der Autor regelmäßig Neuigkeiten, meist zu einem bestimmten Themenbereich, einstellt. Die neuesten Einträge stehen immer oben. Zudem können zum Text Bilder, Audio-Dateien oder Videos integriert werden. Weblogs können im DLN zur internen Kommunikation und Zusammenarbeit genutzt werden, z. B. für die Projektarbeit oder das Wissensmanagement. Zur externen Kommunikation können Weblogs auch als Informationsplattform und dadurch zur Beeinflussung der Erwartungen der

---

[494] Vgl. Beekmann, F., Chamoni, P.: Verfahren des Data Mining, in: Chamoni, P., Gluchowski, P. (Hrsg.): Analytische Informationssysteme. Business Intelligence-Technologien und -Anwendungen. Berlin 2006, S. 263-282; Piatetsky-Shapiro, G.: Data mining and knowledge discovery 1996 to 2005: overcoming the hype and moving from "university" to "business" and "analytics", in: Data Mining and Knowledge Discovery, 15 (2007) 1, S. 99-105.

[495] Vgl. Grothe, M., Gentsch, P.: Business Intelligence: Aus Informationen Wettbewerbsvorteile gewinnen, München 2000, S. 187.

[496] Vgl. Schmidt, J.: Social Software: Onlinegestütztes Informations-, Identitäts- und Beziehungsmanagement, in: Forschungsjournal Neue Soziale Bewegungen, 19 (2006) 2, S. 37-47; Ehms, K.: Persönliche Weblogs in Organisationen. Spielzeug oder Werkzeug für ein zeitgemäßes Wissensmanagement? Dissertation Universität Augsburg, Institut für Medien und Bildungstechnologie 2010, http://opus.bibliothek.uni-augsburg.de/opus4/frontdoor/index/index/docId/1380 (Abruf am 14.04.2012).

[497] Vgl. hier und im Folgenden Bächle, M.: Social Software, in: Informatik Spektrum, 29 (2006) 2, S. 121-124; Göhring, M., Happ, S., Müller, T.: Web 2.0 im Kundenmanagement, in: Hildebrand, K., Hofmann, J. (Hrsg.): Social Software, HMD – Praxis der Wirtschaftsinformatik, 43 (2006) 252, S. 55-65; Hippner, H.: Bedeutung, Anwendung und Einsatzpotenziale von Social Software, in: Hildebrand, K., Hofmann, J. (Hrsg.): Social Software, HMD – Praxis der Wirtschaftsinformatik, 43 (2006) 252, S. 6-16.

Kunden eingesetzt werden. Social Networking Applikationen bieten die Möglichkeit, Profile von Personen zu verwalten und somit z. B. Kompetenznetzwerke für die Qualitätssteuerung aufzubauen. Auf den Profilen können Kontaktdaten hinterlegt werden und es können Gruppen zum Wissensaustausch gebildet werden. Dadurch besteht die Möglichkeit, neue Mitarbeiter nachhaltiger einzulernen, Kompetenzträger schneller zu finden und die Koordination zwischen den Netzwerkpartnern zu verbessern. Social Bookmarking Applikationen unterstützen bei der Strukturierung und Kategorisierung von Hyperlinks in Form von Lesezeichen (Bookmarks). Dabei können interessante Hyperlinks im DLN durch sogenannte Verschlagwortung (Tagging) miteinander verknüpft werden. Dadurch können im DLN z. B. Fehler reduziert werden, weil Informationen und Zusammenhänge besser identifiziert werden können. Zudem können qualitätsrelevante Informationsobjekte sowie Kompetenzträger schneller ermittelt und dadurch die Qualität im DLN gesteigert werden. Wikis sind Internetseiten, auf denen autorisierte Benutzer eigene Inhalte einstellen sowie fremde Inhalte lesen und diese auch editieren können. Sie eignen sich als netzwerkweite Enzyklopädien besonders gut für das Wissensmanagement. Die Inhalte sind durch Wikis für das gesamte DLN kostenlos verfügbar und das Wiki bietet zudem eine gute und schnelle Recherchemöglichkeit durch Navigations- und Suchfunktionen. Ein Wiki eignet sich im Rahmen der Qualitätssteuerung z. B. zur Erstellung eines netzwerkweiten Qualitätshandbuches.[498]

Abbildung 5-17 verdeutlicht die Applikationsarchitekturen zur IV in DLN. Dabei wird gleichzeitig aufgezeigt, wie die Netzwerkpartner in einem DLN verbunden sein können und welche Form der IV sie verfolgen können. Es ist denkbar, dass ein Netzwerkpartner unterschiedliche Formen der IV verfolgt, je nachdem, mit welchem Netzwerkpartner er kommuniziert oder Daten austauscht.

---

[498]   Vgl. Arndt, H.-K., Gerber, S., Gerber, S., Krüger, P.: Qualitätsmanagement und Social Media, in: Mattfeld, D. Ch.; Robra-Bissantz, S. (Hrsg.): Multikonferenz Wirtschaftsinformatik 2012, Berlin 2012, S. 2023-2033.

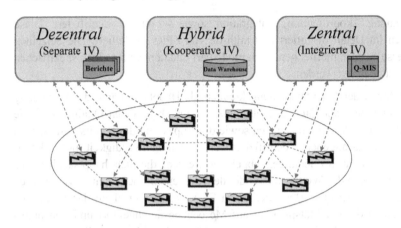

Abbildung 5-17: Applikationsarchitekturen zur IV in DLN

Die hier vorgestellten Technologieansätze sind nur beispielhaft dargestellt und erheben keinen Anspruch auf Vollständigkeit. Sie dienen lediglich einer beispielhaften Übersicht, um darzustellen, wie DLN – je nach Grad ihrer Kooperationsintensität – ihre IV ausgestalten und technologisch unterstützen können.

5.3 Zusammenfassung und Beitrag für die Arbeit

In diesem Kapitel wurde das Qualitätsinformationssystem zur Qualitätssteuerung in DLN konzipiert. Das Qualitätsinformationssystem wurde aus dem Business Engineering Ansatz in Verbindung mit dem St. Galler Management Modell, die als Bezugsrahmen dient, abgeleitet und auf die Problemstellung der Qualitätssteuerung in DLN adaptiert. Dieses ist in Abbildung 5-2 dargestellt und hebt als fachliche Gestaltungsebenen die Qualitätssteuerungsebene sowie die Qualitätssteuerungsprozessebene hervor. Auf der Qualitätssteuerungsebene wurden Qualitäts-Controllingobjekte definiert, die als relevant erachtet werden können. Diese wurden in die systemexternen Informationsobjekte Kunde und Wettbewerb sowie in die systeminternen Steuerungsobjekte Dienstleistung, Prozess, IKT, Netzwerkpartner, Mitarbeiter und Führung unterteilt. Ebenso wurden die Zusammenhänge zwischen den Objekten ausführlich verdeutlicht. Hieraus konnte abgeleitet werden, dass die partielle Berücksichtigung einzelner Objekte nicht sinnvoll erscheint, da diese sich untereinander beeinflussen und dadurch Auswirkungen auf die Qualitätssteuerung haben können.

Aufgrund der engen Verknüpfung wurden die Qualitätssteuerungsprozesse in Verbindung mit der Qualitätssteuerungsebene diskutiert. Hier wurden die Qualitätsplanung, -koordination, -integration sowie -kontrolle identifiziert. Diese wurden im Detail diskutiert und mithilfe von EPKs modelliert. Die einzelnen Prozesse wurden hierbei generisch modelliert und können für einen spezifischen Kontext adaptiert werden.

Im Rahmen der Qualitätsplanung konnten als Hauptaktivitäten die Festlegung und Anpassung der Qualitätsziele, einer daraus abgeleiteten Qualitätsstrategie und die Entwicklung eines neuen sowie die Anpassung des bereits bestehenden Dienstleistungsangebotes identifiziert werden. Die Notwendigkeit hierfür konnte aus Qualitätsabweichungen abgeleitet werden, die sich hauptsächlich aus Veränderungen des Wettbewerbs oder der Kundenanforderungen sowie internen Mängeln ergeben. Die Besonderheit in DLN besteht vor allem darin, dass die Aktivitäten der Qualitätsplanung auf Mesoebene durchgeführt und von unternehmensübergreifenden Rollen verantwortet werden. In diesem Rahmen wurde das Qualitätsgremium erläutert, welches sich aus mindestens einem Vertreter je Netzwerkpartner zusammensetzt und für diese Aufgaben eingesetzt werden kann. Abstimmungsprozesse und eine gemeinsame Entscheidungsfindung können hierbei als primäre Herausforderung gesehen werden.

Bei der Qualitätskoordination konnten als Hauptaktivitäten die Umsetzung der auf Mesoebene definierten Qualitätsziele, der Qualitätsstrategie sowie der Dienstleistungsangebote identifiziert werden. Die eigentliche Umsetzung erfolgt auf Mikroebene innerhalb der einzelnen Netzwerkpartner, die ihre internen Qualitätsziele, die Qualitätsstrategie sowie ihr Dienstleistungsangebot an die des DLN anpassen können. Bei der Anpassung der Qualitätsstrategie wird empfohlen, zusätzlich die Gesamtunternehmensstrategie zu berücksichtigen. Weiterhin wurde aufgezeigt, dass die Netzwerkpartner ebenso ihre Qualitätsmaßnahmen und -instrumente an die des DLN anpassen können. Hierfür kann das DLN z. B. Verträge einsetzen oder Rahmenbedingungen vorgeben, an denen sich die Netzwerkpartner orientieren können. Als Hauptverantwortliche können bei der Qualitätskoordination die qualitätsbeauftragten Führungskräfte der einzelnen Netzwerkpartner genannt werden. Des Weiteren kann ein Qualitätszirkel eingesetzt werden, der die Umsetzung überwacht und vorantreibt.

Im Rahmen der Qualitätsintegration wurden als Hauptaktivitäten die Standardisierung von Qualitätsaktivitäten, die Modularisierung von Dienstleistungen sowie die Verbindung der IKT auf Mesoebene aufgezeigt. Die Aktivitäten der Qualitätsintegration sind dann sinnvoll, wenn die Qualitätsbestrebungen im Rahmen der Qualitätskoordination nicht ausreichend sind oder das DLN eine stärkere Kooperationsintensität anstrebt. Somit können die Qualitätsbestrebungen noch stärker standardisiert und vorgegeben werden. Das kann helfen, das Vertrauen zu stärken und Transaktionskosten abzubauen. Als verantwortliche Rolle wurde hier ein individuell auf Mesoebene zusammengestelltes Qualitätsteam empfohlen. Zur Standardisierung der Qualitätsaktivitäten kann wiederum das Qualitätsgremium eingesetzt werden.

Bei der Qualitätskontrolle konnten als Hauptaktivitäten die Messung der Qualitäts-Controllingobjekte sowie die Analyse und der Abgleich von Regelgrößen mit den Führungsgrößen identifiziert werden. Dies geschieht in der Regel intern auf Mikroebene durch die qualitätsbeauftragten Mitarbeiter oder Qualitätsaudits. Im Interesse des DLN können die Qualitätsaudits auch von unabhängigen Dritten durchgeführt werden, z. B. durch Mystery Shopping. Der Qualitätskontrollprozess ist eng verknüpft mit dem Qualitätsplanungsprozess. Die Ergebnisse der Kontrolle fließen in den Planungsprozess ein und die im Planungsprozess definierten Führungsgrößen fließen bei der Analyse der Regelgrößen in den Kontrollprozess ein. Somit ergibt sich ein kontinuierlicher Kreislauf, der nicht nur die Sicherung der Qualität gewährleistet, sondern eine stetige Verbesserung unterstützen kann.

Zusätzlich wurde die Qualitätsinformationsversorgung berücksichtigt, die das DLN bei der Qualitätssteuerung mit den relevanten Informationen unterstützen soll. Die Form der IV lässt dabei auch Rückschlüsse auf die Ausgestaltung der Applikationsarchitekturen zu. Die IV wurde, ausgehend von der Annahme, dass unterschiedliche Kooperationsintensitäten im DLN vorhanden sein können, in separat, kooperativ und integriert unterteilt. Die sich daraus ergebenden Applikationsarchitekturen wurden in dezentral, hybrid und zentral unterteilt. Hierfür wurden jeweils beispielhaft Technologieansätze aufgezeigt, die diese unterstützen können.

Als Ergebnis wird der Detailausschnitt des Qualitätsinformationssystems in Abbildung 5-18 dargestellt. Hierbei werden die Ebenen der Qualitätssteuerung, der damit eng verknüpften Qualitätssteuerungsprozesse, der IKT sowie die Qualitätsinformationsversorgung anschaulich widergegeben. Zusätzlich werden die damit verbundene Qualitätsstrategie sowie Qualitätskultur aufgeführt. Der Kontext sowie die Umfeldeinflüsse wurden hier nicht mehr explizit aufgeführt. Ebenso wurde aufgrund der Komplexität von der Darstellung der Zusammenhänge der Qualitäts-Controllingobjekte sowie der detaillierten Darstellung der einzelnen Steuerungsprozesse und Qualitätsinformationen abgesehen.

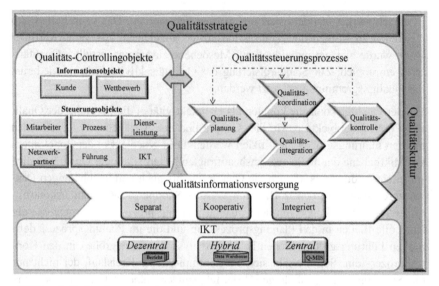

Abbildung 5-18: Detailausschnitt des Qualitätsinformationssystems

Damit das Qualitätsinformationssystem erfolgreich im DLN Anwendung finden kann, ist zu empfehlen, den positiven Kosten-Nutzen-Aspekt für den unterneh-mensübergreifenden Einsatz zu prüfen und eine Anwenderakzeptanz zu fördern. Das impliziert eine entsprechende Adaptierbarkeit des Qualitätsinformationssys-tems auf den speziellen Kontext des jeweiligen DLN. Dadurch kann die Steue-rungswirkung im Rahmen der Qualitätssicherung und -verbesserung gewährleis-tet werden.[499] Für den Einsatz des Qualitätsinformationssystems im DLN sind die Umsetzungskosten ein wesentlicher Aspekt. Hier kann geprüft werden, wel-che Kosten auf Mesoebene entstehen und wie diese auf die einzelnen Netzwerk-partner umgelegt werden können. Kosten entstehen hauptsächlich durch eine zentrale Koordination im DLN sowie eine gemeinsame Infrastruktur. Ebenfalls können Transaktionskosten berücksichtigt werden, die je nach Kooperationsin-tensität unterschiedlich hoch sein können. Mit steigender Kooperationsintensität steigen die Transaktionskosten. Wie bereits erwähnt, können diese durch stärke-re Integration der Netzwerkpartner in das DLN wieder gesenkt werden. Insbe-sondere die IV im DLN generiert hohe Transaktionskosten. Im Kontext von

---

[499] Vgl. Fettke, P., Loss, P.: Multiperspective Evaluation of Reference Models – Towards a Framework, in: Jeusfeld, M. A., Pastor, Ó. (Hrsg.): Conceptual Modeling for Novel Applica-tion Domains – ER 2003 Workshops ECOMO, IWCMQ, AOIS, and XSDM, Chicago, IL, USA, October 13, 2003, Berlin 2003, S. 80-91, S. 81.

DLN ist zu empfehlen, die Kosten genau zu erfassen, damit diese gerecht verteilt werden können. Der Nutzen soll dabei die Kosten übersteigen.[500]

Des Weiteren ist die Akzeptanz der Anwender für den Erfolg ausschlaggebend, damit das Qualitätsinformationssystem ausreichend Anwendung findet. Damit der Einsatz des Qualitätsinformationssystems erfolgreich ist, muss jedoch die Akzeptanz der Anwender gegeben sein. Das sind im DLN die Netzwerkpartner mit deren Führungskräften und Mitarbeitern. Ohne die entsprechende Akzeptanz der Anwender ist anzunehmen, dass das Qualitätsinformationssystem nicht adäquat genutzt und dadurch seine Steuerungswirkung nicht erzielt werden kann. Es können unterschiedliche Akzeptanzprobleme abgegrenzt werden, die insbesondere auf technischer Eben zu beobachten sind. Zum einen berücksichtigt die Einstellungsakzeptanz affektive (motivational-emotionale) und kognitive (verstandsmäßige) Aspekte. Zum anderen wird unter Verhaltensakzeptanz der Aspekt des beobachteten Verhaltens (z. B. der Nutzung) verstanden.[501] Dabei können verschiedene Faktoren auf die Akzeptanzprobleme wirken, die beim Einsatz des Qualitätsinformationssystems im DLN beachtet werden müssen.

Zusätzlich ist zu empfehlen, die Adaptierbarkeit des Qualitätsinformationssystems zu gewährleisten. Das Modell kann nicht unverändert auf jeden Kontext angewendet werden und soll entsprechend adaptierbar sein. Beispielsweise können Anpassungen bzgl. der Wahl der Qualitäts-Controllingobjekte vorgenommen werden. Das Modell soll ebenfalls die Möglichkeit bieten, die definierten Qualitätssteuerungsmaßnahmen und -instrumente auf den individuellen Kontext des DLN anzupassen. So ist beispielsweise in hierarchisch strukturierten DLN („Franchise DLN") die Anwendung hierarchische Steuerungsmaßnahmen empfehlenswerter als in heterarchischen DLN („Kooperative DLN"), da hier die Durchsetzungsmacht fehlt. Dennoch kann es Situationen geben, in denen auch in „Kooperativen DLN" die Anwendung hierarchischer Steuerungsmaßnahmen erfolgsversprechend ist, z. B. in Krisensituationen. Hierzu bietet das Qualitätsinformationssystem in jeder Steuerungsphase diverse Qualitäts-

---

[500] Vgl. Jochem, R.: Was kostet Qualität? Wirtschaftlichkeit von Qualität ermitteln, München 2010, S. 85-92; Brückner, C.: Kosten und Nutzen von Qualitätsmanagementsystemen, in: Zeitschrift für wirtschaftlichen Fabrikbetrieb (ZWF) 104 (2009) 10, S. 889-892.

[501] Vgl. Müller-Böling, D., Müller, M.: Akzeptanzfaktoren der Bürokommunikation, München 1986; DeLone, W., McLean, E.: Information systems success: the quest for the dependent variable, in: Information Systems Research, 3 (1992) 1, S. 60-95.

steuerungsmaßnahmen und -instrumente, die je nach Bedarf ausgewählt werden können.[502]

Um einen entsprechenden Nutzen des Qualitätsinformationssystems generieren zu können, der die entstehenden Kosten rechtfertigt, soll das Qualitätsinformationssystem eine adäquate Steuerungswirkung hinsichtlich der Qualitätssicherung und -verbesserung im DLN garantieren. Die Steuerungswirkung kann sich aus der richtigen Auswahl und Gewichtung der Qualitäts-Controllingobjekte ergeben, bei denen insbesondere die Wechselwirkungen zu berücksichtigen sind.[503] Zudem können entsprechende Qualitätssteuerungsmaßnahmen und -instrumente eingesetzt werden, um die Qualitätssicherung und -verbesserung im DLN zu garantieren. Diese Auswahl ist abhängig von dem jeweiligen Typ des DLN. Diese Steuerungswirkung kann jedoch nur erreicht werden, wenn das Qualitätsinformationssystem flexibel an den jeweiligen Kontext des DLN adaptiert werden kann. Zudem soll es an den jeweiligen Umfeldveränderungen dynamisch ausgerichtet werden können.[504]

Insgesamt kann angemerkt werden, dass das vorgestellte Qualitätsinformationssystem ein DLN bei der Qualitätssicherung und -verbesserung umfassend und strukturiert unterstützen kann. Dies kann dann gelingen, wenn es dem spezifischen Kontext angepasst wird und dabei die jeweiligen Anwender und ihre Präferenzen berücksichtigt werden. Um die praktische Relevanz des dargestellten Qualitätsinformationssystems zu überprüfen, werden im Folgenden sechs Fallstudien analysiert.

---

502 Vgl. Ammenwerth, E.: Die Bewertung von Informationssystemen des Gesundheitswesens. Beiträge für ein umfassendes Informationsmanagement, Aachen 2004, S. 214-219.

503 Vgl. Abschnitt 4.1

504 Vgl. Kühl, S., Schmidt, M.: Die Wirkung von Qualitätsmanagement-Systemen in sozialwirtschaftlichen Unternehmen unter Berücksichtigung mikropolitischer Aspekte. Eine empirische Untersuchung in sozialrehabilitativen Organisationen und Einrichtungen im Dritten Sektor, Dissertation, Universität Duisburg-Essen 2004, S. 309-325.

6 Validierung des Qualitätsinformationssystems

Im Folgenden werden unterschiedliche Fallstudien analysiert, um die Relevanz des Qualitätsinformationssystems aus Kapitel 5 in der Praxis zu überprüfen. Dazu wird zuerst der Analyserahmen der Fallstudien abgesteckt. In einem nächsten Schritt werden sechs Fallstudien vorgestellt, die im Anschluss kritisch analysiert und verglichen werden.

6.1 Analyserahmen der Fallstudien

Wie bereits in Abschnitt 1.2 erläutert, folgt die Arbeit dem konstruktionswissen-schaftlichen Ansatz der Design Science, welcher die Wirtschaftsinformatik, der diese Arbeit in großen Teilen zuzuordnen ist, als anwendungsorientierte Wissenschaft versteht.

Im Zusammenhang mit der hier betrachteten Problemstellung, die einen wesentlichen Praxiszusammenhang aufweist, wurde ein integrierter Steuerungsansatz im Rahmen eines Qualitätsinformationssystems entwickelt. Dieser wird anhand einer vergleichenden, qualitativen Analyse in Form von Fallstudien einer Validierung unterzogen. Die Fallstudienanalyse wird im Rahmen der Design Science als adäquate Forschungsmethode eingesetzt.[505] Eine qualitative Forschungsmethode in Form von Fallstudien wird bei vorliegender Problemstellung einer quantitativen Validierung vorgezogen, auch wenn dadurch auf eine objektivere, gültigere, zuverlässigere und dadurch generalisierbarere Aussagekraft verzichtet werden muss. Das ergibt sich aus der Notwendigkeit, dass nur durch eine qualitative Forschungsmethode die Anwendbarkeit des entwickelten Steuerungsansatzes für die unternehmerische Praxis ganzheitlich erfasst werden kann. Dazu muss das im Rahmen der Design Science konstruierte Artefakt in Form eines Qualitätsinformationssystems in Bezug zu realen DLN gesetzt und deren spezifische Problemstellungen berücksichtigt werden.[506] Dadurch wird der An-

---

505 Vgl. Hevner, A. R., March, S. T., Park, J., Ram, S.: Design Science in Information Systems Research, in: MIS Quarterly, 28 (2004) 1, S. 75-105, S. 80.

506 Vgl. Mayring, P.: Einführung in die qualitative Sozialforschung. Eine Anleitung zu qualitativem Denken, 5. Aufl., Weinheim und Basel 2002, S. 33-35.

forderung an die angewandte Wissenschaft Rechnung getragen, in der unternehmerischen Praxis eine wissenschaftlich fundierte Problemlösung zu ermöglichen.[507]

Mittels der vergleichenden Fallstudienanalyse soll die Praktikabilität des integrierten Steuerungsansatzes in der Praxis überprüft werden.[508] Die Fallstudien sollen dabei den Zusammenhang der Qualitätssteuerung in realen DLN erklären und beschreiben.[509] Dazu werden Geschäftsführer oder Qualitätsmanager unterschiedlicher Unternehmen von DLN hinsichtlich ihrer Maßnahmen und Instrumente zur netzwerkweiten Qualitätssteuerung befragt. Hierbei ist insbesondere interessant, welche Qualitäts-Controllingobjekte im DLN berücksichtigt werden, und welche Maßnahmen und Instrumente der Qualitätssteuerung im DLN eingesetzt werden. Darüber hinaus werden die Prozesse und Verantwortlichkeiten sowie die entsprechende IV im DLN in diesem Rahmen analysiert.

Die Ziele, die dabei mit der Fallstudienanalyse verfolgt werden sollen, sind folgende:

- Aufzeigen der praktischen Relevanz durch Überprüfung der Anwendbarkeit sowie ähnliche Vorgehensweisen in der Praxis.

- Teilevaluierung der einzelnen Ebenen des Qualitätssteuerungsansatzes.

- Überprüfung der Steuerungsform (Fremd-, Selbst-, Kontextsteuerung) im DLN und die daran ausgerichteten Qualitätssteuerungsprozesse (Planung, Koordination, Integration, Kontrolle).

- Überprüfung der Qualitätsinformationen und der daraus abgeleiteten relevanten Controllingobjekte.

- Überprüfung der Art der IV (separat, kooperativ, integriert) und der dafür verwendeten IKT im DLN.

Bei der Durchführung und Analyse der Fallstudien wurden entsprechende Qualitätskriterien berücksichtigt, die eine gültige und zuverlässige Ergebnisauswer-

---

[507] Vgl. Ulrich, H.: Management, S. 178-179.

[508] Vgl. Lamnek, S., Krell, C.: Qualitative Sozialforschung, 5. Aufl., Basel 2010, S. 282-284.

[509] Vgl. Yin, R. K.: Case Study Research: Design and methods, 4. Aufl., Los Angeles 2009, S. 4-21; Eisenhardt, K. M.: Building Theories from Case Study Research, in: Academy of Management Review, 14 (1989) 4, S. 532-550, S. 535.

tung sicherstellen.[510] Die Form der Durchführung der Fallstudien wurde demnach nach einem einheitlichen Muster verfolgt. Dabei wurde sowohl auf eine einheitliche Auswahl der Unternehmen für die Fallstudien als auch auf eine einheitliche Datenerhebung Wert gelegt.[511] Es wurden folgende Auswahlkriterien für die Fallstudien ausgewählt, um die Vergleichbarkeit zu gewährleisten:[512]

• Es wurden sechs Fallstudien ausgewählt. Eine valide Menge ergibt sich laut *Eisenhardt* zwischen vier und zehn Fallstudien.[513]

• Das befragte Unternehmen muss ein Dienstleistungsunternehmen sein und überwiegend immaterielle Leistungen anbieten.

• Das befragte Dienstleistungsunternehmen muss einem DLN angehören, d. h. es kooperiert mit anderen Dienstleistungsunternehmen im Rahmen der Leistungserbringung.

Die Datenerhebung bei den Fallstudien erfolgte anhand von Dokumentationen des DLN im Internet und eines strukturierten Experteninterviews anhand eines Fragenschemas[514]. Zu Beginn wurde ein Interviewleitfaden mit entsprechendem Fragebogen erstellt, der anhand eines Pretests überprüft und angepasst wurde.

Die Struktur des Fragebogens orientiert sich an den Ebenen des Qualitätsinformationssystems[515]. Bei der Datenaufbereitung wurde darauf geachtet, dass die Beschreibungen der Fallstudien nach demselben Muster durchgeführt wurden und einer ganzheitlichen, zusammenhängenden Darstellung genügen. Die Interviews wurden bis auf eines, das telefonisch durchgeführt wurde, digital aufgezeichnet und stichpunktartig mitgeschrieben. Die digital aufgezeichneten Interviews wurden transkribiert. Die Ergebnisse der Fallstudienanalyse sollten anschließend möglichst objektiv und logisch nachvollziehbar abgebildet werden. Um die Ergebnisse möglichst genau erheben zu können, wurden die beschriebenen Fallstudien dem jeweiligen Interviewpartner zur Prüfung vorgelegt. Dieser

---

510 Vgl. Riege, A.: Gültigkeit und Zuverlässigkeit von Fallstudien, in: Buber, R., Holzmüller, H. H. (Hrsg.): Qualitative Marktforschung. Methoden – Konzepte – Analysen, Wiesbaden 2007, S. 287-295.

511 Vgl. Borchardt, A., Göthlich, S. E.: Erkenntnisgewinnung durch Fallstudien, S. 33-48.

512 Vgl. Yin, R. K.: Case Study Research: Design and methods, S. 46; Eisenhardt, K. M.: Building Theories from Case Study Research, S. 537.

513 Vgl. ebenda, S. 545.

514 Vgl. Anhang.

515 Vgl. Abbildung 5-2.

Schritt dient der Absicherung der Inhalte, damit evtl. Fehlinterpretationen der erhobenen Daten vermieden werden und dadurch einer Verzerrung der Fallstudienanalyse entgegengewirkt werden kann.

Dabei folgen die Interviews und die Beschreibung der Fallstudien der folgenden Struktur:

1. Zuerst erfolgt eine Kurzbeschreibung des Fallunternehmens, wie z. B. die Unternehmensart, die Branche, der Tätigkeitsbereich des Interviewpartners, die Mitarbeiteranzahl und, wenn vorhanden, eine Umsatzgröße.

2. Danach erfolgen Ausführungen zum DLN. Hierbei wird die Anzahl der Netzwerkpartner sowie deren Stellung im DLN erläutert. Im Weiteren wird der Grund des Zusammenschlusses im DLN angeführt, und erläutert, ob das DLN bereits ein Qualitätsmanagementsystems und netzwerkweites Controlling einsetzt.

3. Im nächsten Schritt wird die Qualitätssteuerungsebene betrachtet. Hierbei werden die wesentlichen Treiber zur Anpassung der Qualitätsstrategie im DLN erfragt. Die Treiber orientieren sich an den definierten Qualitäts-Controllingobjekten aus Abschnitt 5.2.1.1. Im Weiteren wird die Prozessebene betrachtet. Dazu werden die Maßnahmen und Instrumente zur Qualitätssteuerung im DLN durchleuchtet. Diese orientieren sich an den Qualitätssteuerungsphasen Planung, Koordination, Integration und Kontrolle (vgl. Abschnitt 5.2.1.2). In diesem Rahmen ist interessant, auf welcher Ebene (Meso- oder Mikroebene) die Aufgaben zur Qualitätssteuerung hauptsächlich verfolgt werden, und welche verantwortlichen Rollen dazu im DLN definiert wurden.

4. Im Weiteren wird die IV zur Qualitätssteuerung im DLN erörtert. Dazu werden die Qualitätsinformationen erfasst, die im DLN zur Qualitätssteuerung ausgetauscht werden. Diese orientieren sich wieder an den Qualitäts-Controllingobjekten, wie etwa der Austausch von Kundeninformationen (z. B. Kundenzufriedenheit).

5. Abschließend wird die IKT-Ebene durchleuchtet. Hier wird die informationstechnische Umsetzung der IV im DLN betrachtet. Die Form der IV orientiert sich an den in Abschnitt 5.2.3 erläuterten Ausprägungsformen der separaten, kooperativen sowie integrierten IV. Des Weiteren werden die verwendeten Technologieansätze für die entsprechenden Informationsversorgungsformen dargestellt.

Es wurden bewusst DLN ausgewählt, die sowohl nach Größe, Branche und Netzwerkstruktur unterschiedlich aufgestellt sind. Dies soll zum einen die Vergleichbarkeit der Qualitätssteuerung in DLN größen-, branchen- und strukturunabhängig aufzeigen und dadurch zum anderen eine generische Anwendbarkeit des Qualitätsinformationssystems in der Praxis verdeutlichen. Eine Anzahl von sechs Fallstudien kann, wie bereits erwähnt, als eine valide Grundmenge angesehen werden, deren Ergebnisse solide Schlussfolgerungen zulassen. Alle ausgewählten Fallstudien stellen homogene DLN dar. Es kann angenommen werden, dass hinsichtlich der Qualitätssteuerung keine Unterschiede zwischen heterogenen und homogenen DLN bestehen, da die Qualitätssteuerungsprozesse auf Mesoebene unabhängig von den Branchengegebenheiten sind.

Tabelle 6-1 fasst die Informationen der durchgeführten Interviews zusammen.

Fallstudien	Datum, Uhrzeit, Ort	Interviewpartner	Erhebungsform
Fallstudie 1 IT-Servicenetzwerk	05.04.2012, 10-11 Uhr, Telefonisch	Geschäftsführer eines Unternehmens des DLN	– Anonymisiert – Stichpunktartige Mitschrift des Interviews
Fallstudie 2 Logistiknetzwerk	23.04.2012, 14-15 Uhr, Frankfurt a. M.	Qualitäts-Controller und IT-Manager der Systemzentrale	– Anonymisiert – Digitale Aufzeichnung und stichpunktartige Mitschrift des Interviews
Fallstudie 3 Beratungsnetzwerk	02.05.2012, 17:30-18:30 Uhr, Bonn	Geschäftsführer eines Unternehmens des DLN	– Anonymisiert – Digitale Aufzeichnung und stichpunktartige Mitschrift des Interviews
Fallstudie 4 Gesundheitsnetzwerk	03.05.2012, 13-14 Uhr, Hagen	Prokurist Qualitäts- und Netzwerkmanagement	– Anonymisiert – Digitale Aufzeichnung und stichpunktartige Mitschrift des Interviews
Fallstudie 5 Handwerkernetzwerk	07.05.2012, 10-11 Uhr, Freiamt	Geschäftsführer der Geschäftsstelle des DLN	– Anonymisiert – Digitale Aufzeichnung und stichpunktartige Mitschrift des Interviews
Fallstudie 6 Tourismusnetzwerk	08.05.2012, 12-13 Uhr, Düsseldorf	Geschäftsführer einer Geschäftsstelle des DLN	– Anonymisiert – Digitale Aufzeichnung und stichpunktartige Mitschrift des Interviews

Tabelle 6-1: Interviewdurchführung im Rahmen der Fallstudien

6.2 Vorstellung der Fallstudien

Im Folgenden werden die sechs Fallstudien aus unterschiedlichen DLN nach dem in Abschnitt 6.1 beschriebenen Vorgehen vorgestellt. Die Reihenfolge der Fallstudien richtet sich dabei nach dem Datum der dazu erhobenen Interviews (s. Tabelle 6-1).

6.2.1 Fallstudie 1: IT-Servicenetzwerk

In dieser Fallstudie wird ein IT-Servicenetzwerk vorgestellt, welches den Kunden IT-Services, wie z. B. Webseitengestaltung, Online-Marketing und IT-Schulungen, in Kooperation anbietet.

6.2.1.1 Vorstellung des Unternehmens und DLN

Das in der ersten Fallstudie untersuchte Unternehmen ist ein Einzelunternehmen aus der Branche IT-Dienstleistungen. Es wurde 2007 gegründet und ist in Baden-Württemberg ansässig. Das Unternehmen hat sich auf die Bereiche Webseitengestaltung, Online-Marketing und IT-Schulungen spezialisiert. Um den Kunden ein umfassendes Dienstleistungsangebot in der gewünschten Qualität bieten zu können, hat sich das Unternehmen mit weiteren IT-Servicepartnern zu einem DLN zusammengeschlossen.

Das DLN besteht aus insgesamt sieben Netzwerkpartnern, die je nach Kundenauftrag in unterschiedlichen Konstellationen zusammenarbeiten. Die Netzwerkpartner haben alle eine gleichberechtigte Stellung im DLN und sind je nach Auftragseingang verantwortlich für die von ihren Kunden beauftragten Projekte. Das DLN kann dem Typ „Virtuelles DLN"[516] zugeordnet werden. Das Hauptziel des Netzwerkzusammenschlusses ist zum einen die Ausweitung des Dienstleistungsangebotes, um dem Kunden die entsprechende Leistung aus einer Hand bieten zu können. Zum anderen möchten sich die Netzwerkpartner auf ihre jeweiligen Kernkompetenzen konzentrieren, um die Dienstleistung in der entsprechenden Qualität anbieten zu können. Bisher wird im DLN noch kein systematisches Qualitätsmanagementsystem oder ein netzwerkweites Controlling eingesetzt. Dennoch werden verschiedene Maßnahmen und Instrumente eingesetzt, die die Qualität im DLN sicherstellen und stetig verbessern sollen.

---

[516]   Vgl. Abbildung 2-3.

6.2.1.2 Darstellung der Qualitätssteuerung auf Strategie- und Prozessebene

Der Interviewpartner, der Inhaber des Unternehmens ist, sieht als wesentliche Treiber für die Anpassung der Qualitätsstrategie im DLN den Kunden sowie die Prozesse. Der Kunde gibt mit seinem Auftrag und das dadurch geforderte Ergebnis den Qualitätsmaßstab vor. Die Qualität wird hauptsächlich an den Kundenerwartungen ausgerichtet. Dazu müssen die entsprechenden Prozesse identifiziert und eingesetzt werden. Somit sind diese ebenfalls ausschlaggebend für die Qualitätsstrategie. Ein weiterer wesentlicher Treiber ist für den Interviewpartner die Führung, die dafür zuständig ist, das entsprechende Qualitätsbewusstsein im Unternehmen zu etablieren und entsprechende Verbesserungsprozesse voranzutreiben. Da es sich bei den Unternehmen in dem DLN primär um Einzelunternehmen handelt, gibt es keine hierarchische Struktur mit untergeordneten Mitarbeitern. Somit sind Führung und Mitarbeiter in der Regel ein und dieselbe Person. Als nicht starke, aber dennoch wesentliche Treiber wurden auch der Wettbewerb, die Dienstleistung und die IKT angesehen. Das DLN beobachtet die Angebote der Mitbewerber und versucht, ein entsprechendes Dienstleistungsangebot auf dem Markt anzubieten. Letztendlich gestaltet sich dieses Dienstleistungsangebot je nach Kundenwunsch individuell. Die IKT wird ebenfalls berücksichtigt, da diese einen wichtigen Faktor im Rahmen der Zusammenarbeit darstellt.

Bisher wird die Qualität im DLN noch nicht aktiv gesteuert. Aufgrund der auftragsbezogenen Zusammenarbeit wird der Fokus auf die Qualitätskoordination gelegt. Verantwortlich für die Qualität ist immer der Auftragnehmer, an den der Kunde direkt herangetreten ist. Die anderen Netzwerkpartner arbeiten verborgen im Hintergrund an der Dienstleistungserbringung. Der Kunde hat überwiegend keinen direkten Kontakt zu den anderen Netzwerkpartnern. Somit werden die Rahmenbedingungen für die Qualität ausschließlich durch die Kundenwünsche vorgegeben. Als Standard wird das vom Kunden gewünschte Arbeitsergebnis festgesetzt. Zielvorgaben hinsichtlich der Qualität gibt es im DLN keine, lediglich der vom Kunden gewünschte Termin und das Arbeitsergebnis dienen als Qualitätsziel. Sollte zur Erreichung des gewünschten Arbeitsergebnisses eine entsprechende Kompetenz im DLN fehlen, werden gewisse Aufgabenpakete an Subunternehmen ausgelagert oder bei verstärktem Bedarf neue Netzwerkpartner im DLN aufgenommen.

Da immer der jeweilige Auftragnehmer für die Qualität verantwortlich ist, verbleiben die meisten Qualitätssteuerungsaufgaben auf Mikroebene bei den Netzwerkpartnern. Jeder Netzwerkpartner legt individuell seine z. B. Qualitätsplanungsziele oder Qualitätssteuerungsmaßnahmen fest. Der Interviewpartner ist in seinem Unternehmen stets bestrebt, die Abläufe zu optimieren und legt z. B. eine Antwortzeit von 24 Stunden auf Kundenanfragen fest. Zudem hat er einen standardisierten Beschwerdemanagementprozess definiert. Um die Qualität im DLN sicherzustellen bzw. zu verbessern, werden einzelne Dienstleistungen modularisiert und ausgelagert, wenn diese Kompetenz im DLN fehlt. So werden z. B. Teilaufträge an eine Texterin ausgelagert, um hier dem Kunden die größtmögliche Qualität bieten zu können. Aufgrund der immer stärker werdenden Zusammenarbeit haben sich zwei Netzwerkpartner des DLN entschlossen, zukünftig ihre IKT zu integrieren. Sie möchten eine Customer Relationship Management (CRM) Datenbank aufbauen, auf die sie gemeinsam zugreifen können und somit aktiv am Aufbau der Kundenzufriedenheit arbeiten. Dadurch wird versucht, in dem Bereich eine gemeinsame Qualitätsstrategie zu entwickeln und entsprechende Qualitätssteuerungsmaßnahmen und -instrumente abzuleiten. Die verantwortlichen Rollen für die Qualitätssicherung und -verbesserung verbleiben bisher auf Mikroebene. Hier sind die Führungskräfte bzw. Mitarbeiter der einzelnen Netzwerkpartner für die Qualitätssteuerung zuständig.

Zur Qualitätssteuerung werden im DLN hauptsächlich Prozessdaten, wie z. B. Liefer- und Erbringfähigkeit oder Ergebnisse ausgetauscht. In diesem Rahmen sind auch Dienstleistungsdaten, wie die Dienstleistungsqualität und Dienstleistungsentwicklung, oder IKT-Daten (z. B. welche Office-Version von den einzelnen Netzwerkpartnern verwendet wird) interessant. Des Weiteren legen die Netzwerkpartner großen Wert auf eine gute Zusammenarbeit im DLN, weswegen Netzwerkpartnerdaten (z. B. die Beziehungsqualität) ausgetauscht werden. Finanzielle Kennzahlen, wie Umsatz, Kosten und Gewinn, werden im DLN nicht ausgetauscht, jedoch informieren sich die Netzwerkpartner gegenseitig über ihre aktuelle Auftragslage. Informationen über den Kunden (z. B. Kundenerwartungen oder Kundenzufriedenheit) werden als wichtig erachtet im Rahmen der Qualitätssteuerung, werden jedoch im DLN nicht ausgetauscht, da jeweils nur ein Netzwerkpartner den direkten Kontakt zum Kunden hat. Dies wird sich jedoch zukünftig durch die gemeinsame CRM-Datenbank ändern. Dadurch werden zukünftig dann auch Kundendaten zwischen den Netzwerkpartnern ausgetauscht.

Im Folgenden wird dargestellt, wie die IV im Rahmen der Qualitätssteuerung im DLN organisiert ist.

6.2.1.3 Darstellung der Qualitätssteuerung auf IKT-Ebene

Das DLN verfolgt bisher eine separate IV an der drei der Netzwerkpartner aktiv und regelmäßig beteiligt sind. Der Informationsaustausch findet hauptsächlich per Telefon und E-Mail statt. Zudem kommunizieren die Netzwerkpartner über Chat-Applikationen, wie z. B. Skype oder ICQ.

Zum Datenaustausch steht ein FTP-Server bereit, von dem zentral Dateien herunter geladen werden können. Die Netzwerkpartner arbeiten überwiegend mit den klassischen MS-Office Applikationen, sodass ein Dateiaustausch ohne Probleme möglich ist.

Zum Wissensaustausch haben die Netzwerkpartner ein geschlossenes Forum eingerichtet, worauf nur autorisierte Benutzer durch Log-In zugreifen können. Dieses Forum ist rein textbasiert, Grafiken oder Dateien können nur per E-Mail oder FTP-Server ausgetauscht werden.

Wie bereits im vorigen Kapitel angesprochen, planen zwei Netzwerkpartner eine stärkere Integration hin zur kooperativen IV. Durch eine gemeinsame CRM-Datenbank, basierend auf *Julitec*[517], sollen zukünftig relevante Kundeninformationen einfacher ausgetauscht werden können. Die CRM-Applikation ist bei einem Netzwerkpartner implementiert, und der andere Netzwerkpartner erhält online Zugriff per Team-Viewer.

In Abbildung 6-1 wird das Qualitätsinformationssystem des DLN veranschaulicht. Es wird deutlich, dass insbesondere die Qualitäts-Controllingobjekte Kunde und Prozess im Rahmen der Qualitätssteuerung Berücksichtigung finden. Die Qualitätssteuerung bezieht sich hauptsächlich auf die Qualitätskoordination im DLN und die entsprechende Qualitätsinformationsversorgung. Zukünftig ist eine verstärkte Qualitäts-Integration angedacht. Die Qualitätsinformationsversorgung ist überwiegend separat und dadurch die Applikationsarchitektur dezentral. Zukünftig ist eine hybride Form der Applikationsarchitektur angedacht.

---

517 Vgl. Julitec CRM: http://www.crm.julitec.de (Abruf am 12.11.2012).

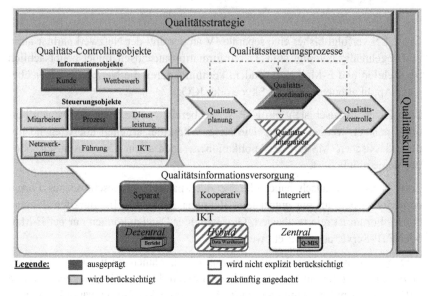

Abbildung 6-1: Qualitätsinformationssystem im IT-Servicenetzwerk

6.2.2 Fallstudie 2: Logistiknetzwerk

Die folgende Fallstudie stellt ein Logistiknetzwerk vor. Das DLN bietet standardisierte Systemverkehre sowie Dienstleistungen in der Kontraktlogistik in Deutschland und Europa an.

6.2.2.1 Vorstellung des Unternehmens und DLN

Das in dieser zweiten Fallstudie untersuchte Unternehmen ist als GmbH & Co. KG die Systemzentrale eines europaweit tätigen Logistiknetzwerkes. Es wurde 1993 gegründet und ist in Hessen ansässig. Das Dienstleistungsangebot deckt zum einen die systemgeführte Transportlogistik über Europa ab. Hierbei hat das DLN eine Palette an Terminverkehrprodukten entwickelt. Dabei wird primär der europaweite Stückgutverkehr auf der Straße abgedeckt. Zum anderen bietet das DLN Dienstleistungen im Bereich der Beschaffungs-, Distributions- und Kontraktlogistik an. In der Systemzentrale arbeiten ca. 15 Mitarbeiter, wobei das gesamte DLN ca. 6.000 Mitarbeiter hat. Der Jahresumsatz betrug 2011 ca. 1,4 Mrd. €.

Das DLN setzt sich aus 45 nationalen sowie 25 internationalen Speditions- und Logistikunternehmen zusammen. 15 Netzwerkpartner davon sind Gesellschafter des DLN. Das DLN kann dem Typ „Franchise DLN" zugeordnet werden. Die

Systemzentrale hat eine übergeordnete Stellung im DLN und somit gewisse Weisungsbefugnisse. Jedoch betonte der Interviewpartner, der für den Bereich Qualitätscontrolling und IT zuständig ist, dass die einzelnen Netzwerkpartner bereits eine starke Marktstellung haben und dadurch eine hohe Autonomie gegeben ist. Die Weisungsbefugnisse sind dadurch, anders wie z. B. in einer Konzernstruktur, nur bedingt gegeben. Die Gründe des Netzwerkbeitritts für die Netzwerkpartner ergeben sich hauptsächlich durch die Ausweitung des Serviceangebotes und Wettbewerbsvorteile durch ein deutschlandweit abgedecktes Netz mit 45 sowie international 60 Standorten.

Die Besonderheit des DLN in der Logistikbranche ist, dass alle nationalen Netzwerkpartner im Stückgutbereich nach DIN EN ISO 9001:2008 (Qualitätsmanagement) inklusive Hazard Analysis and Critical Control Points (HACCP)-Konzept (Lebensmittelsicherheit) und im Kontraktlogistikbereich nach DIN EN ISO 14001 (Umweltmanagement) zertifiziert sind. Zusätzlich wurde in 2012 bei sieben Netzwerkpartnern sowie der Systemzentrale eine Zertifizierung nach dem International Food Standard (IFS) durchgeführt, die zukünftig verpflichtend für alle nationalen Netzwerkpartner erfolgen soll. Als netzwerkweites Controlling werden Erfolgskontrollen, z. B. bei den Zustellquoten, und zusätzlich persönliche Audits durch den zentralen Qualitätsmanager bei den einzelnen Netzwerkpartnern durchgeführt. Eine detaillierte Ausführung der Maßnahmen und Instrumente der Qualitätssteuerung im DLN wird im Folgenden erläutert.

6.2.2.2 Darstellung der Qualitätssteuerung auf Strategie- und Prozessebene

Als wesentliche Treiber für die Anpassung der Qualitätsstrategie im DLN werden der Kunde und die Führung gesehen. Aufgrund der Kundenanforderungen müssen immer wieder die Prozesse geändert und angepasst werden, sodass diese auch als wesentliche Treiber gesehen werden. Die Dienstleistung wird insbesondere im Rahmen der Premiumprodukte (Terminverkehre) berücksichtigt. Dabei wird auch der Wettbewerb beobachtet, jedoch nicht maßgeblich in die Anpassung der Qualitätsstrategie mit einbezogen. Die Berücksichtigung der Mitarbeiter erfolgt indirekt im Rahmen von halbjährlichen Mitarbeiterveranstaltungen, deren Ergebnisse mit einfließen. Die Berücksichtigung der Netzwerkpartner wird als unwesentlich erachtet, und ebenso die der IKT, da die mittelständischen Speditionen vom Interviewpartner als nicht stark innovationsfreudig im Bereich der IKT eingestuft werden.

Das DLN setzt diverse Maßnahmen und Instrumente zur Qualitätssteuerung ein. Die Grundlage für die Zusammenarbeit bildet ein Vertrag zwischen der Systemzentrale und den einzelnen Netzwerkpartnern. Hierin sind gewisse Rahmenbedingungen festgelegt, z. B. zur Corporate Identity. In diesem Rahmen wird z. B. vorgegeben, wie das Logo des DLN auf den Planen der Nahverkehrsfahrzeuge eingesetzt werden muss. Des Weiteren werden in den Verträgen Zielvorgaben in mehreren Stufen definiert. Es werden prozentuale Sollvorgaben festgelegt, nach denen die Zielerreichung überprüft werden kann. Beispielsweise erfüllt eine termingerechte Zustellquote der zustellfähigen Sendungen unter 95% nicht das Soll und wird mit entsprechenden Sanktionsmaßnahmen in Form von Geldstrafen geahndet. Die Zielvorgaben werden jedoch gemeinsam in regelmäßigen Abständen in Arbeitskreisen oder Gesellschafterversammlungen überdacht und über Abstimmungsprozesse neu definiert. Der Interviewpartner merkt hierzu an, dass die Netzwerkpartner im DLN autonom sind und die administrative Systemzentrale erst durch diese ermöglicht wird. Deswegen müssen Entscheidungen mit finanziellen Auswirkungen auf die Netzwerkpartner gemeinsam definiert werden. In gewissen Bereichen werden auch Standards definiert, insbesondere im Bereich der Transportkette, bei der es z. B. einen einheitlichen Online-Ablieferbeleg gibt. Jedoch müssen hier starke regionale Unterschiede zwischen den Netzwerkpartnern berücksichtigt werden, sodass der Fokus primär auf der Zielerreichung liegt. Wie die internen Prozesse gestaltet sind, wird den einzelnen Netzwerkpartnern überlassen. Bei der Zieldefinition werden die regionalen Unterschiede, z. B. Stadt- oder Landgebiet, berücksichtigt. Direkte Maßnahmen zur Anpassung der Kultur im DLN werden nicht vorgenommen. Es werden jedoch diverse Veranstaltungen abgehalten, wie z. B. ein alle zwei Jahre stattfindendes Fußballturnier, an dem alle Netzwerkpartner teilnehmen können, die eine Mannschaft zusammengestellt bekommen. Zusätzlich findet alle zwei bis drei Jahre eine große Mitarbeiterveranstaltung an wechselnden Lokalitäten statt, an der mehrere Tausend Mitarbeiter teilnehmen. Diese Veranstaltungen dienen dem besseren Kennenlernen sowohl der einzelnen Netzwerkpartner untereinander als auch des gesamten DLN. Viele Netzwerkpartner weisen bereits eine eigene starke Stellung am Markt auf, und die Mitarbeiter können sich teilweise nur schwach mit dem DLN identifizieren. Finanzielle Entlohnungssysteme werden bisher noch nicht eingesetzt, jedoch wird einmal im Jahr eine Auszeichnung im Rahmen eines Wettbewerbs für besonders gute Netzwerkpartner im DLN vergeben, bei der auch qualitative Aspekte berücksichtigt werden. Zur Qualitätskontrolle wird ein eigenentwickeltes und webbasiertes Kennzahlensystem eingesetzt. Über eine Electronic Data Interchange (EDI)-Schnittstelle können die Netzwerkpartner zeitnah auf ihre eigenen, aus dem zentralen Rechenzentrum gespeisten Daten, wie z. B. Sendungsdaten, zugreifen und können diese zur individuellen Qualitätsmessung verwenden. Aus datenschutzrechtlichen Gründen hat nur die Systemzentrale Zugriff auf die Geschäftsdaten aller Netzwerkpartner. Die einzelnen Netzwerkpartner können jedoch anhand eines Rankings sehen, auf welchem Rang sie sich befinden, und können dadurch ihre eigene Leistung im DLN ermitteln. Sie sehen jedoch nicht, welche Netzwerkpartner sich auf den gegebenenfalls vorderen und hinteren Rängen befinden.

Die Verantwortlichkeiten für die Qualitätssteuerung liegen überwiegend bei den Netzwerkpartnern auf Führungs- oder Mitarbeiterebene. Je nach Größe des Netzwerkpartners haben diese eigene Qualitätsbeauftragte oder Qualitätsteams. Oft übernimmt diese Aufgabe jedoch ein Mitarbeiter neben seiner regulären Arbeit, z. B. in der IT oder im Verkauf. Wie bereits zuvor erläutert, werden auf Mesoebene gewisse Zielvorgaben im Rahmen der Qualitätssteuerung festgelegt. Hierfür gibt es keine speziellen Qualitätsgremien, sondern die qualitätsrelevanten Entscheidungen werden im Rahmen der Gesellschafterversammlungen und in Arbeitskreisen abgestimmt. Neben den Vorgaben zu den Qualitätssteuerungszielen werden auch Qualitätssteuerungsmaßnahmen festgelegt, wie z. B. Sollvorgaben zu den Prozessen im Rahmen von Sendungsrückmeldungen, wenn ein Störfall eintritt. Dadurch werden Qualitätsaktivitäten im DLN standardisiert und Dienstleistungen modularisiert. Beispielsweise werden Prozesszeiten oder Rücklaufzeiten von Entladeberichten definiert. Zudem gibt es ein Speditionsleiterhandbuch, in dem Teilprozesse, insbesondere bei den Premiumprodukten, genau festgelegt sind. Wie die Netzwerkpartner ihre internen Prozesse auf die Vorgaben anpassen, ist ihnen überlassen. Zur Unterstützung wird aber zusätzlich ein umfassendes Störfallmanagement von der Systemzentrale betreut, bei dem spezielle Einsatzteams zu Netzwerkpartnern entsandt werden, die in Engpässe geraten sind. Spezielle Qualitätsteams werden jedoch nicht unternehmensübergreifend im DLN eingesetzt. Es entstehen bei Bedarf entsprechende Projektgruppen, die z. B. bei Veränderung der Netzwerkstruktur, durch Anbindung eines neues oder Ausscheiden eines bestehenden Netzwerkpartners, den Prozess unterstützen. Diese sind unter anderem auch für qualitätsrelevante Aspekte verantwortlich, jedoch nicht ausschließlich. Die Netzwerkpartner passen ihre Qualitätsstrategie selbstständig an die von der Systemzentrale definierten Vorgaben und Standards an. Hier wird einmal pro Jahr ein Management Review in der Systemzentrale eingereicht, die dann überprüft, ob die selbst definierten Ziele erreicht wurden. Die Qualitätsbeauftragten bei den Netzwerkpartnern arbeiten hierbei eng mit dem Qualitätsmanager der Systemzentrale zusammen. Qualitätssteuerungsinstrumente werden nicht vorgegeben, jedoch können die Netzwerkpartner das von der Systemzentrale zur Verfügung gestellte Kennzahlensystem zur Qualitätssteuerung verwenden. Dies wird laut Interviewpartner auch genutzt, insbesondere von den größeren Netzwerkpartnern. Die Netzwerkpartner werden von der Systemzentrale dazu angehalten, jährlich mindestens ein internes Audit im Rahmen der DIN EN ISO-Zertifizierung durchzuführen. Zusätzlich wird zweimal jährlich durch die Systemzentrale ein Audit bei jedem Netzwerkpartner durchgeführt, und einmal jährlich wird durch ein externes Audit bei zufällig ausgewählten Netzwerkpartnern der Prüfer geprüft. Somit haben die Netzwerkpartner des DLN bis zu vier Qualitätsaudits pro Jahr.

Zur Qualitätssteuerung werden im DLN hauptsächlich Prozessdaten, wie Laufzeitstatistiken, Liefer- und Erbringfähigkeit, Beschädigungs- oder Fehlerquoten, ausgetauscht. Ebenfalls wichtig wird der Austausch von Dienstleistungsdaten, wie z. B. die Zustellquote oder neue Produkte, erachtet. Wichtige Kennzahlen stellen auch der Kundennutzen (subjektive Qualität – Preis) oder die Kundenzufriedenheit dar; diese Daten werden jedoch dezentral von den einzelnen Netzwerkpartnern erhoben und ausgewertet. Aufgrund der starken Wettbewerbssituation in der Logistikbranche werden auch Wettbewerbsdaten, wie z. B. Mitbewerberpreise, betrachtet. Hier orientiert sich die Preisgestaltung an der aktuellen Marktsituation der einzelnen Netzwerkpartner. Die Preisgestaltung zwischen den Netzwerkpartnern ist im DLN dagegen fest definiert. Die Mitarbeiterqualifikation und -entwicklung wird aktiv von der Systemzentrale gefördert, und daher ist der Austausch von Mitarbeiterdaten wesentlich. Es ist eine zentrale Intranet-Plattform für den gemeinsamen Wissensaustausch und als Schulungs-Plattform eingerichtet worden. Hierüber können die Mitarbeiter eine Vielzahl an Online-Kursen, wie z. B. Abrechnung oder Auftragsabwicklung, absolvieren. Haben die Mitarbeiter die vordefinierten Pflichtkurse pro Fachbereich bestanden und zusätzlich an einem für denselben Fachbereich vorgesehenen Präsenzkurs bzw. einer Schulung teilgenommen, erhalten sie von der Systemzentrale einen Ausweis in Form eines Führerscheins. Dadurch soll die Mitarbeiterbindung erhöht und dem drohenden Fachkräftemangel entgegengewirkt werden. Das Intranet dient weiterhin als interne Kommunikations-Plattform, in der sämtliche Dokumentationen abgelegt sind. Zur Rekrutierung werden auch Veranstaltungen bei den Netzwerkpartnern abgehalten, wie z. B. einen „Tag der offenen Tür", an dem sich Interessenten über die Logistikbranche informieren und einmal eine Spedition von innen betrachten können. Hierbei sollen insbesondere junge Leute für eine Ausbildung gewonnen werden. Es gibt Kurse für neue Mitarbeiter, die das DLN dadurch besser kennen lernen sollen oder für Auszubildende einen sogenannten „Business-Knigge-Kurs". Die Netzwerkpartner sind dazu angehalten, ihre Mitarbeiter auf die Online-Kurse aufmerksam zu machen und eine Teilnahme zu forcieren. Zusätzlich werden eine Reihe von Schulungen angeboten, die von externen Trainern durchgeführt werden. Die Schulungen decken ebenfalls die unterschiedlichsten Unternehmensbereiche, von IT-Schulungen bis Führungskräfteseminare, ab. Je nach Unternehmensgröße muss jeder Netzwerkpartner eine bestimmte Anzahl an Mitarbeitern zu diesen Schulungen schicken. Dies wird positiv in dem oben erwähnten, jährlichen Wettbewerb zwischen den Netzwerkpartnern berücksichtigt. Diese Maßnahmen dienen auch der Steigerung der Mitarbeiterzufriedenheit, die im letzten Jahr erstmalig per Fragebogen bei den Mitarbeitern der Netzwerkpartner erhoben wurde. Diese Informationen sollen in Zukunft weiter ausgebaut werden. Es wird zusätzlich ein Durchschnittswert der Mitarbeiterzufriedenheit pro Netzwerkpartner gebildet, der Rückschlüsse auf die Netzwerkpartnerzufriedenheit geben soll. Auf Führungsebene werden zusätzlich Kennzahlen, wie Gewinn, Umsatz und Kosten ausgetauscht. Diese dienen als Benchmark, da es im Interesse des gesamten DLN ist, dass kein Unternehmen „rote Zahlen" schreibt, wie der Interviewpartner angab. Diese Kennzahlen werden wie in Ratingagenturen bewertet, um die finanzielle Sicherheit übersichtlich darzustellen. Dies dient auch der Sicherstellung eines positiven Gesamtimages des DLN, welches als Information auch regelmäßig erhoben und überprüft wird. Die weichen Faktoren, wie die Beziehungsqualität oder die Qualitätskultur, z. B. im Rahmen von Führungsdaten, werden bisher nicht berücksichtigt. IKT-Daten werden im Rahmen der Qualitätssteuerung ebenfalls als unwesentlich erachtet.

Im Folgenden wird dargestellt, wie die IV im Rahmen der Qualitätssteuerung im DLN organisiert ist.

6.2.2.3 Darstellung der Qualitätssteuerung auf IKT-Ebene

Das DLN verfolgt derzeit eine kooperative IV. Jeder nationale Netzwerkpartner muss an das zentrale Data Warehouse angebunden sein. Über EDI werden sämtliche für das DLN relevanten Daten von den einzelnen Netzwerkpartnern zur Verfügung gestellt. Die Systemzentrale hat Zugriff auf alle Daten, die Netzwerkpartner jeweils auf ihre eigenen. Wie bereits vorab beschrieben, werden Kennzahlen aus den Daten gebildet, die in Form eines Rankings dargestellt werden. Somit kann jeder Netzwerkpartner seinen Rang im DLN einsehen, nicht jedoch, welcher Netzwerkpartner im Ranking vor oder hinter ihm ist. Dies wird aus datenschutzrechtlichen Gründen nicht freigegeben. Die internationalen Netzwerkpartner sind nicht verpflichtet, sich an das Data Warehouse anzubinden. Die Nachbarländer, wie z. B. Österreich, Dänemark, Schweiz usw., sind jedoch bereits angebunden. In der Regel sind diese Länder auch bereits DIN EN ISO-zertifiziert. Schwieriger ist es bei den osteuropäischen Ländern, wie z. B. Tschechien, Polen oder der Ukraine. Hier wird die DIN EN ISO-Zertifizierung noch viele Jahre dauern, vermerkt der Interviewpartner, und auch die datentechnische Anbindung hinkt hinterher. Oft sind es auch sprachliche Hürden, die eine Anbindung an das zentrale Data Warehouse erschweren. Die Kommunikation mit den nicht angebundenen, internationalen Netzwerkpartnern findet überwiegend per Telefon, Fax und E-Mail statt.

Des Weiteren wurde in dem DLN ein zentrales Intranet zum Wissensaustausch und als Onlinekurs-Plattform etabliert. Hier können sich alle Mitarbeiter jedes Netzwerkpartners einloggen, die unterschiedlichen, hochgeladenen Dokumente einsehen, miteinander kommunizieren oder Onlinekurse absolvieren.

Von der Systemzentrale wird bereits die Cloud-Lösung Citrix verwendet, hauptsächlich für den E-Mail- und Office-Bereich. Vier größere Netzwerkpartner benutzen diese Cloud-Lösung ebenfalls. Der Großteil der Netzwerkpartner ist jedoch noch nicht offen für neuere Technologien. Das zeigte sich bereits bei der Einführung der Scanner für die Fahrer. Hier ist das DLN noch nicht zu 100% abgedeckt, was jedoch teilweise auch durch die Kunden in den jeweiligen Gebieten begründet ist. Oft möchte der Kunde seinen Sendungsauftrag manuell an den jeweiligen Netzwerkpartner übersenden bzw. verweigert die Übernahmebestätigung bei Anlieferung mit digitaler Unterschrift auf dem Scanner, sodass hier wieder manuelle Eingabeprozesse nötig sind.

Es wird über eine zukünftig integrierte IV nachgedacht, jedoch merkt der Interviewpartner an, dass die Logistikbranche im IT-Bereich wenig innovationsfähig ist und daher Veränderungen im IT-Bereich kritisch gegenübersteht. Jeder Netzwerkpartner verwendet bisher noch eine spezielle Branchenlösung, die von ihren jeweiligen IT-Partnern dezentral betreut wird. Im DLN werden insgesamt ca. zehn verschiedene Branchenlösungen verwendet, die teilweise sehr veraltet sind. Momentan ist es aus Kosten- und Einstellungsgründen jedoch nicht abzusehen, wann die Netzwerkpartner in eine einheitliche Applikation integriert werden können.

Abbildung 6-2 veranschaulicht das Qualitätsinformationssystem des DLN. Hierbei wird deutlich, dass insbesondere die Qualitäts-Controllingobjekte Kunde, Prozess und Dienstleistung eine ausgeprägte Beachtung finden. Der Qualitätssteuerungsprozess wird umfassend von der Qualitätsplanung über die Qualitätskoordination und -integration bis hin zur Qualitätskontrolle mit der jeweils entsprechenden Qualitätsinformationsversorgung berücksichtigt. Das Logistiknetzwerk verfolgt überwiegend eine kooperative IV und die Applikationsarchitektur ist demnach hybrid ausgerichtet.

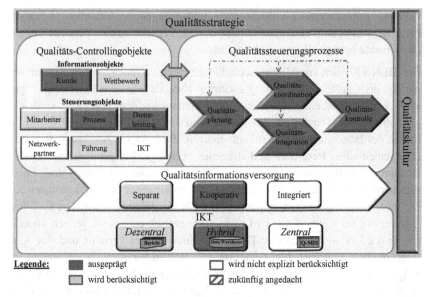

Abbildung 6-2: Qualitätsinformationssystem im Logistiknetzwerk

6.2.3 Fallstudie 3: Beratungsnetzwerk

Die folgende Fallstudie stellt ein Beratungsnetzwerk vor. Das DLN bietet umfassende Beratungsdienstleistungen, wie z. B. Strategieberatung, Entwicklung fachlicher Konzepte, technische Lösungsintegrationen, Change Management oder Personalentwicklung, an.

6.2.3.1 Vorstellung des Unternehmens und DLN

Das in der dritten Fallstudie untersuchte Unternehmen ist als eine 1999 gegründete Aktiengesellschaft (AG) die Holding eines deutschlandweiten Beratungsnetzwerkes und ist in Hessen ansässig. Das Unternehmen agiert im DLN als Koordinator, Geschäftsentwickler und Generalunternehmen. Das DLN, welches dem Netzwerktyp „Virtuelles DLN" zugeordnet werden kann, bietet Beratungsdienstleistungen im Geschäftsprozess- und Technologiebereich an. Dazu gehören IT-Strategie, Sourcing Strategie, Organisationsentwicklung, Programm- und Projektmanagement, Unternehmenssteuerung, Vertrieb und Marketing, Controlling und Finanzen, Entwicklung und Produktion, ERP-Einführung, Personalmanagement, Geschäftsintegration, Leistungsoptimierung, Applikationsanalyse und -entwicklung sowie Systemarchitektur. Die Branchenkompetenzen erstrecken sich dabei insbesondere auf die Branchen Automotive, Banken, Energie,

Handel, Gesundheitswesen, Maschinen- und Anlagenbau, Öffentlicher Sektor, Pharma, Telekommunikation, Transport und Verkehr sowie Versicherungen. Der Umsatz betrug 2011 ca. 60 Mio. Euro.

Das DLN setzt sich aus 41 unterschiedlichen Beratungsunternehmen zusammen, die das breit gefächerte Leistungsspektrum abdecken. In dem DLN sind insgesamt 1.400 Mitarbeiter beschäftigt. Die Netzwerkpartner im DLN sind alle gleichberechtigt. Der Grund des Netzwerkzusammenschlusses liegt hauptsächlich in der Bündelung von Kernkompetenzen, die jeder Netzwerkpartner in den unterschiedlichen Bereichen und Branchen mitbringt. Ein gemeinsames Qualitätsmanagementsystem wird nicht eingesetzt, jedoch betonte der Interviewpartner, der geschäftsführender Gesellschafter eines Netzwerkpartners des DLN ist, dass einige Netzwerkpartner DIN EN ISO 9000 ff. zertifiziert sind. Ein netzwerkweites Controlling wird nicht systematisch eingesetzt, jedoch koordinieren die Netzwerkpartner im DLN untereinander ihre Termine und das Auftragsvolumen und erarbeiten gemeinsam Strategien zur Kundengewinnung. Im Folgenden werden einzelne Maßnahmen und Instrumente im Rahmen der Qualitätssteuerung aufgezeigt sowie die dafür benötigten Informationen, die im DLN ausgetauscht werden.

6.2.3.2 Darstellung der Qualitätssteuerung auf Strategie- und Prozessebene

Als wesentliche Treiber zur Anpassung der Qualitätsstrategie im DLN werden der Kunde, die Mitarbeiter, die Prozesse, die Dienstleistung und die IKT gesehen. Der Kunde als Auftraggeber steht im Fokus und bestimmt das Qualitätsniveau. Die Mitarbeiter im DLN müssen dieses mit ihrer fachlichen und sozialen Kompetenz erfüllen können. Auf diese Kompetenzen wird im DLN besonderer Wert gelegt, da die fachliche Kompetenz zum einen die Güte der Leistungserstellung für den Kunden abdeckt und zum anderen die soziale Kompetenz den kommunikativen Faktor zum Kunden sowie zu den Netzwerkpartnern erfüllt. Der Interviewpartner merkt an, dass nur durch sozial kompetente Mitarbeiter der freiwillige Zusammenschluss des DLN gut funktionieren kann. Um wettbewerbsfähig zu sein, ist ein qualitativ gutes Dienstleistungsangebot ausschlaggebend. Das DLN beobachtet unregelmäßig das Angebot und die Qualitätsstandards des Wettbewerbs. Es legt die Erkenntnisse jedoch nicht als Basis für eigene Anpassungen der Qualitätsstrategie zugrunde. Hierfür sind ausschließlich die Kundenerwartungen und der Kundennutzen wesentlich. Ein weiterer wesentlicher Treiber sind die Prozesse. Diese werden regelmäßig auf Qualität und Wirtschaftlichkeit geprüft. Dazu gehört auch die Berücksichtigung der IKT, ob es z. B. neue innovative Technologien auf dem Markt gibt.

Zur Steuerung der Qualität setzt das DLN verschiedene Maßnahmen und Instrumente ein. Die Basis bildet ein Mitgliedervertrag, in dem die Rechte und Pflichten sowie die Mitgliedsbeiträge geregelt sind. Zusätzlich müssen alle Netzwerkpartner unterschreiben, dass sie sich verpflichten, das gemeinsame Wertesystem des DLN anzuerkennen und ihm zu folgen. Das gemeinsame Wertesystem bildet die Basis für die Zusammenarbeit im DLN. Die gemeinsamen Werte beruhen auf dem Aufbau von Vertrauen, gegenseitiger Fairness, Ehrlichkeit und Zuverlässigkeit. Hierdurch wird im DLN eine starke Qualitätskultur aufgebaut, die sowohl die Verantwortung gegenüber den Kunden und der Gesellschaft als auch gegenüber den Netzwerkpartnern und Mitarbeitern hervorhebt. Der Wissensaufbau und Wissenstransfer ist dabei eine wesentliche Prämisse. Finanzielle Sanktionsmaßnahmen werden im DLN nicht eingesetzt; verstößt jedoch ein Netzwerkpartner gegen das gemeinsame Wertesystem, kann er durch gemeinschaftlichen Beschluss aus dem DLN ausgeschlossen werden.

Abstimmungsprozesse sind in dem Beratungsnetzwerk die überwiegende Maßnahme zur Steuerung der Qualität. Aufgrund der Gleichberechtigung aller Netzwerkpartner im DLN, die sehr betont wird, hat jeder Netzwerkpartner Mitbestimmungsrecht. Es werden keine direkten Standards festgesetzt oder Rahmenbedingungen vorgegeben. Dies geschieht eher indirekt durch die Anforderungen des Kunden, welche absolute Priorität besitzen. Zudem werden die Wettbewerbsbedingungen beobachtet und teilweise mit berücksichtigt. Da einige Netzwerkpartner des DLN DIN EN ISO-zertifiziert sind, werden bei bestimmten Projekten, an denen diese Netzwerkpartner beteiligt sind, die Qualitätsstandards nach DIN EN ISO 9000 ff. zugrunde gelegt.

Die Verantwortlichkeiten für die Qualitätssteuerung liegen bei den Netzwerkpartnern des DLN. Hier sind die Führungskräfte und Mitarbeiter für die Qualitätsaufgaben verantwortlich. Je nach Unternehmensgröße gibt es bei einzelnen Netzwerkpartnern auch Qualitätsteams und -audits. Qualitätsgremien werden aufgrund der klein- bis mittelständischen Unternehmensgrößen eher selten eingesetzt. Auf Mesoebene gibt es keine verantwortlichen Rollen für die Qualitätssteuerung. Hier sind lediglich die Mitarbeiter in den unternehmensübergreifenden Projekten für die Umsetzung der Qualität verantwortlich. Somit werden auch alle Aufgaben zur Qualitätssteuerung, wie die Festlegung von Qualitätssteuerungszielen, die daraus abgeleitete Anpassung der Qualitätsstrategie oder die Festlegung von Qualitätssteuerungsinstrumenten bei den einzelnen Netzwerkpartnern verfolgt. Auf Mesoebene werden bei Bedarf Fehleranalysen durchgeführt, wenn z. B. ein Projekt nicht gut gelaufen ist. Aus den Erkenntnissen können zukünftige Maßnahmen für die Vermeidung solcher Fehler abgeleitet werden. Eine Vorgabe von Qualitätssteuerungsmaßnahmen durch das DLN erfolgt jedoch nicht. Standardisierte Qualitätsaktivitäten werden nur dann verfolgt, wenn etwa ein Kundenwunsch ein spezielles Qualitätsmanagementsystem fordert. Dann lehnt man sich an die Netzwerkpartner im DLN an, die diese Kompetenz aufweisen. Ebenso verhält es sich bei speziellen Branchenkenntnissen eines Netzwerkpartners. Hier richten sich die anderen Netzwerkpartner des Projektes nach den Standards des Netzwerkpartners mit der entsprechenden Kompetenz. Laut Interviewpartner funktioniert das sehr gut im DLN, da eine starke Qualitätskultur im DLN vorherrscht und jeder Netzwerkpartner die Vorteile für sich aus dieser Vorgehensweise erkennt. Durch dieses gegenseitige Vertrauen entsteht bei den monatlichen Treffen auch eine Offenheit in der Kommunikation. Jeder Netzwerkpartner berichtet hier offen von seinen Projekten und zeigt sowohl Positives als auch Negatives auf, damit alle im DLN von den Erfahrungen lernen können. Im Bereich der IKT gibt es ein zentrales Ressourcenmanagement. Hier werden in einem CRM-System zentral Kundendaten, wie z. B. Adressdaten, verwaltet. Zusätzlich gibt es eine Mitarbeiter-Datenbank, in der jeder Mitarbeiter im DLN mit den entsprechenden Kenntnissen und Fähigkeiten gespeichert ist. Diese Daten werden auf Wunsch jedem Netzwerkpartner zur Verfügung gestellt.

Zur Steuerung der Qualität werden im DLN auch Kundendaten, wie z. B. Kundenerwartungen und Kundenzufriedenheit, ausgetauscht. Diese Informationen werden vom Interviewpartner als sehr wichtig eingestuft. Wettbewerbsdaten werden nur teilweise berücksichtigt, da man je nach Auftraggeber und Projekt individuelle Absprachen tätigt und dabei auch von der z. B. marktüblichen Preisgestaltung abweichen muss. Die Prozessdaten, wie z. B. Projektzeiten oder die Erfolgsquote bei Kundenakquisen, werden regelmäßig informell in den monatlichen Treffen ausgetauscht. Hierbei versuchen die Netzwerkpartner gegenseitig voneinander zu lernen und ihr Wissen auszutauschen. Das Image ist eine sehr wichtige Information für das DLN und es wird stetig an dessen Aufbau gearbeitet. Dazu werden im DLN auch die Umsatzzahlen der Netzwerkpartner ausgetauscht. Hier geht es weniger um die konkreten Zahlen als darum, zu erkennen, ob die einzelnen Netzwerkpartner ein erfolgreiches oder weniger erfolgreiches Geschäftsjahr hatten. Gegebenenfalls werden weniger erfolgreiche Unternehmen von den anderen unterstützt, indem die anderen Netzwerkpartner einzelne kleinere Projekte an diese Netzwerkpartner vermitteln. Dies geschieht jedoch auf freiwilliger Basis und kann nur durch eine starke Qualitätskultur realisiert werden. Eine gute Beziehungsqualität ist dem DLN deswegen sehr wichtig. Dazu werden regelmäßig Informationen über die Führung und die

Netzwerkpartnerzufriedenheit ausgetauscht. Dies geschieht in der Regel informell an den monatlichen Treffen. Des Weiteren werden Dienstleistungsdaten,
wie z. B. die Dienstleistungsqualität bzw. Projektqualität, für wichtig erachtet,
um die Wettbewerbsfähigkeit zu erhalten. Die Dienstleistungsentwicklung findet dabei weniger Beachtung. Aufgrund der wissensintensiven Dienstleistungen,
die das DLN anbietet, wird zukünftig verstärkt die Mitarbeiterqualifikation und
-entwicklung berücksichtigt, um die gewünschten fachlichen sowie sozialen
Kompetenzen auszubauen. Entsprechende Daten über die IKT, wie z. B. die
Benutzerfreundlichkeit oder Anwendbarkeit bestimmter IKT, werden dabei
auch als wesentlich erachtet.

Im Folgenden wird dargestellt, wie die IV im Rahmen der Qualitätssteuerung im
DLN organisiert ist.

6.2.3.3 Darstellung der Qualitätssteuerung auf IKT-Ebene

Das DLN verfolgt eine überwiegend separate IV. Insbesondere die Daten des
zentralen Ressourcenmanagements, wie z. B. Kundenlisten, werden per E-Mail
versandt. Die Kommunikation findet hauptsächlich per Telefon und Fax statt.

Die Netzwerkpartner, die gemeinsam an einem Projekt arbeiten, tauschen ihre
Qualitätsberichte ebenfalls per E-Mail untereinander aus. Generell funktioniert
der Informationsaustausch in diesen kleineren Subsystemen (Projektnetzwer-
ken) sehr gut. Die Netzwerkpartner arbeiten in ihren Unternehmen hauptsächlich mit den gängigen Office-Applikationen, wie z. B. Word oder Excel.

Im DLN gibt es eine zentrale CRM-Applikation, welche primär als Kundenad-
ressdatenbank fungiert. Diese wird vom zentralen Ressourcenmanagement in
der Holding verwaltet. Die einzelnen Netzwerkpartner können nicht auf die
Applikation zugreifen. Eine Kundenliste wird einmal jährlich oder auf Anfrage
als Excel-Liste per E-Mail an die Netzwerkpartner versandt.

Abbildung 6-3 veranschaulicht das Qualitätsinformationssystem des DLN.
Hierbei wird deutlich, dass insbesondere die Qualitäts-Controllingobjekte Kunde, Mitarbeiter, Prozesse und IKT eine ausgeprägte Beachtung finden. Der
Qualitätssteuerungsprozess wird hauptsächlich im Rahmen der Qualitätsplanung, -koordination sowie -integration berücksichtigt. Die IV erfolgt nur
separat und die Applikationsarchitektur ist demnach dezentral.

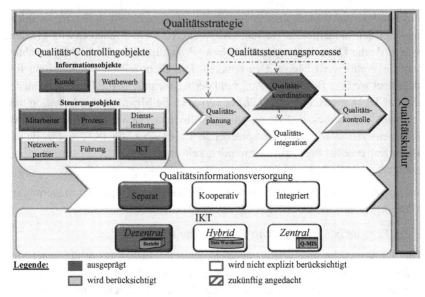

Abbildung 6-3: Qualitätsinformationssystem im Beratungsnetzwerk

6.2.4 Fallstudie 4: Gesundheitsnetzwerk

Die folgende Fallstudie stellt ein Gesundheitsnetzwerk vor. Das DLN bietet innovative Dienstleistungen für Radiologiepraxen und Krankenhäuser an.

6.2.4.1 Vorstellung des Unternehmens und DLN

Das in dieser Fallstudie untersuchte Unternehmen ist eine AG aus der Branche Gesundheitswesen. Das Unternehmen wurde 1999 gegründet und hat seinen Sitz in Baden-Württemberg. Das Leistungsspektrum des von Industrie und Herstellern unabhängigen Unternehmens umfasst Gerätemanagement, IT-Beratung und Teleradiologie, Beschaffungsmanagement, Wirtschaftsberatung, Qualitätsmanagement und Kontrahierung sowie den Betrieb von fünf Radiologienetzen und einem Radiologie-Club. Das Unternehmen setzt sich aus einem interdisziplinären Team von 70 Mitarbeitern zusammen und hat im Jahre 2011 einen Umsatz von 23 Mio. € erwirtschaftet. Der Interviewpartner ist als Prokurist für die Bereiche Qualitätsmanagement und Mammographie-Projekte sowie dem Netz- und Clubmanagement zuständig.

Das daraus entstandene DLN umfasst mittlerweile deutschlandweit 360 unabhängige Fachärzte in über 100 Praxen und 70 Krankenhäusern. Die Netzwerkpartner sind alle gleichberechtigt und hauptsächlich aufgrund von Kosten- und

Wettbewerbsvorteilen dem DLN beigetreten. Das DLN kann dem Netzwerktyp „Kooperatives DLN" zugeordnet werden. Das DLN arbeitet in erster Linie nach der DIN EN ISO 9000 ff., wendet jedoch in einzelnen Bereichen weitere Qualitätsmanagementtechniken an, um die Qualität im DLN zu sichern und zu verbessern. Der Interviewpartner gibt an, dass der Kontinuierliche Verbesserungsprozess (KVP) überall implementiert wurde. Netzwerkweites Controlling wird ebenfalls berücksichtigt. Hier werden insbesondere die Bereiche technisches Controlling, Dienstleistercontrolling, Controlling für den Arbeitsschutz und Arbeitssicherheit, Finanz-Controlling und medizinisches Controlling angeführt. Welche Maßnahmen und Instrumente im Rahmen der Qualitätssteuerung im DLN berücksichtigt werden, wird im Folgenden näher erläutert.

6.2.4.2 Darstellung der Qualitätssteuerung auf Strategie- und Prozessebene

Als wesentlicher Treiber für die Anpassung der Qualitätsstrategie im DLN wird die Gesundheitspolitik gesehen. Hier versucht das DLN, sich entsprechend den Anforderungen und Restriktionen anzupassen und auch zukünftige Entwicklungen vorausschauend zu berücksichtigen. Fünf Mitarbeiter sind speziell für diese gesundheitspolitischen Beobachtungen und Aufgaben eingestellt. Als wesentlichen Treiber nennt der Interviewpartner auch die IKT. Aufgrund der speziellen, technologiegetriebenen Sparte des Gesundheitswesen, in der sich das DLN befindet, sind Innovationen der IKT ausschlaggebend, um das entsprechende Dienstleistungsangebot anzupassen und die Prozesse daraus auszurichten. Die Prozesse werden nachhaltig berücksichtigt und daher im Rahmen der Qualitätsstrategie als ein wesentlicher Treiber berücksichtigt. Ebenso wird das Dienstleistungsangebot stets auf die Kundenwünsche ausgerichtet. Die Kunden des DLN sind nicht nur die Patienten, sondern vor allem die zuweisenden Ärzte, die die Patienten an die Fachärzte des DLN verweisen. Eng damit verbunden sind auch die Mitarbeiter des DLN, die die Dienstleistung erbringen und deswegen ebenfalls wesentlich im Rahmen der Qualitätsstrategie berücksichtigt werden.

Die Steuerung der Qualität erfolgt hauptsächlich durch Abstimmungsprozesse im DLN. Diese werden mit allen Netzwerkpartnern in den mehrmals jährlich stattfindenden Vollversammlungen abgehalten. Die Netzwerkpartner unterschreiben bei Eintritt ins DLN einen Vertrag, in dem alle wichtigen Rahmenbedingungen festgehalten sind. Hier wird dem Netzwerkpartner auch ein Vetorecht eingeräumt, welches er bei diesen Abstimmungsprozessen verwenden kann. Im engen Zusammenhang mit den Abstimmungsprozessen stehen auch die Zielvorgaben. Diese werden zentral vorgeschlagen und bei den Vollversammlungen zur Diskussion gestellt. Es können keine direkten Vorgaben gemacht werden, da die Netzwerkpartner autonom und gleichberechtigt im DLN sind. Ebenso verhält es sich mit der Vorgabe von Standards und Rahmenbedingungen. Diese werden auf Mesoebene empfohlen, z. B. in einem gemeinsamen Netzwerkcodex, der den Umgang der Netzwerkpartner untereinander festlegt und kann durch Sanktionsmaßnahmen, wie z. B. Ausschluss aus dem DLN, durchgesetzt werden. Die Identität mit dem DLN ist sehr erwünscht, sodass kulturfördernde Maßnahmen eingesetzt werden. Diese werden unter einem speziellen Stichwort erfasst, und es wurde für diese Aufgabe ein Mitarbeiter neu eingestellt. Die Flexibilität im DLN ist eine weitere Prämisse, die erhalten bleiben soll. Der Interviewpartner merkt an, dass trotz des stetigen Wachstums des DLN versucht wird, die Netzwerkstruktur sehr flexibel zu halten, um diese bei Bedarf jederzeit anpassen zu können. Das kann im negativen Fall auch einmal dazu führen, dass ein Netzwerkpartner durch einen gemeinschaftlichen Beschluss der Netzwerkversammlung aus dem DLN ausgeschlossen wird, da vorab gemachte verbindliche Erklärungen nicht eingehalten wurden. Diese Sanktionsmaßnahme stellt jedoch eine Ausnahme dar, da ansonsten keine sanktionierenden Maßnahmen im DLN eingesetzt werden. Entlohnungssystem, wie z. B. Incentives oder finanzielle Anreize, werden nicht eingesetzt. Jedoch ist dem DLN die positive Bewertung guter Leistungen wichtig, sodass die Entlohnung in Form von positivem Nutzen sowohl für den Netzwerkpartner als auch für das gesamte DLN hervorgehoben wird und dadurch für den Netzwerkpartner eine Entlohnung in Form von Bestätigung und Lob geboten wird.

Das DLN hat zentral verantwortliche Rollen für die Qualitätssteuerung definiert. Somit werden Qualitätsplanungsziele und die daraus abgeleitete, netzwerkweite Qualitätsstrategie in der ersten Vollversammlung des Jahres besprochen und abgestimmt. Die Netzwerkpartner können ihre Unternehmensziele und die Unternehmensstrategie daran anpassen. Da die Netzwerkpartner autonome Praxen sind, verfolgen sie nicht alle Aufgaben und Projekte im Rahmen des DLN. Dadurch können laut Interviewpartner keine allgemeinen Qualitätssteuerungsmaßnahmen oder -instrumente für die einzelnen Netzwerkpartner vorgegeben werden. Von der zentralen Stelle werden diese vorgeschlagen und es liegt in der Verantwortung der Netzwerkpartner, wie und in welchem Umfang diese umgesetzt bzw. angewendet werden. Zentral gibt es im DLN Führungskräfte und Mitarbeiter, die speziell für den Bereich Qualitätsmanagement angestellt sind und diesen im DLN koordinieren und unterstützend den Netzwerkteilnehmern zur Seite stehen. Bei den Netzwerkpartnern gibt es, je nach Größe, auch Qualitätsbeauftragte, die sowohl auf Mitarbeiter- als auch auf Führungsebene agieren. Im DLN hat jeder Netzwerkpartner mindestens einen Qualitätsbeauftragten, da die Praxen üblicherweise 20 oder mehr Mitarbeiter beschäftigen. Nach den Richtlinien des Gemeinsamen Bundesausschusses (G-BA) wird empfohlen, in Praxen mit mehr als drei nicht-ärztlichen Mitarbeitern, einen nicht-ärztlichen Qualitätsbeauftragten zu ernennen. In großen Praxen werden für einzelne Projekte auch Qualitätsteams eingesetzt, die z. B. die Implementierung eines neuen technischen Gerätes begleiten und überwachen. Auf Mesoebene werden regelmäßig Qualitätsteams für netzwerkweite Projekte eingesetzt. Im DLN werden zentral Standards für Qualitätsaktivitäten, wie z. B. Prozessabläufe, vorgeschlagen. Hierzu wird den Netzwerkpartnern im DLN auch regelmäßig ein Qualitätsbericht vorgelegt, der als Benchmark für alle Netzwerkpartner gilt. Ebenso werden Modularisierungen von Dienstleistungen vorgeschlagen. Die Anwendung der Empfehlungen obliegt jedoch wieder der Verantwortung der Führungskräfte und Mitarbeiter bei den Netzwerkpartnern. Die Qualitätsempfehlungen werden von einem Gremium im DLN vorgeschlagen. Dieses ist auf Mesoebene unter anderem für qualitätsrelevante Fragestellungen einberufen. Es dient außerdem als eine Art Filtergremium für die Vollversammlungen. Hier werden vorab alle relevanten Themen besprochen und geprüft, und nur die für relevant erachteten Themen werden in der Vollversammlung für alle Netzwerkpartner zur Abstimmung vorgetragen. Das Gremium setzt sich aus fünf bis sechs Mitgliedern aus den verschiedenen Regionen und Bereichen zusammen und wird alle drei Jahre neu gewählt. Zur Qualitätskontrolle werden mindestens einmal jährlich interne und externe Qualitätsaudits durchgeführt. Die externen Audits werden von unabhängigen Zertifizierern durchgeführt. Die Integration der IKT wird im DLN verstärkt gewünscht. Beispielsweise wurde vor zwei Jahren ein gemeinsames Datenarchiv in einem ausgelagerten Archivzentrum aufgebaut. Hier können die Netzwerkpartner des DLN ihre medizinischen Daten abspeichern und darauf zugreifen. Es ist angedacht, dass zukünftig alle Netzwerkpartner dieses Datenarchiv nutzen. Einige Netzwerkpartner haben kurz vor diesem Projekt größere Investitionen zum Aufbau eines eigenen Datenarchives getätigt, sodass bei diesen Netzwerkpartnern die Umsetzung eher langfristig zu berücksichtigen ist.

Zur Qualitätssteuerung tauscht das DLN umfangreich Daten aus. Die Kundendaten, wie z. B. die Kundenzufriedenheit oder die Kundenerwartungen, werden als wesentlich erachtet. Hierzu wurde 2009 eine Qualitätsstudie bei 88 Praxen des DLN gemacht. Es wurden insgesamt 22.000 Fragebögen an die Patienten verteilt und es gab eine Rücklaufquote von 46%. Die Ergebnisse haben Aufschluss über die Kundenzufriedenheit im DLN gegeben und lieferten wertvolle Informationen für die Weiterentwicklung des Qualitätsmanagements. Die Kunden im DLN sind jedoch nicht nur die Patienten, sondern vor allem – wie bereits dargestellt – die zuweisenden Ärzte. Auch diese Daten werden im DLN sehr ernst genommen. Wettbewerbsdaten werden ebenfalls erhoben. Hier sind insbesondere strukturelle Entwicklungen des Wettbewerbs interessant, z. B. Zusammenschlüsse mehrerer Praxen. Auch hier führt das DLN regelmäßig Marktstudien durch. Dabei ist die Information über das eigene Image ebenfalls sehr wichtig. Zur Steigerung der Wettbewerbsfähigkeit werden bei den Vollversammlungen regelmäßig Informationen über Innovationen in der medizinischen Dienstleistung ausgetauscht. Hierbei versuchen die Netzwerkpartner, auf dem aktuellen Stand zu bleiben und gegenseitig voneinander zu lernen. Dazu werden auch regelmäßig medizinische Studien und Fachzeitschriften analysiert sowie Fachkongresse besucht. Dabei werden fachübergreifende Quellen berücksichtigt und die Ergebnisse im DLN präsentiert. Somit muss eine gemeinsame Kultur im DLN entstehen, die Offenheit und Transparenz zulässt. Wie bereits oben erläutert, wurde zur Weiterentwicklung der Qualitätskultur ein neuer Mitarbeiter angestellt, der diesen Bereich fördern soll. Nicht nur Dienstleistungsdaten, wie die Dienstleistungsentwicklung hinsichtlich neuer und innovativer Dienstleistungen, werden betrachtet, sondern es findet auch ein Austausch von Prozessdaten statt. Eine qualitativ hochwertige Dienstleistungserbringung ist insbesondere im medizinischen Bereich unter Umständen lebenswichtig, da dadurch die Ergebnisqualität gesteigert werden kann. Dazu ist eine hohe Prozessqualität nötig. Die Prozessdaten werden bei den Vollversammlungen in Form von Benchmarks aufgezeigt und zur Diskussion gestellt. Daraus ergeben sich häufig Qualitätsteams, die gemeinsam versuchen, entsprechende Schwachstellen im DLN zu beheben. Der Interviewpartner vermerkt hierzu, dass im Rahmen der Benchmarks auch regionale Unterschiede berücksichtigt werden müssen. Aufgrund der Bestrebung einer stärker wachsenden Qualitätskultur im DLN werden Netzwerkpartnerdaten, wie z. B. die Netzwerkpartnerzufriedenheit und die Beziehungsqualität, als wichtig erachtet. Dabei werden nicht nur die internen Netzwerkpartner berücksichtigt, sondern auch externe Partner, wie etwa Lieferanten, die z. B. medizinische Geräte an das DLN liefern. In diesem Rahmen werden jedoch Mitarbeiterdaten, wie z. B. die Mitarbeiterzufriedenheit oder -entwicklung, vergleichsweise wenig betrachtet. Die Netzwerkpartner sind hier in der Eigenverantwortung. Es werden zentrale Fortbildungen angeboten, um die Mitarbeiterentwicklung im DLN zu fördern. Ebenso werden keine finanziellen Kennzahlen von den einzelnen Netzwerkpartnern freigegeben. Vonseiten des zentralen Netzwerkpartners, auch aufgrund der Geschäftsform einer AG, herrscht absolute Transparenz über Umsatz- und Gewinnzahlen. Vor allem die Kosten werden als wichtige Kennzahl genannt, da der Netzwerkzusammenschluss ehemals aufgrund von Kostenvorteilen zustande gekommen ist. Da sich das DLN in einer technologiegetriebenen Branche bewegt, ist auch der Austausch von IKT-Daten als wichtig zu bewerten. Hierbei wird z. B. regelmäßig die Benutzerfreundlichkeit der medizinischen Geräte bewertet, um dadurch Aussagen zur Prozess- und letztendlich zur Ergebnisqualität machen zu können. Im Folgenden wird dargestellt, wie die IV im Rahmen der Qualitätssteuerung im DLN organisiert ist.

6.2.4.3 Darstellung der Qualitätssteuerung auf IKT-Ebene

Das DLN verfolgt bisher eine separate IV mit allen Netzwerkpartnern. Der Informationsaustausch erfolgt hauptsächlich per E-Mail oder Fax. Die Kommunikation wird überwiegend per Telefon durchgeführt. Die Qualitätsberichte werden regelmäßig per E-Mail an alle Netzwerkpartner versandt.

Zusätzlich wird gerade ein gemeinsames Data Warehouse als Datenarchiv für die medizinischen Dokumente aufgebaut. Das Data Warehouse wurde vor zwei Jahren in ein externes Rechenzentrum ausgelagert. Der Grund für diesen Entschluss basierte in erster Linie auf der Verbesserung der Prozessqualität und dadurch auch der Senkung von Kosten. Das Datenarchiv erlaubt eine schnellere Archivierung und einen schnelleren Zugriff auf die Patientendokumente. Zudem garantiert das externe Rechenzentrum die geforderte Sicherheit in Bezug auf die Datenhaltung. Bisher wurden Dokumente hauptsächlich in Papierform oder auf CD archiviert. Hier entstanden Kosten für zusätzliche Archivräume und vermehrter Arbeitsaufwand für die Aktenarchivierung und das Brennen der Daten auf CD. Zudem sind die Daten häufig nach einigen Jahren nicht mehr lesbar. Bisher nutzen das Datenarchiv 40% der Netzwerkpartner. Das Ziel ist, dass in einigen Jahren alle Netzwerkpartner dieses Datenarchiv nutzen. Die Kosten lassen sich gut über entsprechende Nutzungsgebühren und Datenmengen auf die einzelnen Netzwerkpartner umlegen.

Die Netzwerkpartner nutzen in ihren Unternehmen überwiegend spezielle Branchenlösungen. Der Interviewpartner gibt an, dass auf dem Markt von Branchenapplikationen für diesen Fachbereich ungefähr zehn führende Anbieter zu finden sind, die auch überwiegend von den Netzwerkpartnern im DLN genutzt werden. Diese speziellen Branchenapplikationen dienen der Dokumentation und Verwaltung von administrativen Daten, wie z. B. Patientenstammdaten oder Termindaten. Gleichzeitig ermöglichen diese Applikationen die Steuerung der operativen Workflows durch Schnittstellen zu anderen medizinischen Branchenlösungen, wie z. B. Picture Archiving and Communication System (PACS) oder Krankenhausinformationssystemen (KIS). Insgesamt ist für die Zukunft eine stärkere Integration der IKT angedacht.

Abbildung 6-4 veranschaulicht das Qualitätsinformationssystem des DLN. Hierbei wird deutlich, dass insbesondere die Qualitäts-Controllingobjekte Kunde, Wettbewerb, Prozess, Dienstleistung und Netzwerkpartner eine ausgeprägte Beachtung finden. Der Qualitätssteuerungsprozess wird umfassend von der Qualitätsplanung über die Qualitätskoordination und -integration bis hin zur Qualitätskontrolle mit der jeweils entsprechenden Qualitätsinformationsversorgung berücksichtigt. Bisher wird eine separate IV verfolgt. Daher ist die Applikationsarchitektur überwiegend dezentral ausgerichtet. Momentan wird an der Realisierung einer kooperativen IV mit hybrider Applikationsarchitektur gearbeitet.

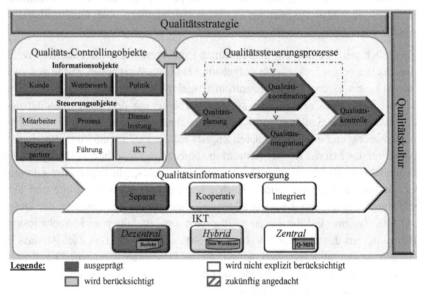

Abbildung 6-4: Qualitätsinformationssystem im Gesundheitsnetzwerk

6.2.5 Fallstudie 5: Handwerkernetzwerk

Die folgende Fallstudie stellt ein Handwerkernetzwerk vor. Das DLN bietet den Kunden Komplettleistungen im Bereich Renovieren, Sanieren und Modernisieren an.

6.2.5.1 Vorstellung des Unternehmens und DLN

Das in dieser Fallstudie untersuchte Unternehmen ist eine GmbH aus der Branche Handwerk. Es wurde 1995 gegründet und hat seinen Sitz in Baden-Württemberg. Das Unternehmen führt als Geschäftsstelle eine Kooperation von verschiedenen Handwerksunternehmen, die sich auf Umbau-, Renovierungs- und Sanierungsarbeiten spezialisiert haben. Dabei bietet das DLN den Kunden ein umfassendes Dienstleistungsangebot aus einer Hand. Der Kunde hat nur einen Ansprechpartner und erhält für die Gesamtleistung eine Rechnung. Zusätzlich erhält der Kunde eine Festpreisgarantie und hat dadurch Kostensicherheit. Die Dienstleistung erstreckt sich dabei auf unterschiedlichste Handwerksunternehmen, wie z. B. Blechner, Elektro, Fliesen, Heizung, Kachelofenbau, Komplettbad, Maler, Parkett- und Bodenbeläge, Raumausstattung, Sanitär, Schreiner, Stuckateur, Schlosser, Fensterbau, Steinmetz, Ladenbauer, Dachdecker sowie Raumausstattung.

Das DLN besteht derzeit aus sechs Handwerksunternehmen, die sich je nach Kundenauftrag zu unterschiedlichen kleineren Subsystemen zusammenschließen. Die Netzwerkpartner haben eine gleichberechtigte Stellung im DLN. Das DLN kann dem Netzwerktyp „Kooperatives DLN" zugeordnet werden. Das Hauptziel des Netzwerkzusammenschlusses war zum einen die Ausweitung des Serviceangebotes, um den Kunden umfassende Umbau-, Renovierungs- und Sanierungsarbeiten aus einer Hand bieten zu können. Zum anderen war die Konzentration der einzelnen Netzwerkpartner auf ihre Kernkompetenzen ein ausschlaggebender Faktor. Bisher wird im DLN kein systematisches Qualitätsmanagementsystem oder ein netzwerkweites Controlling eingesetzt. Dennoch werden verschiedene Maßnahmen und Instrumente eingesetzt, die die Qualität im DLN sicherstellen und stetig verbessern sollen.

6.2.5.2 Darstellung der Qualitätssteuerung auf Strategie- und Prozessebene

Als wesentlicher Treiber für die Anpassung der Qualitätsstrategie im DLN sieht der Interviewpartner den Kunden. Der Kundenauftrag und der damit verbundene Qualitätsanspruch haben Priorität und werden je nach Kundenerwartung angepasst. Damit verbunden sind auch die entsprechenden Dienstleistungen und Prozesse, die je Auftrag angepasst werden müssen. Die Mitarbeiter, die die Prozesse ausführen, werden ebenfalls als wichtiger Treiber berücksichtigt, da die Dienstleistung nur so gut ist, wie ihr ausführender Mitarbeiter. Die Führung der einzelnen Unternehmen im DLN wird regelmäßig von den anderen Netzwerkpartnern begutachtet. Der Interviewpartner bemerkt, dass dabei auch schon einmal gegenseitig harte Kritik geübt werden kann. Des Weiteren sind die Netzwerkpartner ein wichtiger Treiber im DLN, da hierbei berücksichtigt wird, dass teilweise externe Handwerksunternehmen als Subunternehmen beauftragt werden, wenn die entsprechende Kompetenz im DLN fehlt. Dies ist jedoch nach Möglichkeit zu unterlassen und nur in kritischen Ausnahmefällen zugelassen.

Alle diese Treiber ergeben sich jedoch zwingend aus den Kundenerwartungen, die je Auftrag an das DLN gerichtet werden.

Zur Sicherung und Verbesserung der Qualität im DLN finden regelmäßige Mitgliederversammlungen statt, an denen überwiegend mittels Abstimmungsprozessen über zukünftige Qualitätsentwicklungen entschieden wird. Die Zusammenarbeit im DLN wird durch einen Kooperationsvertrag geregelt. Hier sind entsprechende Rechte und Pflichten der Netzwerkpartner als Rahmenbedingungen im DLN festgehalten. Es wird unter anderem eine intensive und vertrauensvolle Zusammenarbeit sowie eine zügige und qualitativ hochwertige Arbeitsweise als Gegenstand der Kooperation vorgegeben. Sollte ein Netzwerkpartner die Pflichten nicht erfüllen und den Qualitätsstandard des DLN nicht einhalten, können im Ausnahmefall Sanktionsmaßnahmen in Form von Ausschluss aus dem DLN erfolgen. Dies ist jedoch nicht generell vorgesehen. Solche Entscheidungen werden gemeinschaftlich in den Mitgliederversammlungen getroffen. Zielvorgaben oder Standards werden nicht festgesetzt. Die Netzwerkpartner sind dazu angehalten, in Eigenverantwortung eine qualitativ hochwertige Dienstleistung zu erbringen.

Daraus resultiert, dass auf Mesoebene keine verantwortlichen Rollen für die Qualitätssteuerung im DLN definiert werden. Es sind ausschließlich die Führungskräfte und Mitarbeiter bei den Netzwerkpartnern für die Qualität verantwortlich. Aufgrund der Unternehmensgrößen sind keine Qualitätsteams, -gremien oder -audits vorhanden. Somit werden die Aufgaben zur Steuerung der Qualität überwiegend bei den Netzwerkpartnern verfolgt. Durch den Kooperationsvertrag sind gewisse Rahmenvorgaben definiert, an die sich die Netzwerkpartner halten sollen. Die Geschäftsstelle definiert zusätzlich, in Abstimmung mit allen Netzwerkpartnern des DLN, Qualitätsziele, die berücksichtigt werden sollen. Wie diese umgesetzt werden, obliegt jedoch der Verantwortung der einzelnen Netzwerkpartner. Dies gilt auch für die Qualitätsstrategie. Es werden Rahmenbedingungen im DLN definiert und die einzelnen Netzwerkpartner können in diesem Rahmen ihre individuellen Qualitätsstrategien festlegen. Eine zentrale Definition und Steuerung der Qualitätsstrategie gibt es im DLN nicht. Der Interviewpartner vermerkt hierzu, dass die Qualitätsansprüche je nach Kundenauftrag jedes Mal individuell und mündlich zwischen den beteiligten Netzwerkpartnern besprochen werden. Hierbei ist die Qualitätsverantwortung jedes einzelnen Netzwerkpartners gefordert. Nur im Falle von Qualitätsmängeln, werden gemeinsam entsprechende Maßnahmen besprochen. Aus der Art der Aufträge ergeben sich standardisierte Abläufe, z. B. bei Umbauarbeiten. Anhand eines Bauzeitenplans kennen die beteiligten Netzwerkpartner den Start- und

Endzeitpunkt des Bauprojektes. Innerhalb dieser Zeitspannen sind alle Arbeitsschritte genau geplant, jedoch haben die Netzwerkpartner individuelle Spielräume. Hierauf wird laut Interviewpartner ein gesteigerter Wert gelegt, um eine größtmögliche Flexibilität zu gewährleisten. Die individuelle Absprache und flexible Koordination zwischen den Netzwerkpartnern ist dabei unabdinglich. Zur besseren Kommunikation zwischen den Netzwerkpartnern wurde auch die IKT integriert. Alle Netzwerkpartner im DLN arbeiten mit einer gemeinsamen Applikation zur Terminierung und Bauzeitplanung. Hierdurch wird die größtmögliche Flexibilität bei der gemeinsamen Ausführung von Aufträgen erreicht.

Zur Qualitätssteuerung werden im DLN hauptsächlich Kunden-, Mitarbeiter- und Prozessdaten ausgetauscht. Als Kundendaten werden insbesondere die Kundenerwartungen im Rahmen der Aufträge zwischen den Netzwerkpartnern ausgetauscht, und nach Abschluss des Auftrages die Kundenzufriedenheit. Zur Erfüllung der Kundenerwartungen sind qualifizierte Mitarbeiter ausschlaggebend. Mitarbeiterdaten, wie die Mitarbeiterqualifikation, werden ebenfalls im DLN ausgetauscht. Prozessdaten werden insbesondere hinsichtlich der Liefer- und Erbringfähigkeit ausgetauscht. Dies hängt eng zusammen mit der Terminierung der Aufträge. Dabei macht der Interviewpartner deutlich, dass die Aufträge des DLN immer Vorrang bei den Netzwerkpartnern gegenüber eigenen Aufträgen haben müssen. Dazu haben sich die Unternehmen bei Unterschrift des Kooperationsvertrages verpflichtet. Wettbewerbsdaten werden ebenso als wichtig erachtet, jedoch vermerkt der Interviewpartner hierzu, dass es schwer ist, an die entsprechenden Daten heranzukommen. In der Handwerksbranche sind Informationen, wie die genauen Mitbewerberpreise, sehr undurchsichtig. Informationen über die Dienstleistung, wie z. B. die Dienstleistungsqualität oder Dienstleistungsentwicklung, werden informell ausgetauscht. Daten zur Führung, zu den Netzwerkpartnern, wie z. B. die Netzwerkpartnerzufriedenheit, oder zur Benutzerfreundlichkeit der IKT, werden nicht ausgetauscht. Hier wird wieder die Selbstverantwortung der einzelnen Netzwerkpartner hervorgehoben.

Im Folgenden wird dargestellt, wie die IV im Rahmen der Qualitätssteuerung im DLN organisiert ist.

6.2.5.3 Darstellung der Qualitätssteuerung auf IKT-Ebene

Das DLN verfolgt überwiegend eine separate IV zwischen den Netzwerkpartnern. Der Informationsaustausch findet hauptsächlich per E-Mail und Telefon statt. Der Interviewpartner vermerkt, dass in der Handwerksbranche der persönliche Kontakt ausschlaggebend ist. Per E-Mail haben die Netzwerkpartner jedoch die Möglichkeit, schnell und einfach Fotos von Kundenobjekten zu versenden, die im Rahmen eines gemeinsamen Auftrages wichtig sind.

Das DLN arbeitet, wie bereits angesprochen, ebenfalls mit einer gemeinsamen Individualapplikation, die speziell für das DLN für die Termin- und Bauzeitenplanung entwickelt wurde. In diesem Bereich verfolgt das DLN eine kooperative IV. Jeder Netzwerkpartner ist über das Internet mit dieser Applikation verbunden und hat Einblick in die Terminpläne und Ressourcenkapazitäten der anderen Netzwerkpartner. Dies erleichtert die Koordination gemeinsamer Aufträge.

Abbildung 6-5 veranschaulicht das Qualitätsinformationssystem des DLN. Hierbei wird deutlich, dass insbesondere die Qualitäts-Controllingobjekte Kunde, Prozess und Dienstleistung eine ausgeprägte Beachtung finden. Der Qualitätssteuerungsprozess bezieht sich hauptsächlich auf die Qualitätsplanung, -koordination und -integration sowie die dafür benötigte IV. Die Qualitätskontrolle erfolgt durch die förmliche Auftragsabnahme des Kunden. Die IV ist überwiegend separat organisiert mit einer entsprechend dezentralen Applikationsarchitektur.

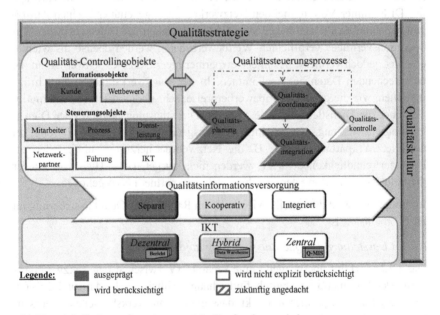

Abbildung 6-5: Qualitätsinformationssystem im Handwerkernetzwerk

6.2.6 Fallstudie 6: Tourismusnetzwerk

Die folgende Fallstudie stellt ein Tourismusnetzwerk vor. Das DLN besteht aus kleinen bis mittleren, meist inhabergeführten Privathotels des 2 bis 4 Sterne-Segmentes, die ihren Kunden eine individuelle und familiäre Atmosphäre bieten.

6.2.6.1 Vorstellung des Unternehmens und DLN

Das in dieser Fallstudie untersuchte Unternehmen ist eine GmbH aus der Branche Tourismus. Das DLN wurde 2003 gegründet und hat eine Geschäftsstelle in Bayern und eine in Nordrhein-Westfalen. Die Geschäftsstellen bieten den Netzwerkpartnern im DLN Unterstützung im Bereich Marketing und Verkauf, Kosteneinsparungen, Beratungsdienstleistungen und Qualitätssicherungsmaßnahmen an. Dabei besteht die GmbH aus einem regulären und vier ehrenamtlichen Mitarbeitern. Der Interviewpartner ist der Geschäftsführer einer Geschäftsstelle.

Insgesamt sind in den 30 meist inhabergeführten, mittelständischen Familienunternehmen ca. 150 Mitarbeiter angestellt. Ein Gesamtumsatz wird im DLN nicht erhoben. Die Netzwerkpartner im DLN sind alle gleichberechtigt. Das DLN kann dem Netzwerktyp „Kooperatives DLN" zugeordnet werden. Da die Gesellschafter der Geschäftsstellen selber Hoteliers mit eigenen Betrieben sind, können diese die Netzwerkpartner im DLN kompetent beraten und praxisorientierte Entscheidungen treffen. Die Gründe für die Bildung des DLN sind in den Kostenvorteilen, insbesondere im gemeinsamen Einkauf, zu sehen. Des Weiteren sollen sich die Netzwerkpartner auf ihre Kernkompetenzen konzentrieren können, sodass Marketing- und Beratungsleistungen zentralisiert wurden. Das DLN setzt verschiedene Maßnahmen zur Qualitätssicherung ein, auf die im Folgenden noch näher eingegangen wird. Ein netzwerkweites Controlling wird nicht explizit eingesetzt.

6.2.6.2 Darstellung der Qualitätssteuerung auf Strategie- und Prozessebene

Der Kunde wird in dem DLN als wesentlicher Treiber zur Anpassung der Qualitätsstrategie gesehen. Die Kundenwünsche und -erwartungen haben Priorität. Dadurch wird das Dienstleistungsangebot stetig überdacht und angepasst, womit auch die Dienstleistung an sich einen wesentlichen Treiber darstellt. Dabei wird das Dienstleistungsangebot allerdings nicht an das des Wettbewerbes ausgerichtet. Der Interviewpartner gab an, dass das DLN stets versucht, das Beste zu geben und die Kundenanforderungen maximal zu bedienen, ohne dabei den Wettbewerb als Maßstab zu nehmen. Ein weiterer wichtiger Treiber ist auch der

Mitarbeiter, der den Qualitätsgedanken leben muss. Dazu werden die Mitarbeiter im DLN regelmäßig geschult. Die Netzwerkpartner stellen teilweise einen Treiber dar, um die netzwerkweite Qualitätsstrategie anzupassen. Hierzu werden zweimal jährlich Versammlungen abgehalten, die allen Netzwerkpartnern die Möglichkeit bieten, ihre positiven sowie negativen Erfahrungen auszutauschen und Vorschläge zur Qualitätssicherung und -verbesserung vorzutragen. IKT wird ebenfalls als Treiber gesehen. Hier werden regelmäßig Innovationen in dem Bereich beobachtet und analysiert. Daraufhin werden Empfehlungen im DLN ausgesprochen. Allerdings liegt die Berücksichtigung neuer IKT freiwillig im Ermessen der Netzwerkpartner. Als zusätzlichen wichtigen Treiber im DLN sieht der Interviewpartner die Industrie. Als Beispiel führt er das „Best Breakfast" Gütesiegel an, welches als ein einheitlicher Qualitätsmaßstab für Frühstücksbuffets angesetzt werden kann. Gefördert durch zwei führende Unternehmen aus der Lebensmittelindustrie können sich Hoteliers mit dem Gütesiegel zertifizieren lassen und dieses gezielt für Werbemaßnahmen oder als Wettbewerbsvorteil einsetzen. Zusätzlich bieten die Industrieunternehmen für Hotels mit diesem Gütesiegel regelmäßig wertvolle Tipps an und setzen innovative Standards für Frühstücksbuffets. Das DLN hat sich mit allen Netzwerkpartnern mit diesem Gütesiegel zertifizieren lassen.

Die Steuerung der Qualität erfolgt hauptsächlich über Zielvorgaben und Standards, die im DLN definiert werden. Wobei der Interviewpartner mehrfach erwähnt, dass in einem „Kooperativen DLN", im Unterschied zu Hotelketten, keine Vorgaben gemacht werden können. Das DLN setzt sich aus autonomen und gleichberechtigten Netzwerkpartnern zusammen, in dem keine Hierarchien vorhanden sind. Es gibt einen Mitgliedervertrag, der die entsprechenden Leistungen des DLN festlegt und genaue Ausführungen zu den Rechten und Pflichten der Netzwerkpartner sowie zu den Beitragszahlungen enthält. Damit verpflichten sich die Netzwerkpartner, zukünftige Beschlüsse von Mitglieder- oder Gesellschafterversammlungen anzuerkennen und durchzuführen. Sanktionsmaßnahmen werden nicht eingesetzt. Über eine Aufnahme bzw. einen Ausschluss eines Netzwerkpartners in das DLN wird bei der Gesellschafterversammlung entschieden. In 2012 wird erstmalig ein jährlicher, obligatorischer Qualitätsaward als Entlohnungssystem eingesetzt, mit dem die Netzwerkpartner motiviert werden sollen, den Qualitätsstandard zu erhalten und stetig zu verbessern. Zusätzlich legt das DLN Wert darauf, dass sich die Netzwerkpartner verschiedenen Bewertungsmaßnahmen unterziehen. Der Interviewpartner nennt hier z. B. die Hotelklassifizierung nach einer Sterne-Kategorie, das Q-Siegel, welches deutschlandweit besonders serviceorientierte Dienstleister aus der Tourismusbranche auszeichnet oder die Bewertungsportale der Reservierungssysteme im Internet. Zusätzlich gibt es diverse Wettbewerbe, wie z. B. die jährliche Aktion „Beliebteste Hotels", die durch die Hotelgäste beeinflusst wird oder den Wettbewerb „Beste Garni Hotels", welcher alle Bewertungen im Internet auswertet und einen Durchschnittswert pro Hotel bildet. Die Hotels mit den höchsten Punktewerten von 80 bis 100 werden ausgezeichnet. Zur Qualitätskontrolle setzt das DLN zusätzlich Mystery-Checks bei den Netzwerkpartnern ein. Diese werden inkognito mindestens alle zwei Jahre von externen und neutralen Fachleuten durchgeführt. Zukünftig soll der Aufbau einer gemeinsamen Qualitätskultur im DLN gefördert werden. Dazu sollen Maßnahmen etabliert werden, die die Kommunikation zwischen den Netzwerkpartnern verbessern und ein gegenseitiges Kennenlernen der Mitarbeiter fördern. Es gibt bereits eine Zeitung, die zum einen für die Hotelgäste bereit liegt. Hierin finden sich aktuelle Angebote und Berichte über Ereignisse der unterschiedlichen Netzwerkpartner des DLN. Zum anderen dient die Zeitung auch intern dazu, dass die Netzwerkpartner wissen, was im DLN passiert und sich gegenseitig besser kennen lernen. Es soll eine stärkere Identifikation der Netzwerkpartner mit dem DLN gefördert werden. Dadurch haben sich bereits Subsysteme zwischen einzelnen Netzwerkpartnern gebildet, die gemeinsam im Rahmen eines bestimmten Themenbereiches spezielle Arrangements anbieten, wie z. B. Arrangements für Motorradfreunde.

Die Aufgaben der Qualitätssteuerung verbleiben überwiegend bei den einzelnen Netzwerkpartnern des DLN. Wie der Interviewpartner mehrfach erwähnte, können keine zentralen Vorgaben durchgesetzt werden. Somit werden auf Mesoebene hauptsächlich Vorschläge und Empfehlungen gegeben, insbesondere in den Bereichen von Qualitätssteuerungsmaßnahmen, wie z. B. zentral angebotene Persönlichkeitsseminare für die Mitarbeiter, oder zur Standardisierung von Qualitätsaktivitäten, wie z. B. die Zimmerreinigung oder die Reaktionsdauer auf Kundenangebotsanfragen. Alle Aufgaben, wie die Definition von Qualitätssteuerungszielen, die daraus abgeleitete Qualitätsstrategie oder die Festlegung von Qualitätssteuerungsinstrumenten, werden auf Mikroebene verfolgt. Somit obliegt die Verantwortung im Rahmen der Qualitätssteuerung bei den Führungskräften und Mitarbeitern von den Netzwerkpartnern. Spezielle Qualitätsteams oder -gremien werden nicht eingesetzt. Auf Mesoebene sind externe und unabhängige Mystery-Checker im Sinne von Qualitätsaudits für die Qualitätskontrollen bei den einzelnen Netzwerkpartnern verantwortlich.

Zur Qualitätssteuerung werden hauptsächlich Kunden- und Dienstleistungsdaten im DLN ausgetauscht. Kundendaten, wie die Kundenzufriedenheit oder Kundenerwartungen, werden überwiegend aus dem Internet über die diversen Bewertungsportale erhoben. Diese Daten werden als Gesprächsbasis bei den Versammlungen zugrunde gelegt. Dienstleistungsdaten, wie die Dienstleistungsqualität, werden ebenfalls in den Versammlungen besprochen. Diese Daten werden ebenfalls aus den diversen Bewertungsportalen im Internet erhoben und anhand eines internen Rankings verglichen. Dies bildet unter anderem die Grundlage für den obligatorischen Qualitätsaward, der intern vergeben wird. Die Dienstleistungsentwicklung steht dabei im Fokus. Hier wird anhand der Kundenanforderungen oder Best Practice Ansätze, wie z. B. das „Best Breakfast" Gütesiegel, stetig das Dienstleistungsangebot angepasst, um wettbewerbsfähig zu bleiben. Wie jedoch bereits erwähnt, werden hier keine Mitbewerberdaten, wie z. B. Mitbewerberpreise, analysiert, sondern es werden ausschließlich die Kundenbzw. Marktanforderungen berücksichtigt. Auf den Versammlungen werden des Weiteren in inoffiziellem Rahmen Prozessdaten, wie z. B. Durchlaufzeiten bei der Zimmerreinigung, zwischen den Netzwerkpartnern ausgetauscht. Hierfür werden gesonderte zeitliche Freiräume geschaffen, an denen die Netzwerkpartner ihr Wissen und ihre Erfahrung untereinander austauschen können. Dies soll zusätzlich dazu dienen, die Beziehungsqualität im DLN zu verbessern und zukünftig eine gemeinsame Qualitätskultur aufzubauen. Die Netzwerkpartnerzufriedenheit wird dadurch berücksichtigt, dass bei den Versammlungen ein Zeitrahmen vorgesehen ist, in dem in gemeinsamer Runde jeder Netzwerkpartner seine Meinung äußern soll. Die positiven oder auch negativen Aspekte werden aufgenommen und über Lösungsmöglichkeiten nachgedacht. Somit erhält das DLN einen Überblick über die Gesamtzufriedenheit aller Netzwerkpartner. Mitarbeiterdaten, wie z. B. die Mitarbeiterzufriedenheit, werden im DLN nicht erhoben; dies bleibt den Netzwerkpartnern freigestellt, ob sie die Daten von ihren Mitarbeitern erheben möchten. Die Mitarbeiterqualifikation und -entwicklung wird im DLN jedoch als sehr wichtig erachtet und auch gefördert, z. B. durch ein zentrales Seminarangebot. Der Interviewpartner vermerkt hierzu den drohenden Fachkräftemangel und die daraus entstehende Bestrebung, die Mitarbeiter intern auszubilden und dadurch an das DLN zu binden. Dadurch soll auch stetig das Image des DLN aufgewertet werden, welches den Netzwerkpartnern sehr wichtig ist. Als europaweit geschütztes und eingetragenes Markenzeichen werden viele Maßnahmen eingesetzt, ein gutes Image aufrecht zu erhalten. Beispielsweise legen die Netzwerkpartner Wert darauf, stets Markenprodukte in den Hotels zu verwenden, z. B. am Frühstücksbuffet. Zusätzlich werden in einer Manufaktur hauseigene Lebensmittel hergestellt, die der Kunde auch für zu Hause kaufen kann. Zur Steigerung der Kundenzufriedenheit wurde ein Bonussystem in Form eines Stempelheftes im DLN etabliert. Informationen wie Umsatz, Kosten und Gewinn werden nicht im DLN ausgetauscht. Diese Daten werden lediglich zu Beratungszwecken an die zentrale Geschäftsstelle übermittelt, falls von einem Netzwerkpartner eine Finanzberatung gewünscht wird.

Im Folgenden wird dargestellt, wie die IV im Rahmen der Qualitätssteuerung im DLN organisiert ist.

6.2.6.3 Darstellung der Qualitätssteuerung auf IKT-Ebene

Das DLN verfolgt bisher eine separate IV zwischen allen Netzwerkpartnern. Die Informationen werden im DLN hauptsächlich per E-Mail verteilt und die Kommunikation findet über Telefon und Fax statt. Der Interviewpartner gibt an, dass bereits beim Informationsaustausch per E-Mail die Gefahr besteht, dass einzelne Netzwerkpartner diese nicht lesen bzw. nicht darauf reagieren.

Zum Wissensaustausch wird eine gemeinsame Intranet-Plattform zur Verfügung gestellt, auf der z. B. ein Handbuch hinterlegt ist, in dem bevorzugte Lieferantendaten oder Konditionen vermerkt sind. Dieses wird jedoch von den Netzwerkpartnern nicht genutzt.

Im DLN wird ein gemeinsames Buchungssystem genutzt, welches obligatorisch ist. Jedes Unternehmen, das dem DLN beitritt, muss dieses Buchungssystem auf seiner Internetseite integrieren. Das Buchungssystem basiert auf einer speziellen Branchenlösung. Weitere gemeinsame Applikationen werden nicht genutzt.

Abbildung 6-6 veranschaulicht das Qualitätsinformationssystem des DLN. Hierbei wird deutlich, dass insbesondere die Qualitäts-Controllingobjekte Kunde, Mitarbeiter und Dienstleistung eine ausgeprägte Beachtung finden. Der Qualitätssteuerungsprozess wird primär mit der Qualitätsplanung und Qualitätskontrolle und der jeweiligen Qualitätsinformationsversorgung berücksichtigt. Zukünftig ist eine Ausweitung der Qualitäts-Koordination geplant. Die IV ist separat ausgerichtet mit einer dezentralen Applikationsarchitektur.

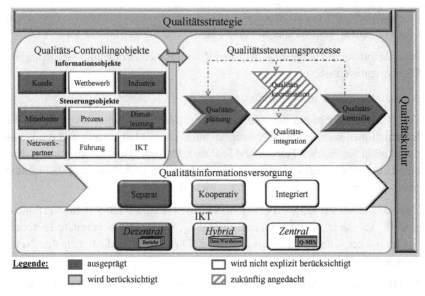

Abbildung 6-6: Qualitätsinformationssystem im Tourismusnetzwerk

6.3 Darstellung der Ergebnisse der Fallstudienanalyse

In diesem Abschnitt werden nun die Ergebnisse der qualitativen Fallstudienanalyse dargestellt. Dabei wird der Struktur der einzelnen Fallstudien gefolgt, indem zuerst die DLN gegenüberstellend beschrieben werden. Danach erfolgen
die vergleichende Diskussion der Strategie- und Prozessebene und anschließend
die Darstellung der IV auf fachlicher sowie technischer Gestaltungsebene. Abschließend erfolgen ein zusammenfassender Überblick der Ergebnisse und die
daraus gewonnenen Erkenntnisse.

Zur Validierung des integrierten Qualitätssteuerungsansatzes wurden sechs
Fallstudien ausgewählt. Diese unterscheiden sich sowohl nach Größe und Typ
des DLN als auch nach Dienstleistungsbranche. Tabelle 6-2 stellt übersichtlich
die Eigenschaften der DLN gegenüber.

Fallstudien	Größe und Typ des DLN	Anzahl und Stellung der Netzwerkpartner (NWP) im DLN	Grund des Netzwerkbeitritts	Systematische Steuerung der Qualität im DLN
Fallstudie 1: IT-Servicenetzwerk	- < 50 Mitarbeiter, Umsatz n. a. - „Virtuelles DLN"	- 7 NWP - gleichberechtigt	- Ausweitung des Serviceangebotes - Konzentration auf Kernkompetenzen	- nein
Fallstudie 2: Logistiknetzwerk	- 6.600 Mitarbeiter, Umsatz 1,4 Mrd. € - „Franchise DLN"	- 70 NWP - Systemzentrale übergeordnet, NWP gleichberechtigt	- Ausweitung des Serviceangebotes - Wettbewerbsvorteile	- ISO 9001:2008 - ISO 14001 - IFS - HACCP - Erfolgskontrollen - Audits
Fallstudie 3: Beratungsnetzwerk	- 1.400 Mitarbeiter, Umsatz 60 Mio. € - „Virtuelles DLN"	- 41 NWP - gleichberechtigt	- Konzentration auf Kernkompetenzen	- nein
Fallstudie 4: Gesundheitsnetzwerk	- > 250 Mitarbeiter, Umsatz 23 Mio. € - „Kooperatives DLN"	- 360 NWP - gleichberechtigt	- Kostenvorteile	- ISO 9001:2008 - KVP
Fallstudie 5: Handwerkernetzwerk	- ca. 60 Mitarbeiter, Umsatz < 10 Mio. € - „Kooperatives DLN"	- 6 NWP - gleichberechtigt	- Ausweitung des Serviceangebotes - Konzentration auf Kernkompetenzen	- nein
Fallstudie 6: Tourismusnetzwerk	- ca. 150 Mitarbeiter, Umsatz n. a. - „Kooperatives DLN"	- 30 NWP - gleichberechtigt	- Kostenvorteile - Konzentration auf Kernkompetenzen	- nein

Tabelle 6-2: Gegenüberstellung der Eigenschaften der DLN

Das IT-Servicenetzwerk, das Handwerkernetzwerk sowie das Tourismusnetzwerk weisen eine eher kleinere Struktur auf, mit einer Mitarbeiteranzahl bis 150 und/oder einem geringen Umsatz (kleiner als 10 Mio. €). Bei dem IT-Servicenetzwerk und Tourismusnetzwerk wird kein Umsatz im DLN erhoben. Die Anzahl der Netzwerkpartner bewegt sich zwischen 6 und 30. Das Logistiknetzwerk, das Beratungsnetzwerk sowie das Gesundheitsnetzwerk sind grösser aufgestellt mit einer Mitarbeiteranzahl von mehr als 250 bis 6.600. Die Umsätze, die je DLN erhoben werden, beliefen sich in 2011 von 23 Mio. bis 1,4 Mrd. €. Die Anzahl der Netzwerkpartner variiert von 41 bis 360. Drei Fallstudien bilden ein „Kooperatives DLN", zwei Fallstudien ein „Virtuelles DLN" und eine Fallstudie ein „Franchise DLN". Die Netzwerkpartner aller Fallstudien haben eine gleichberechtigte Stellung im DLN. Lediglich das „Franchise DLN" hat mit der Systemzentrale eine übergeordnete Stellung im DLN. Der häufigste Grund für die Bildung des DLN war die Konzentration auf Kernkompetenzen (vier Fallstudien), danach folgte die Ausweitung des Serviceangebotes (drei Fallstudien). Kosten- sowie Wettbewerbsvorteile wurden nur von zwei bzw. einem DLN als Grund des Netzwerkbeitritts angegeben. Daraus wird deutlich, dass die Unternehmen den Kunden ein besseres Dienstleistungsangebot in einer höheren Qualität anbieten möchten und sich deshalb zum Beitritt in ein DLN entschlossen haben. Auffällig dabei ist, dass nur zwei Fallstudien ein systematisches Qualitätsmanagement und ein netzwerkweites Controlling einsetzen.

Bei der Analyse der Fallstudien konnten auf der Strategie- und Prozessebene diverse Treiber zur Anpassung der Qualitätsstrategie sowie verschiedene Instrumente und Maßnahmen zur Qualitätssteuerung identifiziert werden. Tabelle 6-3 gibt einen Überblick über die Ausprägungen auf der Strategie- und Prozessebene in den Fallstudien.

	Qualitäts-strategie-treiber	Maßnahmen und Instrumente	Qualitäts-steuerungs-aufgaben	Rollen
IT-Service-netzwerk	■ Kunde ◪ Wettbewerb □ Mitarbeiter ■ Prozesse ◪ Dienstleistung ■ Führung □ Netzwerkpartner ◪ IKT	□ Abstimmungsprozesse ◪ Zielvorgaben ■ Standards ■ Rahmenbedingungen □ Kultur □ Verträge ◪ Netzwerkstruktur □ Sanktionen □ Entlohnung	□ Planungsaufgaben ■ Koordinationsaufgaben □ Integrationsaufgaben □ Kontrollaufgaben	□ Führungskraft □ Mitarbeiter □ Qualitätsteams □ Qualitätsgremien □ Qualitätsaudits
Logistik-netzwerk	■ Kunde ◪ Wettbewerb □ Mitarbeiter ■ Prozesse ■ Dienstleistung ■ Führung □ Netzwerkpartner □ IKT	■ Abstimmungsprozesse ■ Zielvorgaben ◪ Standards ■ Rahmenbedingungen □ Kultur ■ Verträge □ Netzwerkstruktur ■ Sanktionen □ Entlohnung	■ Planungsaufgaben ■ Koordinationsaufgaben ■ Integrationsaufgaben ■ Kontrollaufgaben	□ Führungskraft □ Mitarbeiter □ Qualitätsteams ■ Qualitätsgremien ■ Qualitätsaudits
Bera-tungs-netzwerk	■ Kunde □ Wettbewerb ■ Mitarbeiter ■ Prozesse ■ Dienstleistung □ Führung □ Netzwerkpartner ■ IKT	■ Abstimmungsprozesse □ Zielvorgaben ◪ Standards ■ Rahmenbedingungen ■ Kultur ■ Verträge □ Netzwerkstruktur ◪ Sanktionen □ Entlohnung	■ Planungsaufgaben ■ Koordinationsaufgaben ■ Integrationsaufgaben □ Kontrollaufgaben	□ Führungskraft ■ Mitarbeiter □ Qualitätsteams □ Qualitätsgremien □ Qualitätsaudits

Gesund-heits-netzwerk	■ Kunde □ Wettbewerb ■ Mitarbeiter ■ Prozesse ■ Dienstleistung □ Führung □ Netzwerkpartner ■ IKT ■ Politik	■ Abstimmungsprozesse ■ Zielvorgaben ◪ Standards ◪ Rahmenbedingungen ■ Kultur ■ Verträge ■ Netzwerkstruktur □ Sanktionen ◪ Entlohnung	■ Planungsaufgaben ■ Koordinationsaufgaben ■ Integrationsaufgaben ■ Kontrollaufgaben	■ Führungskraft ■ Mitarbeiter ■ Qualitätsteams ■ Qualitätsgremien ■ Qualitätsaudits
Handwer-ker-netzwerk	■ Kunde □ Wettbewerb ■ Mitarbeiter ■ Prozesse ■ Dienstleistung ■ Führung ■ Netzwerkpartner □ IKT	■ Abstimmungsprozesse □ Zielvorgaben □ Standards ◪ Rahmenbedingungen □ Kultur ■ Verträge □ Netzwerkstruktur ◪ Sanktionen □ Entlohnung	■ Planungsaufgaben ■ Koordinationsaufgaben ■ Integrationsaufgaben □ Kontrollaufgaben	□ Führungskraft □ Mitarbeiter □ Qualitätsteams □ Qualitätsgremien □ Qualitätsaudits
Touris-mus-netzwerk	■ Kunde □ Wettbewerb ■ Mitarbeiter □ Prozesse ■ Dienstleistung □ Führung ◪ Netzwerkpartner ◪ IKT ■ Industrie	□ Abstimmungsprozesse ■ Zielvorgaben ■ Standards □ Rahmenbedingungen ◪ Kultur ■ Verträge □ Netzwerkstruktur □ Sanktionen ■ Entlohnung	■ Planungsaufgaben □ Koordinationsaufgaben □ Integrationsaufgaben ■ Kontrollaufgaben	□ Führungskraft □ Mitarbeiter □ Qualitätsteams □ Qualitätsgremien ■ Qualitätsaudits

Legende: ■ = *wird ausgeprägt berücksichtigt;* ◪ = *wird berücksichtigt;* □ = *wird nicht explizit berücksichtigt*

Tabelle 6-3: Ausprägungen der Strategie- und Prozessebene im DLN

Zur Anpassung ihrer Qualitätsstrategie berücksichtigen alle Fallstudien den Kunden, die Dienstleistung sowie die Prozesse als Treiber. Lediglich eine Fallstudie sieht die Prozesse nicht explizit als Treiber für die Anpassung der Qualitätsstrategie im DLN an. Die Mitarbeiter oder die Führung werden entweder ausgeprägt oder nicht explizit auf Mesoebene als Treiber berücksichtigt, obwohl von allen Interviewpartnern die Wichtigkeit der menschlichen Ressource, sowohl bei der Dienstleistungserbringung als auch bei der Etablierung des Qualitätsgedankens bei den einzelnen Netzwerkpartnern sowie dem gesamten DLN, genannt wurde. Insgesamt werden auch der Wettbewerb und die Netzwerkpartner im DLN wenig berücksichtigt, wenn es um die Anpassung der Qualitätsstrategie geht. Hier wurden häufig Kosten- und Zeitgründe angegeben, die eine umfassende Analyse ausschließen. Die IKT findet nur in zwei Fallstudien eine ausgeprägte Berücksichtigung. Die Politik und die Industrie wurden von je einer Fallstudie als zusätzliche Treiber angegeben, um die Qualitätsstrategie im DLN anzupassen.

Weiterhin konnte festgestellt werden, dass die Zusammenarbeit in den Fallstudien überwiegend auf Basis von Verträgen sowie Abstimmungsprozessen besteht, welche auch zur Sicherung und Verbesserung der Qualität im DLN eingesetzt werden. Fünf der Fallstudien gaben an, im Rahmen von Verträgen die Rechte und Pflichten bzw. eine gemeinsame Wertebasis der Netzwerkpartner, auch hinsichtlich der Qualitätsanforderungen, zu definieren. Dabei gaben vier Fallstudien an, alle Entscheidungen über Abstimmungsprozesse im DLN herbeizuführen. Die Vorgabe von Qualitätszielen und Rahmenbedingungen sowie die Festsetzung von Qualitätsstandards wurden überwiegend als Steuerungsmaßnahmen genannt. Eine Anpassung der Kultur im DLN oder die Veränderung der Netzwerkstruktur werden dabei weniger berücksichtigt. Auch Sanktionsmaßnahmen oder Entlohnungssysteme werden bei den Fallstudien wenig zur Qualitätssteuerung im DLN eingesetzt.

In den Fallstudien hat sich weiterhin gezeigt, dass auf Mesoebene insbesondere Planungs- und Koordinationsaufgaben verfolgt werden. Hierzu gehören z. B. die gemeinsame Festlegung von Qualitätszielen sowie eine netzwerkweite Anpassung der Qualitätsstrategie. Dabei versuchen die Fallstudien netzwerkweite Qualitätssteuerungsmaßnahmen im DLN zu etablieren und dazu einheitliche Qualitätssteuerungsinstrumente festzulegen. Zur Senkung der Transaktionskosten streben vier der befragten Fallstudien eine stärkere Integration der Netzwerkpartner im DLN an. Dies soll in Form von standardisierten Qualitätsaktivitäten und modularisierten Dienstleistungen erfolgen. Die Integration der IKT wird dabei weniger berücksichtigt. Auf Mesoebene werden jedoch kaum zentrale verantwortliche Rollen zur Umsetzung und Überwachung der Qualitätssteuerung eingesetzt. Lediglich eine Fallstudie hat diverse zentrale Rollen definiert, wie z. B. zentrale Führungskräfte und Mitarbeiter zur Umsetzung der Qualität im DLN, sowie entsprechende Gremien, Teams und Audits. Die übrigen Fallstudien sehen die Hauptverantwortung zur Qualitätssteuerung dezentral bei den jeweiligen Netzwerkpartnern. Das spiegelt sich auch darin wider, dass nur drei Fallstudien eine zentrale Qualitätskontrolle in Form von netzwerkweiten Qualitätsaudits eingesetzt haben.

Welche Informationen zur Qualitätssteuerung in den DLN ausgetauscht werden und welche Form der technologischen Unterstützung eingesetzt wird, wird im Folgenden näher erläutert. Tabelle 6-4 fasst die Ausgestaltung der fachlichen und technischen IV im DLN übersichtlich zusammen.

	Informationen zur Qualitätssteuerung	Form der IV
IT-Service-netzwerk	■ Kundeninformationen □ Wettbewerbsinformationen □ Mitarbeiterinformationen ■ Prozessinformationen ◘ Dienstleistungsinformationen □ Führungsinformationen ■ Netzwerkpartnerinformationen ◘ IKT-Informationen	■ Separate IV ◘ Kooperative IV □ Integrierte IV
Logistik-netzwerk	◘ Kundeninformationen ◘ Wettbewerbsinformationen ◘ Mitarbeiterinformationen ■ Prozessinformationen ■ Dienstleistungsinformationen ◘ Führungsinformationen □ Netzwerkpartnerinformationen □ IKT-Informationen	◘ Separate IV ■ Kooperative IV □ Integrierte IV

Beratungs-netzwerk	■ Kundeninformationen ◘ Wettbewerbsinformationen ◘ Mitarbeiterinformationen ■ Prozessinformationen ◘ Dienstleistungsinformationen ◘ Führungsinformationen ◘ Netzwerkpartnerinformationen ■ IKT-Informationen	■ Separate IV ◘ Kooperative IV ☐ Integrierte IV
Gesund-heits-netzwerk	■ Kundeninformationen ■ Wettbewerbsinformationen ◘ Mitarbeiterinformationen ■ Prozessinformationen ■ Dienstleistungsinformationen ☐ Führungsinformationen ■ Netzwerkpartnerinformationen ◘ IKT-Informationen	■ Separate IV ◘ Kooperative IV ☐ Integrierte IV
Hand-werker-netzwerk	■ Kundeninformationen ◘ Wettbewerbsinformationen ■ Mitarbeiterinformationen ■ Prozessinformationen ◘ Dienstleistungsinformationen ☐ Führungsinformationen ☐ Netzwerkpartnerinformationen ☐ IKT-Informationen	■ Separate IV ◘ Kooperative IV ☐ Integrierte IV
Tourismus-netzwerk	■ Kundeninformationen ☐ Wettbewerbsinformationen ☐ Mitarbeiterinformationen ◘ Prozessinformationen ■ Dienstleistungsinformationen ☐ Führungsinformationen ◘ Netzwerkpartnerinformationen ☐ IKT-Informationen	■ Separate IV ◘ Kooperative IV ☐ Integrierte IV

Legende: ■ = *wird ausgeprägt berücksichtigt;* ◘ = *wird berücksichtigt;* ☐ = *wird nicht explizit berücksichtigt*

Tabelle 6-4: Ausgestaltung der fachlichen und technischen IV im DLN

Die Analyse der IV zur Qualitätssteuerung der Fallstudien hat gezeigt, dass vor allem Kunden-, Prozess- sowie Dienstleistungsinformationen in den DLN ausgetauscht werden. Dies korrespondiert auch mit der Berücksichtigung dieser Objekte als Treiber zur Anpassung der Qualitätsstrategie. Somit können diese Objekte als wichtige Controllingobjekte im Rahmen der Qualitätssteuerung identifiziert werden. Weniger ausgeprägt ist der Austausch von Wettbewerbs- sowie Mitarbeiterdaten. Lediglich eine Fallstudie hat angegeben, Wettbewerbsdaten durch Marktstudien zu erheben und diese gezielt im DLN zur Anpassung der Qualität einzusetzen. Mitarbeiterdaten, wie z. B. die Mitarbeiterzufriedenheit oder die Mitarbeiterqualifikation, werden wenig bis gar nicht in den DLN zur Qualitätssteuerung ausgetauscht. Hier gaben die meisten Interviewpartner an, die Verantwortlichkeit ausschließlich bei den Netzwerkpartnern zu sehen. Gleichzeitig wurden jedoch immer wieder eine schlechte Identifikation der Mitarbeiter mit dem DLN sowie akuter Fachkräftemangel betont. Dadurch wird deutlich, dass eine gezielte Weiterentwicklung der Mitarbeiter positiv für die Qualität im DLN sein kann und diese deshalb zentral gefördert werden sollte. Informationen zu den Netzwerkpartnern (z. B. die Beziehungszufriedenheit) sowie der IKT (z. B. Benutzerfreundlichkeit) und der Führung werden ebenfalls wenig ausgetauscht. Hierbei wurde auch die Eigenverantwortung der Netzwerkpartner hervorgehoben. Auffällig bei der Analyse der IV in den Fallstudien war, dass auf technischer Ebene eine überwiegend separate IV stattfindet. Hier gaben die Interviewpartner an, dass zum einen die hohen Investitionen zum Aufbau einer integrierten IV und zum anderen die fehlende Akzeptanz der Netzwerkpartner zur Nutzung der entsprechenden IKT eine stärkere technische Integration zur IV im Rahmen der Qualitätssteuerung verhindern. Lediglich eine Fallstudie ist auf der zweiten Stufe – der kooperativen IV – angesiedelt. Eine integrierte IV war in keiner Fallstudie zu finden.

Tabelle 6-5 gibt noch einmal einen Gesamtüberblick über die Ergebnisse der hier analysierten Fallstudien.

	Qualitätscontrolling-Objekte	Qualitätssteuerung	Form der IV
IT-Service-netzwerk	<u>Informationsobjekte</u> ■ Kunde ◨ Wettbewerb <u>Steuerungsobjekte</u> □ Mitarbeiter ■ Prozesse ◨ Dienstleistung ◨ Führung ◨ Netzwerkpartner ◨ IKT	◨ Qualitätsplanung ■ Qualitäts-koordination □ Qualitäts-integration ◨ Qualitätskontrolle ◨ Qualitätsinforma-tionsversorgung	■ Separate IV ◨ Kooperative IV □ Integrierte IV
Logistik-netzwerk	<u>Informationsobjekte</u> ■ Kunde ◨ Wettbewerb <u>Steuerungsobjekte</u> ◨ Mitarbeiter ■ Prozesse ■ Dienstleistung ◨ Führung □ Netzwerkpartner □ IKT	■ Qualitätsplanung ■ Qualitäts-koordination ■ Qualitäts-integration ■ Qualitätskontrolle ■ Qualitätsinforma-tionsversorgung	◨ Separate IV ■ Kooperative IV □ Integrierte IV
Beratungs-netzwerk	<u>Informationsobjekte</u> ■ Kunde ◨ Wettbewerb <u>Steuerungsobjekte</u> ■ Mitarbeiter ■ Prozesse ◨ Dienstleistung ◨ Führung ◨ Netzwerkpartner ■ IKT	◨ Qualitätsplanung ■ Qualitäts-koordination □ Qualitäts-integration ◨ Qualitätskontrolle ◨ Qualitätsinforma-tionsversorgung	■ Separate IV ◨ Kooperative IV □ Integrierte IV

**Gesund-
heits-
netzwerk**
	Informationsobjekte
	■ Kunde
	■ Wettbewerb
	■ Politik
	Steuerungsobjekte
	◪ Mitarbeiter
	■ Prozesse
	■ Dienstleistung
	□ Führung
	■ Netzwerkpartner
	◪ IKT
		◪ Qualitätsplanung
		■ Qualitätskoordi-
		   nation
		■ Qualitäts-
		   integration
		■ Qualitätskontrolle
		■ Qualitätsinforma-
		   tionsversorgung
			■ Separate IV
			◪ Kooperative IV
			□ Integrierte IV

**Hand-
werker-
netzwerk**
	Informationsobjekte
	■ Kunde
	◪ Wettbewerb
	Steuerungsobjekte
	◪ Mitarbeiter
	■ Prozesse
	■ Dienstleistung
	□ Führung
	□ Netzwerkpartner
	□ IKT
		◪ Qualitätsplanung
		◪ Qualitäts-
		   koordination
		■ Qualitäts-
		   integration
		◪ Qualitätskontrolle
		■ Qualitätsinforma-
		   tionsversorgung
			■ Separate IV
			◪ Kooperative IV
			□ Integrierte IV

**Tourismus-
netzwerk**
	Informationsobjekte
	■ Kunde
	□ Wettbewerb
	■ Industrie
	Steuerungsobjekte
	■ Mitarbeiter
	◪ Prozesse
	■ Dienstleistung
	□ Führung
	◪ Netzwerkpartner
	□ IKT
		■ Qualitätsplanung
		◪ Qualitäts-
		   koordination
		□ Qualitäts-
		   integration
		■ Qualitätskontrolle
		■ Qualitätsinforma-
		   tionsversorgung
			■ Separate IV
			◪ Kooperative IV
			□ Integrierte IV

Legende: ■ = wird ausgeprägt berücksichtigt; ◪ = wird berücksichtigt; □ = wird nicht explizit berücksichtigt

Tabelle 6-5: Zusammenfassender Überblick der Ergebnisse

Aus den Ergebnissen können folgende Erkenntnisse abgeleitet werden:

Insgesamt kann festgestellt werden, dass die durch den Steuerungsansatz vorgeschlagenen Controllingobjekte eine hohe Ähnlichkeit zu den in den Fallstudien genannten Qualitätsstrategietreibern sowie Informations- und Steuerungsobjekten aufweisen. Die Controllingobjekte Kunde, Prozesse und Dienstleistung wurden durchgehend von den Fallstudien als relevant im Rahmen der Qualitätssteuerung angegeben. Die Relevanz der Controllingobjekte Wettbewerb, Mitarbeiter, Führung, Netzwerkpartner und der IKT konnten nur teilweise durch die Fallstudienanalyse bestätigt werden. Die Interviewpartner gaben zwar überwiegend an, die Controllingobjekte als relevant im Rahmen der Qualitätssteuerung anzusehen, berücksichtigen diese jedoch nur vereinzelt. Dadurch kann die Relevanz der definierten Controllingobjekte im Qualitätsinformationssystem bestätigt werden. Wie jedoch in Abschnitt 4.1 gezeigt werden konnte, bestehen enge Zusammenhänge und Wechselwirkungen zwischen den in dem Qualitätsinformationssystem definierten Qualitäts-Controllingobjekten. So nennen alle Fallstudien den Kundennutzen sowie die Kundenzufriedenheit ausschlaggebend für den Erfolg des DLN und berücksichtigen diese auch bei einer Anpassung der Qualitätsstrategie. Vergleichsweise wenig wird jedoch der Wettbewerb betrachtet. Dabei wird vernachlässigt, dass der Kunde durchaus durch den Wettbewerb beeinflusst wird und Vergleiche zwischen den Marktteilnehmern ziehen kann. Somit kann es als Nachteil angesehen werden, weniger Wissen über den Wettbewerb, die darin angebotenen Dienstleistungen und den marktüblichen Qualitätsstandard zu haben, als die Kunden. Um die Kundenerwartungen realistisch einschätzen zu können, müssen die Wettbewerber analysiert werden. Weitere Zusammenhänge und Wechselwirkungen ergeben sich auch bei den Controllingobjekten Mitarbeiter, Führung, Netzwerkpartner und IKT.[518] Diese Zusammenhänge werden in der Praxis noch nicht umfassend berücksichtigt. In den Fallstudien wurde teilweise von einer eher reaktiven Vorgehensweise im Rahmen der Qualitätssteuerung berichtet, womit die DLN die Gefahr eingehen, die Kundenzufriedenheit zu beeinträchtigen und erst im Falle einer Reklamation zu reagieren. Somit hätten durch die Anwendung des ganzheitlichen und systematischen Qualitätsinformationssystems das Verständnis und die Berücksichtigung der Zusammenhänge und Wechselwirkungen und dadurch eine proaktive Sicherung und Verbesserung der Qualität im DLN erfolgen können.

---

[518] Für eine ausführliche Darstellung vgl. hierzu noch einmal Abschnitt 4.1

Im Weiteren konnten die im Qualitätsinformationssystem definierten Prozesse der Qualitätsplanung, -koordination, -integration und -kontrolle durch die Fallstudienanalyse bestätigt werden. Die Fallstudien wenden diverse Maßnahmen und Instrumente zur Qualitätssteuerung im DLN an, die den einzelnen Prozessen zugeordnet werden können. Maßnahmen und Instrumente der Qualitätskoordination werden dabei überwiegend von allen Fallstudien eingesetzt. Dazu gehören z. B. Abstimmungsprozesse zwischen den Netzwerkpartnern oder Verträge. Auffällig bei der Analyse der Fallstudien war, dass die Qualitätsplanung auf Mesoebene jedoch wenig berücksichtigt wird. Nur die Hälfte der Fallstudien gab an, netzwerkweite Zielvorgaben hinsichtlich der Qualität im DLN festzulegen bzw. eine gemeinsame Qualitätsstrategie zu definieren. Eine Qualitätskoordination im DLN gestaltet sich jedoch ohne eine gemeinsame Qualitätsplanung schwierig. Die Interviewpartner gaben an, dass es häufig schwierig ist, alle Netzwerkpartner ausreichend koordinieren zu können, da keine hierarchischen Strukturen vorliegen und dadurch keine fremdsteuernden Maßnahmen, wie z. B. Sanktionen, durchgesetzt werden können. Die Netzwerkpartner in den DLN haben eine autonome und gleichberechtigte Stellung. Eine netzwerkweite Qualitätsplanung kann hierbei helfen, den Netzwerkpartnern einen Handlungsrahmen zu bieten. Selbststeuernde Maßnahmen, wie z. B. Etablierung einer netzwerkweiten Qualitätskultur, werden ebenfalls wenig in den Fallstudien gefördert. Dazu kommen weitere Maßnahmen zur Qualitätsintegration, wie z. B. Standardisierung oder Modularisierung von Dienstleistungen, die ebenfalls wenig Berücksichtigung in den Fallstudien finden. In keinem der Fallstudien wurde eine integrierte IV angegeben. Der Austausch von Informationen zu den relevanten Qualitäts-Controllingobjekten erfolgt mit separater und kooperativer IV, wobei die separate IV primär Anwendung findet. Die Unterstützung mit der entsprechenden IKT basiert hauptsächlich auf der Kommunikation per Telefon oder E-Mail. Zur Einsparung von zeitlichen, finanziellen und personellen Ressourcen wäre eine ganzheitliche und systematische Qualitätsplanung sinnvoll. Zur nachhaltigen Umsetzung der Qualitätssteuerung im DLN kann eine stärkere Integration im Rahmen der Qualität sinnvoll sein. Die entsprechende Unterstützung der IKT zur Versorgung des DLN mit den qualitätsrelevanten Informationen könnte dabei zum Erfolg beitragen. Somit kann gesagt werden, dass die Anwendung des Qualitätsinformationssystems durch seine ganzheitliche und systematische Beschreibungsgrundlage zu besseren Ergebnissen und geringeren Kommunikationsschwierigkeiten im Rahmen der Qualitätssicherung und -verbesserung im DLN beitragen kann und die genannten Schwierigkeiten der Qualitätskooperation abmildern könnte. Die Relevanz der Qualitätssteuerungsprozesse des Qualitätsinformationssystems kann dadurch bestätigt werden.

Zusammenfassend kann festgehalten werden, dass das ganzheitliche und systematische Qualitätsinformationssystem DLN helfen kann, einen umfassenden Überblick über die relevanten Controllingobjekte sowie deren Zusammenhänge und Wechselwirkungen zu erhalten. Gleichzeitig bietet es eine Informationsgrundlage, auf dessen Basis DLN die Qualität proaktiv sichern und verbessern können. Das Qualitätsinformationssystem kann als Gestaltungsrahmen zur Koordination im DLN verwendet werden und bietet eine umfassende Kommunikationsgrundlage im Rahmen von Abstimmungsprozessen. Dadurch können Transparenz und allgemeines Verständnis im DLN gefördert und dadurch die Qualität nachhaltig gesichert und verbessert werden. Die aufgezeigten Qualitätssteuerungsprozesse bieten einen systematischen Handlungsrahmen und die Differenzierung der IV kann DLN helfen, den Ist-Zustand einordnen zu können und ggfs. Entwicklungspotentiale zu erkennen. Dadurch können die Schwierigkeiten, die sich durch fehlende Integration der IV ergeben, abgemildert werden.

In Tabelle 6-6 werden die Erkenntnisse aus der Fallstudienanalyse noch einmal dargestellt. Dabei werden die für besonders wichtig erachteten Erkenntnisse mit einer gestrichelten Linie hervorgehoben.

		IT-DLN	Logistiknetzwerk	Beratungsnetzwerk	Gesundheitsnetzwerk	Handwerkernetzwerk	Tourismusnetzwerk
Qualitätscontrolling-Objekte	Informationsobjekte	Kunde, Wettbewerb	Kunde, Wettbewerb	Kunde, Wettbewerb	Kunde, Wettbewerb, Politik	Kunde, Wettbewerb	Kunde, Wettbewerb, Industrie
	Steuerungsobjekte	Mitarbeiter, Prozesse, Dienstleistung, Führung, Netzwerkpartner, IKT	Mitarbeiter, Prozesse, Dienstleistung, Führung, Netzwerkpartner, IKT	Mitarbeiter, Prozesse, Dienstleistung, Führung, Netzwerkpartner, IKT	Mitarbeiter, Prozesse, Dienstleistung, Führung, Netzwerkpartner, IKT	Mitarbeiter, Prozesse, Dienstleistung, Führung, Netzwerkpartner, IKT	Mitarbeiter, Prozesse, Dienstleistung, Führung, Netzwerkpartner, IKT
Qualitätssteuerung		Qualitätsplanung, Qualitätskoordination, Qualitätsintegration, Qualitätskontrolle, Qualitäts-IV	Qualitätsplanung, Qualitätskoordination, Qualitätsintegration, Qualitätskontrolle, Qualitäts-IV	Qualitätsplanung, Qualitätskoordination, Qualitätsintegration, Qualitätskontrolle, Qualitäts-IV	Qualitätsplanung, Qualitätskoordination, Qualitätsintegration, Qualitätskontrolle, Qualitäts-IV	Qualitätsplanung, Qualitätskoordination, Qualitätsintegration, Qualitätskontrolle, Qualitäts-IV	Qualitätsplanung, Qualitätskoordination, Qualitätsintegration, Qualitätskontrolle, Qualitäts-IV
IV		Separate IV, Kooperative IV, Integrierte IV	Separate IV, Kooperative IV, Integrierte IV	Separate IV, Kooperative IV, Integrierte IV	Separate IV, Kooperative IV, Integrierte IV	Separate IV, Kooperative IV, Integrierte IV	Separate IV, Kooperative IV, Integrierte IV

Legende: ■ = wird ausgeprägt berücksichtigt; ◪ = wird berücksichtigt; □ = wird nicht explizit berücksichtigt

IV = Informationsversorgung

Tabelle 6-6: Erkenntnisse aus der Analyse der Ergebnisse

6.4 Kritische Würdigung des Qualitätsinformationssystems

Nachdem das Qualitätsinformationssystem im Rahmen der Fallstudienanalyse validiert wurde, erfolgt nun abschließend eine kritische Würdigung der Ergebnisse. Die kritische Würdigung dient der Beurteilung der Qualität. Die Qualität bezieht sich auf die Relevanz und Anwendbarkeit des Qualitätsinformationssystems. Eine hohe Qualität lässt darauf schließen, dass dieses erfolgreich und wirtschaftlich angewendet werden kann. In Abschnitt 5.3 sind dazu bereits verschiedene Erfolgsfaktoren genannt worden. Es wurden insbesondere die Umsetzungskosten, die Anwenderakzeptanz, die Adaptierbarkeit sowie die Steuerungswirkung hervorgehoben.

Das Qualitätsinformationssystem basiert auf den Annahmen der Systemtheorie. Es konnte gezeigt werden, dass insbesondere die Systemtheorie geeignet erscheint, die Gesamtzusammenhänge und Interdependenzen in DLN darzustellen.[519] Des Weiteren wurde auf Basis des Business Engineering Ansatzes in Verbindung mit dem St. Galler Management Modell ein Bezugsrahmen für das Qualitätsinformationssystem abgeleitet.[520] Dieser basiert ebenfalls auf den Annahmen der Systemtheorie. Dadurch kann das Qualitätsinformationssystem der Anforderung an einen ganzheitlich integrierten Steuerungsansatz gerecht werden. Der Ganzheitlichkeit wird durch die Berücksichtigung aller wesentlichen Gestaltungselemente Rechnung getragen, die im Rahmen der Qualitätssteuerung in DLN identifiziert werden konnten und im Qualitätsinformationssystem dargestellt werden können. Dabei integriert das Qualitätsinformationssystem die als relevant identifizierten Gestaltungselemente und -ebenen, indem es deren Zusammenhänge systematisch verdeutlicht.

Im Weiteren wurden Annahmen aus der Neuen Institutionenökonomik getroffen, die die Beziehungsstrukturen in DLN erläutern sollen. Dabei wurden insbesondere die Prinzipal-Agenten-Theorie sowie die Transaktionskostentheorie hervorgehoben, die für die vorliegende Problemstellung geeignet erscheinen, um relevante Erkenntnisse für die Qualitätssteuerung in DLN liefern zu können. Zudem sind die Prinzipal-Agenten-Theorie sowie die Transaktionskostentheorie in der Literatur im Rahmen der Netzwerkforschung anerkannt und gelten als wissenschaftlich erprobt und valide. Die Theorie der Verfügungsrechte wurde

---

[519] Vgl. Abschnitt 2.2

[520] Vgl. Abbildung 5-2.

dabei bewusst ausgegrenzt, da sie für die vorliegende Zielsetzung irrelevant erscheint.

Nachdem die theoretischen Grundlagen erarbeitet wurden, konnten im Folgenden die Wirkungszusammenhänge in DLN erarbeitet werden. Die Zusammenhänge wurden argumentativ-deduktiv hergeleitet und mithilfe des vernetzten Denkens konnten die relevanten Wirkungskreisläufe dargestellt werden. Das vernetzte Denken wurde deshalb als Darstellungsform gewählt, da es leicht verständlich die komplexen Zusammenhänge abzubilden vermag. Anhand der hier gewonnenen Erkenntnisse wurden die Anforderungen an das Qualitätsinformationssystem deutlich, welches nachfolgend zu konstruieren ist.

In der Literatur existiert eine Vielzahl von Ansätzen, die die Steuerung oder das Qualitätsmanagement im Netzwerkkontext untersuchen. Anhand einer Volltextsuche mit vorab definierten relevanten Begriffen wurden Monografien bis zum Jahre 2010 recherchiert und eine Auswahl von 16 Quellen getroffen. Diese wurden nach Kontext, Forschungsvorgehen und Forschungstheorien, Steuerungsobjekten sowie Steuerungszielen, -maßnahmen und -instrumenten durchleuchtet. Daraus konnte der Handlungsbedarf zur Konzeption eines integrierten Steuerungsansatzes im Rahmen eines Qualitätsinformationssystems abgeleitet werden. Es wurde auf eine sorgfältige Recherche und Auswahl der Literatur geachtet und dadurch ist zu vermuten, dass alle relevanten Monografien berücksichtigt wurden. Dennoch ist nicht auszuschließen, dass weitere Ansätze existieren, die im Rahmen dieser Analyse hätten Anwendung finden können.

Zur Darstellung der einzelnen Ebenen des Qualitätsinformationssystems wurden verschiedene Modellierungsansätze angewendet. So wurden die Qualitätssteuerungsprozesse mit EPKs modelliert. Dieser Modellierungsansatz eignet sich insbesondere durch die einfache und übersichtliche semiformale Darstellung. Zudem werden EPKs in der DIN EN ISO 9000 ff. Zertifizierung empfohlen und können dadurch im Hinblick auf eine ganzheitliche Qualitätssteuerung angewendet werden. Im Weiteren wurde im Rahmen der IV ein Datenmodell erarbeitet, welches die identifizierten Qualitäts-Controllingobjekte und deren Zusammenhänge aufzeigt. Die Qualitäts-Controllingobjekte leiten sich zum einen aus einem ganzheitlichen Qualitätsverständnis sowie den Anforderungen an die Qualitätssteuerung in DLN ab. Im Rahmen der Datenmodellierung wurde das ERM angewendet. Die Auswahl basierte zum einen auf den von *Hars* definierten Anforderungen an Datenmodellen sowie zum anderen aus der Erkenntnis, dass das ERM aufgrund eines hohen Bekanntheitsgrades und einer hohen Anwenderhäufigkeit besonders gut im vorliegenden Kontext anwendbar ist. Anschließend wurden die Qualitätsinformationen beispielhaft mit ADAPT modelliert. Diese Auswahl erfolgte ebenfalls aufgrund der von *Hars* definierten Anforderungen. Zudem basiert ADAPT auf einer umfassenden und leicht erlernbaren Notation sowie einer praxiserprobten Anwendbarkeit. Durch die Anwendung anerkannter und erprobter Modellierungsansätze kann zur Nachvollziehbarkeit und Validität des Qualitätsinformationssystems beigetragen werden.

Abschließend wurden unterschiedliche Formen der IV sowie die auf IKT-Ebene entsprechenden Applikationsarchitekturen erläutert. Dabei wurde die IV in separat, kooperativ und integriert und die entsprechenden Applikationsarchitekturen in dezentral, hybrid und zentral unterschieden. Die Einteilung ergab sich aus der Typisierung von DLN und der Annahme differierender Kooperationsintensitäten. Dadurch kann davon ausgegangen werden, dass die Einteilung das relevante Spektrum abdeckt. Aufgrund der Vielschichtigkeit von Netzwerkstrukturen und Qualitätssteuerungsaspekten ist es jedoch denkbar, dass im Zusammenhang mit hier nicht berücksichtigten Netzwerkstrukturen noch weitere Ausgestaltungen der IV möglich sind, die eine adäquate Qualitätssteuerung im DLN ermöglichen. Die Modifikation des Qualitätsinformationsmodells in weiteren Forschungsarbeiten ist daher wünschenswert.

Für die Validierung des Modells wurde das qualitative Verfahren der Fallstudienanalyse gewählt. Qualitative Verfahren bergen einige Kritik, wie z. B. das Problem der Subjektivität und dadurch einem größeren Interpretationsspielraum. Den Schwächen wurde versucht entgegenzuwirken, indem einer sorgfältigen und nachvollziehbaren Vorgehensweise Rechnung getragen wurde. Dazu wurde eine einheitliche Durchführung der Fallstudien anhand eines strukturierten Fragenschemas[521] verfolgt. Anschließend wurde versucht, die Ergebnisse vollständig und möglichst objektiv zu interpretieren. Die Ergebnisse der Fallstudie lassen jedoch keine Rückschlüsse auf einen erfolgreichen Einsatz sowie eine wirtschaftliche Verwendung des Qualitätsinformationssystems ziehen. Vielmehr ist hier zu vermerken, dass die Ergebnisse keinen Anspruch auf Verallgemeinerung haben, da jeweils ein spezifischer Kontext betrachtet wurde. Es ist eher empfehlenswert, das Qualitätsinformationssystem vor Anwendung zu adaptieren durch z. B. die Berücksichtigung der individuellen Organigramme im DLN. Das Qualitätsinformationssystem ist somit als Basis für die Gestaltung eines ganzheitlichen und integrierten Qualitätssteuerungsansatzes zu sehen. Abschließend ist zu vermerken, dass das Qualitätsinformationssystem dazu beitragen kann, DLN

---

[521] vgl. Anhang.

einen systematischen und ganzheitlichen Ansatz zu bieten, die Qualität in DLN proaktiv sicherzustellen und zu verbessern.

7 Zusammenfassung und Ausblick

Im Rahmen dieses Kapitels folgt eine Zusammenfassung der gewonnenen Erkenntnisse. Des Weiteren wird ein Ausblick auf zukünftigen Forschungsbedarf gegeben.

7.1 Zusammenfassung der Ergebnisse

Im Rahmen der Problemidentifikation konnte in Kapitel 1 gezeigt werden, dass die Qualitätssteuerung in DLN bisher nur unzureichend in der Literatur berücksichtigt wird. Dabei wächst der tertiäre Sektor stetig und die Dienstleistungserbringung wird zunehmend in Netzwerken realisiert. Die Berücksichtigung der Qualität ist aus zwei Gründen für DLN empfehlenswert. Zum einen kann durch die Differenzierung am Markt die Wettbewerbsfähigkeit gestärkt werden. Zum anderen fordern Kunden verstärkt eine hohe Qualität von den Dienstleistungsanbietern. Insbesondere in Netzwerkstrukturen können Qualitätsmängel einzelner Netzwerkpartner Auswirkungen auf das gesamte DLN haben, da Kunden überwiegend die Gesamtleistung wahrnehmen. Somit stellt die Sicherung und Verbesserung der Qualität einen Erfolgsfaktor für DLN dar. Bisher existieren keine ganzheitlichen und integrierten Steuerungsansätze in der Literatur, die die relevanten Wechselwirkungen und Informationsflüsse abdecken.

Daher verfolgt die Arbeit das Ziel der Konzeption eines integrierten Steuerungsansatzes zur Qualitätssicherung und -verbesserung in DLN im Rahmen eines Qualitätsinformationssystems. Daraus leiten sich folgende Forschungsfragen ab:

- Wie können die Controllingobjekte für die Qualitätssteuerung in DLN sowie deren Zusammenhänge analysiert und dargestellt werden?
- Wie kann die IV zur Qualitätssteuerung in einem DLN konzeptualisiert werden?

Um die Ziele und Schwerpunkte des Lösungsansatzes herauszuarbeiten sowie zur Beantwortung der ersten Forschungsfrage, wurden in einem ersten Schritt die konzeptionellen Grundlagen zu DLN und der Qualitätssteuerung gelegt. Auf dessen Basis können die Anforderungen an einen integrierten Steuerungsansatz modelliert werden. In Kapitel 2 wurde der Frage nachgegangen, wie DLN definiert und typisiert werden können. Nachdem der Begriff des DLN hergeleitet wurde, konnten anhand der Dimensionen Bindungsgrad, Autonomiegrad und Beziehungsdauer drei Typen von DLN identifiziert werden. Hierbei konnte aufgrund der Vielschichtigkeit von Netzwerkstrukturen keine allumfassende Typisierung vorgenommen werden. Es wurde jedoch versucht, durch eine Eingrenzung bereits definierter und wissenschaftlich anerkannter Netzwerktypisierungen[522], ein Typisierungsmuster zu erstellen. Basierend auf der Annahme, dass DLN überwiegend heterarchisch strukturiert sind, wurde von strategischen Netzwerken gänzlich abgesehen. Daher bewegen sich die Typisierungen in dem Kontinuum von sehr lose gekoppelten „Kooperativen DLN" bis zu „Franchise DLN", die aufgrund ihrer Vertragsbasis den höchsten Grad der hierarchischen Bindung aufweisen. Dennoch wird hierbei davon ausgegangen, dass die Netzwerkpartner selbstständige Unternehmen sind, die im Rahmen der Qualitätssteuerung als autonome Einheiten betrachtet werden müssen. Zwischen dem heterarchisch und hierarchisch ausgerichteten Typen von DLN befinden sich die „Virtuellen DLN". Die Typisierung des DLN kann Aufschluss über die anwendbaren Steuerungsmechanismen geben. Um weitere Implikationen für die Qualitätssteuerung ableiten zu können, wurden DLN in einen theoretisch fundierten Analyserahmen eingeordnet. Im Rahmen der Systemtheorie konnte gezeigt werden, dass diese einen Ansatz bietet, die Struktur eines DLN ganzheitlich mit seinen Elementen und Beziehungen zu beschreiben und dies in ein übergeordnetes Gesamtsystem einzuordnen. Das DLN als System wird durch sein Umfeld, wie z. B. Wettbewerb oder Kunde, beeinflusst und kann auf diese Umfeldveränderungen reagieren. Mithilfe der Systemtheorie konnte begründet werden, dass ein DLN verschiedene Systemebenen hat, die im Rahmen der Qualitätssteuerung berücksichtigt werden können. Als weiterer Erklärungsansatz zur Beschreibung der Beziehungsstrukturen konnte die Neue Institutionenökonomik identifiziert werden. Hierbei wurden insbesondere die Prinzipal-Agenten-Theorie sowie die Transaktionskostentheorie hervorgehoben. Die Prinzipal-Agenten-Theorie zeigt Problemfelder zwischen den Netzwerkpartnern im DLN auf, die im Rahmen wechselseitiger Auftragsbeziehungen entstehen können und bietet Lösungsansätze an. Mithilfe der Transaktionskostentheorie, die die Beziehungsstrukturen anhand von Wechselbeziehungen zwischen den Netzwerkpartnern und den daraus resultierenden Kosten betrachtet, konnte ge-

---

522   Vgl. Birkelbach, R.: Qualitätsmanagement in Dienstleistungscentern, S. 48, 65; basierend auf Diller, H., Kusterer, M.: Beziehungsmanagement, S. 219; Sydow, J.: Management von Netzwerkorganisationen, S. 396; Ahlert, D.: Heterogenität in der Kooperationslandschaft, S. 22.

zeigt werden, dass durch stärkere Integration im DLN, z. B. der IKT, die Transaktionskosten langfristig gesenkt werden können. Diese Erkenntnisse sind in den integrierten Steuerungsansatz zur Qualitätssicherung und -verbesserung eingeflossen.

Im folgenden Kapitel 3 wurde den Fragen nachgegangen, wie die Qualität in DLN beschrieben werden kann und welche Anforderungen sich aus Kunden- und Anbietersicht ergeben. Daraus wurde deutlich, welche Ebenen und Sichten im Rahmen der Qualitätssteuerung in DLN berücksichtigt werden müssen. Nachdem anhand der spezifischen Merkmale von Dienstleistungen die Besonderheiten der Dienstleistungsqualität erörtert wurden, konnte gezeigt werden, dass die Kundenerwartungen einen zentralen Erfolgsfaktor für die Qualitätssteuerung in DLN darstellen. Dabei wurde festgestellt, dass im Kontext von DLN sowohl externe als auch interne Anspruchsgruppen berücksichtigt werden können. Angelehnt an die aus der Systemtheorie abgeleiteten Systemebenen eines DLN konnten die Mikro-, Meso- und Makroebene differenziert werden. Dabei sind die internen Anspruchsgruppen auf Mikroebene z. B. die Mitarbeiter, die ebenfalls Qualitätsanforderungen an das DLN haben. Als Ergebnis wurde systemintern auf Mikroebene die Sicht der Netzwerkpartner sowie deren Mitarbeiter bzw. Führungskräfte und auf Mesoebene die Sicht des gesamten DLN identifiziert. Systemextern wurde die Makroebene mit Sicht der Kunden und des Wettbewerbs erkannt. Damit der integrierte Steuerungsansatz die differierenden Anforderungen berücksichtigen kann, wurde der ganzheitliche Ansatz des TQM erläutert. Zusätzlich wurden die in der Praxis weit verbreiteten ganzheitlichen Ansätze DIN EN ISO 9000 ff. sowie das EFQM-Modell durchleuchtet und es konnte festgestellt werden, dass diese keine konkreten Umsetzungshinweise zur Qualitätssteuerung in DLN liefern. In einem nächsten Schritt wurden die Steuerungsaspekte in DLN diskutiert. Das Controllingverständnis folgt dabei dem Verständnis nach *Schaefer*[523], die in ihrem Ansatz die informationsorientierte, die koordinationsorientierte, die rationalitätsorientierte sowie die reflexionsorientierte Controlling-Konzeption zusammenführt. Daraus konnte abgeleitet werden, dass der integrierte Steuerungsansatz alle Aspekte der einzelnen Controlling-Konzeptionen abdecken kann. Im Weiteren wurde diskutiert, welche Steuerungsmechanismen adäquat erscheinen. Hierzu wurde angelehnt an das vorab festgelegte, systemtheoretische Verständnis die Kybernetik erläutert und deren Grundkonzept des kybernetischen Regelkreises auf die Qualitätssteuerung in

---

[523] Vgl. Schaefer, S.: Controlling und Informationsmanagement in Strategischen Unternehmensnetzwerken, S. 52.

DLN angepasst. Zusätzlich wurde anhand der Phasen des Netzwerkmanagements aufgezeigt welche Maßnahmen und Instrumente im Rahmen der Qualitätssteuerung anwendbar sind. Die gewonnenen Erkenntnisse sind ebenfalls in den integrierten Steuerungsansatz eingeflossen.

Ein nächster Schritt war im Rahmen des Lösungsdesigns in Kapitel 4 die Identifikation der Wirkungszusammenhänge, die bei der Qualitätssteuerung in DLN berücksichtigt werden können. Hierbei wurde die Frage beantwortet, welche Elemente und Zusammenhänge im DLN berücksichtigt werden müssen, damit die Dienstleistungsqualität erfolgreich gesteuert werden kann. Dies diente im Weiteren der Identifikation der relevanten Qualitäts-Controllingobjekte sowie deren Zusammenhänge. Angelehnt an den Ansatz des vernetzten Denkens wurden vier Perspektiven der vorab definierten relevanten Anspruchsgruppen im DLN erläutert. Die Wirkungskreisläufe wurden konsequent aus Kunden-, Mitarbeiter-, Führungs- sowie Netzwerkpartnerperspektive hergeleitet. Anschließend wurden die Perspektiven in einem Gesamtwirkungskreislauf zusammengeführt. Hierdurch konnten die vielfältigen Wirkungszusammenhänge der Qualitätssteuerung in DLN aufgezeigt werden. Anhand der gewonnenen Erkenntnisse wurden im Folgenden ausgewählte Ansätze aus der Literatur durchleuchtet, um zu untersuchen, ob diese Ansätze die besonderen Anforderungen abdecken können. Die Auswahl erfolgte anhand festgelegter Kriterien und führte zum Ergebnis von 16 Ansätzen. Diese wurden anschließen anhand von Kontext, Forschungsvorgehen und Forschungstheorien, Steuerungsobjekte, Steuerungsziele und Steuerungsmaßnahmen sowie Steuerungsinstrumente analysiert. Das Analyseergebnis hat gezeigt, dass die ausgewählten Ansätze die besonderen Anforderungen der Qualitätssteuerung in DLN nicht vollständig berücksichtigen. Es fällt auf, dass nicht alle qualitätsrelevanten Elemente und deren Zusammenhänge Berücksichtigung finden, und die integrierte – aus der Systemtheorie abgeleitete – Sichtweise über mehrere Ebenen fehlt. Daraus leitete sich der Handlungsbedarf zur Entwicklung eines integrierten Qualitätssteuerungsansatzes ab.

Basierend auf den vorliegenden Erkenntnissen, wurde im Rahmen der Lösungskonstruktion in Kapitel 5 der integrierte Steuerungsansatz zur Qualitätssicherung und -verbesserung in DLN konzipiert. Hierbei wurden die Fragen beantwortet, wie die Qualitätssteuerungsprozesse im DLN gestaltet werden und welche Qualitätsziele, -maßnahmen und -instrumente sich daraus ableiten. Zusätzlich sollen Rollen und Verantwortlichkeiten definiert werden. Daraus ergaben sich die Anforderungen zur Beantwortung der zweiten Forschungsfrage. In diesem Rahmen wurde untersucht, welche Informationen hinsichtlich der definierten Qualitäts-Controllingobjekte und Qualitätssteuerungsprozesse relevant sind und wie Applikationsarchitekturen im DLN gestaltet werden können, um die geforderten Informations- und Kommunikationsflüsse zu unterstützen. Abschließend wurde beispielhaft dargestellt, welche IKT im Rahmen der IV eingesetzt werden kann, um die Qualität in DLN entsprechend zu steuern. Das Ergebnis ist ein ganzheitlich integriertes Qualitätsinformationssystem. Basierend auf dem Ansatz des Business Engineerings in Verbindung mit dem St. Galler Managementmodell wurde ein Bezugsrahmen aufgespannt und auf die Qualitätssteuerung in DLN adaptiert. Das Qualitätsinformationssystem berücksichtigt demnach die Ebenen Qualitätsstrategie, Qualitätssteuerungsprozesse, IKT, Qualitätskultur, Qualitätssteuerung und Kontext. Im Hinblick auf die Zielsetzung der Arbeit wurden die Qualitätssteuerungsebene in Verbindung mit der Qualitätssteuerungsprozessebene, die Qualitätsinformationen sowie die IKT-Ebene als relevante Gestaltungsebenen identifiziert. Auf Steuerungsebene wurden die Qualitäts-Controllingobjekte Kunde, Wettbewerb, Dienstleistung, Prozess, IKT, Netzwerkpartner, Mitarbeiter und Führung definiert sowie deren Wirkungszusammenhänge ausführlich dargestellt. Daraus konnte abgeleitet werden, dass die partielle Berücksichtigung einzelner Objekte, aufgrund der Wechselwirkungen und die dadurch vermuteten Auswirkungen auf die Qualitätssteuerung, nicht sinnvoll erscheint. Im Weiteren wurden aufgrund der engen Verknüpfung ebenfalls die Qualitätssteuerungsprozesse auf der Steuerungsebene erfasst. Hierbei konnten die Qualitätsplanung, -koordination, -integration sowie -kontrolle identifiziert werden, die anschließend mithilfe von EPKs modelliert und im Detail erläutert wurden. Im Weiteren konnte die Wichtigkeit einer adäquaten Qualitätsinformationsversorgung im Rahmen der Qualitätssteuerung identifiziert werden. Diese soll das DLN mit den relevanten Qualitätsinformationen unterstützen. Die Qualitätsinformationen wurden beispielhaft mithilfe von ERM und ADAPT modelliert. Ausgehen von der Annahme unterschiedlicher Kooperationsintensitäten im DLN wurden drei Formen der IV abgeleitet: separat, kooperativ und integriert. Dabei lässt die Form der IV Rückschlüsse auf die Ausgestaltung der Applikationsarchitekturen zu, die ebenfalls in drei Formen unterteilt wurden: dezentral, hybrid und zentral. Abschließend wurden hierfür beispielhaft Technologieansätze aufgezeigt, die die IV im DLN unterstützen können. Als Ergebnis konnte ein detailliertes Qualitätsinformationssystem vorgestellt werden.

Dieses Qualitätsinformationssystem wurde anschließend einer Validierung im Rahmen einer Fallstudienanalyse unterzogen. Diese diente dazu die Anwendbarkeit in der Praxis zu untersuchen. Die Fallstudien wurden anhand festgelegter Kriterien ausgewählt, um eine Vergleichbarkeit zu gewährleisten. Es wurden sechs DLN identifiziert, bei denen ein teilstrukturiertes Experteninterview anhand eines Fragenschemas durchgeführt wurde. Durch die strukturierte Vorgehensweise konnte zusätzlich eine Vergleichbarkeit der Ergebnisse sichergestellt werden. Es wurden sämtliche Ebenen des Qualitätsinformationssystems sowie dessen Gestaltungselemente abgefragt. Dabei war insbesondere interessant, welche Qualitäts-Controllingobjekte in den DLN besondere Berücksichtigung im Rahmen der Qualitätssteuerung finden, sowohl bei der Anpassung der Qualitätsstrategie als auch bei der IV. Zudem wurde abgefragt, welche Maßnahmen und Instrumente die DLN bei der Qualitätssteuerung einsetzen und welche Rollen dafür verantwortlich sind. Dabei war auch interessant zu erfahren, auf welcher Ebene die Qualitätssteuerung angesiedelt ist. Weiterhin wurde der Fokus auf die Form der IV sowie die Ausgestaltung der Applikationsarchitekturen gelegt, und es wurde abgefragt, welche Technologieansätze zur Unterstützung im DLN verwendet werden. Die Ergebnisse der Analyse konnten zeigen, dass die Gestaltungselemente des Qualitätsinformationssystems in der Praxis im Rahmen der Qualitätssteuerung Anwendung finden. Die Qualitäts-Controllingobjekte konnten um die Informationsobjekte Politik und Industrie ergänzt werden. Auffällig war jedoch, dass die Controllingobjekte nur partiell berücksichtigt wurden und die DLN den Gesamtzusammenhang nicht berücksichtigen. Die Qualitätssteuerung beschränkt sich überwiegend auf Koordinations- und Kontrollmaßnahmen und die Verantwortung liegt auf Mikroebene bei den einzelnen Netzwerkpartnern. Aufgrund fehlender Betrachtung der Mesoebene sowie nicht ausreichender Berücksichtigung der Planung und Integration, ist davon auszugehen, dass die DLN überwiegend auf Qualitätsabweichungen reagieren und ein vorausschauendes, flexibles Agieren nicht möglich ist. Infolge der fehlenden Integration wurde eine überwiegend separate IV identifiziert.

Insgesamt kann angemerkt werden, dass das vorgestellte Qualitätsinformationssystem ein DLN bei der Qualitätssicherung und -verbesserung systematisch und ganzheitlich unterstützen kann, indem es qualitätsrelevante Gestaltungsebenen und -elemente zur Verfügung stellt. Dabei hat das Qualitätsinformationssystem keinen Anspruch auf Allgemeingültigkeit. Eine erfolgreiche und wirtschaftliche Anwendung kann nur dann gelingen, wenn es dem spezifischen Kontext angepasst wird und dabei die einzelnen Anwender sowie ihre Präferenzen berücksichtigt werden.

7.2 Ausblick auf weiteren Forschungsbedarf

Die vorliegende Arbeit bietet einen Beitrag zur Qualitätssteuerung in DLN durch die Entwicklung eines integrierten Steuerungsansatzes. Daraus ergeben sich Ansatzpunkte für weiterführende Forschungsarbeiten.

Die Arbeit verfolgt als zentralen Forschungsgegenstand die Konzeption eines ganzheitlichen und integrierten Qualitätsinformationssystems und berücksichtigt dabei vornehmlich die Gestaltungsebenen Qualitätssteuerung, Qualitätssteuerungsprozesse sowie IKT. Die weiteren Ebenen des Qualitätsinformationssystems bleiben unberücksichtigt, bzw. werden nur oberflächlich mit einbezogen. Im Rahmen einer Ausweitung auf ein ganzheitliches Qualitätsmanagement wäre eine detaillierte Analyse der Strategieebene sowie der emotional-kulturellen Ebene denkbar. Die Strategieebene wird in dieser Arbeit im Rahmen der Qualitätsplanung berücksichtigt. Die Qualitätsstrategie leitet sich demnach aus den in der Qualitätsplanung definierten Qualitätszielen ab. Zusätzlich werden Ausprägungsformen der Qualitätsstrategie aufgezeigt. Interessant wäre weiterführend die Fragestellung, wie eine netzwerkweite Qualitätsstrategie systematisch entwickelt und im DLN umgesetzt werden kann. Die Qualitätskultur wird in dieser Arbeit im Rahmen der Qualitätskoordination als Koordinationsinstrument berücksichtigt. Hier bleibt jedoch die Frage offen, wie eine netzwerkweite Qualitätskultur systematisch im DLN gestaltet und weiterentwickelt werden kann. Hierbei können beispielsweise Modelle und Methoden aus den Personal- und Organisationswissenschaften Anwendung finden.

Das Qualitätsinformationssystem wurde argumentativ-deduktiv sowie semiformal entwickelt. Anhand einer Fallstudie wurden die Ergebnisse validiert. Da die Analyse anhand von sechs Fallstudien keinen Anspruch auf Verallgemeinerung der Ergebnisse erhebt, wäre im Weiteren eine tiefere, empirische Prüfung der angewendeten Gestaltungsebenen und -elemente denkbar. Beispielsweise wäre ein Ansatz, in einem ersten Schritt die identifizierten Wechselwirkungen zwischen den einzelnen Qualitäts-Controllingobjekten empirisch zu überprüfen. Weiterführend könnten die identifizierten Qualitätssteuerungsprozesse einer empirischen Validierung unterzogen werden. Hierbei wäre beispielsweise zu überprüfen, ob und in welchem Umfang die definierten Steuerungsmaßnahmen und -instrumente in der Praxis Anwendung finden. Zudem wäre eine tiefergehende empirische Untersuchung der IV abhängig von unterschiedlichen Typisierungen von DLN denkbar.

Im Zusammenhang mit dem hier entwickelten Qualitätsinformationssystem wurde die technische Gestaltungsebene IKT nur beispielhaft erläutert. Weiterführend könnten die aufgezeigten Technologieansätze für den Einsatz zur Qualitätssteuerung in DLN empirisch validiert werden. Eine Identifikation weiterer, hier nicht aufgezeigter Technologieansätze ist ebenso denkbar. Hierbei ist eine interessante Fragestellung, welche Technologieansätze im Rahmen welcher Formen der IV in der Praxis Anwendung finden.

Zudem lassen sich auch Ansatzpunkte für eine konzeptionelle Weiterentwicklung erkennen. Hierbei könnte das Qualitätsinformationssystem auf bestimmte Typisierungen von DLN oder einzelne Branchen adaptiert werden.

Abschließend kann angeführt werden, dass es für DLN empfehlenswert ist, ihre Qualitätssteuerung zu systematisieren und zu integrieren, um hinsichtlich veränderter Umfeldeinflüsse flexibel und proaktiv agieren zu können, anstatt ausschließlich zu reagieren. Zudem sollten DLN bemüht sein, ihr Qualitätsniveau stetig zu verbessern, denn:

„Wer aufhört besser zu werden, hat aufgehört, gut zu sein."[524]

---

[524] Philip Rosenthal (*23.10.1916-†27.09.2001), Unternehmer.

Anhang

Die Interviews wurden nach folgendem Fragenschema durchgeführt und im Anschluss transkribiert. Aufgrund der offenen Fragentechnik, konnten zusätzliche Informationen von den Interviewpartnern gewonnen werden, die in den Transkripten dokumentiert wurden.

1 Informationen zum Unternehmen

- Unternehmensart?
- Branche?
- Tätigkeitsbereich des Interviewpartners?
- Anzahl der Mitarbeiter (MA)?
- Umsatzgröße (Mio. €)?

2 Informationen zum Dienstleistungsnetzwerk (DLN)

- Anzahl der Netzwerkpartner (NP) im DLN gesamt?
- Stellung im DLN?

    Übergeordnet, Gleichberechtigt, Untergeordnet
- Grund des Netzwerkbeitritts?

    Z. B. Kostenvorteile, Wettbewerbsvorteile, Ausweitung des Serviceangebotes, Konzentration auf Kernkompetenzen
- Wird bereits ein Qualitätsmanagementsystem in Ihrem DLN eingesetzt? Wenn ja welches?
- Wird ein netzwerkweites Controlling in Ihrem DLN eingesetzt? Wenn ja welches?

3   Fragen zur Qualitätssteuerung

- Was sind für Sie die wesentlichen Treiber, um die Qualitätsstrategie anzupassen?

    Z. B. Kunde, Wettbewerb, Mitarbeiter, Prozesse, Dienstleistung, Führung, Netzwerkpartner, IKT

- Wie wird die Qualität in Ihrem DLN überwiegend gesteuert? Welche Maßnahmen und Instrumente setzen Sie hierfür ein?

    Z. B. Abstimmungsprozesse, Zielvorgaben, Festsetzung von Standards, Vorgabe von Rahmenbedingungen, Anpassung der Kultur im DLN (z. B. Aufbau von Vertrauen), Verträge, Anpassung der Netzwerkstruktur (z. B. Schnittstellen oder Hierarchien ändern), Sanktionsmaßnahmen (z. B. Geldstrafen), Entlohnungssysteme (z. B. Incentives)

- Welche Aufgaben verfolgen Sie auf welcher Ebene (Unternehmen und/oder DLN) zur Steuerung der Qualität?

    Z. B. Festlegung von Qualitätssteuerungszielen (z. B. Qualitätsplanungsziele), Anpassung der Qualitätsstrategie, Ableitung und Umsetzung von Qualitätssteuerungsmaßnahmen (z. B. transparente Kommunikation, Kontrollmaßnahmen wie Fehleranalysen), Festlegung von Qualitätssteuerungsinstrumenten (z. B. Berichtswesen), Standardisieren von Qualitätsaktivitäten (z. B. Prozesszeiten), Modularisierung von Dienstleistungen (z. B. Teilprozesse gestalten), Integration der IKT im DLN

- Wer ist in Ihrem DLN auf welcher Ebene (Unternehmen und/oder DLN) für die Qualität verantwortlich?

    Z. B. Führungskraft, Mitarbeiter, Qualitätsteams, Qualitätsgremien, Qualitätsaudits

- Welche Daten halten Sie für wesentlich für den Austausch im DLN im Hinblick auf die Steuerung der Qualität?

    Z. B. Kundendaten, Wettbewerbsdaten, Mitarbeiterdaten, Prozessdaten, Dienstleistungsdaten, Führungsdaten, Netzwerkpartnerdaten, IKT-Daten

- Welche Informationen erscheinen Ihnen besonders wichtig in Ihrem Unternehmen und/oder DLN im Hinblick auf die Steuerung der Qualität?

    Z. B. Kundenerwartungen, Preisgestaltung, Gewinnzahlen, Kosten, Image, Beziehungsqualität, Qualitätskultur, Dienstleistungsqualität, Dienstleistungsentwicklung, Mitarbeiterqualifikation, Mitarbeiterzufriedenheit

4   Fragen zur IKT-Ebene

- Welche Form der Informationsversorgung (IV) setzen Sie zur Qualitätssteuerung ein?

    Separat, kooperativ, integriert

- Welche Werkzeuge verwenden sie in Ihrem Unternehmen für die Qualitätssteuerung mit separater IV?

- Welche Lösungen verwenden sie in Ihrem Unternehmen und/oder DLN für die Qualitätssteuerung mit kooperativer IV?

- Welche Lösungen verwenden sie in Ihrem Unternehmen und/oder DLN für die Qualitätssteuerung mit integrierter IV?

Literaturverzeichnis

Accenture: Accenture 2010 Global Consumer Research executive summary.

Ahlert, D.: Heterogenität in der Kooperationslandschaft, in: Ahlert, D., Ahlert, M. (Hrsg.): Handbuch Franchising und Cooperation – Das Management kooperativer Unternehmensnetzwerke, Frankfurt 2010, S. 17-28.

Ahlert, D., Blaich, G., Evanschitzky, H., Hesse, J.: Erfolgsforschung in Dienstleistungsnetzwerken, in: Ahlert, D., Evanschitzky, H., Hesse, J. (Hrsg.): Exzellenz in Dienstleistung und Vertrieb – Konzeptionelle Grundlagen und empirische Ergebnisse, Wiesbaden 2005, S. 1-28.

Ahlert, D., Evanschitzky, H.: Dienstleistungsnetzwerke: Management, Erfolgsfaktoren und Benchmarks im internationalen Vergleich, Berlin 2003.

Albach, H.: Kosten, Transaktionen und externe Effekte im betrieblichen Rechnungswesen, in: Zeitschrift für Betriebswirtschaft, 58 (1988) 11, S. 1143-1170.

Alter, C., Hage, J.: Organizations working together, London 1993.

Ammenwerth, E.: Die Bewertung von Informationssystemen des Gesundheitswesens. Beiträge für ein umfassendes Informationsmanagement, Aachen 2004, S. 214-219.

Ariño, A., Reuer, J.J.: Designing and renegotiating strategic alliance contracts, in: Academy of Management Executive, 18 (2004) 3, S. 37-48.

Armbrust, M.; Fox, A., Griffith, R., Joseph, A. D., Katz, R. H. Konwinski, A., Lee, G., Patterson, D. A., Rabkin, A., Stoica, I., Zaharia, M.: Above the Clouds: A Berkeley View of Cloud Computing, in: Technical Report Nr. UCB/EECS-2009-28, Berkeley 2009.

Arndt, H.-K., Gerber, S., Gerber, S., Krüger, P.: Qualitätsmanagement und Social Media, in: Mattfeld, D. Ch.; Robra-Bissantz, S. (Hrsg.): Multikonferenz Wirtschaftsinformatik 2012, Berlin 2012, S. 2023-2033.

Arnold, O., Faisst, W., Härtling, M., Sieber, P.: Virtuelle Unternehmen als Unternehmenstyp der Zukunft?, in: HMD Theorie und Praxis der Wirtschaftsinformatik, 32 (1995) 185, S. 8-23.

Augustin, S.: Information als Wettbewerbsfaktor: Informationslogistik – Herausforderung an das Management, Köln 1990.

Backhaus, C.: Beziehungsqualität in Dienstleistungsnetzwerken. Theoretische Fundierung und empirische Analyse, Wiesbaden 2009.

Bächle, M.: Social Software, in: Informatik Spektrum, 29 (2006) 2, S. 121-124.

Bailom, F., Hinterhuber, H., Matzler, K., Sauerwein, E.: Das Kano-Modell der Kundenzufriedenheit, in: Marketing Zeitschrift für Planung, 18 (1996) 2, S. 117-126.

Bamberg, G., Coenenberg, A. G., Krapp, M.: Betriebswirtschaftliche Entscheidungslehre, München 2008.

Bartlett, C., Ghoshal, S.: Internationale Unternehmensführung. Innovation, globale Effizienz, differenziertes Marketing, Frankfurt 1990.

Bass, B. M., Riggio, R. E.: Transformational Leadership, 2. Aufl., Mahwah (NJ) 2006.

Bass, B. M., Avolio, B. J., Jung, D. I., Berson, Y.: Predicting unit performance by assessing transformational and transactional leadership, in: Journal of Applied Psychology, 88 (2003) 2, S. 207-218.

Bateson, G.: Geist und Natur – Eine notwendige Einheit, 8. Aufl., Frankfurt 2005.

Baumöl, U.: Change Management in Organisationen. Situative Methodenkonstruktion für flexible Veränderungsprozesse, Wiesbaden 2008.

Bea, F. X., Friedl, B., Schweitzer, M.: Allgemeine Betriebswirtschaftslehre: Führung, Band 2.9, Stuttgart 2006.

Bea, F. X., Göbel, E.: Organisation, 3. Aufl., Stuttgart 2006.

Becker, J., Holten, R., Knackstedt, R., Niehaves, B.: Forschungsmethodische Positionierung in der Wirtschaftsinformatik – epistemologische, ontologische und linguistische Leitfragen -, Arbeitsbericht Nr. 93, Münster 2003.

Becker, J., Pfeiffer, D.: Beziehungen zwischen behavioristischer und konstruktionsorientierter Forschung in der Wirtschaftsinformatik, in: Zelewski, S., Akca, N. (Hrsg.): Fortschritt in den Wirtschaftswissenschaften – Wissenschaftstheoretische Grundlagen und exemplarische Anwendungen, Wiesbaden 2006, S. 1-18.

Beekmann, F., Chamoni, P.: Verfahren des Data Mining, in: Chamoni, P., Gluchowski, P. (Hrsg.): Analytische Informationssysteme. Business Intelligence-Technologien und -Anwendungen. Berlin 2006, S. 263-282.

Beer, S.: Decision and Control: The Meaning of Operational Research and Management Cybernetics, Chichester 2000.

Bellmann, K., Hippe, A.: Netzwerkansatz als Forschungsparadigma im Rahmen der Untersuchung interorganisationaler Unternehmensbeziehungen, in: Bellmann, K., Hippe, A. (Hrsg.): Management von Unternehmensnetzwerken – Interorganisationale Konzepte und praktische Umsetzung, Wiesbaden 1996, S. 3-18.

Berry, L. L.: Big Ideas in Services Marketing, in: Journal of Services Marketing, 1 (1987) 1, S. 5-9.

Bieger, T., Beritelli, P.: Dienstleistungsmanagement in Netzwerken. Wettbewerbsvorteile durch das Management des virtuellen Dienstleistungsunternehmens, Bern 2006.

Binner, H.: Prozessorientierte TQM–Umsetzung, München 2002.

Birkelbach, R.: Qualitätsmanagement in Dienstleistungscentern. Konzeption und typenspezifische Ausgestaltung unter besonderer Berücksichtigung von Verkehrsflughäfen, Frankfurt 1993.

Bleicher, K.: Das Konzept Integriertes Management: Visionen – Missionen – Programme, 7. Aufl., Frankfurt 2004.

Böhmann, T., Krcmar, H.: Modularisierung: Grundlagen und Anwendung bei IT-Dienstleistungen, in Hermann, T., Krcmar, H., Kleinbeck, U. (Hrsg.): Konzepte für das Service Engineering – Modularisierung, Prozessgestaltung und Produktivitätsmanagement, Heidelberg 2005, S. 45-84.

Böhnlein, M.: Konstruktion semantischer Data-Warehouse-Schemata, Wiesbaden 2001.

Bogenstahl, C., Imhof, H.: Erfolgsfaktoren des Managements interorganisationaler Netzwerke – eine narrative Metaanalyse. TIM Working Paper Series 2009.

Borchardt, A., Göthlich, S. E.: Erkenntnisgewinnung durch Fallstudien, in: Albers, S., Klapper, D., Konradt, U., Walter, A., Wolf, J. (Hrsg.): Methodik der empirischen Forschung, 2. Aufl., Wiesbaden 2007, S. 33-48.

Borchert, S., Markmann, F., Steffen, M., Vogel, S.: Netzwerkarrangement – Konzepte, Typologie und Managementaspekte, Arbeitspapier Nr. 21, Münster 1999.

Boulding, W., Kalra, A., Staelin, R., Zeithaml, V. A.: A Dynamic Process Model of Service Quality. From Expectations to Behavioral Intentions, in: Journal of Marketing Research, 30 (1993) 1, S. 7–27.

Brandt, D. R.: How Service Marketers Can Identify Value-Enhancing Service Elements, in: Journal of Services Marketing, 2 (1988) 3, S. 35–41.

vom Brocke, J.: Referenzmodellierung. Gestaltung und Verteilung von Konstruktionsprozessen, Berlin 2003.

Brockhaus-Verlag (Hrsg.): Brockhaus – Die Enzyklopädie in 30 Bänden, 21. Aufl., Leipzig 2005.

Brown, S. P., Lam, S. K.: A Meta-Analysis of Relationships Linking Employee Satisfaction to Customer Responses, in: Journal of Retailing, 84 (2008) 3, S. 243-255.

Bruggemann, A.: Zur Unterscheidung verschiedener Formen von „Arbeitszufriedenheit", in: Arbeit und Leistung, 28 (1974) 11, S. 281-284.

Bruhn, M.: Wirtschaftlichkeit des Qualitätsmanagements. Qualitätscontrolling für Dienstleistungen, Berlin 1998.

Bruhn, M.: Qualitätssicherung im Dienstleistungsmarketing. Eine Einführung in die theoretischen und praktischen Probleme, in: Bruhn, M., Stauss, B. (Hrsg.). Dienstleistungsqualität. Grundlagen, Konzepte, Methoden, 3. Aufl., Wiesbaden, 2000, S. 21–48.

Bruhn, M.: Qualitätsmanagement für Dienstleistungen. Grundlagen, Konzepte, Methoden, 7. Auf., Berlin 2008.

Bruhn, M.: Zufriedenheits- und Kundenbindungsmanagement, in: Hippner, H., Hubrich, B., Wilde, K. D. (Hrsg.): Grundlagen des CRM. Strategie, Geschäftsprozesse und IT-Unterstützung, 3. Aufl., Wiesbaden 2011, S. 409-439.

Bruhn, M., Stauss, B.: Dienstleistungsqualität. Konzepte – Methoden – Erfahrungen, Wiesbaden 2000.

Bruhn, M., Stauss, B. (Hrsg.): Dienstleistungsnetzwerke: Dienstleistungsmanagement Jahrbuch, Berlin 2003.

Bruhn, M., Batt, V., Hadwich, K., Meldau, S.: Messung der Qualität in Dienstleistungscentern – am Beispiel eines Flughafens, in: Zeitschrift für Betriebswirtschaft, 80 (2010) 4, S. 351-382.

Bufka, J.: Auslandsgesellschaften internationaler Dienstleistungsunternehmen: Koordination – Kontext – Erfolg, Wiesbaden 2000.

Bullinger, H.-J., Scheer, A.-W.: Service Engineering – Entwicklung und Gestaltung innovativer Dienstleistungen, in: Bullinger, H.-J., Scheer, A.-W. (Hrsg.): Service Engineering – Entwicklung und Gestaltung innovativer Dienstleistungen, Berlin 2006, S. 3-18.

Bulos, D.: A New Dimension. OLAP Database Design, in: Database Programming & Design, 9 (1996) 6, S. 33-38.

Bulos, D.: OLAP Database Design. A new Dimension, in: Chamoni, P., Gluchowski, P. (Hrsg.): Analytische Informationssysteme. Data Warehouse, On-Line Analytical Processing, Data Mining, Berlin 1998, S. 251-261.

Bundesministerium für Wirtschaft und Technologie (BMWi): Volkswirtschaftliche Bedeutung des Dienstleistungssektors, http://www.bmwi.de/DE/Themen/Wirtschaft/dienstleistungs-wirtschaft,did=239886.html (Abruf am 03.07.2012).

Burns, J. M.: Leadership, New York 1982.

Burr, W.: Koordination durch Regeln in selbstorganisierenden Unternehmensnetzwerken, in: Zeitschrift für Betriebswirtschaft, 69 (1999) 10, S. 1159-1179.

Buse, H. P.: Organisationales Lernen in kooperativen Beziehungen – Theorieperspektive oder praxisorientiertes Gestaltungskonzept?, in: Stölzle, W., Gareis, K. (Hrsg.): Integrative Management- und Logistikkonzepte. Wiesbaden 2002, S. 69-102.

Chamoni, P.: Analytische Informationssysteme für das Controlling – Stand und Entwicklungsperspektiven, in: Weber, J., Hess, T. (Hrsg.): Controlling & Management: Anwendungssysteme im Controlling, Wiesbaden 2003, S. 8-12.

Chase, R. B.: Where Does the Customer Fit in a Service Operation?, in: Harvard Business Review, 56 (1978) 6, S. 137-142.

Chen, P.: The Entity-Relationship Model-Toward a Unified View of Data, in: ACM Transactions on Database Systems, 1 (1976) 1, S. 9-36.

Churchill, G. A.; Surprenant, C.: An Investigation into the Determinants of Customer Satisfaction, in: Journal of Marketing Research, 19 (1982) 4, S. 491-504.

Coase, R. H.: The nature of the firm, in: Economica, 4 (1937) 16, S. 386-405.

Commons, J. R.: Institutional Economics, in: The American Economic Review, 26 (1936) 1, S. 237-249.

Corsten, H., Gössinger, R.: Dienstleistungsmanagement, 5. Aufl., München 2007.

Dämmig, I., Hess, U., Borgmann, C.: Kommunikationsdiagnose (KODA) – Einstiegsmethode und -werkzeug in das praktische Wissensmanagement, in: Abecker, A., Hinkelmann, K., Maus, H., Müller, H.-J.: Geschäftsprozessorientiertes Wissensmanagement, Berlin 2002, S. 123-158.

Dahm, M. H., Thorenz, D.: Kooperation statt Konfrontation. Vertrauen und Kontrolle in zwischenbetrieblichen Kooperationen, in: Zeitschrift Führung und Organisation (zfo), 79 (2010) 2, S. 82-89.

Dansereau, F. J., Graen, G., Haga, W. J.: A Vertical Dyad Linkage Approach to Leadership Within Formal Organizations – a Longitudinal Investigation of the Role Making Process, in: Organizational Behavior and Human Performance, 13 (1975) 1, S. 46-78.

Deming, E.: Out of the crisis, Cambridge (MA) 2000.

Demsetz, H.: Toward a theory of property rights, in: American Economic Review, 57 (1967) 2, S. 347-359.

Deutsches Institut für Normung (DIN): DIN-Taschenbuch 226: Qualitätsmanagement. QM-Systeme und Verfahren, 8. Aufl., Berlin 2012.

Dickerhof, M., Gengenbach, U.: Kooperationen flexibel und einfach gestalten. Checklisten – Tipps – Vorlagen, München 2006.

Diller, H. (a): Beziehungsmanagement, in: Die Betriebswirtschaft, 57 (1997) 4, S. 572-575.

Diller, H. (b): Beziehungsmanagement, in: Enzyklopädie der Betriebswirtschaftslehre/HWM – Handwörterbuch des Marketing, Stuttgart 2007, S. 1-8.

Diller, H., Kusterer, M.: Beziehungsmanagement. Theoretische Grundlagen und explorative Befunde, in: Marketing ZFP, 10 (1988) 3, S. 211-220.

DIN Deutsches Institut für Normung e. V. (Hrsg.): DIN-Fachbericht 75, Entwicklungsbegleitende Normung (EBN) für Dienstleistungen, Berlin 1998.

DIN Deutsches Institut für Normung e. V.: DIN EN ISO 9000 Qualitätsmanagementsysteme – Grundlagen und Begriffe (ISO 9000: 2005). Hrsg.: Deutsches Institut für Normung e. V., Berlin 2005.

DIN Deutsches Institut für Normung e. V. (Hrsg.): DIN EN ISO 9004, Leiten und Lenken für den nachhaltigen Erfolg einer Organisation – Ein Qualitätsmanagementansatz (ISO/DIS 9004: 2008), Berlin 2008.

Donabedian, A.: The Definition of Quality and Approaches to Its Assessment: Explorations in Quality Assessment and Monitoring, Volume I, Ann Arbor 1980.

Drews, H.: Instrumente des Kooperationscontrollings. Anpassung bedeutender Controllinginstrumente an die Anforderungen des Managements von Unternehmenskooperationen, Wiesbaden 2001.

Drucker, P. F.: Was ist Management?, München 2005.

Ebers, M., Gotsch, W.: Institutionenökonomische Theorien der Organisation, in: Kieser, A., Ebers, M. (Hrsg.): Organisationstheorien, 6. Aufl., Stuttgart 2006, S. 247-308.

Eckert, C.: Architektur zur Netzwerksteuerung in der Finanzindustrie, Berlin 2011.

Edvardsson, B., Olsson, J.: Key Concepts for New Service Development, in: The Service Industries Journal, 16 (1996) 2, S. 140-164.

EFQM: About EFQM, http://www.efqm.org/en/tabid/108/default.aspx (Abruf am 04.07.2012).

EFQM: Fundamental Concepts, http://www.efqm.org/en/tabid/169/default.aspx (Abruf am 04.07.2012).

EFQM: RADAR, http://www.efqm.org/en/tabid/171/default.aspx (Abruf am 04.07.2012).

Ehms, K.: Persönliche Weblogs in Organisationen. Spielzeug oder Werkzeug für ein zeitgemäßes Wissensmanagement? Dissertation Universität Augsburg, Institut für Medien und Bildungstechnologie 2010, http://opus.bibliothek.uni-augsburg.de/opus4/frontdoor/index/ index/docId/1380 (Abruf am 14.04.2012).

Eisenhardt, K. M.: Building Theories from Case Study Research, in: Academy of Management Review, 14 (1989) 4, S. 532-550.

Elschen, R.: Gegenstand und Anwendungsmöglichkeiten der Agency-Theorie, in: Zeitschrift für betriebswirtschaftliche Forschung, 43 (1991) 11, S. 1002–1012.

Engelhardt, W. H., Kleinaltenkamp, M., Reckenfelderbäumer, M.: Leistungsbündel als Absatzobjekte. Ein Ansatz zur Überwindung der Dichotomie von Sach- und Dienstleistungen, in: Zeitschrift für betriebswirtschaftliche Forschung, 45 (1993) 5, S. 395-426.

Erumbana, A. B., de Jong, S. B.: Cross-country differences in ICT adoption: A consequence of Culture?, in: Journal of World Business, 41 (2006) 4, S. 302-314.

Evers, M.: Strategische Führung mittelständischer Unternehmensnetzwerke, München 1998.

Eversheim, W.: Prozessorientiertes Qualitätscontrolling. Qualität messbar machen, Berlin 1997.

Fähnrich, K.-P.: Service Engineering – Entwicklungspfad und Bild einer jungen Disziplin, in: Bullinger, H.-J., Scheer, A.-W. (Hrsg.): Service Engineering – Entwicklung und Gestaltung innovativer Dienstleistungen, Berlin 2006, S. 85-112.

Fähnrich, K.-P., Meiren, T., Barth, T., Hertweck, A., Baumeister, M., Demuß, L., Gaiser, B., Zerr, K.: Service Engineering. Ergebnisse einer empirischen Studie zum Stand der Dienstleistungsentwicklung in Deutschland, Stuttgart 1999.

Ferstl, O. K., Sinz, E. J.: Grundlagen der Wirtschaftsinformatik, 5. Aufl., München 2006.

Fettke, P., Loss, P.: Multiperspective Evaluation of Reference Models – Towards a Framework, in: Jeusfeld, M. A., Pastor, Ó. (Hrsg.): Conceptual Modeling for Novel Application Domains – ER 2003 Workshops ECOMO, IWCMQ, AOIS, and XSDM, Chicago (IL) USA, 13. Oktober 2003, Berlin 2003, S. 80-91.

Fleisch, E.: Das Netzwerkunternehmen. Business Engineering. Strategien und Prozesse zur Steigerung der Wettbewerbsfähigkeit in der 'Networked Economy', Berlin 2001.

Fließ, S.: Dienstleistungsmanagement. Kundenintegration gestalten und steuern, Wiesbaden 2009.

Fornell, C., Bryant, B. E.: Der Amerikanische Kundenzufriedenheitsindex ACSI (American Customer Satisfaction Index), in: Simon, H., Homburg, C. (Hrsg.): Kundenzufriedenheit: Konzepte – Methoden – Erfahrungen, 3. Aufl., Wiesbaden 1998, S. 165-179.

Frank, U.: Zur methodischen Fundierung der Forschung in der Wirtschaftsinformatik, in: Österle, H., Winter, R., Brenner, W. (Hrsg.): Gestaltungsorientierte Wirtschaftsinformatik: Ein Plädoyer für Rigor und Relevanz, Norderstedt 2010, S. 35-44.

Freese, E.: Organisation und Koordination, in: Zeitschrift für Organisation, 41 (1972) 8, S. 404-411.

Friedl, B.: Controlling, Stuttgart 2003.

Fritsch, M., Wein, T., Ewers, H. J.: Marktversagen und Wirtschaftspolitik, 4. Aufl., Berlin 2001.

Fritsch, M., Wein, T., Ewers, H. J.: Marktversagen und Wirtschaftspolitik, 7. Aufl., Berlin 2007.

Frost, F. A., Kumar, M.: INTSERVQUAL – An Internal Adaptation of the GAP Model in a Large Service Organisation, in: Journal of Services Marketing, 14 (2000) 4/5, S. 358–377.

Garvin, D. A.: „What does Product Quality really mean?", in: Sloan Management Review, 26 (1984) 1, S. 25-28.

Gebauer, M., Schiermeier, R. J., Wall, F.: Methoden zur Auswahl von Partnern in Dienstleistungsnetzwerken, in: Bruhn, M., Stauss, B. (Hrsg.): Dienstleistungsnetzwerke, Wiesbaden 2003, S. 185-213.

Gebert, D., von Rosenstiel, L.: Organisationspsychologie. Person und Organisation, 5. Aufl., Stuttgart 2002.

Geiger, W.: Qualität als Fachbegriff des Qualitätsmanagements, in: Zollondz, H.-D. (Hrsg.): Lexikon Qualitätsmanagement. Handbuch des modernen Managements auf der Basis des Qualitätsmanagements, München, 2001, S. 801.

Gemoets, P.: EFQM Transition Guide. How to upgrade to the EFQM Model 2010, EFQM Publications 1.0, EFQM 2009.

Gerstner, C. R., Day, D. V.: Meta-Analytic Review of Leader-Member Exchange Theory: Correlates and Construct Issues, in: Journal of Applied Psychology, 82 (1997) 6, S. 827-844.

Giering, A.: Der Zusammenhang zwischen Kundenzufriedenheit und Kundenloyalität. Eine Untersuchung moderierender Effekte, Wiesbaden 2000.

Giese, I., Schindler, R., Hausmann, C.: Auftrag Mitarbeiterentwicklung, in Personal, 57 (2005) 7/8, S. 6-8.

Gilbert, D. U.: Kontextsteuerung und Systemvertrauen in strategischen Unternehmensnetzwerken, in: Die Unternehmung 59 (2005) 5, S. 407-422.

Gluchowski, P., Chamoni, P.: Entwicklungslinien und Architekturkonzepte des On-Line Analytical Processing, in: Chamoni, P., Gluchowski, P. (Hrsg.): Analytische Informationssysteme. Business Intelligence-Technologien und -Anwendungen. 3. Aufl., Berlin 2006, S. 143-176.

Göbel, E.: Neue Institutionenökonomik, Stuttgart 2002.

Göhring, M., Happ, S., Müller, T.: Web 2.0 im Kundenmanagement, in: Hildebrand, K., Hofmann, J. (Hrsg.): Social Software, HMD – Praxis der Wirtschaftsinformatik, 43 (2006) 252, S. 55-65.

Golfarelli, M., Maio, D., Rizzi, S.: The Dimensional Fact Model – A Conceptual Model for Data Warehouse, in: International Journal of Cooperative Information Systems, 7 (1998) 2-3, S. 215-246.

Granovetter, M.: The strength of weak ties, in: The American Journal of Sociology, 78 (1973) 6, S. 1360-1380.

Greenberg, J., Baron, R. A.: Behavior in organizations: Understanding and managing the human side of work, New Jersey 1997, S. 176-189.

Greßler, U., Göppel, R.: Qualitätsmanagement – Eine Einführung, 6. Aufl., Troisdorf 2008.

Grochla, E.: Unternehmensorganisation, Berlin 1972.

Grochla, E.: Einführung in die Organisationstheorie, Stuttgart 1978.

Grönroos, C.: A Service Quality Model and Its Marketing Implications, in: European Journal of Marketing 18 (1984) 4, S. 36-44.

Grothe, M., Gentsch, P.: Business Intelligence: Aus Informationen Wettbewerbsvorteile gewinnen, München 2000.

Gucanin, A.: Total Quality Management mit dem EFQM-Modell. Verbesserungspotenziale erkennen und für den Unternehmenserfolg nutzen, Berlin 2003.

Gutenberg, E.: Einführung in die Betriebswirtschaftslehre, Wiesbaden 1958.

Gutenberg, E.: Grundlagen der Betriebswirtschaftslehre – Band 1: Die Produktion, 24. Aufl., Berlin 2005.

Hadwich, K.: Beziehungsqualität im Relationship Marketing: Konzeption und empirische Analyse eines Wirkungsmodells, Wiesbaden 2003.

Hafner, M., Winter, R.: Vorgehensmodell für das Management der Applikationsarchitektur im Unternehmen, in: Ferstl, O. K., Sinz, E. J., Eckert, S., Isselhorst, T. (Hrsg.): Wirtschaftsinformatik 2005, eEconomy, eGovernment, eSociety, Heidelberg 2005, S. 627-646.

Hahn, D., Hungenberg, H.: PuK. Planung und Kontrolle, Planungs- und Kontrollsysteme, Planungs- und Kontrollrechnungen. Wertorientierte Controllingkonzepte, 6. Aufl., Wiesbaden 2001.

Hahne, M.: Star Schema Modellierung – Logisches Data Warehouse-Datenmodell auf Basis des Star Schemas und seiner Varianten, Arbeitsbericht 01-38 des Lehrstuhls für Wirtschaftsinformatik, Ruhr-Universität Bochum 2001.

Haller, S.: Dienstleistungsmanagement. Grundlagen – Konzepte – Instrumente, 5. Aufl., Wiesbaden 2012.

Handelsblatt: Transport – Logistikkonzerne sind im Übernahmerausch, http://www.handelsblatt.com/unternehmen/handel-dienstleister/transport, Artikel vom 15.04.2012 (Abruf am 30.06.2012).

Harren, A., Herden, O.: MML und mUML – Sprache und Werkzeug zur Unterstützung des konzeptionellen Data-Warehouse-Designs, in: Proceedings 2nd GI-Workshop on Data Mining und Data Warehousing als Grundlage moderner entscheidungsunterstützender Systeme, Magdeburg 1999, S. 57-68.

Hars, A.: Referenzdatenmodelle – Grundlagen effizienter Datenmodellierung, Wiesbaden 1994.

Hayes, B.: Cloud Computing, in: Communications of the ACM, 51 (2008) 7, S. 9-11.

Heigl, A.: Controlling – Interne Revision, Stuttgart 1978.

Heinen, E.: Einführung in die Betriebswirtschaftslehre, 9. Aufl., Wiesbaden 1992.

Heinzl, A., König, W., Hack, J.: Erkenntnisziele der Wirtschaftsinformatik in den nächsten drei und zehn Jahren, in: Wirtschaftsinformatik, 43 (2001) 3, S. 223-233.

Heisig, P.: Integration von Wissensmanagement in Geschäftsprozesse, Berlin 2005.

Helling, K.: ISO 9000-Zertifizierung mit ARIS-Modellen, in: Scheer, A.-W. (Hrsg.): ARIS – Vom Geschäftsprozess zum Anwendungssystem, 4. Aufl., Berlin 2002, S. 154-161.

Herzberg, F. Mausner, B., Snyderman, B. B.: The motivation to work, New York 1959.

Heskett, J. L., Sasser, E. W., Hart, C. W.: Bahnbrechender Service (Service Breakthroughs), Frankfurt 1991.

Heskett, J. L.: Managing in the Service economy, 5. Aufl., Boston 1986.

Hess, T.: Netzwerkcontrolling: Instrumente und ihre Werkzeugunterstützung, Wiesbaden 2002.

Hess, T., Schumann, M.: Erste Überlegungen zum Controlling in Unternehmensnetzwerken, in: Engelhard, J., Sinz, E.J. (Hrsg.): Kooperation im Wettbewerb. Neue Formen und Gestaltungskonzepte im Zeichen von Globalisierung und Informationstechnologie, Wiesbaden 1999, S. 347-370.

Hess, T., Schumann, M.: Auftragscontrolling in Unternehmensnetzwerken, in: Zeitschrift für Planung, 11 (2000) 4, S. 411-432.

Hess, T., Wittenberg, S.: Interne Märkte in Dienstleistungsnetzwerken, in: Bruhn, M., Stauss, B. (Hrsg.): Dienstleistungsnetzwerke. Wiesbaden 2003, S. 161-184.

Hettler, D., Preuss, P., Niedereichholz, J.: Vergleich ausgewählter Ansätze zur semantischen Modellierung von Data-Warehouse- Systemen, in: HMD – Praxis der Wirtschaftsinformatik, 40 (2003) 231, S. 97-107.

Heußler, T.: Zeitliche Entwicklung von Netzwerkbeziehungen. Theoretische Fundierung und empirische Analyse am Beispiel von Franchise-Netzwerken, Wiesbaden 2011.

Hevner, A. R., March, S. T., Park, J., Ram, S.: Design Science in Information Systems Research, in: MIS Quarterly, 28 (2004) 1, S. 75-105.

Hilke, W.: Grundprobleme und Entwicklungstendenzen des Dienstleistungsmarketing, in: Hilke, W. (Hrsg.): Dienstleistungs-Marketing: Banken und Versicherungen, freie Berufe, Handel und Transport, nicht-erwerbswirtschaftlich orientierte Organisationen, Wiesbaden 1989, S. 5-44.

Hill, W., Fehlbaum, R., Ulrich, P.: Organisationslehre 1, 5. Aufl., Bern 1994.

Hinterhuber, H., Matzler, K.: Kundenorientierte Unternehmensführung: Kundenorientierung – Kundenzufriedenheit – Kundenbindung, Wiesbaden 2006.

Hippe, A.: Interdependenzen von Strategien und Controlling in Unternehmensnetzwerken, Wiesbaden 1997.

Hippner, H.: Bedeutung, Anwendung und Einsatzpotenziale von Social Software, in: Hildebrand, K., Hofmann, J. (Hrsg.): Social Software, HMD – Praxis der Wirtschaftsinformatik, 43 (2006) 252, S. 6-16.

Hirnle, C.: Bewertung unternehmensübergreifender IT-Investitionen. Ein organisationsökonomischer Zugang, Wiesbaden 2006.

Höfferer, P.: Achieving Business Process Model Interoperability Using Metamodels and Ontologies, in: Österle, H., Schelp, J., Winter, R. (Hrsg.): Proceedings of the 15th ECIS, St. Gallen 2007, S. 1620-1631.

Hoffmann, F.: Führungsorganisation – Bd. II, Ergebnisse eines Forschungsprojektes, Tübingen 1980.

Hoffmann, F.: Merkmale der Führungsorganisation amerikanischer Unternehmen, in: Zeitschrift für Organisation, 41 (1972) 2, S. 85-89.

Hofstede, G. J.: Adoption of communication technologies and national culture, in: Systèmes d'Information et Management, 6 (2001) 3, S. 55-74.

Holmqvist, M.: A dynamic model of intra- and interorganizational learning, in: Organization Studies 24 (2003) 1, S. 95-123.

Holtbrügge, D.: Personalmanagement, 4. Aufl., Heidelberg 2010.

Homburg, C., Garbe, B.: Industrielle Dienstleistungen. Bestandsaufnahme und Entwicklungsrichtungen, in: Zeitschrift für Betriebswirtschaft, 66 (1996) 3, S. 253-282.

Homburg, C., Bucerius, M.: Kundenzufriedenheit als Managementherausforderung, in: Homburg, C. (Hrsg.): Kundenzufriedenheit: Konzepte – Methoden – Erfahrungen, Wiesbaden 2006, S. 53-89.

Homburg, C., Bruhn, M.: Kundenbindungsmanagement – Eine Einführung in die theoretischen und praktischen Problemstellungen, in: Bruhn, M., Homburg, C. (Hrsg.): Handbuch Kundenbindungsmanagement: Strategien und Instrumente für ein erfolgreiches CRM, Wiesbaden 2008, S. 3-37.

Homburg, C., Becker, A., Hentschel, F.: Der Zusammenhang zwischen Kundenzufriedenheit und Kundenbindung, in: Bruhn, M., Homburg, C. (Hrsg.): Handbuch Kundenbindungsmanagement: Strategien und Instrumente für ein erfolgreiches CRM, Wiesbaden 2005, S. 93-123.

Homburg, Ch., Faßnacht, M.: Kundennähe, Kundenzufriedenheit und Kundenbindung bei Dienstleistungsunternehmen, in: Bruhn, M., Meffert, H., (Hrsg.): Handbuch Dienstleistungsmanagement. Von der strategischen Konzeption zur praktischen Umsetzung, Wiesbaden 2001, S. 441-463.

Homburg, Ch., Koschate, N., Hoyer, W. D.: The Role of Cognition and Affect in the Formation of Customer Satisfaction – A Dynamic Perspective, in: Journal of Marketing, 70 (2006) 3, S. 21-31.

Honegger, J.: Vernetztes Denken und Handeln in der Praxis. Mit Netmapping und Erfolgslogik schrittweise von der Vision zu Aktion, Zürich 2008.

Horváth, P.: Controlling, 11. Aufl., München 2009.

Horváth, P., Urban, G.: Qualitätscontrolling, Stuttgart 1990.

Hufschlag, K.: Informationsversorgung lernender Akteure, Wiesbaden 2009.

Hummel, T., Malorny, C.: Total Quality Management. Tipps für die Einführung, München 2002.

Imai, M.: The Key to Japan's Competitive Success, New York 1986.

Jarillo, J. C.: On Strategic Networks, in: Strategic Management Journal, 9 (1988) 1, S. 31-41.

Jaschinski, C.: Qualitätsorientiertes Redesign von Dienstleistungen, Dissertationsschrift an der Rheinisch-Westfälischen Technischen Hochschule Aachen, Aachen 1998.

Jensen, M., Meckling, W.: Theory of the Firm: Managerial Behavior, Agency Costs and Ownership Structure, in: Journal of Financial Economics, 3 (1976) 4, S. 305-360.

Jochem, R.: Was kostet Qualität? Wirtschaftlichkeit von Qualität ermitteln, München 2010, S. 85-92; Brückner, C.: Kosten und Nutzen von Qualitätsmanagementsystemen, in: Zeitschrift für wirtschaftlichen Fabrikbetrieb (ZWF) 104 (2009) 10, S. 889-892.

Jost, P.-J.: Strategisches Konfliktmanagement in Organisationen. Eine spieltheoretische Einführung, 2. Aufl., Wiesbaden 1999.

Jost, P.-J.: Die Prinzipal-Agenten-Theorie im Unternehmenskontext, in: Jost, P.-J. (Hrsg.): Die Prinzipal-Agenten-Theorie in der Betriebswirtschaftslehre, Stuttgart 2001, S. 11-43.

Julitec CRM: http://www.crm.julitec.de (Abruf am 12.11.2012).

Jung, R., Meschke, M.: Leistungsorientierte Steuerung der Informationsversorgung im Rahmen der Qualitätssicherung in Dienstleistungsnetzwerken, in: Hansen, H., Karagiannis, D., Fill, H. (Hrsg.): Business Services: Konzepte, Technologien, Anwendungen, Proceedings der 9. Internationalen Tagung Wirtschaftsinformatik, Band 1, Wien, 26.02.2009, Österreichische Computer Gesellschaft, Wien, 246, 2009, S. 525-534.

Kaib, M.: Enterprise Application Integration – Grundlagen, Integrationsprodukte, Anwendungsbeispiele, Wiesbaden 2002.

Kale, P., Singh, H., Perlmutter, H.: Learning and protection of proprietary assets in strategic alliances: Building relational capital, in: Strategic Management Journal 21 (2000) 3, S. 217-237.

Kamiske, G., Umbreit, G.: Qualitätsmanagement – eine multimediale Einführung, 4. Aufl., Leipzig 2008.

Kamiske, G., Brauer, J.-P.: Qualitätsmanagement von A-Z – Erläuterungen moderner Begriffe des Qualitätsmanagements, München 2008.

Kano, N.: Attractive Quality and Must-be Quality, in: Journal of the Japanese Society for Quality Control, 14 (1984) 2, S. 147-156.

Kantsperger, R., Kunz, W. H.: Macht in einer triadischen Sichtweise von Dienstleistungsnetzwerken. Eine ökonomische Analyse, in: Marketing ZFP 26 (2004) Spezialausgabe „Dienstleistungsmarketing", S. 5-14.

Kaplan, R. S., Norton, D. P.: Balanced Scorecard. Strategien erfolgreich umsetzen, Stuttgart 1997.

Kappler, E.: Controlling. Eine Einführung für Bildungseinrichtungen und andere Dienstleistungsorganisationen, Münster 2006.

Keller, G., Nüttgens, M., Scheer, A.-W.: Semantische Prozeßmodellierung auf der Grundlage „Ereignisgesteuerter Prozeßketten (EPK)", in: Scheer, A.-W. (Hrsg.): Veröffentlichungen des Instituts für Wirtschaftsinformatik, Heft 89, Saarbrücken 1992.

Kemper, A., Eickler, A.: Datenbanksysteme: Eine Einführung, München 2011.

Kenis, P., Schneider, V. (Hrsg.): Organisation und Netzwerk. Institutionelle Steuerung in Wirtschaft und Politik, Frankfurt 1996.

Kenter, M. E.: Die Steuerung ausländischer Tochtergesellschaften – Instrumente und Effizienz, Frankfurt 1985.

Kiedaisch, I.: Internationale Kunden-Lieferanten-Beziehungen. Determinanten – Steuerungsmechanismen – Beziehungsqualität, Wiesbaden 1997.

Kieser, A.: Konstruktivistische Ansätze, in Kieser, A. (Hrsg.): Organisationstheorien, 4. Aufl., Stuttgart 2001, S. 287-319.

Kieser, A., Walgenbach, P.: Organisation, 6. Aufl., Stuttgart 2010.

Kirchler, E., Schrott, A.: Entscheidungen, in: Kirchler, E. (Hrsg.): Arbeits- und Organisationspsychologie, 2. Aufl., Wien 2008, S. 487-581.

Kirsch, W., Seidel, D.: Steuerungstheorie, in: Schreyögg, G., von Werder, A. (Hrsg.): Handwörterbuch Unternehmensführung und Organisation, 4. Aufl., Stuttgart 2004, Sp. 1365-1374.

Kirstein, H.: Von ISO 9000 zum Excellence Modell, in: Kamiske, G. (Hrsg.): Der Weg zur Spitze – Business Excellence durch Total Quality Management. Der Leitfaden, München 2000, S. 27-42.

Klaus, E.: Vertrauen in Unternehmensnetzwerken. Eine interdisziplinäre Analyse, Wiesbaden 2002.

Klein, S.: Interorganisationssysteme und Unternehmensnetzwerke. Wechselwirkungen zwischen organisatorischer und informationstechnischer Entwicklung, Wiesbaden 1995.

Knight, L., Pye, A.: Network learning: An empirically derived model of learning by groups of organizations, in: Human Relations, 58 (2005) 3, S. 369-392.

Kotler, P., Keller, K. L., Bliemel, F.: Marketing-Management. Strategien für wertschaffendes Handeln, 12. Aufl., München 2007.

Kraege, R.: Controlling strategischer Unternehmenskooperationen. Aufgaben, Instrumente und Gestaltungsempfehlungen, München 1997.

Krafft, M., Götz, O.: Der Zusammenhang zwischen Kundennähe, Kundenzufriedenheit und Kundenbindung sowie deren Erfolgswirkungen, in: Hippner, H., Hubrich, B., Wilde, K. D.: Grundlagen des CRM: Strategie, Geschäftsprozesse und IT-Unterstützung, Wiesbaden 2011, S. 213-246.

Krafzig, D., Banke, K., Slama, D.: Enterprise SOA: Best Practices für Serviceorientierte Architekturen – Einführung, Umsetzung, Praxis, Heidelberg 2007.

Krebs, M.: Organisation von Wissen in Unternehmungen und Netzwerken, Wiesbaden 1998.

Kühl, S., Schmidt, M.: Die Wirkung von Qualitätsmanagement-Systemen in sozialwirtschaftlichen Unternehmen unter Berücksichtigung mikropolitischer Aspekte. Eine empirische Untersuchung in sozialrehabilitativen Organisationen und Einrichtungen im Dritten Sektor, Dissertation, Universität Duisburg-Essen 2004, S. 309-325.

Kühn, S., Platte, I., Wottawa, H.: Psychologische Theorien für Unternehmen, 2. Aufl., Göttingen 2006.

Küpper, H.-U.: Controlling. Konzeption, Aufgaben, Instrumente, 5. Aufl., Stuttgart 2008.

Kutschker, M., Schmid, S.: Internationales Management, 6. Aufl., München 2008.

Lamnek, S., Krell, C.: Qualitative Sozialforschung, 5. Aufl., Basel 2010.

Laux, H.: Entscheidungstheorie, 6. Aufl., Berlin 2005.

Lehmann, A.: Dienstleistungsmanagement. Strategien und Ansatzpunkte zur Schaffung von Servicequalität, 2. Aufl., Stuttgart 1995.

Lehmann, H.: Organisationstheorie, systemtheoretisch-kybernetisch orientierte, in: Frese, E. (Hrsg.): Handwörterbuch der Organisation, 3. Aufl., Stuttgart 1992, Sp. 1838-1853.

Leist, S.: Methoden zur Unternehmensmodellierung. Vergleich, Anwendungen und Integrationspotenziale, Berlin 2006.

Lingnau, V.: Controlling – Ein kognitionsorientierter Ansatz, Beiträge zur Controllingforschung, Technische Universität Kaiserslautern, 2004.

Linthicum, D. S.: Enterprise Application Integration, Massachusetts 2000.

Lorenzoni, G., Grandi, A., Boari, C.: Network Organizations: Three Basic Concepts, unveröffentlichtes Arbeitspapier der Universität Bologna 1989.

Luhman, N.: Zweckbegriff und Systemrationalität. Über die Funktion von Zwecken in sozialen Systemen, Tübingen 1973.

Luhmann, N.: Soziale Systeme, Grundriss einer allgemeinen Theorie, Frankfurt 2008.

Luk, S. T. K., Layton, R.: Perception Gaps in Customer Expectations. Managers versus Service Providers and Customers, in: Service Industries Journal, 22 (2002) 2, S. 109–128.

Lux, W.: Der Einfluss von Total Quality Management auf die organisatorische Gestaltung von KMU, Bern 1996.

Maier, G. W., Woschée, R.-M.: Die affektive Bindung an das Unternehmen. Psychometrische Überprüfung einer deutschsprachigen Fassung des Organizational Commitment Questionnaire (OCQ) von Porter und Smith (1970), in: Zeitschrift für Arbeits- und Organisationspsychologie, 46 (2002) 3, S. 126-136.

Maleri, R., Frietzsche, U.: Grundlagen der Dienstleistungsproduktion, 5. Aufl., Berlin 2008.

Malik, F.: Strategie des Managements komplexer Systeme. Ein Beitrag zur Management-Kybernetik evolutionärer Systeme, 10. Aufl., Bern 2008.

Mano, H., Oliver, R. L.: Assessing the Dimensionality and Structure of the Consumption Experience: Evaluation, Feeling, and Satisfaction, in: Journal of Consumer Research, 20 (1993) 3, S. 451-466.

March, J. G., Simon, H. A.: Organizations, New York 1958.

March, S. T., Smith, G. F.: Design and Natural Science Research on Information Technology, in: Decision Support Systems, 15 (1995) 4, S 251-266.

Martin, W., Eckert, J., Repp, N.: SOA Check 2009. S.A.R.L Martin, IT Research, Darmstadt 2009.

Martinez, J. I., Jarillo, C. J.: Coordination Demands of International Strategies, in: Journal of International Business Studies, 22 (1991) 3, S. 429-444.

Maslow, A.: Motivation and personality, New York 1954.

Maturana, H. R.: Biology of Congnition, in: Maturana, H. R., Varela, F. J. (Hrsg.): Autopoiesis und Cognition. The realization of the Living, Dordrecht 1980, S. 5-58.

Maturana, H. R., Varela, F. J.: Der Baum der Erkenntnis – Die biologischen Wurzeln menschlichen Erkennens, 11. Aufl., Bern 1987.

Mayring, P.: Einführung in die qualitative Sozialforschung. Eine Anleitung zu qualitativem Denken, 5. Aufl., Weinheim und Basel 2002.

McDougall, G., Snetsinger, D.: The intangibility of services: Measurement and Competitive perspectives, in: Journal of Service Marketing, 4 (1990) 4, S. 27-40.

McGregor, D.: The Human Side of Enterprise, New York 1960.

Meffert, H.: Marktorientierte Unternehmensführung im Wandel: Retrospektive und Perspektiven des Marketing, Wiesbaden 1999.

Meffert, H., Bruhn, M.: Dienstleistungsmarketing, Grundlagen – Konzepte – Methoden, 5. Aufl., Wiesbaden 2006.

Meier, A.: Koordination in der Leitungsorganisation, in: zfbf – Zeitschrift für betriebswirtschaftliche Forschung, 13 (1961) 9, S. 538-553.

Meinhövel, H.: Grundlagen der Principal-Agent-Theorie, in: Horsch, A., Meinhövel, H., Paul, S. (Hrsg.): Institutionenökonomie und Betriebswirtschaftslehre, München 2005, S. 65-80.

Meiren, T.: Entwicklung von Dienstleistungen unter besonderer Berücksichtigung von Human Ressources, in: Bullinger, H.-J. (Hrsg.): Entwicklung und Gestaltung innovativer Dienstleistungen, Tagungsband zur Service Engineering 2001, Stuttgart 2001.

Meiren, T.: Studie „Dienstleistungsentwicklung", Fraunhofer IAO, Stuttgart 2010.

Meldau, S.: Qualitätsmessung in Dienstleistungscentern, Konzeptionierung und empirische Überprüfung am Beispiel eines Verkehrsflughafens, Wiesbaden 2007.

Mertens, P.: Integrierte Informationsverarbeitung 1 – Operative Systeme in der Industrie, 17. Aufl., Wiesbaden 2009.

Mertens, P., Griese, J., Ehrenberg, D.: Virtuelle Unternehmen und Informationsverarbeitung, Berlin 1998.

Meschke, M., Baumöl, U.: Architecture concepts for value networks in the service industry, in International Conference on Information Systems (ICIS) 2010 Proceedings "Information Technology: Gateway to the Future", Saint Louis – Missouri (USA), December 12-15, 2010, Paper 266.

Meyer, A.: Dienstleistungs-Marketing, in: Meyer, P. W., Meyer, A. (Hrsg.): Marketing-Systeme. Grundlagen des institutionellen Marketing, Stuttgart 1993, S. 173-220.

Meyer, A.: Die Automatisierung und Veredelung von Dienstleistungen – Auswege aus der dienstleistungsinhärenten Produktivitätsschwäche, in: Corsten, H. (Hrsg.): Integratives Dienstleistungsmanagement, Wiesbaden 1994, S. 71-90.

Meyer, M.: Ökonomische Organisation der Industrie: Netzwerkarrangements zwischen Markt und Unternehmung, Münster 1994.

Meyer, A., Mattmüller, R.: Qualität von Dienstleistungen. Entwicklung eines praxisorientierten Qualitätsmodells, in: Marketing ZFP, 9 (1987) 3, S. 187–195.

Meyer, A., Oevermann, D.: Kundenbindung, in: Tietz, B., Köhler, R., Zentes, J. (Hrsg.): Handwörterbuch des Marketing, Stuttgart 1995, S. 1341-1351.

Michaelis, M.: Internes Marketing in Dienstleistungsnetzwerken. Konzeption und Erfolgsmessung, Wiesbaden 2009.

Minkus, A.: Informationsversorgung in Dienstleistungsorganisationen: Ziele, Werkzeuge und effiziente Ressourcennutzung, Wiesbaden 2011.

Möller, K.: Controlling in Unternehmensnetzwerken, in: Zeitschrift für Controlling, 20 (2008) 12, S. 671-679.

Mudie, P., Cottam, A.: The Management and Marketing of Services, 2. Aufl., Oxford 1997.

Mueller, R. K.: Betriebliche Netzwerke: kontra Hierarchie und Bürokratie, Freiburg 1988.

Müller-Böling, D., Müller, M.: Akzeptanzfaktoren der Bürokommunikation, München 1986; DeLone, W., McLean, E.: Information systems success: the quest for the dependent variable, in: Information Systems Research, 3 (1992) 1, S. 60-95.

Mühlbacher, A., Nübling, M., Niebling, W.: Qualitätsmanagement in Netzwerken der Integrierten Versorgung. Ansätze zur Steuerung durch Selbstbewertung und Patentenbefragung, Berlin 2003.

Müller, J., Sauter, U. W. M.: Intuitives Controlling. Ein neuer Ansatz der Unternehmenssteuerung, Lohmar 2009.

Müller, W.: Die Koordination von Informationsbedarf und Informationsbeschaffung als zentrale Aufgabe des Controlling, in: Zeitschrift für betriebswirtschaftliche Forschung, 26 (1974) 10, S. 683-693.

Musiol, G., Kühling, Ch.: Kundenbindung durch Bonusprogramme: Erfolgreiche Konzeption und Umsetzung, Berlin 2009.

Murmann, B.: Qualität mehrstufiger Dienstleistungsinteraktionen. Besonderheiten bei Dienstleistungsunternehmen mit direktem und indirektem Kundenkontakt, Wiesbaden 1999.

Naujoks, H.: Konzernmanagement durch Kontextsteuerung – die Relevanz eines gesellschaftstheoretischen Steuerungskonzepts für betriebswirtschaftliche Anwendungen, in: Schreyögg, G., Conrad, P. (Hrsg.): Managementforschung 4. Dramaturgie des Managements Laterale Steuerung, Berlin 1994, S. 105-141.

Nerdinger, F. W.: Führung von Mitarbeitern, in: Nerdinger, F. W., Blickle, G., Schaper, N. (Hrsg.): Arbeits- und Organisationspsychologie, 2. Aufl., Berlin 2011, S. 81-94.

Neuberger, O., Allerbeck, M.: Messung und Analyse von Arbeitszufriedenheit. Erfahrungen mit dem „Arbeitsbeschreibungsbogen (ABB)", Bern 1978.

Obring, K.: Strategische Unternehmensführung und polyzentrische Strukturen, München 1992.

Oess, A.: Total Quality Management – die ganzheitliche Qualitätsstrategie, Wiesbaden 1993.

Österle, H., Winter, R.: Business Engineering, in: Österle, H., Winter, R. (Hrsg.): Business Engineering. Auf dem Weg zum Unternehmen des Informationszeitalters, 2. Aufl., Berlin 2003, S. 3-19.

Oliver, R. L.: Cognitive Model of the Antecedents and Consequences of Satisfaction Decisions, in: Journal of Marketing Research, 17 (1980) 4, S. 460-469.

Oliver, R. L., DeSarbo, W. S.: Response Determinants in Satisfaction Judgments, in: Journal of Consumer Research, 14 (1988) 4, 495-507.

Otto, B., Wende, K., Schmidt, A., Osl, P.: Towards a Framework for Corporate Data Quality Management, in: Toleman, M., Cater-Steel, A., Roberts, D. (Hrsg.): Proceedings of 18th Australasian Conference on Information Systems, The University of Southern Queensland, Australia 2007, S. 916-926.

Otto, B., Wende, K., Schmidt, A., Hüner, K., Vogel, T.: Unternehmensweites Datenqualitäts-management: Ordnungsrahmen und Anwendungsbeispiele, in: Dinter, B., Winter, R. (Hrsg.): Integrierte Informationslogistik, Berlin 2008, S. 211-230, S. 223.

Ouchi, W. G.: Theory Z. How American business can meet the Japanese challenge, 7. Aufl., Reading (MA) 1981.

Palmatier, R. W., Dant, R. P., Grewal, D., Evans, K. R.: Factors Influencing the Effectiveness of Relationship Marketing: A Meta-Analysis, in: Journal of Marketing, 70 (2006) 4, S. 136-153.

Papazoglou, M. P., van den Heuvel, W.-J.: Service oriented architectures: approaches, technologies and research issues, in: International Journal on Very Large Data Bases (VLDB), 16 (2007) 3, S. 389-415.

Parasuraman, A., Zeithaml, V. A., Berry, L. L.: A Conceptual Model of Service Quality and its Implications for Future Research, in: Journal of Marketing, 49 (1985) 1, S. 41-50.

Parasuraman, A., Zeithaml, V. A., Berry, L. L.: SERVQUAL: A Multiple-Item Scale for Measuring Consumer Perceptions of Service Quality, in: Journal of Retailing, 64 (1988) 1, S. 12–40.

Peffers, K., Tuunanen, T., Rothenberger, M. A., Chatterjee, S.: A Design Science Research Methodology for Information Systems Research, in: Journal of Management Information Systems, 24 (2007) 3, S. 45–77.

Pepels, W.: Qualitätscontrolling bei Dienstleistungen, München 1996.

Peter, S. I.: Kundenbindung als Marketingziel: Identifikation und Analyse zentraler Determinanten, Wiesbaden 1997.

Peterson, R. A., Wilson, W. R.: Measuring Customer Satisfaction: Fact and Artifact, in: Journal of the Academy of Marketing Science, 20 (1992) 1, S. 61-71.

Piatetsky-Shapiro, G.: Data mining and knowledge discovery 1996 to 2005: overcoming the hype and moving from "university" to "business" and "analytics", in: Data Mining and Knowledge Discovery, 15 (2007) 1, S. 99-105.

Picot, A.: Ein neuer Ansatz zur Gestaltung der Leistungstiefe, in: Schmalenbachs Zeitschrift für betriebswirtschaftliche Forschung, 43 (1991) 4, S. 336-357.

Picot, A., Dietl, H., Franck, E.: Organisation – Eine ökonomische Perspektive, 5. Aufl., Stuttgart 2008.

Picot, A., Reichwald, R., Wigand, R. T.: Die grenzenlose Unternehmung. Information, Organisation und Management, 5. Aufl., Wiesbaden 2003.

Pieper, J.: Vertrauen in Wertschöpfungspartnerschaften – Eine Analyse aus Sicht der Neuen Institutionenökonomie, Wiesbaden 2000.

Pietsch, G., Scherm, E.: Reflexionsorientiertes Controlling, in: Scherm, E., Pietsch, G. (Hrsg.): Controlling. Theorien und Konzeptionen, München 2004, S. 529-553.

Porter, M. E.: Competitive Strategy: Techniques for analyzing industries and competitors, New York 1980.

Powell, W. W.: Neither market nor hierarchy: Network forms of organization, in: Research in Organizational Behavior, 12 (1990), S. 295-336.

Prahalad, C. K., Hamel, G.: The Core Competence of the Corporation, in: Harvard Business Review, 68 (1990) 3, S. 79-91.

Pratt, J. W., Zeckhauser, R. J.: Principals and Agents: An Overview, in: Pratt, J. W., Zeckhauser, R. J. (Hrsg.): Principals and Agents. The Structure of Business, Boston 1985, S. 1-35.

Probst, G., Gomez, P.: Vernetztes Denken. Ganzheitliches Führen in der Praxis, Wiesbaden 1991.

Ramaswamy, R.: Design and Management of Service Processes, Reading 1996.

Rampersad, H.: Total Quality Management – An executive Guide to Continuous improvement, Heidelberg 2001.

Reichmann, T.: Controlling mit Kennzahlen und Management-Tools. Die systemgestützte Controlling-Konzeption, 7. Aufl., München 2006.

Rief, A.: Entwicklungsorientierte Steuerung strategischer Unternehmensnetzwerke, Wiesbaden 2008.

Riege, A.: Gültigkeit und Zuverlässigkeit von Fallstudien, in: Buber, R., Holzmüller, H. H. (Hrsg.): Qualitative Marktforschung. Methoden – Konzepte – Analysen, Wiesbaden 2007, S. 287-295.

Robbins, S. P.: Organisational Behaviour: Global and Southern African Perspectives, 2. Aufl, Kappstadt 2009.

Rohlfing, M.: Qualitätsmanagement in KMU: Nutzenanalyse und Ansätze zur Entwicklung einer organisationalen Handlungskompetenz, Göttingen 2004.

Rosemann, M.: Gegenstand und Aufgaben des Integrationsmanagements, in: Scheer, A.-W., Rosemann, M., Schütte, R. (Hrsg.): Integrationsmanagement. Arbeitsbericht Nr. 65, Institut für Wirtschaftsinformatik der Universität Münster 1999, S. 5-18.

Ross, St. A.: The economic Theory of Agency. The Principal's problem, in: American Economic Review, 63 (1973) 2, S. 134-139.

Rothlauf, J.: Total Quality Management in Theorie und Praxis – zum ganzheitlichen Unternehmensverständnis, München 2003.

Rüdiger, M.: Theoretische Grundmodelle zur Erklärung von FuE-Kooperationen, in: Zeitschrift für Betriebswirtschaft, 68 (1998) 1, S. 25-48.

Rüegg-Stürm, J.: Neue Systemtheorie und unternehmerischer Wandel. Skizze einer systemisch-konstruktivistischen „Theory of the firm", in: Die Unternehmung, 52 (1998) 1, S. 6-13.

Rüegg-Stürm, J.: Organisation und Organisationaler Wandel – Eine theoretische Erkundung aus konstruktivistischer Sicht, Wiesbaden 2001.

Rüegg-Stürm, J.: Das neue St. Galler Management-Modell – Grundkategorien einer integrierten Managementlehre: Der HSG-Ansatz, Bern 2002.

Ruiz-Carrillo, J. I. C., Fernández-Ortiz, R.: Theoretical Foundation of the EFQM Model: The Resource-based View, in: Zeitschrift Total Quality Management 16 (2005) 1, S. 31-55.

Rushton, A. M., Carson, D. J.: The Marketing of Services: Managing the Intangibles, in: European Journal of Marketing, 23 (1989) 8, S. 23-44.

Sanders, E.-M.: Total Quality Management in kleinen und mittelständischen Unternehmen – der Beitrag des Konzepts „Partizipation & Empowerment", Aachen 2005.

Sapia, C., Blaschka, M., Hofling, G., Dinter, B.: Extending the E/R Model for the Multidimensional Paradigm, in: Kambayashi, Y., Lee, D. L., Lim, E.-P., Mohania, M. K., Masunaga, Y. (Hrsg.): Proceedings of the Workshops on Data Warehousing and Data Mining: Advances in Database Technologies, Lecture Notes in Computer Science, London 1998, S. 105-116.

Schaefer, S.: Controlling und Informationsmanagement in strategischen Unternehmensnetzwerken. Multiperspektivische Modellierung und interorganisationale Vernetzung von Informationsprozessen, Wiesbaden 2008.

Scheer, L.: Antezedenzen und Konsequenzen der Koordination von Unternehmensnetzwerken, Wiesbaden 2008.

Scheider, K., Daun, Ch.: Vorgehensmodelle und Standards zur systematischen Entwicklung von Dienstleistungen, in: Bullinger, H.-J., Scheer, A.-W. (Hrsg.): Service Engineering – Entwicklung und Gestaltung innovativer Dienstleistungen, Berlin 2006, S. 113-138.

Schein, E.H.: Organisationspsychologie, Wiesbaden 1980.

Schelp, J., Chamoni, P.: Modellierung mehrdimensionaler Datenstrukturen mit Star Schemata, in: Das Wirtschaftsstudium, 29 (2000) 8-9, S. 1132-1138.

Scheuing, E. E., Johnson, E. M.: A proposed model for new service development, in: The Journal of Services Marketing, 3 (1989) 2, S. 25-34.

Schlautmann, C.: Intercontinental Hotels Group. „Wir wollen in Deutschland die Nummer eins werden", http://www.handelsblatt.com/unternehmen/handel-dienstleister/intercont, Artikel vom 28.05.2012 (Abruf am 30.06.2012).

Schlesinger, L. A., Heskett, J. L.: Breaking the Cycle of Failure in Services, in: Sloan Management Review, 32 (1991) 3, S. 17-28.

Schmidt, A.: Das Controlling als Instrument zur Koordination der Unternehmensführung, Frankfurt 1986.

Schmidt, J.: Social Software: Onlinegestütztes Informations-, Identitäts- und Beziehungsmanagement, in: Forschungsjournal Neue Soziale Bewegungen, 19 (2006) 2, S. 37-47.

Schneeweiß, Ch.: Planung 1. Systemanalytische und entscheidungstheoretische Grundlagen, Berlin 1991.

Schneider, K., Daun, Ch., Behrens, H., Wagner, D.: Vorgehensmodelle und Standards zur systematischen Entwicklung von Dienstleistungen, in: Bullinger, H.-J., Scheer, A.-W. (Hrsg.): Service Engineering – Entwicklung und Gestaltung innovativer Dienstleistungen, Berlin 2006, S. 113-138.

Schnoor, H., Mietens, A., Lange, C.: Qualitätszirkel: Theorie und Praxis der Problemlösung an Schulen, Paderborn 2006.

Schräder, A.: Management virtueller Unternehmungen: organisatorische Konzeption und informationstechnische Unterstützung flexibler Allianzen, Frankfurt 1996.

Schreyögg, G.: Organisation – Grundlagen moderner Organisationsgestaltung – Mit Fallstudien, 4. Aufl., Wiesbaden 2008.

Schweitzer, M., Friedl, B.: Beitrag zu einer umfassenden Controlling-Konzeption, in: Spremann, K., Zur, E. (Hrsg.): Controlling, Wiesbaden 1992, S. 141-167.

Seghezzi, D., Fahrni, F., Herrmann, F.: Integriertes Qualitätsmanagement. Der St. Galler Ansatz, 3. Aufl., München 2007.

Seghezzi, H. D.: Integriertes Qualitätsmanagement: Das St. Galler Konzept, München 2003.

Semlinger, K.: Effizienz und Autonomie in Zulieferungsnetzwerken – Zum strategischen Gehalt von Kooperationen, in: Staehle, W.H., Sydow, J. (Hrsg): Management-forschung 3, Berlin 1993, S. 308-354.

Shostack, L.: How to Design a Service, in: European Journal of Marketing, 16 (1982) 1, S. 49-63.

Shostack, G. L.: Designing services that deliver, in: Harvard Business Review, 62 (1984) 1, S. 133-139.

Sieber, P.: Die Internet-Unterstützung virtueller Unternehmen, in: Sydow, J. (Hrsg.): Management von Netzwerkorganisationen, Beiträge aus der Management-forschung, Wiesbaden 2003, S. 179-214.

Simon, H. A.: Models of Man. Social and Rational. New York 1957.

Sinz, E. J.: Konstruktionsforschung in der Wirtschaftsinformatik: Was sind Erkenntnis-ziele gestaltungsorientierter Wirtschaftsinformatik-Forschung?, in: Österle, H., Winter, R., Brenner, W. (Hrsg.): Gestaltungsorientierte Wirtschaftsinformatik: Ein Plädoyer für Rigor und Relevanz, Norderstedt 2010, S. 27-33.

Snow, Ch. C., Miles, R. E., Coleman, H.: Managing the 21st Century Network Organiza-tions, in: Organizational Dynamics, 20 (1992) 3, S. 5-20.

Sobrero, M., Schrader, S.: Structuring inter-firm relationships: A meta-analytic approach, in: Organization Studies, 19 (1998) 4, S. 585-615.

Specht, D., Kahmann, J.: Regelung kooperativer Tätigkeiten im virtuellen Unternehmen, in: Albach, H., Specht, D., Wildemann, H. (Hrsg.): Virtuelle Unternehmen, Zeit-schrift für Betriebswirtschaft, Ergänzungsheft 2 (2000), S. 55-73.

Spintig, S.: Beziehungsmanagement in Dienstleistungsnetzwerken, in: Bruhn, M., Stauss, B. (Hrsg.): Dienstleistungsnetzwerke: Dienstleistungsmanagement Jahr-buch, Berlin 2003, S. 229-252.

Spremann, K.: Reputation, Garantie, Information, in: Zeitschrift für Betriebswirtschaft, 58 (1988) 5/6, S. 613-629.

Spremann, K.: Asymmetrische Information, in: Zeitschrift für Betriebswirtschaft, 60 (1990) 5/6, S. 561-586.

Stadlbauer, F.: Zwischenbetriebliche Anwendungsintegration. IT-Management in Unter-nehmensnetzwerken, Gabler 2007.

Staehle, W. H.: Management – Eine verhaltenswissenschaftliche Perspektive, München 1999.

Statistisches Bundesamt: Umsatz im Dienstleistungsbereich im 4. Quartal 2011 um 3,8% gestiegen, in: Pressemitteilung vom 07. März 2012 – 80/12.

Stauss, B.: Kundenzufriedenheit, in: Marketing – Zeitschrift für Forschung und Praxis, 21 (1999) 1, S. 5-24.

Stauss, B.: Plattformstrategie im Dienstleistungsbereich, in: Bullinger, H.-J., Scheer, A.-W. (Hrsg.): Service Engineering – Entwicklung und Gestaltung innovativer Dienstleistungen, Berlin 2006, S. 321-340.

Stauss, B., Bruhn, M.: Dienstleistungsnetzwerke – Eine Einführung in den Sammelband, in: Bruhn, M., Stauss, B. (Hrsg.): Dienstleistungsnetzwerke: Dienstleistungsmanagement Jahrbuch, Berlin 2003, S. 3-30.

Stauss, B., Hentschel, B.: Dienstleistungsqualität, in: Wirtschaftswissenschaftliches Studium, 20 (1991) 5, S. 238-244.

Stock, R.: Steuerung von Dienstleistungsnetzwerken durch interorganisationale Teams, in: Bruhn, M., Stauss, B. (Hrsg.): Dienstleistungsnetzwerke. Wiesbaden 2003, S. 215-228.

Stuhlmann, S.: Die Bedeutung des externen Faktors in der Dienstleistungsproduktion, in: Corsten, H., Schneider, H. (Hrsg.): Wettbewerbsfaktor Dienstleistung, München 1999, S. 25-58.

Sydow, J.: Strategische Netzwerke. Evolution und Organisation, Wiesbaden 1992.

Sydow, J.: Management von Netzwerkorganisationen – Zum Stand der Forschung, in: Sydow, J. (Hrsg.): Management von Netzwerkorganisationen. Beiträge aus der „Managementforschung", 4. Aufl., Wiesbaden 2006, S. 387-472.

Sydow, J., van Well, B.: Wissensintensiv durch Netzwerkorganisation – Strukturationstheoretische Analyse eines wissensintensiven Netzwerkes, in: Sydow, J. (Hrsg.): Management von Netzwerkorganisationen. Beiträge aus der „Managementforschung", 4. Aufl., Wiesbaden 2006, S. 143-186.

Sydow, J., Windeler, A.: Steuerung von und in Netzwerken – Perspektiven, Konzepte, vor allem aber offene Fragen, in: Sydow, J., Windeler, A. (Hrsg.): Steuerung von Netzwerken. Konzepte und Praktiken, Wiesbaden 2000, S. 1-24.

Tannenbaum, R., Schmidt, W. H.: How to Choose a Leadership Pattern, in: Harvard Business Review, 36 (1958) 2, S. 95-101.

Tett, R. P., Meyer, J. Pl.: Job Satisfaction, Organizational Commitment, Turnover Intention, and Turnover: Path Analyses based on Meta-Analytic Findings, in: Personnel Psychology, 46 (1993) 2, S. 259-293.

Teubner, G.: Die vielköpfige Hydra: Netzwerke als kollektive Akteure höherer Ordnung, in: Krohn, W., Küppers, G. (Hrsg.): Emergenz: Die Entstehung von Ordnung, Organisation und Bedeutung, 2. Aufl., Frankfurt 1992, S. 189-216.

The Boston Consulting Group: Die Zukunft bilden. Eine gemeinsame Aufgabe für Schule und Wirtschaft, München 2002.

Theden, P.: Wirtschaftlichkeit von Qualitätstechniken, in: Hansen, W., Kamiske, G. (Hrsg.): Qualität und Wirtschaftlichkeit, Düsseldorf 2002, S. 235–253.

Thorelli, H. B.: Networks: Between Markets and Hierarchies, in: Strategic Management Journal, 7 (1986), S. 37-51.

Totok, A.: Modellierung von OLAP- und Data-Warehouse-Systemen, Wiesbaden 2000.

Tse, D. K.; Wilton, P. C.: Models of Consumer Satisfaction Formation: An Extension, in: Journal of Marketing Research, 25 (1988) 2, S. 204-212.

Ulich, E.: Arbeitswechsel und Aufgabenerweiterung, REFA-Nachrichten, 25 (1972) 4, S. 265-275.

Ulrich, H.: Management, in: Dyllick, T., Probst, G. (Hrsg.): Schriftenreihe Unternehmung und Unternehmensführung, Band 13, Bern 1984.

Ulrich, P., Fluri, E.: Management. Eine konzentrierte Einführung, 7. Aufl., Stuttgart 1995.

Ulrich, H., Krieg, W.: St. Galler Management-Modell, Bern 1974.

van Well, B.: Standardisierung und Individualisierung von Dienstleistungen – Zur Organisation wissensintensiver Unternehmungsnetzwerke. Wiesbaden 2001.

Vester, F.: Unsere Welt – ein vernetztes System, Stuttgart 1978.

Vester, F.: Neuland des Denkens, München 1980.

Vester, F.: Die Kunst vernetzt zu denken: Ideen und Werkzeuge für einen neuen Umgang mit Komplexität, 5. Aufl., Stuttgart 2000.

von Bertalanffy, L.: General Systems Theory. Foundations, Development, Applications, New York 1968.

von Förster, H.: KybernEthik, Berlin 1993.

von Glasersfeld, E.: Radical Constructivism – A Way of Knowing and Learning, London, Washington 1995.

Wall, F.: Planungs- und Kontrollsysteme. Informationstechnische Perspektiven für das Controlling. Grundlagen – Instrumente – Konzepte, Wiesbaden 1999.

Wall, F.: Informationsmanagement – eine ökonomische Integration von Controlling und Wirtschaftsinformatik, München 2006.

Weber, J., Schäffer, U.: Sicherstellung der Rationalität von Führung als Aufgabe des Controlling?, in: Die Betriebswirtschaft, 59 (1999) 6, S. 731-747.

Weber, J., Schäffer, U.: Einführung in das Controlling, 12. Aufl., Stuttgart 2008.

Weissenberger-Eibl, M.A.: Ziele, Potenziale und Methoden des Wissensmanagements in Unternehmensnetzwerken, in: Die Unternehmung, 58 (2004) 5, S. 313-329.

Weisser, L.: Controlling in kybernetischer Sicht, in: Controller Magazin, 23 (1998) 2, S. 94-103.

Welge, M. K.: Unternehmensführung. Bd. 3: Controlling, Stuttgart 1988.

Wenninger-Zeman, K.: Controlling in Unternehmensnetzwerken: Eine organisationstheoretische Betrachtung, Wiesbaden 2003.

Wiener, N.: Cybernetics: Or, Control and Communications in the Animal and the Machine, New York 1948.

Wilde, T., Hess, T.: Forschungsmethoden der Wirtschaftsinformatik. Eine empirische Untersuchung, in: Wirtschaftsinformatik, 49 (2007) 4, S. 280-287.

Wildemann, H.: Koordination von Unternehmensnetzwerken, in: Zeitschrift für Betriebswirtschaft, 67 (1997) 4, S. 417-439.

Williams, P.: The competent boundary spanner, in: Public Administration, 80 (2002) 1, S.103-124.

Williamson, O. E.: Die ökonomischen Institutionen des Kapitalismus. Unternehmen, Märkte und Kooperationen, Tübingen 1990, (Originalausgabe: The Economic Institutions of Capitalism, New York 1985).

Williamson, O. E.: Comparative Economic Organization: The Analysis of Discrete Structural Alternatives, in: Administrative Science Quarterly, 36 (1991) 2, S. 269-296.

Willke, H.: Systemtheorie I: Grundlagen. Eine Einführung in die Grundprobleme der Theorie sozialer Systeme, 7. Aufl., 2006.

Willke, H.: Systemtheorie III: Steuerungstheorie, 3. Aufl., Stuttgart 2001.

Winkelmann, P.: Marketing und Vertrieb. Fundament für die marktorientierte Unternehmensführung, 7. Aufl., München 2010.

Winter, S.: Mitarbeiterzufriedenheit und Kundenzufriedenheit: Eine mehrebenenanalytische Untersuchung der Zusammenhänge auf Basis multidimensionaler Zufriedenheitsmessung, Dissertation an der Universität Mannheim 2005.

Wittig, A.: Management von Unternehmensnetzwerken. Eine Analyse der Steuerung und Koordination von Logistiknetzwerken, Wiesbaden 2004.

Wohlgemuth, O.: Management netzwerkartiger Kooperationen. Instrumente für die unternehmensübergreifende Steuerung, Wiesbaden 2002.

Wohlgemuth, O., Hess, T.: Strategische Projekte als Objekt kollektiver Investitionsentscheidungen in Unternehmensnetzwerken, in: Schreyögg, G., Sydow, J. (Hrsg.): Managementforschung 13, Wiesbaden 2003, S. 195-224.

Wolf, J.: Internationales Personalmanagement, Wiesbaden 1994.

Wolf, J.: Organisation, Management, Unternehmensführung. Theorien, Praxisbeispiele und Kritik, 3. Aufl., Gabler 2008.

Wolf, L. J.: Mitarbeiterzufriedenheit als Determinante der wahrgenommenen Dienstleistungsqualität. Das Beispiel der stationären Patientenversorgung, Wiesbaden 2005.

Wolf, R.-J.: Risikoorientiertes Netzwerkcontrolling. Bestimmung der Risikoposition von Unternehmensnetzwerken und Anpassung kooperationsspezifischer Controllinginstrumente an die Anforderungen des Risikomanagements, Köln 2010.

Woo, K.-S., Ennew, C. F.: Business-to-Business Relationship Quality, in: European Journal of Marketing, 38 (2004) 9/10, S. 1252-1271.

Woratschek, H.: Die Typologie von Dienstleistungen aus informationsökonomischer Sicht, in: Der Markt, 35 (1996) 136, S. 59-71.

Yin, R. K.: Case Study Research: Design and methods, 4. Aufl., Los Angeles 2009.

Zahn, E., Stanik, M.: Integrierte Entwicklung von Dienstleistungen und Netzwerken – Dienstleistungskooperationen als strategischer Erfolgsfaktor, in: Bullinger, H.-J., Scheer, A.-W. (Hrsg.): Service Engineering – Entwicklung und Gestaltung innovativer Dienstleistungen, Berlin 2006, S. 299-319.

Zink, K.: TQM als integratives Managementkonzept – Das EFQM Excellence Modell und seine Umsetzung, München 2004.

Zollondz, H.-D.: Grundlagen Qualitätsmanagement – Einführung in Geschichte, Begriffe, Systeme und Konzepte, 3. Aufl., München 2011.

Zundel, P.: Management von Produktions-Netzwerken. Eine auf dem Netzwerk-Prinzip basierende Konzeption, Wiesbaden 1999.